领航创意中国 II

Leading Creative China

郑文军　编

文化艺术出版社
Culture and Art Publishing House

图书在版编目（CIP）数据

领航创意中国.2 / 郑文军编.
-- 北京：文化艺术出版社，2011.10

ISBN 978-7-5039-5209-8
Ⅰ.①领… Ⅱ.①中… Ⅲ.①文化产业－中国－文集 Ⅳ.①G124-53

中国版本图书馆CIP数据核字（2011）第199904号

领航创意中国 Ⅱ

书名题字 厉无畏
主　　编 郑文军
总 策 划 汲鹿鹿
策　　划 周　雪　李井林　郑海峰
杨　颖　王思婷　刘　辰
李　慧　郭睿雄　孙　玮
周　璐
主编助理 赵　莹　储钰琦　李　杰
陈　烁　赵一萌　刘露薇
责任编辑 张勍倩
装帧设计 宫福辰
美术编辑 宫福辰

出版发行 文化艺术出版社
地　　址 北京东城区东四八条52号（100700）
网　　址 www.whyscbs.com
电子邮箱 whysbooks@263.net
电　　话 84057691－84057670（发行部）
经　　销 全国新华书店
印　　刷 北京雅昌彩色印刷有限公司
版　　次 2011年10月第一版
印　　次 2011年10月第1次印刷
开　　本 787×1092mm 1/16
印　　张 $26\frac{3}{4}$
字　　数 320千字
书　　号 ISBN 978-7-5039-5209-8
定　　价 211.00 元

创意产业蕴藏着巨大发展潜力。要进一步做好园区规划，不断完善服务体系，努力营造创新氛围，真正把创意产业培育成经济发展的新亮点。

2010年1月16日于上海

创意产业是一个发展前景广阔的新兴产业。创意产业的生命力在于体制机制创新和科学技术支撑，发展创意产业说到底要依靠创新人才。

2011年4月16日于海南

——胡锦涛

发展新闻出版、广播影视、文学艺术、档案事业。加强对互联网的利用和管理。深化文化体制改革，积极推进经营性文化单位转企改制。大力发展文化产业，培育新型文化业态，推动文化产业成为国民经济支柱性产业。

2011年3月5日于第十一届全国人大四次会议

——温家宝

振兴文化产业，必须坚持把社会效益放在首位，努力实现社会效益与经济效益的统一；坚持以体制改革和科技进步为动力，增强文化产业发展活力，提升文化创新能力；坚持推动中华民族文化发展与吸收世界优秀文化相结合，走中国特色文化产业发展道路；坚持以结构调整为主线，加快推进重大工程项目，扩大产业规模，增强文化产业整体实力和竞争力。

为确保各项任务落到实处，必须深化文化体制改革，激发全社会的文化创造活力；要降低准入门槛，积极吸收社会资本和外资进入政策允许的文化产业领域，参与国有文化企业股份制改造，形成公有制为主体、多种所有制共同发展的文化产业格局；要加大政府投入和税收、金融等政策支持，大力培养文化产业人才，完善法律体系，规范市场秩序，为规划实施和文化产业发展提供强有力的保障。

——《文化产业振兴规划》

加快发展文化产业，推动文化产业成为国民经济支柱性产业。

发展文化产业是社会主义市场经济条件下满足人民多样化精神文化需求的重要途径。必须坚持社会主义先进文化前进方向，坚持把社会效益放在首位，社会效益和经济效益相统一，按照全面协调可持续的要求，推动文化产业跨越式发展，使之成为新的经济增长点、经济结构战略性调整的重要支点、转变经济发展方式的重要着力点，为推动科学发展提供重要支撑。

《中共中央关于深化文化体制改革推动社会主义文化大发展大繁荣若干重大问题的决定》

——中共十七届六中全会

序

第六届“中国创意产业年度大奖”召开在即，应中国创意产业年度大奖评选委员会主任郑文军先生之邀，为《领航创意中国Ⅱ》作序，非常欣慰。

其一，郑文军先生6年来一直志力于推动中国文化创意产业的发展，付出了巨大的智慧和艰辛，收获了诸多辉煌和成就，堪称“中国文创业内第一人”。其二，《领航创意中国Ⅱ》内容翔实，图文并茂，堪称“中国文化创意领域的领航之作”。2006年至2015年将是中国文化创意产业发展的重要十年，今年又是“十二五”的开局之年，全国各地发展文化创意产业的积极性空前高涨。《领航创意中国Ⅱ》首先从国家政策、文化创意产业的相关理论、文化创意产业的核心——版权价值三个角度进行详细阐述，然后站在城市的角度，阐述了北京、上海、深圳等城市在“十一五”期间取得的成就和发展瓶颈以及“十二五”期间的目标和任务，以权威的信息发布服务于中国文化创意产业的发展，对文化创意产业的相关主体进行引导和启发。《领航创意中国Ⅱ》还以“中国创意产业年度大奖”6年来推出的精英楷模、领军企业和特色园区的案例为原型，让读者能够从全新的视角领略中国文化创意产业发展的精髓，体会到他们对文化创意产业发展付出的巨大努力和取得的辉煌成果。

铁肩担道义。文化是一个民族和国家的精神与灵魂，文化的功能是塑造人、感化人、美化人。文化化人，文化化了的人，有高尚的人格、坚定的信仰、美好的追求，对大自然讲恩德与敬畏，对人际关系讲诚信与合谐，对自己的行为讲约束与律已。文化承载着一个民族的思想、智慧、价值和追求，连接着全民族成员的人情、亲情、族情。文化的目标是，造就依据原则的政治，付出劳动的财富，讲求诚信的商业，提倡人性的科学，无私奉献的信仰。文化创意产业是个新产业，也是个大产业，它的内容丰富、积淀深厚、枝系庞杂、影响深远，既是一个国家经济力量的重要组成部分，更是一个民族文化力量的核心，一个国家人民精神世界的支柱。一个没有信仰的社会不可能稳定，一个丧失文化的民族必将走向衰亡。中华文化古老而博大，在人类的文化长河中硕果仅存。希望“中国创意产业年度大奖”活动及《领航创意中国Ⅱ》能促使人们正确理解中央发展文化的战略，真正地去学习、理解、传承、建设、塑造中华文化，让中华民族重振文化正气，担当起历史的责任，做社会潮流的引领者，价值观的塑造者，真善美的捍卫者；同时，“以文载道”、“以文化人”，使人在文化的浸润中提高素质、规范行为、升华境界、提升人格，从而稳定社会、和谐社会。

——中国文联副主席 中国作协副主席 丹增

目录

序

高屋建瓴 大展宏图——“十二五”文化创意产业发展蓝图

百尺竿头 更进一步

百花齐放 千帆竞渡

“十二五”开拓者——人物

“十二五”践行船——产业

企业篇

推动篇

园区篇

高屋建瓴·大展宏图

国家行动，战略选择——文化大发展大繁荣

运筹帷幄，决胜千里——厉无畏诠释“创意改变中国”

创意无限，版权致胜——版权价值层次性的认识与解读

国家行动，战略选择——文化大发展大繁荣

进入新世纪以来，党中央、国务院高度重视文化建设，特别是党的十七大提出推动社会主义文化大发展大繁荣，兴起社会主义文化建设新高潮的重要战略任务，对加快文化产业发展提出了一系列的新要求。2009年，《文化产业振兴规划》的出台，将文化产业提升到国家战略的高度。2010年，《关于金融支持文化产业振兴和发展繁荣的指导意见》等一系列文化产业政策和支持文化产业发展的政策相继出台，渐成体系，促进了文化服务体系的构建，推动了文化产业的发展。自此，文化产业作为经济增长的新引擎和经济结构调整的重要着力点，已经成为学习实践科学发展观的重要抓手和实现发展方式转变的突破口。同时，在全球性金融危机中，我国文化产业逆势上扬，出现反经济周期现象，其特点和优势得到进一步凸显，受到了党和政府以及社会各界的高度关注。

一、“十二五”文化产业发展的机遇与挑战

党的十七届五中全会提出，在“十二五”时期“推动文化产业成为国民经济支柱性产业”。这将文化产业发展提到了一个新的高度。我国文化产业增加值在2009年已经达到8400亿元，约占同期GDP的2.5%。如果要成为国民经济支柱性产业，文化产业增加值至少要占到同期GDP的5%到6%。2009年，我国的GDP约为33万亿元。如果按照每年8%的增长速度，到2015年我国的GDP将达到约53万亿元；文化产业增加值占5%，就是26608亿元。从2009年的8400亿元到2015年的26608亿元，文化产业的年增长率要达到21%。从我国文化产业发展的实际来看，实现这一目标既有许多有利条件，也面临严峻挑战。

首先应看到，“十二五”时期我国宏观经济形势非常有利于文化产业加快发展。经济

结构调整、出口结构升级、消费增长、新技术应用和城镇化，是今后一段时间拉动文化产业快速发展的“五驾马车”。

第一，加快转变经济发展方式，经济结构将加快调整，制造业特别是沿海发达地区的制造业将大规模升级，可能导致文化市场出现较大变化，由此产生的文化需求增长可能更为迅速。

第二，投资与消费的比例、出口和内需的比例以及三次产业的比例等不断趋向合理。近年来，联合国贸发会议制定了新的国际文化贸易指标体系，将富含创意设计内涵的产品（如传统工艺品等）纳入统计，结果显示我国已经成为全球最大的创意产品出口国。这意味着我国的出口结构正在发生积极变化。

第三，我国政府出台的一系列惠及民生的政策，教育、卫生等公共服务体系的不断完善，以及消费环境的改善，都将起到推动文化消费的作用。

第四，近年来数字化信息技术迅速发展，并在文化领域得到广泛应用。在3D技术的带动下，传媒呈现汇流趋势，数字内容产业蓬勃发展。“三网合一”的提速也表明，信息技术的大规模商用可以使消费产生“爆发式增长”的效应。

第五，高速铁路的迅速发展，大大改善了一批二线甚至三线城市的区位性质，兴起了新一轮城市建设的高潮。大量新颖和别具特色的文化设施将随着城镇化的推进而不断涌现，这在整体上有助于推动文化产业发展迈上新的台阶。

与此同时，“十二五”时期文化产业加快发展也面临一些严峻挑战。近年来，受传统经济发展方式的影响，我国文化产业在快速发展的同时出现了“GDP挂帅”倾向，一些政府部门过度干预文化产业发展，文化产业过分依赖政府支持和财政投入，导致一些领域出现了泡沫化趋势；我国正处于工业化中后期，居民收入虽然增长较快但差别较大，大多数人的收入水平仍不高，文化消费能力有限，而具有强烈文化消费倾向的年轻群体还处于成长初期，受各种因素影响，他们的文化消费很不稳定。有效改变这种状况，应在深化改革、推进创新上下工夫。一是继续深化文化体制改革。当前，虽然民营资本进入文化产业已经有了长足发展，但是许多竞争性领域的文化产业对民营资本的准入限制仍然很多。这不仅挫伤了民营资本参与文化产业发展的积极性，也极大地限制了我国文化产业发展潜力的充分发挥。应进一步完善体制机制，鼓励非公有资本依法进入文化产业，并提供相关政策支持，推动形成公有制为主体、多种所有制共同发展的文化产业格局。二是继续加大文化产业结构调整力度，包括调整产品结构、企业结构、市场结构等。今后几年对于我国的文化产业来说，既是大企业盘活存量、重新洗牌的机遇期，也是个人创业、建立中小文化企业的大好时期。在这一时期，不能只强调做大，片面强调兼并重组、上市融资，而应同时强调做强，把质量和效益放在第一位，更加注重培育企业的创新能力。

二、“十二五”文化产业发展走势分析

当中国文化产业步入理性发展的经济增长周期，我们面对的是中国文化产业又好又快发展的环境氛围。一方面，文化体制改革逐步推进，文化产业各项扶持政策和配套体系日趋完善，文化生产力不断得到解放，文化大发展大繁荣的活力不断在人们的日常生活版图中释放；另一方面，国际经济形势的不确定性，次贷危机的深层次影响，新兴经济体的日渐崛起，都为发展中的中国带来了极佳的历史机缘。

（一）文化产业内容生产的两极化

1.经济全球化决定了我国文化产品国际化突围的路径必然选择在内容生产上秉承普世价值观。

未来文化产业的竞争将是国与国之间的竞争，文化产品和服务的世界性主题的选择，将会使产品本身因为文化的认同而更具有国际竞争力。同时，文化产品和服务的消费习惯、传播方式与国际接轨，使得文化产品的内容生产有了外在的表达方式和载体。在文化产业的下一个五年中，文化消费将从自发向自觉过渡，中国人在文化消费心理上也逐渐与国际接轨，而对于文化产品和文化服务的生产和制作环节来说，也将以更适应全球消费和消费需求的方式进行战略性调整，以满足国际范围内消费者的选择性需求。在进行一些文化产品的输出时，也将充分考虑到其他国家的消费习惯、商业模式、民族信仰、审美情趣等不同的方面，从而将产业的触角进行更深入的延伸。

2.文化的多元性决定了我国文化产品内容生产取得国际竞争的制胜法宝必然是本土化和民族化。

在文化多样性的时代赢得市场，需要以凸显本土文化和民族文化的特色为支撑。只有

充分体现民族性的中国创意、中国元素、中国内涵的文化产品才能更好地进入国际市场。例如爱尔兰民间舞蹈《大河之舞》，承载着爱尔兰传统民族舞蹈的精粹，受到了全世界的欢迎，成功之处在于其大张旗鼓地颂扬爱尔兰民族精神的同时，还注重与多元文化的结合。

要在竞争白热化的市场中取得胜利，需要以接轨世界的主流文化为筹码。经济的全球化催生了全球化视野下的世界性文化，在这一文化的作用下，本土化产品与世界性文化的接轨将直接决定了文化产品在国际市场上的消费状况，因此，着力打造与世界主流文化接轨的民族文化产品，是发展具有中国特色文化产业的必然要求。

（二）文化产业生产方式的两极化

随着科技的进步与发展，未来中国文化产业的发展，在产品生产的方式上必然呈现出高端科技化和传统手工化的两极分化趋势。

1.充分应用高科技手段来发展文化产品，是未来中国文化产业发展生产方式的一极。

中国一直是承接全球产业转移和服务外包的集散地，低廉的劳动力成本使得许多发达国家选择中国作为贴牌产品的生产基地。随着中国劳动力成本提高以及印度等发展中国家在低端市场环节的占有，成本优势逐渐消失，而中国制造在许多环节也暴露出很多问题。因此，未来中国文化产业在产品生产制作环节将更加注重创新环节，通过产业结构的优化升级，逐步走向自主创新的技术输出，从而发挥国际影响力。

文化产业竞争的高端环节是品牌竞争。塑造国际知名文化品牌利用品牌的无形价值创造丰厚利润，也是文化产业实现可持续发展的动力源。

2.以“中国创造”为愿景的民族民间手工艺产品和服务的原始作坊式生产是中国文化产业生产方式的又“一极”。

文化产业与其他经济行业相比，有着其自身的独特发展规律，文化产品的排他性和独一无二性，往往是其在文化市场上取胜的法宝。在精细的手工艺、民俗气息浓郁的文化精品、生产制作环节上，将不再以批量的复制为主，而专以艺术品鉴赏、古玩和艺术品交易、文物拍卖等方式，将瞄准文化创意的高价值核心，而非一般性文化产品，整合更优化的资源去生产更大的财富价值，用更高的价值取向去集成更丰厚的价值源泉。

（三）文化产业消费市场的两极化

未来五年，我国文化产业的消费市场，将呈现出“国际市场”和“国内市场”共同注重的两极趋势。

1.大力引导和激活国内市场是我国文化产业发展的立足根本。

大力发展文化产业，是新形势下满足人民群众不断增长的精神文化需求的重要途径。改革开放30年来，在经济体制改革的推动下，我国社会主义市场经济体制已基本建立和完善，人民生活水平发生质的变化，精神文化消费需求有了爆炸式的迸发，大大拓展了我国文化消费市场空间。占领国内市场，满足国内文化消费需求，一方面可以稳固文化产业发展之基，另一方面则可以最大程度地保障国家文化安全。

拓展国内市场又呈现两个趋势：一是都市文化市场的繁荣，另一方面是乡村文化市场的不断崛起。未来几年，城镇居民的精神文化将出现多元化的取向，都市文化市场仍然是文化产业发展必然重点关注的重要阵地。近年来，随着社会主义新农村建设步伐的不断加快，乡村文化消费市场呈现不可抑止的冲动，具有较大潜力。

2.开拓国际市场是推动中华文化“走出去”的重要选择。

要使中华文化真正走向世界，使我国文化产业发展真正走向世界，使我国文化产业发展真正融入世界发展潮流，仅仅盯住本土市场是远远不够的。中华文化博大精深，与世界其他主流文化相比较，具有明显的差异，在经济全球化和全球文化产业多元化两大趋势下，中华文化日益成为最具吸引力和最具魅力的主流文化之一。随着我国文化产品的日益国际化，我国文化产业向国际市场拓展已经具备了较为成熟的条件。

纵观全球文化产业发达国家或国际文化大集团、大企业，无一例外地都把产业市场取向放到国际大市场中，无一例外地都把产品向外输出作为经营主道。近年来，在国际文化市场竞争中，文化服务日益向发达国家聚集，文化产品日益向发展中国家延伸，这两大趋势已经愈来愈显现。我国作为经济发展最具活力的发展中国家之一，这两大趋势将为我们带来前所未有的机遇。向国际市场输出文化服务，在未来几年将成为我国文化产业发展的一大亮点。近几年，我国已经开始高度重视文化产品或服务的对外输出，让中国武术、书法、饮食、音乐、舞蹈等不断走出国门，走向世界，有效地促进了人类文化多样性的交流，扩大了中华文化的影响力，也进一步激发了中国文化的创造力。

三、“十二五”文化产业发展路径分析

加快经济发展方式转变是适应全球需求结构重大变化、增强我国经济抵御国际市场风险能力的必然要求，是提高可持续发展能力的必然要求，也是在后国际金融危机时期国际竞争中抢占制高点、争创新优势，实现国民收入分配合理化、促进社会和谐稳定的必然要求。文化产业以创意为源头，是一种科技含量高、资源消耗低、环境污染小的绿色产业。鉴于其在践行科学发展观、实现经济效益与社会效益双赢方面的重要作用，以及拉动就业、开辟脱贫致富新途径等方面的社会价值，文化产业被视为转变发展方式、推动经济转型的新增长点。当下，文化产业的发展已经从粗放发展进入到集约和规模化发展阶段，因此，需要从战略性新兴产业的整体布局和宏调思路出发，从较高的起点上对“十二五”时期文化产业的发展路径进行深入的思考。

（一）注重实际操作，制定科学规划

2010年下半年，是各地密集出台文化产业“十二五”规划的时期。“十二五”规划所制定的阶段性目标、中期目标和远景目标，其参照体系和产业支撑到底如何选取、如何发展，以支撑起相对前瞻和跨越式发展的文化产业步伐，则成为亟待思考的重要问题。当前国家对文化产业的重视程度继续加深，各省市区也开始立足于本地不同的现实状况，制定积极的发展规划和出台相关配套政策，有效务实地引导产业发展。就现实情况而言，在大部分地方，文化产业发展被列为“十二五”发展规划的重要组成，在许多省市，文化产业的“十二五”规划已经开始着手制定并在发展思路和产业导向上有所创新和突破。虽然许多地区的文化产业发展已经成为党政“一把手”工程，但就各地文化产业发展规划几年来的实施效果反馈来看，仍存在着一些不容忽视的问题。第一，规划或纲要制定前的现状调查和分析不足，造成对本地区的文化产业资源、市场以及优劣势等背景和现状认识比较粗浅，影响了规划的实际执行效果；第二，在规划或纲要的具体内容方面，对文化产业的基

本原则、指导思想和发展目标的论述性内容比重偏大，而对于文化产业的结构、布局等决定规划可行性的内容相对较少。

事实上，“每个五年规划的编制工作一般都要经过前期研究、形成基本思路、研究提出规划框架和起草规划草案几个阶段。前期重大问题研究是基础，是否能够做到充分和扎实，直接影响到基本思路的提出，影响到最后形成的规划的科学性、有效性和权威性”。文化产业的发展需要与当地的实际情况相结合，只有实实在在地了解到市场的需求，寻找到本地文化产业的优势所在，文化产业的发展才能够在匹配城市功能定位的基础上，成为城市经济发展的新的动力和增长点。

从文化产业商品属性得到确认，到国家明确提出发展文化产业，再到十七大提出“文化大发展大繁荣”的发展举措以及金融危机背景下出台的《文化产业振兴规划》，可以说，文化产业在国民经济和社会发展盘子中的地位愈发重要;而文化产业成为国家战略性产业，也为未来发展提出了更高的要求。对于引领未来一段时期发展的“十二五”规划来说，首先需要面临的就是这样的现实:一些深层次体制机制问题未得到解决，文化产业的行业壁垒和行政界限限制了产业的科学发展，资源要素改革进展不快，文化资源利用效率总体偏低。在面向“十二五”的文化产业规划中，需要着力解决科学规划问题，有创新地将中央指导思想与本地实际相结合，以国家《文化产业振兴规划》、《关于金融支持文化产业振兴和发展繁荣的指导意见》等政策文件为指导思想，以区域和特色文化资源的盘活和规模化、科学化开发为主体思路，从战略高度推动文化产业又好又快发展。

（二）加大整合力量，提高创新投入

随着经济全球化和文化全球化的大发展，文化产业和第一、二、三产业的融合正在孕育和产生人类新的生产方式。在我国，随着全方位开放态势的形成，文化优势已经逐步取代政策、地缘优势，成为地区竞争力的关键和重要指标。文化生产力与旅游生产力融合，以其崭新的生产形态和市场优势，成为新的国民经济增长点。世界上许多国家更是把文化旅游产业作为发展的重点，文化自身的经济价值得到前所未有的重视和开发，文化产业与旅游业一起构成了新的生产方式。通过文化与旅游服务业生产方式的互动，用文化旅游资源开辟新的产业群，不仅可以扩大经济发展总量，而且可以成为创造新财富的源泉。

未来产业发展的主导方向将是深入推进优化结构，继续抑制高消耗、高排放产品出口过快增长，鼓励自主知识产权和自主品牌产品出口，提高出口产品质量、档次和附加值。文化产业要保持自身的发展活力，就必须重视“人脑创意”的作用。“随着我国文化市场与国际文化市场的联系趋于紧密，我国文化产品生产和服务也越来越融入国际文化生产体系之中。也如同众多制造业，目前我国文化产品生产在国际文化市场体系中，总体上处于低端环节”。从规划到实施很少有高端创意研发方面的机制安排。由于缺乏强大的原创力量支持，文化创意力量和层级总体低下，文化产业的各个行业就无法得到有效的智力支持和人力保障，难以源源不断地推出凝聚文化与科技、具有世界眼光和独特感召力的品牌文化产品和文化服务。另外，由于我国文化企业普遍规模偏小、资金投入较大、资金回报周期长、价值评估难于确定，文化产业项目很难取得银行贷款，融资难始终是制约文化产业快速发展的难点。因此与第三产业的银行服务业融合，利用相对低成本的银行贷款完成融资一直是文化产业界经营者的梦想。

国际金融危机对转变经济发展方式形成了“倒逼效应”，同时也为转变经济发展方式提供了重要契机。如何紧紧把握这一机遇，通过发展文化产业推动经济平稳回升的同时，全面加快经济发展方式转变，将我国经济引入到更加健康持久高效的发展轨道，是需要我们予以持续思考的问题。因此，“十二五”阶段，文化产业发展要高端化，就必须加强对文化原创领域研发力量的投入，保证人、物、力的运作通畅，以此实现文化产品、服务的与时俱进，推动核心文化产业与科技创新的紧密结合，从而在市场竞争中保持强劲的发展势头。未来还需要抓紧研究提出培育我国战略性新兴产业的总体思路，强化政策支持，加大财政投入，培育新的经济增长点。

（三）优化管理创新，加强组织协调

在文化体制改革深入和文化产业发展的推动下，国家逐渐放松了对文化行业微观领域的直接的、行政性的管理，逐渐放权给企业，逐渐放权给市场，通过市场去建设文化，提升文化，转而开始进行文化产业宏观调控机制的建设，向立足于科学治理和公共服务的开放型政府、服务型政府转变。当前，文化产业的发展已经成为政绩考核的重要指标之一。科学发展观的精髓之于文化产业，在于其不仅能够满足人民日益增长的文化需要，提高人民的经济收入，还可以通过新的经济形式促进经济结构的优化和调整，进而聚合能量建造文化航母参与国际竞争。目前，各地政府都在积极推动文化体制改革和文化产业的发展，

除了出台各项优惠政策外，还从以下几个方面积极进行宏观调控和有效监管：一是加快文化产业市场主体培育步伐；二是运用文化产业发展专项资金，抓住关键环节解决融资问题；三是充分挖掘利用本地文化资源优势，扶持培育重点文化产业和特色文化产业发展；四是加大人才培养和理论研究力度。

文化产业在某种程度而言是一种全民产业，占用的是公共资源，对政府的领导、组织、协调工作提出的要求较高。从政府层面讲，首先要把握准入门槛，对产业布局和产能规模等进行科学规划。目前，尽管各地已经制定了许多有关行业发展方向性和指导性文件，但在可操作性和执行力度上还有欠缺，领导组织协调力有缺位、不到位的现象。因此，在“十二五”阶段，应该进一步加强政府对文化产业发展的组织协调力。政府的组织协调力就是要使分散的文化产业出现强势企业、行业的环境条件，让强势文化产品、文化服务、文化项目优选优育，最终成为搏击国际文化贸易市场的专业力量和主动力量。

同时，在文化产业的协调管理和组织创新过程中，还需注意：政府的领导是“引导”而不是“干预”；政府的角色是“服务”而不是“管理”。这种转变不仅仅是在思想上改变，还应该在意识形态的高度上进行转变，彻底改变政府和市场的关系。文化产业的主体始终应该是企业，政府的最佳定位应该是作为文化产业发展的组织者、协调者和护航者，而不是成为市场中一个事必躬亲的操盘手。

（四）规范统计口径，制定行业标准

文化产业的数据统计是党和政府实施文化产业宏观调控、文化企业进行微观经营决策的重要依据。但目前各地文化产业界定、分类和统计指标设计的科学性、规范性和预见性明显不足，导致文化产业数据统计存在诸多问题。首先，数据统计标准不一，相距甚远的各种统计版本并存。其次，年份断层现象严重，编造推测现象重新抬头。最后，由于文化企业中中小企业和民营企业较多，其统计基础不扎实，数据难以得到真实反映。例如在2004年第一次全国经济普查中，在核查出的1.3万亿元GDP增量中，服务业漏统的占93.7%，文化产业大部分涵盖在其中；另一方面，文化产业链条的下游环节存在漏统现象。例如在以形象授权为核心的动漫产业中，得益于授权开发的玩具、服装、食品、饮料等制造业的产值难以计算其中，而申报主体和统计主体对数据要求的目的不同，维护各自利益的情况不同程度地存在，也影响了统计数字的准确可靠。因此，“必须规范文化产业的统计范围，建立一套反映文化产业的基本特征，科学评价和监控文化产业运行的统计指标体系”。文化产业的发展也需要从协调发展的角度考虑打破行政和行业壁垒，从文化产业自身发展的需要出发，国家成立若干部门组成的联合指导小组或者通过“大部制”等综合行政管理机构来统筹发展，进行国家层面的统一规划和协调，制定统一标准，实现全国高度的规划指导和宏观调控。应在以下几个方面进行思考：(1)推动产业的健康有序发展，健全统计机构，加强统计工作力度。以加强基层统计基础建设为主线，以提高统计数据质量为重点，以创新统计服务方式为动力，运用统计信息进行科学决策，改善管理方式并指导实践，不断提高文化系统统计工作水平。(2)建立奖惩机制。设置诚信申报信用系统，实行奖励。民营文化产业的统计出于企业自我保护，很难得到全面、真实的数据。可以通过和工商管理部门的合作把数据申报和企业信用考核建立联系，对积极配合、表现优秀的文化企业可由税务、工商部门授予“诚信企业”称号，并采取减税免税等优惠措施。对不重视数据统计，甚至弄虚作假的企业可以采取批评教育、停业整改甚至吊销执照的处罚。(3)转变采集方法。实现文化企业的数据与银行、税务统计监测系统对接，实现申报数据自动采集，从源头上采取主动介入，有效防止文化企业被动提供数据、捏造数据的情况出现。转换部门角色，将自身定位为服务部门而非权力部门。

参考文献：

人民网，《关于中国文化产业发展进程和政策法规分析的报告》。

范周，《论“十二五”时期文化产业的发展路径》。

范建华，《文化与文化产业发展新论》。

运筹帷幄，决胜千里
——厉无畏诠释“创意改变中国”

“资本和技术主宰一切的时代已经过去，创意的时代已经来临。”这句从美国硅谷到华尔街的流行语，已经引起世界各国的共鸣。20世纪90年代末兴起于发达国家的创意产业，在新世纪的中国大地正风起潮涌，方兴未艾。在全球经济一体化的潮流中，创意经济引发的热浪正以前所未有的传播速度对发展观念、经济发展方式、价值创造方式以及城市发展方式、社会生活方式等带来革命性改变，并因此最终改变中国、改变世界。被誉为“中国创意产业之父”的全国政协副主席、民革中央常务副主席、著名经济学家厉无畏指出，创意产业正在改变崛起中的中国！

厉无畏站在我国文化创意产业发展的全局考量，沉淀思想，认真研究，扎实写作，主编与合作的著作有《转型中的中国经济》（1997年）、《世纪之交的转折——迎接新一轮经济增长周期》（2000年）、《中国产业经济发展前沿》（2003年）、《创新经营》（2003年）、《创意产业——城市发展的新引擎》（2005年）、《创意产业导论》（2006年）、《创意产业新论》（2008年）、《创意产业：转变经济发展方式的策动力》（2008年）、《创意改变中国》（2009年）、《创意产业新论》（2009年）等20余本。合作翻译《A战略——人与效益关系》、《计量经济学》等3本，并在国内外的报刊杂志上发表论文、文章200余篇。多次赴美国、日本、法国、德国、台湾、香港等国家和地区的大学研究机构进行合作研究和讲学。这些研究成果对于文化产业主管部门的政策制定、文化产业领域学者的深入研究、文化企业从业者的经营运作都具有重要的参考价值和借鉴意义。

一、创意，国家发展的必然选择

纵观当今世界，创意产业风起云涌，形成巨大的创意经济浪潮，席卷全球。各发达国家和不少新兴工业化国家的创意产业，以其各自独擅的取向、领域和方式迅速发展，创意产业、创意经济的发展成为21世纪全球经济发展的未来趋势和关注焦点。创意产业正作为世界经济增长的新动力引领着全球未来经济的发展，发展创意产业已成为当今世界经济发展的新潮流和众多国家的战略选择。厉无畏指出，创意产业的勃兴伴随着城市转型、需求升级和科技进步。

（一）城市转型

在知识经济背景下，创意成为改变世界的重要力量。作为一个新兴产业，创意产业的兴起是社会经济发展到一定阶段的选择。城市在工业化社会向后工业化社会转变的过程中，其经济结构逐渐从生产中心向服务和创新中心转型。这种转型不仅为创意产业的萌芽提供了适宜的土壤，也为创意产业的发展壮大提供了良好的资金及环境条件。

（二）需求升级

随着人们闲暇时间的增多，人们精神文化需求的增长十分迅速，各类体现文化创意的物质产品正拥有越来越多的消费群体。厉无畏举例说，在人们日益呈现个性化、多样化文化需求的条件下，出现了适应市场的消费复合化的倾向，通过在设计、广告促销中进行新颖的创意设计，为各种产品打造体现青春、活泼、典雅、精致等不同特征的文化标记，从而使各方面的消费群体，能够在选择中找到符合自己个性品位追求的文化特征，受到公众的欢迎和喜爱，增强了产品在市场上的竞争。没有需求就没有发展动力，创意产业的发展满足了人们精神文化需求，也挖掘、拓展、提升着人们对精神文化的需求。人们的精神文化需求愈丰富、愈多样，创意产业的发展就愈具有深厚的社会基础和广阔的市场空间。

（三）科技进步

科学技术的迅速发展使得创意产业获得了强大的、多方位的技术支持。高新技术的产生和现代工业的发展，对传统艺术方式造成巨大冲击，如MP3对传统唱片业的冲击、网络出版对传统出版业的冲击。这些都直接导致了传统艺术形态的升级换代和现代更新，并突出表现为各类创意产业的数字化步伐日益加快。科学技术创造了大量崭新的艺术形式，开拓了新型创意产业领域。一些虚拟空间的出现，改变了人们的交往方式、活动方式和消费方式。创意产品具有天生的虚拟性，这使它比其他产业领域的产品更适合于网上或移动通信工具上生产、流通和消费。

二、创意，引领中国全方位的改变

在全球化趋势不断加强，国际间竞争日趋激烈的今天，创意产业已经不仅仅是一个发展的理念，而是有着巨大经济效益和社会效益的直接现实。创意经济引发的热浪正以前所未有的传播速度影响着中国各地的经济发展方式，改变着传统的经营模式， 革新着人们的观念和思维方式。创意产业脱胎于文化产业又超越文化产业，是经济发展模式的一种创新，它强调用全新的思维逻辑方式融入现有产业实现价值创新，从而促进对经济运行系统的创新，对产业结构的优化和对区域综合竞争力的提升，实现经济发展方式的转变。创意产业正日益成为驱动社会经济全面发展的新引擎， 这对正处于面临国际、国内双重挑战的中国经济来说，具有重要的战略意义。

（一）创意，带来观念的革新

创意改变中国，表现在创意产业是对传统产业发展逻辑的颠覆，它树立了一种新的产业发展观，是思想观念的根本转变。

1.“无边界产业”：一种新概念的诞生。

创意产业的根本观念，是通过“越界”促成不同行业、不同领域的重组与合作，是一个全新的产业发展概念，在产业价值链体系中，创意产业是处于上游的高端产业，可以与第一产业、第二产业和第三产业相互融合。

创意产业是“无边界”产业。这一新概念的诞生，其意义不在于对其所涉及的产业内容进行重新分类统计，而在于强调在新的全球经济、技术与文化背景下，创意产业作为独立的产业概念及其对整个经济增长和产业结构演变的影响；在于强调在新的发展格局下，对经济增长新核心要素的把握，以及对新的产业结构通道的建构；更在于强调在创意经济时代对思维方式的转换，对经济发展模式的创新。

2.创新和创意：推动经济发展的双引擎。

创意分为两种：文化创意和科技创意（通常称为“科技创新”）。在经济社会已进入到知识经济发展阶段的今天，知识产业成为了经济的主产业，知识创新力成为经济发展的主动力，而文化创意和科技创新作为知识经济的核心，是提升产业附加值和竞争力的两大引擎，是经济增长的“车之双轮，鸟之双翼”。

科技创新，在于改变产品与服务的功能结构，为消费者提供新的、更高的使用价值，或改变生产工艺以降低消耗和提高效率；而文化创意为产品和服务注入新的文化要素，如观念、情感和品位等因素，为消费者提供与众不同的新体验，从而提高产品与服务的观念价值。从以人为本的角度来看，科技创新是通过效率的提高使人拥有更多的自我时间；而文化创意则是通过内容的创造使人在有限的自我时间中拥有更精彩的体验。

3.创意：开启蓝海战略的钥匙。

长期以来，竞争和竞争优势一直是企业战略管理所关注的核心问题，如何向消费者提供新的价值元素呢？当前蓬勃兴起的创意产业，成为开启蓝海战略的一把钥匙。创意产业为消费者创造出了不同于以往“使用价值”的新概念——“观念价值”，同时它还具有很强的渗透力和广泛的融合性，即它能与各行各业相互融合、渗透。这种融合性就把技术、文化、制造和服务融为一体，既有利于产业的延伸，又大大地拓展了城市产业的发展空间。

（二）创意，将智慧化为财富，改变每个人

有专家认为，创意产业创造了多少财富，增加了多少就业机会，是必要的基础和前提，但这不是全部的内容和最根本的目标，对整个社会的改造和更新才是创意产业的最高

境界。创意产业是在发展经济的同时发展社会，发展每一个人的创造力和潜能。

创意产业的本质是以智力资源为依托的知识经济，是文化在精神产品与物质产品领域的创造力，它使人的积极性、主动性、创造性得到充分发挥，实现人的全面发展。当今世界，真正的财富是思想、知识、技能、管理才能和创造力，它来自人们的头脑。也就是说，创意时代最大的特色是创意，创意离不开高水平的创意人才，创意人才是创意时代的智力源泉和发展动力。创意经济在全球的蓬勃发展为转型中的中国创造了历史性的机遇，那就是每个人都有机会通过发展个人的创造力、智慧和潜能，来创造新时代的财富神话。

命运，因创意而改变！

（三）价值链取代产业链——创意企业赢利模式的密码

创意改变中国，还表现在基于创意产业价值链系统的价值逻辑，可以帮助创意企业找到适合自己的赢利模式，实现创意的价值最大化。

创意产业的发展模式打破了基于传统产业链的模式，而是着重于构建产业价值链系统，通过创意产业的价值创造、价值开发、价值捕捉、价值挖掘到价值实现，以实现创意产业的价值最大化。创意企业通过价值链分配来组织生产流程，在创意、技术、产品、市场有机结合的基础上构建起完善的产业系统，形成为所有产业提供创意服务的产业群，即一个包括核心产业、支持产业、配套产业、衍生产业为一体的产业系统，从而带动一批产业的兴起，构筑创意产业实现的价值体系。其中，观念价值的“一意多用”是创意产业价值倍增、财富迅速积累的主要方式，是企业在创意经济时代获得成功的密码之一。

（四）创意产业，促进中国经济发展方式的转变

创意改变中国，在产业层面上表现为创意产业能有效地促进经济发展方式的转变。创意产业具有高渗透性、高增值性及其高融合性的特征，通过资源转化模式、价值提升模式、结构优化模式和市场扩张模式，可以促进中国经济发展方式的转变。

1.资源转化：缓解粗放型增长后的资源损耗。人通过自身主体智力资源的开发，即创意的运用，能够将各种自然和人文、有形和无形的资源有效地转化为经济发展的资本，同时促进各类资本（经济、文化和社会等）之间的相互转化，使经济发展能够更多地依靠文化资本和社会资本等软性要素的驱动。

2.价值提升：从“中国制造”走向“中国创造”。观念价值创造差异化，具有巨大的利润空间，创意产业既是产品观念价值的创造者，也是产业高附加值的来源。研发、设计、销售、品牌和服务等环节，是提升产业附加价值的关键环节，推动“中国制造”模式向“中国创造”转变。

3.结构优化：让传统产业再上“新台阶”。创意产业对产业结构的优化大致有两个层面：一是对传统文化产业结构的优化。依靠创意人才的智慧、灵感和想象力，借助于高科技对传统文化艺术资源的再创造、再提高；二是对传统产业结构的优化，涵盖了第一产业、第二产业和第三产业的各项内容。

4.市场扩张：文化创意助推产品“走俏”。产品所包含的文化个性、文化精神，促使这一产品在一定的消费区域和消费层次里增值、走俏、辐射。文化力是产品进入市场的权威“准入证”， 创意产业的文化底蕴具有很强的辐射性，可以推动产品热销。

（五）创意经济， 改变城市面貌、引领城市创新的力量

创意产业与城市发展的互动、互融、互促成为当今城市发展的一个重要特征，可以说，在知识经济社会中，没有任何一个产业像创意产业这样依赖城市的空间和资源，也没有任何一个产业像创意产业这样能够为城市经济的发展带来如此强大的推动，创意产业对城市的促进体现在城市文脉的延续、城市产业的升级、城市资源的转化和城市环境的优化等多方面。

许多文化创意产业都会集聚于旧工厂、旧仓库里。这种“旧厂房里的新创意”，避免了城市文脉的中断，不仅保留了具有历史文化价值的建筑，而且为城市增添了历史与现代交融的文化景观，对城市经济的发展产生了巨大的推动作用。创意产业已成为城市经济的一种新形态， 创意展现的是思维与观念的力量，对于城市来说，它是都市活力与生命力的催化剂，是一个城市发展的力量与源泉，能够为城市带来巨大的经济效益和社会效益。创意产业发展能够提升城市文化品位，塑造城市形象和品牌，同时也能催生城市内在布局优化，重绘城市地图，使城市形成有各种特色城区。

（六）创意经济， 缔造创意社群，改变社会生活方式

21世纪大都市成功的秘诀，不再仅仅是依靠优惠政策吸引外来企业和资金，也不仅仅

是全力兴建各种大型工厂园区，同时也不仅仅局限于推动科技的发展。城市成功的秘诀，在于将对“物”的关注转向对“人”的关注：大力吸引富有才干和创意的人才集聚，促进创意社群的构建，形成别人无法替代的巨大竞争力，这才是关键所在。创意社群，就是这样一种指向“人”与“城市/社区”相结合的有机组织。

中国要发展创意经济，建设创意城市，一个重要的任务就是重组社群，以配合全新的知识型经济社会的发展。其核心就是要确认文化与艺术在促进经济发展中扮演的重要角色，并建立起“创意社群”，即：一个能充分利用文化、艺术、产业和社区之间重要联系的社群，并在互动互融的过程中主动投入人力资源和财力，为城市做好能面对迅速发展的后工业时代和知识型经济社会所带来的巨大挑战的准备。

从最直接的经济层面来说，创意社群的形成，必然带动一个城市的经济朝着高层次、可循环的方向提升。由于创意社群能促使原创、管理和经营人才形成集聚效应，这将推动城市放弃粗放型的发展模式，朝着创新、现代、不可复制的优势产业方向发展。因此，随着这些充满变革力量和经济动力的创意群落的发展壮大，支撑起的将是一个崭新的创意社会，将推动中国朝着更和谐的状态、更高的文明程度发展。

三、创意，正改变着中国

由于创意产业这一概念本身仅仅在20世纪90年代中期后被提出来，它被引入我国的时间还很短，同时，由于创意产业的内容和形式纷繁多样，产业内部之间又互相渗透和共生，因此，相当多的学术界和业务部门人士对创意产业的内涵、范围以及作用等方面的认识还比较陌生或模糊。我国香港和台湾较早推动创意产业发展，不少城市都看到了发展创意产业的趋势和前景，纷纷出台了相应的政策，以期扶持和培育这一起步阶段的新兴产业，跟上转型时期各个城市提升竞争力的要求和步伐。

目前，中国创意产业还处在发展初期，各个城市在整合社会创意资源、积累创意资本促进创意产业的发展方面还显不足。更重要的是创意产业的发展还没有超越单纯的产业层面，它在推动经济发展方式的转变、带动更广泛经济领域的创新，以及促进社会协调发展等方面所发挥的作用还没有完全显现。创意经济的形成，从人才培养到城市转型，都将是一个很长的发展历程，这就更需要我们高瞻远瞩，顺应当前的全球经济发展趋势，高度重视创意产业发展对中国未来经济增长和社会协调发展的重要贡献，坚定发展信心，把握时代机遇，结合自身的特色并充分发挥自己的优势，大力发展创意产业。

创意产业通过一系列具有内在联系的引擎推动和转化机制，从转变观念、改变个人、企业赢利、进化到产业升级、城市转型和社会发展，引领从企业到经济社会的全面转型。无论城市、地区、还是企业，要发展创意经济，必须建造出舒适的工作生活环境、宽容的文化氛围，必须高度重视创意人才的培养和发展。同时，还要创造良好的社会生态环境，培育创意阶层，形成创意社群。随着这些冲满变革力量和经济动力的创意社群的发展壮大，支撑起的将是一个崭新的创意社会，坚定向前大踏步迈进的创意国度。

创意无限，版权致胜
——版权价值层次性的认识与解读

价值创造是社会经济活动的永恒主题。在以实物资产为主导的国民经济体系中，经济活动主要是通过加大劳动力、资本、土地等生产要素的投入规模来创造价值的。随着科学技术的发展和知识经济的兴起，传统的价值创造模式开始受到严峻的挑战，无形资产对社会经济发展的贡献日益突出，而版权作为无形资产的重要组成部分，以其独特的价值创造方式可以有效地促进经济活动的扩张，并成为价值创造的重要因素。版权价值是依附于版权产品、版权企业和版权产业三个层次而存在的，这也决定了版权价值必然表现出产品、企业和产业等层次的内在格局，探讨版权价值的层次性是深入认识和科学计量版权价值的重要途径。

一、版权及版权价值的内涵与外延

版权即著作权，是知识产权的一个重要分支，是指文学、艺术、科学作品的作者对其作品享有的权利，包括人身权和财产权。《国家知识产权战略纲要》（以下称“战略纲要”）提出，“到2020年，把我国建设成为知识产权创造、运用、保护和管理水平较高的国家，市场主体创造、运用、保护和管理知识产权的能力显著增强，知识产权制度对经济发展、文化繁荣和社会建设的促进作用充分显现”。自《战略纲要》颁布以来，版权的经济属性和经济价值日益受到社会各界的高度重视。版权作为知识经济条件下的一种重要资源，是人类创造性劳动所创造的智慧成果的核心构成要素。由于版权本身所具有的独特属性，版权及版权作品在创作和使用过程中受能源和环境的约束较为有限，具有典型的“薄资产、厚效益”的特征，围绕其所形成的产业集群也具有“物质投入少、产出回报高、成果推广快、行业带动广”等特点，且无需依赖过多的物资投入便可产生显著的经济效益，是一种典型的低碳经济和绿色经济，这些属性都源于版权具有独特的价值。

版权的创造、保护和运用的经济意义主要是围绕着版权价值评估、版权资产管理、测算版权产业经济贡献等活动展开的，对应于这些经济活动，版权价值也相应地表现出产品、企业和产业等层次的内在格局，即产品层次的创意附加值、企业层次的版权资产、产业层次的版权产业经济贡献。版权价值的认知、开发与运用，对于产品开发、企业成长、产业创新都会产生非比寻常的作用。国内版权产业及相关企业对版权价值的开发和运用活动正在探索并逐渐形成一整套完善的制度、规则和方法，这将充分激发民众进行自主创新的主动性和积极性，在知识经济高速发展的今天，顺应时代潮流和社会发展大趋势，需要主动从产品、企业和产业三个层次来认识、开发和运用版权价值。

二、版权价值的产品层次——创意附加值

版权价值的第一个层次是产品层次，在产品层次上认识版权价值就是发掘凝结在单个版权产品中的人类创造性劳动的成果，即版权产品的创意附加值。作为一种经济资源，创意附加值的开发和利用本质上就是让创造者都有机会将它们的智慧成果转化为推动社会发展的生产力。在市场经济条件下，版权主要是通过其财产权的交易、转让、许可和抵押等方式发挥作用，从而不断地使版权价值得以实现和增值，而科学有效地认识、开发和运用版权价值的方式就是版权作品的价值评估。

首先，以公开的版权交易市场为基础，强化版权产品创意附加值的开发和运用，可以进一步活跃版权交易和促进版权产业繁荣发展。版权产业繁荣发展的基本标志之一是市场交易规模和交易数量持续增加，版权交易需要依托相应的价格机制得以实现，而版权作品创意附加值的确定需要以公允的市场价值为基础。利用科学、合理的评估体系和方法，版权所有者可以据此对版权相关产品或服务进行定价，依托于版权价值评估工作，有助于简化版权交易的询价和议价过程，科学合理地确定版权作品的创意附加值。当前，通过建立版权交易公开市场，可以充分发挥版权交易市场在创新版权产品价格形成机制过程中的作用，切实保护权利人和作品使用者的正当权益。以版权交易市场为载体，促进文学、艺术和科学作品的广泛传播和运用，推动版权要素大范围、跨领域的高效有序流动，将有利于挖掘、推广、放大、保护版权作品价值，有利于通过交易公开市场形成合理的版权产品价

格形成机制，实现对版权作品价值的科学认定和评估。

其次，创意附加值使版权质押融资活动有了可供评估的客观对象，促进版权企业解决融资问题。融资困难一直是制约版权相关企业发展的瓶颈，企业拥有的版权资源是一种无形资产，高质量的版权资源具有较高的经济价值，应该得到市场的认可。建立科学合理的版权价值评估体系，使企业拥有的版权资源能够按照公允价值实现质押融资，这将在很大程度上缓解企业发展的资金压力。通过版权价值评估，银行等金融机构可以科学公正地认定企业版权资产的市场价值，并据此提供相应额度的信贷服务，解决企业的融资难题。

再次，评估版权作品价值有助于准确确定版权作品侵权行为的补偿标准，丰富和完善国家知识产权保护体系。根据《著作权法》第四十八条规定："侵犯著作权或者与著作权有关的权利的，侵权人应当按照权利人的实际损失给予赔偿；实际损失难以计算的，可以按照侵权人的违法所得给予赔偿。赔偿数额还应当包括权利人为制止侵权行为所支付的合理开支。权利人的实际损失或者侵权人的违法所得不能确定的，由法院根据侵权行为的情节，判决给予五十万元以下的赔偿。"因此，我国著作权的侵权赔偿有三种计算方法：（1）以被侵权人的实际损失为依据；（2）以侵权人的违法所得为依据；（3）以法定赔偿标准为依据。基于知识产权保护的需要，版权价值评估能够科学地确定版权的市场公允价值，这有助于准确认定侵权的损失情况，确定侵权的赔偿标准，公正合理地处理版权纠纷，从而丰富和完善国家知识产权保护体系。

三、版权价值的企业层次——企业版权资产

版权价值的第二个层次是企业层次。对企业而言，版权价值是一种典型的企业无形资产，具有显著的非独立性、可交易性、转化性和增值性等特征，在生产和经营过程中与其他有形资产相结合，以资产组合的形式对企业的经济效益产生叠加效应和放大效应，从而提高资产运用效率和投资回报率，正因为版权资产具有这样的特性，决定了版权资产必然成为企业生存和发展过程中的稀有资产，并且应该将其纳入到企业资产管理的范畴中进行认识。

从企业的现实生存和长远发展角度对版权资产进行有效管理，需要进一步健全企业本身的版权资产管理体系。结合具体的宏观经济环境和行业环境，企业应当依据自身的发展

规划对版权资产进行合理开发和配置，不仅要善于经营企业本身处于优质状态的版权资产，而且还需要充分挖掘和盘活企业处于低效运用或闲置状态的版权资产，囊括策划、开发、评估、保护等环节，形成完整的版权资产开发和经营的链条。根据各类无形资产的存在形式、作用途径和运营环境的实际情况，逐步建立以“持续开发”和“保值增值”为价值取向的版权资产管理机制，并通过学习借鉴、自我培植、有偿转让和嫁接改造等形式，创造出富有活力、特征鲜明、优势突出的版权资产，还可以通过重组、兼并和托管等方式，以有限的无形资产实现经营更多的有形资产。

需要强调的是，互联网环境下的版权资产管理是探讨版权价值层次性所无法回避的问题。由于网络媒介极大地改变了知识、信息和技术的衍生传播范围、载体及表现形式，版权资产赖以存在的物质基础和精神基础均发生了显著变化，这也必然会引起以版权资产为核心的企业核心利益的重新组合和分配。在网络快捷性和共享无界限的社会环境中，网络媒介的扩张力量在相当大程度上弥合了版权资产的创造者、持有者、传播者与使用者之间的边界。版权资产作为一种社会资源要反映其本身所蕴涵的稀缺性，但在网络环境下却可能成为了社会经济体系中的准公共资源，这种属性必然会带来版权资产特有的排他性和竞争性的丧失，造成企业版权资产的无形流失。企业的版权资产管理必须积极应对信息网络时代所带来的严峻挑战，以维护企业自身合法权益为出发点，采取必要的技术保护手段和适时的维权措施，使企业的版权资产得到安全可靠的保护。

有效地管理企业版权资产，还需要将企业版权资产管理与企业财务管理结合起来，由财务部门对版权资产的投入产出绩效进行评价，对企业内部富有价值的版权资产进行区别分类和整理，通过多种途径认定版权资产的价值，使版权资产管理的成果能够获得社会的认可和支持。此外，企业应建立针对版权资产的培育、开发和管理的激励制度，通过鼓励采用新技术、新材料和新工艺等方式加快产品开发，重视核心技术的创新和应用，对具有突出贡献和重大科研成果的部门和人员进行必要的物质奖励。

四、版权价值的产业层次——版权产业经济贡献

按照世界知识产权组织（WIPO）的划分方法，版权产业包括核心版权产业、相互依存版权产业、部分版权产业和非专用支持产业，而这些产业又是由横跨多个领域的具体

行业组成的。版权价值在产业层次上主要表现为不同种类的版权产业对社会经济发展的贡献。依据世界知识产权组织（WIPO）《版权产业的经济贡献调研指南》及由此开发的《区域版权产业经济贡献调研分析系统》，进一步突显版权产业在“创新投入高、创新能力强、创新产出高、创新贡献高”等方面的特点，需要提升版权产业在经济增长、就业和对外贸易方面对社会经济发展的贡献水平，将版权产业作为刺激社会经济发展的动力和转变经济发展方式的引擎，进一步改善社会经济增长的质量。

从供给和需求的角度看，在国民经济中的多数产业出现产能过剩的情况下，版权产业却是国民经济体系中少数供不应求的产业，这也是人民日益增长的物质文化需要和落后的社会生产之间矛盾的突出体现，以增加版权产品供给和满足社会消费需求为突破口，可以激发国民经济的增长潜力和增加就业，进一步优化对外贸易结构，逐渐实现由原来的主要依靠投资、出口拉动的发展方式向由消费、投资、出口共同协调拉动的发展方式转变。并且，版权产业本身具有科技含量高、经济效益好、资源消耗低、环境污染少等特点，是典型的低碳产业和绿色产业，有利于促进经济发展方式逐渐向低污染、低能耗、高附加值的集约型方式转变，极大地提升了科技因素的应用水平并改善国民经济发展的质量。

当前，发达国家的版权产业经济贡献水平要明显高于众多发展中国家。2003年美国总体版权产业的增加值为1.21万亿美元，在美国经济中所占的比重已达到11.06%；2000年英国版权产业的产值已达到1125亿英镑，在英国经济中所占的比重达到7.9%；2006年澳大利亚的版权产业增加值在经济体系中的比重为10.1%。2006年中国总体版权产业的增加值为1.32万亿人民币，在国民经济中所占的比重为6.37%。相对于发达国家而言，中国版权产业的经济贡献水平仍旧存在较大的提升空间。

《国家知识产权战略纲要》明确指出，“把我国建设成为知识产权创造、运用、保护和管理水平较高的国家”，同时，《文化产业振兴规划》也提出，“推动文化的大发展大繁荣，充分发展文化产业在调整结构、扩大内需、增加就业、推动发展中的重要作用”。因此，提升版权产业的经济贡献水平，需要加强对版权产业的规划指导和政策支持的力度，充分发挥版权产业在保增长、调结构、扩内需、增加就业方面的重要作用，以满足人民群众的多样化、多层次、多方面的精神文化需求为出发点，不断创造有利于版权产业成长的新条件和新环境，持续优化版权产品的对外贸易结构和实施版权产业的“走出去”战略，进一步增强我国版权产业的国际竞争力和影响力，推动版权产业成为国家文化大发展大繁荣的重要引擎和国民经济的新增长点。

五、版权价值的诸多层次及其开发运用方式之间的相互关系

版权价值在产品、企业和产业层次上形成了多层次性的格局，这个格局是版权价值以相应的物质实体为载体所展示出的多种存在形式的组合。其中，版权产品是版权价值在微观视野中的最基本载体，版权企业是版权价值的创造者和拥有者，而版权产业是彰显版权价值经济贡献的最高级实体形态。对应于版权价值的三种开发运用方式，即版权价值评估、版权资产管理和测算版权产业经济贡献，版权价值多层次性的格局是版权的经济功能和社会功能得以充分发挥的组织架构。

就版权价值三个层次的内涵而言，产品层次是版权价值的微观层次，产品层次的版权价值是凝结在版权产品中的人类创造性的附加值，并以繁杂多样的作品形式表现为版权产品满足消费者精神需要的属性；企业层次是版权价值的中观层次，企业层次的版权价值是企业对版权产品价值进行开发和挖掘，通过相应的经营和配置活动积累起来的版权资产；产业层次是版权价值的宏观层次，产业层次的版权价值是版权产业在经济增长、就业和对外贸易方面对国民经济发展的贡献，从而促进整个社会财富的衍生和增长。版权价值的三个层次，即创意附加值、企业版权资产和版权产业经济贡献是相辅相成的。版权产品的更新换代和推陈出新促进了企业层面版权资产的不断重组、优化与增值；版权资产的合理运用和有效配置，保障了版权企业以市场主体的角色充当版权产品的生产和再生产的组织者，并且，版权企业的合理布局、有序发展与协调运作也进一步刺激了版权产业的成长壮大；版权产业的快速发展为更多版权产品的生产和创新打造了健康的宏观环境，并引导着企业版权资产的开发活动向高效化、规范化和系统化方向发展。

对应于版权价值的三个层次，确定不同层次版权价值的开发运用方式，即版权价值评估、版权资产管理和测算版权产业经济贡献也是紧密联系、相互依存的。一般来说，版权价值评估是准确计量版权产品价值的手段和方法，由此为全面实施版权资产管理和科学计量版权经济贡献奠定基础；版权资产管理是企业对版权价值的开发方式、配置结构和运行机制进行规划设计的经营管理活动，通过科学制定企业的产品市场开发战略，增强企业的行业竞争力和市场适应性，并最终以产业集群的形式促进整个版权产业的发展；计量和测算版权产业经济贡献，在全面了解和把握版权产品的数量种类以及版权企业规模和效益的

前提下，同样需要准确测算产品层次上版权价值额度和企业层次的版权资产规模，从而要求进一步建立健全科学合理的版权价值评估和版权资产管理方法。

六、结语

版权价值作为市场经济条件下的一种特定的价值形式，已经成为社会经济的生产、流通、消费环节中的重要参与因素。随着经济活动的扩张和经营形式的创新，专门从事版权价值开发和运用的机构已经产生并实现良性运作，版权价值的开发和运用也开始从分散的多元化经营向专业化经营转变，积极利用品牌效应、技术优势、管理创新和服务网络等手段进行版权的流转、许可使用和特许经营，可以通过版权交易直接实现版权自身的价值，进一步挖掘版权价值的增值潜力，提升版权相关产业的经济贡献水平。当前，提升版权产业在社会经济中的战略地位，必须合理开发和评估版权价值，强化版权资产的管理和运用，以高新技术的开发以及应用为基点，以提高生产效率和满足社会大众需要为目标，以结构优化作为衡量标准，理顺版权产业的生产产业链、流通产业链和消费产业链，科学有序的开发版权价值，推动版权经济繁荣发展。

（段桂鉴　王行鹏）

《区域版权产业经济贡献调研分析系统》（下称“调研分析系统”）是中国版权保护中心依据世界知识产权组织《版权产业的经济贡献调研指南》开发的研究成果。目前，该《调研分析系统》已被应用于区域版权产业经济贡献调研工作，并成功地完成了《深圳经济中的版权产业》课题研究报告。

百尺竿头 · 更进一步

北京——色彩斑斓的创意城　上海——全球创意的风景线
深圳——创意设计的万花筒　杭州——秀外慧中的婉约城
无锡——魅力祥和的文化都

北京——色彩斑斓的创意城

北京历史悠久，文化灿烂。深厚的文化积淀为文化创意产业提供了博大精深、取之不尽的发展源泉。作为全国政治、文化中心和国际交往中心，拥有丰富的政府公共资源。无论在政治、经济和文化上的发展，对全国都有着极强的辐射力。文化名城和首都的优势吸引了大批文化人才，为北京文化创意产业的发展提供智力支持。大批高科技企业云集北京，为北京文化创意产业的发展提供了技术支持，北京成为促进创意灵感物化、支撑文化创意产业发展的重要力量。同时，北京又是一个开放程度较高的城市，与其他国家频繁的文化交流，为北京带来了世界各地的新创意、新思潮和新理念。具有国际化特色的现代文化与北京的传统文化相结合，形成了深厚独特、宽容开放的社会文化环境。随着北京建设世界城市步伐的加快，丰富城市内涵、提升城市品质、完善城市产业结构、繁荣城市文化市场成为北京建设世界城市进程中的重要环节。

近年来，北京市为大力发展文化创意产业，发布了一系列相关政策。综合政策有《北京市促进文化创意产业发展的若干政策》、《北京市文化创意产业集聚区认定和管理办法（试行）》、《北京市文化创意产业分类标准》；在知识产权方面相继发布了《北京市“十一五”时期知识产权事业发展规划》和《北京市出版（版权）业“十一五”时期发展规划》；投融资政策方面有《北京市文化创意产业发展专项资金管理办法》、《促进北京市商业服务业老字号发展专项资金使用管理办法》和《北京市文化创意产业集聚区基地设施专项资金管理办法》；在财政税收方面也出台了《北京市数字娱乐产业基地优惠政策》。一系列对于文化创意产业的优惠扶持政策，为北京市文化创意产业的发展起到了极大的推动作用。

目前，北京文化创意产业形成以软件、网络及计算机服务，新闻出版，设计服务和广播、电视电影等四大优势行业支撑的产业新格局；动漫游戏、数字出版、数字新媒体等一批文化创意产业新业态发展迅猛，成为北京文化创意产业发展的新亮点。艺术表演团体、演出经纪机构总量均居全国之首。优秀舞台剧目、出版物品种、电视剧出品集数、电影产量和会展数量均占全国的1/2。以市场机制为基础、政府规划为引导，一批特色鲜明的产业集聚区逐步形成，成为北京文化创意产业发展的重要空间载体。

2011年，《北京市国民经济和社会发展第十二个五年规划纲要》发布，纲要中指出“以加大技术开发、培育产业链条、促进产业联盟为着力点，培育壮大设计创意、动漫游戏、数字出版、新媒体等新兴文化创意产业。实施设计产业提升计划，大力发展工业设计、建筑设计、时尚设计，发展设计产业集聚区，努力打造设计之都。加快研发具有自主知识产权的网络游戏引擎、3D动漫电影等新兴实用技术，鼓励本土动漫游戏企业开发自主原创、具有民族底蕴的优秀产品，做大动漫游戏产业。争取国家数字出版基地落户北京，推进宽带无线多媒体专网示范工程，加快发展下一代广播电视网，培育新媒体产业”。

一、文创产业撬动经济的新增长点

近些年，北京大力实施发展文化创意产业的战略决策，政治、经济、文化等资源优势和地域优势得以整合，文化创意产业的总体规模不断攀升，区域布局日趋合理，内部结构持续优化，文化创意产业形成了软件、网络及计算机服务，新闻出版，设计服务和广播、电视、电影等四大优势行业，发展规模呈现加速发展的态势。文化创意产业已经从培育引导期进入快速发展期，已经成为首都第三产业中仅次于金融业的第二大支柱产业，成为最活跃、最具增长潜质的产业。2006年至2009年，文化创意产业增加值平均增长21.9%，高于全市7.5个百分点。2010年上半年，全市文化创意产业实现增加值804.3亿元，占全市GDP比重为12.6%；现价增速15.7%，高于全市2.5个百分点。《北京市“十一五”时期文化创意产业发展规划》中提出的“十一五”时期增加值年均增长15%左右，到2010年增加值占全市GDP比重超过12%的目标已经提前达到，打造全国文化产业九大中心的目标正在实现。

从产业规模看，目前北京文化创意产业的资产达到5439亿元，汇集了近万家，并向周边进行辐射，初步形成了以市级区域为龙头、区级持续发展的格局；文化创意产业从业人员超过114万人，从政策规模上，围绕落实北京市促进文化创意产业的政策，实行一月一测，各区县也根据各自实际和产业功能定位，出台了区域性文化创意产业形态和相关产业细则及政策支撑体系；从文化创意产业对北京市的经济贡献来看，北京文化创意产业上的税金也在增加，吸纳就业效果显著。经过四年多的发展，北京文化创意产业不仅经受住了世界金融危机的考验，而且呈现出逆势上扬的态势，文化创意产业已成为首都经济的重要支柱和新的经济增长点。

二、文创产业成绩斐然

（一）北京市区县文化产业状况区域

东城：首都文化中心区

东城区历史悠久、文化底蕴丰厚，拥有无与伦比的文化资源优势，是文化创意产业发展的沃土，名副其实的“首都文化中心区”。东城区自“十一五”初期开始就大力发展文化创意产业，到目前为止，已经引导形成了数十家特色文化创意产业集聚区、示范基地和特色街区，“胡同里的创意工厂”已经成为北京特有的符号；支持建设了歌华创意产业中心、东方雍和国际版权交易中心、前门历史文化展示区、演艺剧场群等一批具有全局意义的关键性产业化项目；集聚了中国保利文化集团、中国集邮总公司、中国对外文化集团、北广传媒集团、歌华文化集团、北京演艺集团等骨干企业；形成了文化旅游、文化艺术、文化版权、文化传媒等特色鲜明的重点产业板块。

新东城在“十二五”期间，将立足首都功能核心区的定位要求，深入实施“两新四化”发展战略，打造文化新引擎，拓展发展新空间，实现产业发展高端化、公共服务优质化、城市运行智能化、区域发展均衡化。未来五年，东城将成为文化魅力彰显、经济高端集约、城市运行有序、人民富裕安康的国际化中心城区和在全球具有重要影响力的“文化名区”，成为北京在建设具有国际影响力的中国文化中心进程中的重要载体和展示窗口。

西城：首都创新驱动重要承载区

西城区作为北京古都的西翼，历史传承悠久，文化底蕴深厚，是北京建城、建都的肇始之地，历史文化遗存十分丰富。截至2009年末，西城区共有文化创意产业法人单位7607

家，资产总计达到909.5亿元，法人单位获得收入合计为 432.2亿元，占北京市文化创意产业总收入的8.0%。文化创意已经成为促进西城区经济发展、吸收就业的重要行业之一。

“十二五”时期西城区文化创意产业发展，将充分发挥西城区的经济基础优势、文化资源优势和独特区位优势，着力提升区域发展质量、区域文化软实力、城市环境品质、群众生活水平、社会和谐水平这五个方面，进一步巩固扩大金融产业优势，强化金融街的产业聚集效应和辐射带动作用。同时全力推进科技园区建设，建设琉璃厂历史文化创意产业集聚区、DRC 工业设计创意产业基地、中国北京出版创意产业园区、西长安街现代演艺街区、天桥演艺区、什刹海文化创意产业集聚区和天宁寺文化创意园等七大产业集聚区。打造首都创新驱动重要承载区和区域经济新的增长极。

朝阳：着力打造中国国际传媒产业高地

朝阳区文化创意产业已呈现出蓬勃发展的态势。截至2010年9月底，朝阳区共有文化创意注册企业32396家，占全市总量的60%。全区规模以上文化创意企业2060家，占全市总量的约25%，共建设了21个文化创意产业集聚区和30个重点产业基地。“十一五”期间，朝阳区文化创意产业实现收入年均增速均在17%左右，高于全市平均增长水平，朝阳区文化创意产业主要经济指标均占全市的四分之一以上，是北京市文化创意发展的强区和示范区。

“十二五”期间，朝阳区将根据区域内文化创意产业的实际情况和优势，重点发展传媒产业、古玩艺术、演出展示、时尚消费、设计与咨询和知识产权服务等六大产业，实施“十大发展基地建设工程”和“十大民生工程”，前者涵盖CBD核心区、CBD东扩区、奥林匹克公园核心区、电子城北扩区、CBD——定福庄国际传媒走廊、大望京科技商务创新区、东坝国际商贸中心 (论坛 新闻 视频)等；后者包括社区服务拓展工程、宜居环境塑造工程、交通出行优化工程、智能城市服务工程、教育质量提升工程、健康服务便捷工程等，推进朝阳又好又快发展。

海淀：科技创新中心

在拥有众多高新技术企业的海淀，科技成为文化产业发展的有效引擎。2004年开始，海淀区将文化与科技有效对接，数字出版、动漫游戏、多媒体产业、虚拟现实等文化创意企业如雨后春笋般涌现。在科学技术的助推下，全区文化创意产业发展如虎添翼，产业增加值节节攀升。2008年，全区文化创意产业实现收入近2500亿元，占北京市的四成多，文化创意产业已成为海淀区经济发展的支柱产业之一。2009年，地区规模以上文化创意产业近3000家，从业人员超过30万人，文化创意产业收入2300多亿元，占全市的四成多。

未来五年，建设中关村国家自主创新示范区核心区是海淀发展的重大使命和战略重心。此外海淀将更加注重培养和聚集一批优秀创新人才，特别是产业领军人才，做强做大一批具有全球竞争力的国际化企业，培育一批国际知名品牌，为建设创新型国家和科技北京创造经验、做出示范，推动海淀向具有全球影响力的科技创新中心迈出坚实步伐。

丰台：世界城市的新空间

丰台作为北京建设世界城市的重要区域和城南行动计划中唯一一个城市功能拓展区，承担着推动文化创意产业发展的历史使命。近年来，丰台的文化产业一直呈现“高成长”的态势。2009年，丰台区文化创意产业实现增加值所占全区GDP比重从2006年的7.6%上升至10.1%，年均增长24.3%。设计服务业、新闻出版业等重点行业发展突出，文化娱乐产业发展态势总体良好，前景广阔。

未来5年，丰台区将把握城市功能拓展区的定位，立足区域经济社会发展的新阶段、新形势、新使命、新任务，把丰台建设成为高端产业集聚区、金融创新试验区、城乡统筹模范区、生态宜居示范区，打造成为首都建设中国特色世界城市的新空间和实践“人文北京、科技北京、绿色北京”的新名片。

石景山：网游、动漫、新媒体勾勒新产业路径

随着首钢集团的调整搬迁，北京市石景山区这个曾与共和国钢铁产业共同成长的传统重工业区，开始了自己的“凤凰涅槃”之旅：从制造业中心到文化创意产业中心，从普通城区到娱乐休闲之都。石景山逐步形成了以网络游戏、影视动漫、数字媒体为特色的产业发展体系，并已培育出北京数字娱乐产业示范基地和中国动漫游戏城两大市级文化创意产业集聚区。

“十二五”期间，石景山区处于承上启下的重要阶段，随着首钢涉钢产业完全停产和首钢工业区规划建设的全面启动，深入推进经济社会全面转型成为最核心的发展任务。石景山区将围绕“首都绿色转型示范区”的发展定位，打造北京CRD、构建和谐石景山、建设现代化首都新城区。

通州：现代化国际新城

通州有着悠久的历史，积淀了深厚的运河文化，享誉中外的中国·宋庄文化创意产业基地，亚洲最大的出版物集散中心——北京国际图书城，引领时尚的现代音乐学院均落户在此。文化产业在蓬勃发展的同时也为旅游业的发展带来了原动力。

“十二五”将是通州现代化国际新城大建设、展雏形的关键期。目前，通州新城建设正在以前所未有的规模和速度全面推进，提出了“一年一跨越、五年展雏形、十年出形象”的设想，明确了以新城中心区为核心，以主题休闲旅游度假区、文化创意产业集聚区、环渤海高端总部基地为重点功能区，以北运河水岸经济带、京哈高速产业带、京沪高速产业带为集聚带，以台湖、西集、漷县、永乐店等四个重点镇为组团的“一核、三区、三带、四组团”格局，推动通州成为北京发展新磁极、首都功能新载体。

平谷：首都生态第一区

平谷有着20年提琴制造历史。多年形成的企业聚集优势，成熟、畅通、广阔的市场优势和文化创意产业的朝阳优势及独具潜质的区位优势形成了平谷东高村地区产业发展前景可期的无形资产。目前，平谷正在将传统的乐器制造产业，向文化创意产业升级。在平谷区委区政府的大力支持下，平谷提琴产业已纳入北京市重点文化创意产业发展规划。平谷将以乐器制造为基础，建设一个集研发、生产、交易、创作、演出、展览于一体的中国音乐产业园区，打造“中国乐谷”。同时以全面建设“首都生态第一区”为目标，加快推进城市化、工业化、农业现代化步伐，大力实施生态立区、环渤海发展、工业强区、三产带动四大发展战略，打造“生态绿谷”、“京津商谷”、“绿能新谷”。

昌平：打造成为世界级生态科教之都

近年来，昌平区委区政府高度重视文化创意产业发展，成立了由区委书记、区长牵头的文化创意产业领导小组，设立了文化创意产业促进中心，出台了多项优惠扶持政策，每年拨出专项引导扶持资金3000万元，为文化创意产业发展创造了良好的环境。随着近几年的发展，昌平区已经初步形成了以历史文化旅游、会展为主线的八大集聚区，如十三陵明文化创意产业集聚区。

在“十二五“期间，昌平区将以建设京北创新中心、国际科教新城的建设理念为基点，构筑“两轴两带、三城多点”的产业布局，加快建设北部研发服务和高新技术产业集聚区，凭借自身良好的科教、产业、环境等优势，不断提升城市形象和品位、完善城市功能，打造世界级的生态科教之都。

顺义：打造临空经济区

顺义区是北京市重点建设的新城、临空经济高端产业功能区和现代制造业基地。近些年来，顺义区高度重视文化创意产业的发展，2010年1月至11月，顺义区共有文化创意产业企业1900余家，从业人员3万人。其中规模以上法人单位114家，资产总计148亿元，同比增长11.7%；实现营业收入79亿万元，同比增长6.3%。

“十二五”期间，顺义区文化创意产业将始终坚持以科学发展观为统领，紧抓顺义“打造临空经济区、建设世界空港城”以及文化创意产业大发展的历史机遇，充分整合优质资源，培育多元化文化市场主体，推动文化与现代农业、现代制造业、现代服务业的融合，努力实现发展“四大优势产业”，打造“三大中心、一大基地”的总体目标。

大兴：创意营造“一区五园”

大兴区作为北京南部制造业新区，整体经济不断发展壮大，文化创意产业也同时面临着新的机遇。规模以上文化创意产业以新闻出版、设计服务、其他辅助服务三大领域为主，设计服务，广告会展和艺术品交易发展速度较快。截至2010年5月底，大兴区规模以上文化创意产业单位为139家，共实现收入13.7亿元，同比增长27.7%；拥有资产94.2亿元，同比增长49.2%，大兴文化创意产业正处于起步阶段。

“十二五”期间，大兴将着力构建“一区五园”的产业发展格局，建设北京南部现代制造业新区，成为南部经济新的增长极。

怀柔：“怀柔影都”锻造深层影视文化

2006年，中国（怀柔）影视基地被认定为北京市首批文化创意产业集聚区，经过几年的努力，以影视产业为核心，以原创艺术、文化娱乐、影视旅游为主要内容的文化创意产业发展势头良好。伴随着国家中影数字制作基地的建成运营，位于杨宋镇的影视基地核心区已初具规模，影视产业的发展取得了阶段性的成果。截至2009年6月底，怀柔区累计完成文化创意产业固定资产投资约28.01亿元，其中，影视产业完成固定资产投资约19.97亿元，占总投资的71.3%；全区共有文化创意企业2600家，从业人数达4559人。“十一五”时期，集聚区累计投资40亿元，现在已经集聚了300多家影视企业，这些影视企业中，不乏有“中影”、“星美”、“华谊兄弟”、“海润”、“金英马”等知名企业。

在“十二五”期间，怀柔区围绕新的功能定位，将着眼于产业空间优化配置，构建休闲会展产业功能区、影视文化产业功能区、汽车产业功能区、科技研发产业功能区和商贸服务产业功能区五大功能区。

（二）影视产业和演艺产业

1.影视产业

北京的影视业改革开放以来取得了重要成就，在全国居于重要领先地位。特别是最近几年，北京已经逐步发展成为集电视、影视剧制作播出、音像制品、报刊出版发行及无线有线卫星电视网络传播为一体的多功能的现代化综合性的影视文化产业。

北京是中国最重要的影视产业基地，是优秀影视节目的生产中心，获得全国性、国际性大奖的作品北京占最多。不包括中央直属机构的作品，北京有近300个广播影视节目荣获国内外广播影视大奖。北京也是广播影视品牌企业最集中的地区：北京电视艺术中心、北京中北电视艺术中心有限公司、北京紫禁城影业有限责任公司、北京青年电影制片厂以及一批北京的民营企业已经成为中国广播影视制作的品牌企业。此外，在北京地区还有一批中国最有影响的国家广播影视企业。同时，北京也是全国最大的电影市场之一：北京新影联，是国内具有相当规模的跨省院线。北京的票款收入超过接近2亿元，位居全国第2位，占全国电影票房市场的十分之一。此外，北京也是全国最有影响的电视节目制作和电视播出市场。北京电视台拥有电视节目9套，数字电视频道已经开播，广播电视综合覆盖率达99.9%，有线电视入户率为57.9%。北京广播电视广告收入超过10亿。

2.演艺产业

在国家统计局制定的《文化及相关产业分类》中，文艺演出业处于核心层的地位，属于文化创意产业。与其他省市相比，北京的文艺演出业历史悠久、积淀深厚、资源丰富、规模较大、人才荟萃、市场规范、发展成熟，在北京文化产业各行业中占有重要地位，是全国最繁荣、最规范的演出市场之一。北京市第九次党代会提出首都文化建设要“以博大精神、兼容并蓄、与时俱进、争创一流为特色”，“始终走在全国前列”；《北京市文化产业发展规划（2004—2008年）》以及《“十一五”期间北京市文化产业发展规划》提出要把北京建设成为全国的文化演出业中心。就现阶段而言，演艺市场具有较大的发展潜力。

在全国范围内蓬勃兴起的旅游演出市场。首先，旅游演出是产业化程度最高的演出领域，已经出现了多种相对成熟的产业化模式，如实景演出模式、主题公园模式、旅游舞台表演模式等。其次，旅游演出是盈利性最好、投资回报率最高的演出领域之一，同时项目需求潜力巨大。再次，旅游演出市场的受众群体广泛，演出市场挖掘潜力大。

由北京向全国范围扩展的话剧演出市场。（1）话剧演出市场已经初具规模，拥有稳定的客户基础。（2）话剧演出团体是演出市场原创最为活跃的团体，话剧创作频率高且话剧制作的工业化趋势已初步形成。（3）话剧演出市场竞争进入白热化阶段，产生了一批具有影响力的品牌企业。具有发展潜力的演出新兴市场。包括活跃度较高、品牌企业生存能力强的戏曲曲艺市场，潜力巨大、创新能力较强的儿童演出市场以及规模化发展速度快，区域扩张能力强的音乐演出市场。

3.国际化战略推动产业新跨越

近年来，随着北京文化创意产业发展规模的不断扩大，产业国际化程度也逐步加深，聚集了一大批国际性创意人才，部分创意产品和企业开始走向国际市场，产品出口规模日益扩大，初步形成了自主知识产权产品出口、合资合作、加工出口、外包出口以及海外建立分支机构等多种国际化方式。产业在国际竞争中的地位不断提升，北京文化创意产业的国际化途径日趋多样，主要体现在以下几个方面：

（1）文化创意产品出口增长速度较快，出口规模居全国前列。近年来，北京文化创意产业的产品出口规模日益扩大，尤其是软件、图书、影视等行业的产品出口增长速度较快，规模不断壮大，出口量居全国前列。以软件产业为例，2005年海关软件出口总量超过3亿美元，是2000年的618倍，占全国的39％，居全国首位。在影视行业，中外合拍电影数量不断上升，本地电影参加国际影展以及获奖数量不断增多，本地影片的海外收益日益增多，如《英雄》2004年海外票房累计收入超过了11亿元人民币。

（2）涌现出一批具有一定国际影响力的文化创意骨干企业。北京市目前已经形成了一批在国际上有一定知名度和影响力的文化创意企业，并与跨国公司建立了广泛的联系。如传媒领域的歌华集团、派格太合等骨干企业已经突破传统的单一经营模式，采取多元化的经营模式，成为融电影、电视、广告、公关、演艺经纪、大型活动、全球商业演出的策划和推广于一体的具备国际竞争力的娱乐文化传媒整合运营商，并与日本、韩国和欧美等地的跨国文化创意企业建立了广泛联系，逐步形成了产权多元化、经营专业化、市场国际化的发展态势。

（3）产业国际化途径与形式逐步多元化。北京文化创意产业的国际化途径日趋多样，初步形成了自主知识产权产品出口、合资合作、加工出口、外包出口以及海外建立分支机构等多种国际化方式。如在工业设计领域，德信无线已经与国外几家手机生产厂家和手机设计公司建立合作关系，向欧洲市场和亚洲市场提供手机设计方案，2005年企业9000万美元左右收入中64 %来自国际客户。同时，德信无线先后在美国、日本建立了子公司，并在韩国设立了办事处，积极拓展海外市场。

三、特色聚集打造产业新优势

集聚区是北京推动文化创意产业发展的重要载体。“十一五”期间，北京在全国率先起步，大力扶持、建设文化创意产业集聚区，截止至2010年底，全市认定挂牌近30家市级文化创意产业集聚区，各区县也根据地域及产业特点积极推进集聚区建设工作，认定挂牌了若干区（县）级文化创意产业集聚区。根据不完全统计，市级集聚区内现有文化创意产业企业近万家，从业人员数十万人，形成的收入和税收，带动的就业占全市文化创意产业较大比重，并呈现出向周边辐射带动的趋势。

（一）工业与艺术、创意与时尚的完美结合

798艺术区又称“大山子（文化）艺术区”，位于首都功能拓展区，核心区域占地面积近30万平方米，是从原生态的电子制造工厂和原创艺术家工作室，向多种业态相融合的创意产业集聚区转型的成功范例。21世纪以来，798艺术区成为北京最具工业传奇、艺术气息、城市活力、国际影响的区域，七八年间陡然由一个普通的军工编号转化为地标性的文化符号，由一个单位所有的封闭厂区转化为开放型的文化社区，由一个自发形成的艺术区转化为城市文化旅游的重要吸引物，并且富于戏剧性地、快速纳入政府常态管理体制，成为重点规划建设的市级文化创意产业集聚区。目前，它已逐渐发展成为中国现当代文化

艺术的展示、交易中心，成为中外文化艺术交流的重要平台。

在引领文化艺术发展、促进中外文化交流、展示首都文化形象等方面，798艺术区也正越来越产生着积极而重大的国际影响。越来越国际化的798，意味着先锋意识与传统情调的共存，实验色彩与社会责任的并重，精神追求与经济筹划的双赢，精英与大众的互动。如今，798已经演化为一个文化概念，强烈吸引着各类专业人士及普通大众的关注，并在城市文化和生存空间的观念上产生了不小的影响。“登长城，吃烤鸭，逛798”已成为外国客人到北京的首选。

与798成功之道类似的还有751时尚设计园、DRC设计中心，他们都致力于将工业与艺术、创意与时尚注入设计领域，从而不仅将自身打造成一个创意的发源地，更为北京的城市形象注入了时尚的活力和艺术的品格。

（二）走文化与科技联姻的高附加值道路

中关村软件园位于海淀区，属于城市功能拓展区。园区自2001年正式开工建设，目前已经成为国内龙头软件园，北京市软件与信息服务产业的核心区，并具有国际知名度和影响力，成为北京市乃至全国展示中国科技产业发展的重要窗口。

中关村软件园所聚集的产业形态是典型的现代服务业的高端形态，具有高端、高效、高辐射、微能耗、零污染的绿色低碳产业特征。园区通过多年不断努力和实践，成功探索出了一条以产业服务促进产业聚集和产业发展的模式，公共产业服务、公共商务服务和公共技术服务体系不断完善，产业服务促进企业集聚和园区发展作用显著。园区目前聚集了汉王科技、启明星辰、中核能源、曙光信息、IBM等200多家企业，大多是国内外知名的软件与信息服务企业的总部和研发中心、行政运管中心、市场销售中心、结算中心，2009年从业的软件工程师超过2万人。

中关村软件园的发展不仅符合北京的资源特点，其设计还符合当代人文理念。随着首都经济的快速发展，大力发展现代服务业，特别是发展软件产业，十分符合北京城市资源特点。中关村软件园抓住了这一机遇，摒弃了以往工业园区枯燥无味的钢筋丛林的思路，创意的色彩体现在了软件这一本身就充满创意色彩的产业上。与中关村软件园制胜之道相似的还有北京大红门服装服饰创意产业集聚区。

（三）绿色资源涵养创意果实

位于北京城市发展新区之一，大兴区的国家新媒体产业基地已形成两区四园的发展格局，两区即国家新媒体产业基地北区和核心区；四园即星光影视园、北普陀影视园、多维创新园和北京时尚体育公园。

基地的核心区主要打造新媒体、电子制造、网络信息和现代服务业为主要内容的产业园区，建成集居住、配套服务业、电子信息业的产业港。基地北区，重点打造以文化创意产业、现代服务业、现代制造业等为主要内容的数字化高科技园区。

在基地发展的过程中值得探讨和借鉴的是其对区位优势的科学把握。国家新媒体产业基地所在地北京市大兴区，位于首都南部，秉承“天下首邑”的历史。大兴具备的绿色的生态基础和资源，在北京的各个区县里是最具特色的，而这与创意产业所要求的绿色、自由、含氧量高等要求相吻合。与远郊区相比，大兴具备区位上的优势，与近郊区和城区相比较，大兴具备独特的土地、生态、环保和文化资源，加上正处于北京的文化产业带上，符合北京市的产业发展规划要求，因此国家新媒体产业基地的绿色生态成为具有独特性、可持续发展的竞争优势。

与国家新媒体产业基地情况类似的还有中国（怀柔）影视基地，基地充分利用了北京城郊绿色资源，并与创意成果紧密结合，其二者是北京市科学发展观引领下的集聚区典范。

（四）艺术与市场结合的商业蜕变

宋庄文化创意产业集聚区位于城市发展新区，是北京市文化创意产业领导小组于2006年首批认定的十大文化创意产业集聚区之一。

宋庄集聚区作为通州新城三大城市经济功能区之一，担负着建设通州新城，打造“文化产业基地”的重大任务。作为新城东北组团和重要的城市产业功能区，完整、成片地规划预留了大量文化产业用地，为集聚区未来发展提供了充足的发展空间。

宋庄集聚区重点构筑艺术展馆区、创意设计产业区、演艺传媒产业区、国际动画产业区、商住开发区、国际金融商务区、文化产业会展交易区以及影视艺术创作合成出品产业区等八大产业功能区。经过几年的发展建设，逐步形成一个布局合理、特色鲜明、相互协调、良性互动的产业发展格局。

目前，集聚区还将重点推进“中国艺术品交易中心项目”、“中国艺术品产业博览会”等国家级项目，以支撑集聚区向产业集群发展的方向迈进，集中力量为“中央艺术区”奠定坚实的基础。

宋庄集聚区的核心竞争力在于它有效满足了国内外对原创艺术产品旺盛的需求。对现代艺术产品的有效需求激发了有效供给，是宋庄艺术家工作室集群发展的动力。与之类似的还有百工坊传统工艺美术基地，它们都坚持市场化的艺术作品生产路线，将商业与艺术品创意有机结合，从而成为北京文化创意产业集聚区中独具特色的一类。

(五)创意融入首都文化精髓

琉璃厂历史文化产业集聚区在东城区和平门外，属于首都功能核心区，是久负盛名的传统历史文化街区。

琉璃厂产业发展的重点是高端文化艺术的国际化交流与交易，是国家级文化艺术产业国际化流通的枢纽。积极推进新闻出版、广播电视、影视制作等行业的引入和发展，按照总部经济型发展策略，制定吸引演艺机构入驻集聚区的政策，加大国际、国内知名文化传媒企业集团总部引进力度，也是琉璃厂探索集聚式发展路径中的重要经验。集聚区还大力推进旅游文化服务、娱乐文化服务、数码娱乐等方面的发展，积极引进其他时尚消费创意活动，使琉璃厂成为文化艺术领域的时尚品牌。

琉璃厂集聚区的核心竞争力在于其体现了新文化体系中的“北京文化精神”。与之类似的还有潘家园古玩艺术品交易园区、什刹海文化旅游区等，古老的历史文化在这些集聚区的解释中凝聚、停留，并与时代精神汇集，迸发出了创意的光芒，从而将它们塑造成为北京引以为豪的独特文化区。

(六)将高端创意元素注入休闲、娱乐

八达岭长城文化旅游产业集聚区以八达岭地区丰厚的历史文化资源和旅游资源、蓬勃发展的当代艺术事业为依托，抓住产业结构调整机遇，以内容创新为前提，以土地开发和基础设施建设为基础，以建设在区创意产业项目、吸引新型创意产业业态入区为重点，推进与核心产业紧密关联的产业集聚，形成文化旅游业、文艺演出业、广告会展业、设计创意业四大主导产业，逐步构建独具特色、自成体系、效益显著、带动力强的文化创意产业

链，将自身打造成为集文化创意、休闲旅游为一体的国际旅游休闲名区。

八达岭集聚区的产业布局是主要发展八达岭长城综合旅游大景区、探戈坞音乐谷两大核心产业，同时辐射带动区域内的民俗旅游业、生态休闲旅游业、会展业，以及旅游衍生品产业协同发展。

在北京，与之取胜之道相近的还有十三陵文化创意产业集聚区、卢沟桥文化创意产业集聚区、房山历史文化旅游集聚区、古北口国际旅游休闲古文化旅游产业集聚区等，这些集聚区大多数处在自然资源较为优越的生态涵养发展区。

上述集聚区代表了目前北京文化创意产业集聚区的分布和发展规律，它们自身也具有典型性，为“十二五”时期北京文化创意产业的发展起到了示范作用，对外成为广为人知的城市名片，对内则引领一批新的产业集聚区迈向成熟。

四、展望北京文创产业之发展

巩固并加强文化创意产业的支柱地位是“十二五”时期推动北京科学发展的主要任务之一。优化文化发展环境，营造文化创意氛围，建设具有全球影响力的文化创新、运营、交易和体验中心。规划指出要着力抓好文艺演出、新闻出版、广播影视、艺术品交易等传统优势领域，巩固提升首都文化创意产业发展的优势地位，大力发展创意设计、动漫游戏、数字内容等新兴文化行业，抢占文化创意产业发展制高点。促进文化创意产业与旅游、会展、体育休闲、都市型现代农业等相关产业融合发展，丰富文化创意产业发展内涵。积极推动文化创意产业集聚区的发展建设，培育首都文化品牌。发展文化创意产业，是推进首都产业优化升级和经济发展方式转变的重要途径，是落实北京城市功能定位的重要手段，也是满足人民群众不断增长的精神文化需求的内在要求。未来要以推进体制改革和机制创新为动力，以提升文化创意产业创意水平和创新能力为重点，不断完善产业发展环境，整合首都丰富的文化资源，积极培育发展一批具有竞争力的大型文化企业集团和文化产业集群，推动文化创意产业更好更快地发展。增强北京文化的竞争力和影响力，主要应从以下几个大方面着手：

（一）以体制创新为突破口，激发文化创意产业发展活力

北京发展文化创意产业，需明确政府主管部门的功能与职责，将文化创意产业与文化事业完全分离，成立专门管理文化创意产业的部门，形成独立、有效的文化创意产业管理监督体制；加强文化创意产业行业协会的建设，将目前政府部门承担的制定质量标准，实行行检、行评等工作转移给行业协会，推进政府职能转变；同时加快文化创意产业投融资体制改革，拓宽投融资渠道，推进投资主体和产权结构的多元化，激发文化创意企业的发展活力。

（二）培育特色产业链条，释放文化创意资源的整体经济效应

围绕"创意"这一核心环节完善文化创意产业链条已经成为许多区域提升文化创意产业竞争力的重要措施之一。如《哈里·波特》是近年来国际上创意产业发展的成功案例，从小说的创作、出版、营销到电影的改编、制作以及衍生产品的开发等，产业链一环扣一环，整个产业链规模已达千亿美元以上。北京在发展文化创意产业过程中，要发挥产业的关联效应，积极拓展产业链条，加强创意产品的研发商、运营商、发行商、销售商及周边服务商之间的紧密联系，形成核心层、外围层、相关层环环相扣，创意、制作、专业销售代理、版权转让、开发衍生产品以及产品销售一条龙的循环系统，充分发挥产业集群所带来的集聚效应。北京文化创意产业发展也应该努力推动龙头企业发展，鼓励本地企业之间、本地企业与国外企业之间的并购、重组，形成一批具有自主知识产权、具有较大规模和较强实力的企业集团，带动整个产业链的发展。

（三）发挥市场机制作用，推动特色产业集聚区建设

集聚区是文化创意产业发展的重要空间载体，政府在规划建设集聚区时，应以市场机制为导向，充分考虑企业的意愿和需求；要采用市场化模式，积极引进有园区开发经验的企业联合文化创意产业龙头企业，规划园区产业发展，制定园区发展战略；努力吸引国际知名企业入住园区，充分发挥龙头企业的示范作用，带动中小企业进入园区，形成产业发展生态链；加强集聚区公共服务平台建设，构筑市场化的资源共享模式，为园区企业和机构提供技术支持、资讯服务、决策辅助等各种服务，形成结构合理、分工明确、功能互补的专业服务网络。

（四）打造文化创意企业品牌和集聚区品牌，创造良好发展氛围

品牌竞争力是企业综合素质和能力的体现，品牌价值对于产业发展和区域发展的地位也日益凸现。好莱坞、迪斯尼等国际知名文化创意企业和区域正是通过多年培育起来的品牌形成较强的竞争力。北京应该树立品牌意识，从战略高度重视企业、集聚区的品牌建设。设立知名品牌专项资金，奖励品牌建设取得重要成果的企业，促进企业提高品牌意识，形成打造知名品牌乃至世界级品牌的战略思维，从企业发展战略的高度进行品牌的规划、建设与管理。同时，北京文化创意企业要加强多元化经营模式下的品牌管理，加强品牌整合，建立企业品牌与产品品牌，以及不同产品品牌之间的适当联系，通过企业品牌的辐射作用充分发挥品牌整合的优势，实现多元化经营下品牌对市场的最优影响。

（五）加大创新投入力度，提升文化创意企业创新能力

创新是文化创意产业发展的核心要素之一，文化创意企业要有创新意识、创新思维，不断超越，才能保持企业的核心竞争力。北京文化创意企业的创新能力不强，创新水平不高，因此需要通过鼓励企业加大创新投入，开展技术创新、商业模式创新、管理创新、理念创新，促进企业可持续发展，提高国际竞争力。建议政府设立支持创意企业自主创新的专项资金，支持企业创新活动；搭建共性技术服务平台，为文化创意企业和机构提供技术支持；加大对企业自主创新投入的所得税前抵扣力度，允许企业加速研究开发仪器设备的折旧；鼓励单位和个人在本市从事文化创意产业技术转让、技术开发业务和与之相关的技术咨询、技术服务；支持和引导有条件的文化创意单位，设立企业技术中心或工程技术中心，提升企业自主创新能力。

（六）加强知识产权保护，为文化创意产业保驾护航

北京发展文化创意产业必须尽快完善知识产权保护相关法律法规，为北京文化创意产业发展营造规范、有序的法制环境；进一步理顺知识产权管理体制，建立知识产权局、工商局等知识产权相关管理部门的联系机制，提高知识产权管理的工作效率；加大执法力度，做到有法可依、违法必究，严厉打击假冒伪劣产品等侵犯知识产权的违法犯罪活动；加强对执法人员的培训与考核，提高执法人员的综合素质，实行严格的持证上岗制，以确

保执法的合法有效；应按照世贸组织的要求尽快制定和修订有关法律法规和规章，并在具有优势的领域参与制定相应的国际规则，加速我国文化创意产业发展的国际化进程，为我国文化创意产业进入国际市场奠定良好的法律基础。

以集聚式发展为模式，以多渠道投融资为手段，以创意成果为核心价值，以文化为内容，以知识产权的实现和消费为特征的北京文化创意产业格局正在初步形成，创意产业正在以前所未有的速度迅速崛起，北京也正朝着打造中国的创意产业之都迈进。

参考文献：

王晓芳，《北京文化创意产业中的地方文化元素》。

于雪梅，《在传统与时尚的交融中打造文化创意园区——以前民主德国援华项目北京798厂为例》。

中国网络电视台新闻台新闻中心，《北京大力发展文化创意产业》。

北京市社会科学院，《北京文化创意产业国际化战略研究》。

赵 弘　梁昊光，《北京文化创意产业发展的今天与明天》。

石锐　刘瑞雪，《北京市演出市场发展现状及趋势分析》。

李飒，《北京文化创意产业集聚区发展特点》。

道略文化产业研究中心，《2011-2012年中国演艺产业投资前景分析报告》。

道略文化产业研究中心，《2010中国城市文化创意产业发展研究》。

首钢日报，《北京，向创意之都迈进》。

人民网，《对于北京广播影视业发展与改革若干思考》。

上海——全球创意的风景线

上海是我国的经济中心城市，长江三角洲地区是中国经济最具活力的地区之一，在我国经济和社会发展中具有举足轻重的地位。改革开放以来，上海的现代化建设取得了巨大成就，国民经济保持高速增长，逐步形成国际经济、金融、贸易和航运中心的国家战略地位。

近年来，随着部分制造业逐渐撤离、高新产业逐步形成，创意产业逐渐成为推动上海中产阶层形成、促进符号性消费趋势、提升城市文化价值和生活品位的重要组成部分。据统计，上海创意产业每年产值约为4000亿人民币，在全国处于领先地位。目前，上海的创意产业已初步形成研发设计、建筑设计、文化传媒、咨询策划、时尚消费五大门类，形成建筑面积达260多万平方米的80家创意产业集聚区，入驻企业超过6110家，吸引来自世界30多个国家和地区的从业人员11.74万人，累计吸引了近百亿元设计资本参与。来自上海市经委的数据显示，上海创意产业增加值已从2004年的493亿元增至2010年的1148亿元，占全市GDP的比重从5.8%提高到7.7%以上。上海深入贯彻落实科学发展观，积极推动社会主义文化大发展大繁荣，重视文化产业发展，在经济形势十分严峻的国际国内背景中，实现了文化产业各主要指标较快增长。文化产业在“保增长、扩内需、调结构、促改革、增就业、惠民生”中发挥了重要作用。上海的文化创意产业快速发展且一直呈持续增长态势，产业规模不断扩大。截至2009年年底，上海全市共有80个创意产业集聚区，入驻企业6110家，比上年增长54%。2010年上海文化创意产业增加值已占全市生产总值的比重约为9.6%，保持了高速增长态势。

上海作为中国现代化和国际化程度最高的大都市，把握了19世纪末以来现代设计的潮流，即“设计”是人类面向未来而不断超越自己的过程。上海的设计产业，从科学的产品功能设计到新型的产业形态设计，从以用户为中心的设计到绿色生态型设计，从顺应全球化潮流和数字化的设计到创新城市的最佳设计模式，正在融入上海经济和社会发展各个领域，成为城市发展的新引擎。2010年2月，上海被联合国教科文组织授予“设计之都”称号。

一、上海市文化创意产业发展特点

上海具有发展创意产业的潜在优势，近年来，上海文化产业着力探索文化产业发展方式的转变，进一步推进文化与科技、创意、金融、贸易紧密联动、深度融合的发展格局。主要呈现以下特点：

（一）文化与科技融合引领新兴产业迅速崛起

新世纪以来，上海更加注重文化与高新技术融合，在网络视听服务、网络阅读服务、网络财经服务、网络电子商务、网络游戏服务、网络休闲娱乐服务、网络远程教育服务、有线电视“三网合一”等领域保持着全国领先地位。网络文化企业形成较为成熟的商业运营模式，为进一步优化和提升行业发展水准、拓展新媒体产业领域和空间，奠定了坚实的基础。全国第一家“国家数字出版基地”发展形势喜人，集聚了上海方正、世纪创荣、中文在线等330多家数字出版及相关企业，基本形成网络文学、互动教育、网络游戏、艺术典藏、手机出版等特色产业聚集的数字出版产业链。一些大型出版、报业传媒集团与电信运营商的合作取得突破性进展，在电子书、电子报、手机报等新媒体领域加快了跨行业、跨媒体、跨区域发展步伐。中国移动、中国电信、中国联通等运营商的大型内容产业基地建设进展顺利，在应用3G技术发展移动视听产业方面，初步取得高端突破。此外，国内目前规模最大的上海有线电视城域网建设，及其数字化整体转换和下一代广播电视网（NGB）试点项目顺利启动，数字付费电视、宽频网络电视、IPTV等领域，正在不断产生新的服务业态和龙头企业。

（二）文化与创意融合推动文化创意产业蓬勃发展

2009年，上海加大对文化创意的扶持力度，逐步推动文化创意形成新的高端产业形态。政府重视对进入文化原创领域的工作室、中小企业的扶持，支持专业从事文艺原创、文化创意的业态、产品、服务、运营模式创新，逐步培育出一批有核心竞争力的文化市场主体。与此同时，加强了对吸纳原创人才、应用创意成果的文化创新企业、文化创新项目的奖励和支持。近年来，上海市文化产品和服务更加注重前期创意、策划方面的投入，文艺创作、艺术设计、动漫游戏研发、广告会展项目策划等逐步突现为可以独立实现价值的“端产业”。文化产业园区建设步伐加快，上海市建成首批15家市级文化产业园区。

（三）文化与金融融合形成新的文化金融服务产业

上海文化企业注重谋求与金融的对接，针对普遍存在的文化企业“融资难”、文化项目“担保难”、文化资产“估值难”、文化产品“质押难”的症结，上海依托上海国际金融中心建设，大胆启动一系列开拓性尝试。一是创新银行信贷投向引导机制，充分发挥“上海东方惠金文化产业担保有限公司”作用，鼓励社会资本进入文化产业和中小文化企业发展。二是创新文化产业项目跨地区、跨行业、跨所有制融资机制，创设了全国第一家文化产业投资基金“华人文化产业投资基金”。三是建立文化产权交易机制，建立全国第一家文化产权交易所，为文化产业创设了投融资新渠道和产业资本退出通道。四是宣传文化部门与金融办贯彻九部委研究并制订了《关于金融支持文化产业振兴和发展繁荣的指导意见》的实施意见，更好地满足文化企业资金需求，完善文化资金供给链的各个环节。

（四）文化与贸易融合加快文化产品“走出去”步伐

上海全力推动优秀文化产品和服务“走出去”，坚持不懈地推进国际文化服务贸易，加快提升面向国际市场的文化产品和服务生产、营销能力。2009年，上海文化贸易逆势而上实现顺差45.5亿美元（进出口总额达132.77亿美元，进口43.63亿美元，出口89.13亿美元），其中文化产业的核心领域——文化服务业也是顺差。2009—2010年度，有20家企业被商务部、文化部等四部委命名为“国家文化出口重点企业”。文化信息服务业已形成拥有自主知识产权的网络文化版权出口、文化娱乐软件服务外包、网上游戏娱乐服务出口等多种国际贸易新形态。上海国际文化服务贸易促进委员会及上海国际文化服务贸易平台的建立和运行，成为上海支撑文化服务贸易持续快速增长的重要平台和推动优秀文化产品和服务“走出去”的战略基地。

（五）文化体制改革培育出一大批合格的市场主体

这几年，上海致力于破除阻碍文化产业开放发展、混合发展、多元发展、转型发展的体制机制瓶颈，加快培育合格的市场主体。到2009年底，上海市已完成市属电影制作发行放映单位和电视剧制作（甲种证）单位转企改制，党报党刊发行体制改革，60家经营性出版单位转企改制，90家非时政类报刊出版单位转企改制和6家市属文艺院团的转企改制。文化体制改革带动了文化市场开放，非公资本进入经营性文化产业领域的空间广为扩展。同时，在众多政策鼓励和允许进入的文化产业领域，初步形成非公资本大规模进入文化产业领域发展的好势头。2009年上海共有影视剧制作、影视节目制作机构321家，其中非公有的266家，占总数的82.9%；持《电影放映许可证》的经营性电影、影剧院143家，其中非公有的95家，占总数的66.4%；文化娱乐机构、场所1755家，其中非公有的1527家，占总数的93%；文化艺术中介机构和演出经纪机构249家，其中非公有的227家，占总数的91%；除一般的互联网站，从事互联网视听服务、网络游戏、网络音乐等业务的网络文化经营机构110家，其中非公有的105家，占总数的95%；互联网上网服务场所1463家，其中非公有的1443家，占总数的99%；表演演艺团体99家，其中非公有的59家，占总数的60%；画廊、拍卖行等艺术品经营机构155家，其中非公有的144家，占总数的93%；从事出版物印刷、包装装潢印刷和其他印刷品印刷的经营机构4614家，其中非公有的4230家，占总数的92%。在影视多媒体制作、放映、娱乐、文化经纪、动漫、互联网文化、互联网上网服务场所、演艺、印刷等行业中，非公文化企业数量迅速超越国有企业数量。

（六）中小文化企业的地位作用日益凸现

中小文化企业发展迅速，经济发展方式的转型升级，文化产业园区、创意产业集聚区规模的不断扩展以及2010年中国上海世博会的举办都为中小文化企业发展提供了极大机遇和发展空间。针对中小文化企业发展的一系列扶持政策的出台和实施，逐步化解融资难题，加大财税政策扶持，为中小文化企业营造良好发展环境，进一步激发了中小文化企业的市场活力。一大批“专、精、特、新”和有核心技术、自主知识产权的中小文化企业日益成为上海文化产业的发展基础和重要依靠力量。随着“转方式、调结构”的不断深入，中小文化企业的快速发展也将为上海文化产业不断注入动力、增添活力。

二、上海文化创意产业园区

曾经，旧上海星罗棋布的工厂造就了这个城市的工业文明；如今，留存下来的老厂房孕育了新上海的创意产业。一个城市的成长，是现代和历史的交融、是经典与时尚的互动、是科技与文化的结合，是新兴产业和古老建筑的对话……

上海是中国近代工业的发源地，拥有东西交融的历史文化底蕴以及大量珍贵的工业历史建筑。近年来，上海在追求现代化城市改造的同时，最大限度地保留了一大批建筑风格独特、具有历史价值的老厂房、老仓库，通过引入新的时尚元素，形成了一大批创意产业集聚区，使昔日废弃的老建筑完成了向创意设计和时尚文化的华丽转身。

目前创意产业集聚区已成为上海创意产业发展的一大特色和重要载体。上海创意产业集聚区的三分之二是来自于保护性和创造性地开发老厂房、老仓库和老大楼，并逐步形成具有鲜明区域特色的空间布局，聚集了一大批来自国内外30余个国家和地区的创意设计企业和优秀创意人才。同时，上海涌现出了8号桥、田子坊、M50、张江文化创意产业基地、尚街、时尚产业园、红坊、2577创意大院、1933老场坊等一大批品牌创意园区。目前，上海已形成了分别散落在“一轴（延安高架）、两河（黄浦江、苏州河）”的整体布局上的81个创意产业集聚区，总面积约250万平方米。这些创意产业集聚区不仅为创意企业提供了良好的成长载体和空间，为各类创意人才提供了知识分享和交流的平台，还成为中外旅游者青睐的热点，成为传播城市文化内涵、打造城市品牌形象的有效途径。从空间聚合上可以分为这样几类：

（一）工业遗产保护再生

田子坊、M50创意园、8号桥，还有由远东屠宰场改造而成的 1933老场坊等创意园区成为国内创意园区的引导和典范。

以1933老场坊为例，在上海众多“旧厂房改造”的文化创意产业园区中，1933老场坊可以称得上是近年来最有特色的一个。1933老场坊坐落于虹口区虹口港、沙泾港交汇处，前身是“工部局宰牲场”。上海的文化创意园区中，有不少是在旧厂房改造的基础上建立的，而1933老场坊则是这些旧厂房中最具建筑特色和艺术特征的。因此，在这一园区打造过程中，提炼了其建筑的历史要素，综合考虑建筑的文化价值与改造后的使用功能，采取了“保护性利用”的策略——从而充分保留和利用其空间艺术特征，将其建造成一个以设计、生活方式、求知为核心元素的创意生活空间。

1933老场坊以其独特的建筑风格和艺术氛围吸引了大量的文艺爱好者前往，建筑内错落多样的格局和奇妙的光线变化使许多摄影爱好者流连忘返。园区把握了这一优势，将艺术创意体验和时尚消费作为发展特色，不但使1933老场坊成为上海文艺和创意的新地标，同时也吸引了众多高端品牌商业活动不断登场，文化艺术展览、创意市集等平台也纷纷进驻。此外，园区还将顶楼1500平方米的大厅改造成为空中剧场，资助、培育和演出各类小剧场话剧，形成了另一个文艺活动的亮点。

1933老场坊不但是一个文化创意产业园区，更是一个文化创意的体验园区，从这个意义上来看，它所具有的不仅是产业园区的经济功能，还发挥了文化园区的对公众的文化教育功能和文化辐射功能。后者对于城市的文化创业产业园区而言同样也是不可或缺的。

（二）知识中心外衣

这种运作模式是建立在院校品牌之上的一种延伸服务，即通过高等院校的智力优势背景，通过整合资源对老厂房进行统一改造的模式。以上海戏剧学院为中心的“静安现代戏剧谷”、以同济大学为中心的“环同济设计创意集聚区”、“虹桥软件园”等是典型的代表。

静安现代戏剧谷是上海市首批15家文化产业园区中唯一的音乐演出娱乐类产业项目，也是国内首个功能集成型戏剧产业公共服务平台。现代戏剧谷以静安区悠久的戏剧历史传统和浓厚的城区文化氛围为基础和依托，结合丰富的产业结构资源进行建设。它在结构上与传统意义上的文化园区有所不同，并没有特定的地理坐标，而是更接近于广义的“文化产业集聚区”概念：在适合都市型文化产业发展的理想位置形成了以美琪大戏院为起点，经云峰剧院、商城剧院、百乐门至华山路中福会儿童艺术剧院、上海戏剧学院，形成“S”型带状街区。

现代戏剧谷的“集聚区模式”打破了一般意义上对于文化创意产业园区的空间想象和实体限定，而在更大范围内集聚、整合和利用了相关的产业链资源。就现代戏剧谷所在的静安区而言，在产业国际化、商务高端化和城区总体形态上，静安已具有和纽约曼哈顿中城地区及伦敦西区相似的特征——从国际经验看，现代戏剧与现代国际化服务产业及高端商务具有共生、互动的关系。同时，对于城区内已有戏剧资源的联结利用，搭建服务平台，形成联动效应，这大大降低了“集聚区”的实体运作成本。这种充分发挥城区优势，突破单一空间限制的“文化产业集聚区”概念拓展了上海文化产业园区的发展和实践。

尽管没有明确的地理坐标，也不用为集聚区内的大多数企业或团体提供场地的管理服务，现代戏剧谷却由此更为集中地发挥了戏剧平台的作用——以“戏剧演季平台”、“戏剧资助平台”、“戏剧推广平台”、“戏剧评奖平台”和“戏剧交流平台”等五大平台为重要载体，开创性地将国内外优质戏剧资源重新集结，营造出跨区、跨界、跨文化的联动效应。

2009年至2011年间，现代戏剧谷相继推出五个资助剧目演季，总共呈现127台资助剧目、2358场演出，吸引百万余人次走入剧场；2011年，现代戏剧谷在静安800秀创意园区内设立“移动剧场”，展开戏剧工作坊及相关展览。此外，现代戏剧谷为高品质的剧目提供创作资助，以工作室房租补贴的方式吸引国内外戏剧艺术家落户戏剧谷，创立“壹戏剧大赏”商业戏剧奖项，打造“戏剧化生存”艺术教育品牌，创办中国第一本戏剧生活类期刊《壹戏剧》，建立“京港沪”三地戏剧常态合作机制，举办“商业街区与现代戏剧的互动与融合”主题国际论坛，建立商界、学界、戏剧界的跨界常态交流机制。

这一系列的平台服务内容使得现代戏剧谷在短短两年多的运行中，迅速建立起了影响深远的品牌效应，为“戏剧谷”内外的相关企业、团体和个人提供了多方位的资源和联结，大大促进了上海戏剧的发展和戏剧市场的繁荣。

（三）传统产业园转换

张江文化科技创意产业基地是典型的代表。张江在20世纪90年代浦东开发中形成以高科技产业为突出特征的科技园区，但近10年来，园区敏锐捕捉到高科技与文化产业结合的发展前景，以及高科技园区发展本身可能遇到的瓶颈，主动对接国家文化创意产业发展，大力发展文化创意产业，在国内外产生较大影响，在新媒体产业具有领导地位。文化园区的身份已经得到全面的认同。上海张江文化科技创意产业基地作为全国首个在高新技术园区设立的文化创意基地，采用企业化运作，由上海文新联合报业集团与上海张江（集团）有限公司强强联手，成立基地公司，强化基地公司作为基地运营商、企业服务商和产业投资商的功能。截至2008年底，基地已聚集了各类文化创意企业270多家，从业人员达到1万人以上，实现产值超过60亿元人民币，带动相关产业产值320万元人民币。其中，网络游戏产值更占到全国70%以上份额，张江文化科技创意产业基地已成为全国最具发展潜力、创新活力和生命力的园区之一。

（四）地产项目的新造

新天地、海上海、创智天地等为典型。“新天地”作为诉诸于上海地方建筑符号的旅游休闲文化街区，成为上海的新地标，也可以将其视为一个文化地产开发与园区建设进行嫁接的成功案例。海上海（这里曾作为上海第一届创意产业活动周的举办地）涵盖了三种独具风格的物业形态：生态居、创意LOFT和创意商业街。长400米的创意商业街是开放空间，创意LOFT内部多为错层空间，可任意组合，层高超高，创意生态居主要面对创意人群所属的白领和中产阶层，依赖不俗的外观、可组合的内部空间及全精装修，意图吸引和汇聚富有创意、富于想象与追求的年轻时尚人群。融合了创意生态居、创意LOFT和创意商业街三种物业形态的海上海用商业地产的模式打造创意园。不同于传统意义上的老厂房改建，完全新建的海上海既有产权出售的彩头，又有时尚创意的噱头。在挂牌的众多园区中独树一帜，成为知识杨浦的创意园区典范。海上海是上海政府授牌的第二批文化创意产业积聚区之一，其项目的发展，通过对商业街的推广、经营、活动组织，起到了文化创意产业宣传橱窗的作用，获得了一定的社会效益和商业效益。

三、“十二五”时期上海文化产业发展与展望

作为都市型的上海文化产业发展的五年目标，需要确立文化作为城市的第三产业的属性，加快建设支柱型的文化产业，带动文化生产的经济效益和社会效益跨上历史新的水平，发挥文化对精神文明建设和增强综合国力的积极作用。实现这一战略目标的战略思路和政策导向是：第一，将文化管理的政府职能和文化经营的产业功能分开，加强对文化产业的宏观指导。要坚持“五个分离”，即把文化管理的政府职能与生产经营功能分开；把宣传与经营分开；除了新闻和重大宣传性节目外，其他文化产品的生产制作和传播逐渐分离；非经营性国有资产和经营性国有资产要分离；各类文化基础设施的所有权、经营权要

分离。第二，组建支柱型文化产业，改善文化产业结构。基于上海文化产业化的进度不平衡，需要根据实际情况，选择基础好、实力强、附加值高、市场发育健康、国内外需求广阔、能带动相关产业和周边产品的电视广播、报刊出版、文化娱乐以及广告展览行业等建设成为上海的支柱产业，需要政府在政策上给予积极推动，引导它们在体制和机制的改革方面先行一步，按照现代产业的要求来调整产品和服务结构，促进文化产业快速发展。第三，以“做大做强”为目标，组建培育文化产业大集团。作为支柱型的文化产业集团的主要标志：一要有雄厚的资本和相对的规模；二要有很强的技术和文化优势；三要有现代化的管理方式和多层次的人才队伍；四要有高于单体企业的资产增值水平和经济盈利水平。组建集团，要实行“优势组合、优势互补、优势扩张”。第四，以政策为导向，建立多元化的文化投资机制。要在政策上有明显导向，进行其他产业投资文化产业的试点，允许其他企业集团共同参与上海文化产业的投资、经营、销售和管理，让落户上海的外地企业能享受和上海企业集团同等的福利待遇，帮助其降低运营成本。第五，加大科技投入，积极参加文化产业新技术的研究开发。文化产业以科技投入、文化创新、商业运作作为三大动力机制，尤其是广播影视、报刊出版、广告展览产业的科技含量大，是高投入、重装备、高消耗的产业，科技开发的成功与否具有决定性的意义。要积极参与科技孵化器的建设，引进留学归国的科技人才，逐步形成支撑上海文化产业的高科技企业后盾。第六，要大力开发周边产品，联络相关产业，形成相互依托，相互关联的文化产品和服务开发链条。同时应将文化产业的“产品经营”和“资产经营”并举，“无形资产经营”和“有形资产经营”并举。还可以鼓励文化产业跨行业经营，加大资产经营的力度。允许寻求各种途径、各种方法以促进我国文化产业的快速发展。

上海由于特殊的历史发展，有着丰富独特的文化资源，有着繁荣发达的中西文化交流空间，有着巨大的文化消费市场，有着优越的贸易环境，有着雄厚的金融资本的集聚，创意都市——这条全球创意的风景线，将成为历史的必然选择。

参考文献：

黄昌勇，《上海，创意城市的想象与未来》。

花建，《创意城市：文化创意产业的新引擎》。

中国经济网，《上海文化创意产业迎来爆发 文化国际贸易实现顺差》。

解放日报，《上海文化创意产业十年腾飞》。

马文刚，《笑对七年之痒：上海文化创意产业全新起航》。

谢耘耕，《上海创意产业的发展》。

谢耘耕，《2010年上海文化产业发展报告》。

谢耘耕，《2010中国城市文化创意产业发展研究》。

中国社科院，《上海文化产业的发展趋势和政策导向》。

中国社科院，《文广研究》。

中国社科院，《对上海文化创意产业园区发展模式及路径的调研与思考》。

上海创意产业研究中心网站部分资料。

钱敏杰，《上海文化创意产业园区的发展探讨》。

深圳——创意设计的万花筒

深圳是我国为推进改革开放建立的经济特区，作为推行市场晋级制度的“试验场”，深圳也是国内最早一批发展文化创意产业的城市之一。早在2003年，深圳就提出了“文化立市”的发展战略。在“文化立市”的理念下，设计与创意产业更加紧密相连，催生着深圳城市转型。2004年，深圳首届文博会在高交会馆开幕，给深圳的产业转型带来契机。同年，深圳不失时机地提出构建“设计之都”的目标，确立了“设计是产业核心竞争力”的理念，将设计更深地根植于创意产业。田面设计之都、华侨城LOFT、南海意库、F518时尚创意园、国家动漫产业基地……众多创意设计基地构建起一张深圳的“创意地图”，点缀着城市的发展。这张地图犹如根系繁密的植被，渗透于城市的各个角落，重要的是，这些“植被”在不停地蔓延、增长。自2008年底深圳被冠以“设计之都”称号之后，新增的创意产业园就有深圳设计产业园、深圳动漫园、梅沙原创音乐前沿基地、中国丝绸文化产业园、深圳陶瓷文化产业园等。层出不穷的创意园区及活动，无不彰显着这座城市创意产业的蓬勃。深圳的激情和创造性令深圳文化及文化产业充满活力和动力，成为国内文化产业发展浪潮中的先锋城市之一。

一、产业重点突出，“设计之都”叫响国际

深圳，这个“被设计”的年轻城市，繁衍着层出不穷的“设计”。2004年，第一届文博会在深圳举办，给全国文化产业发展带来深远影响，也给该市产业转型带来契机。这一年，深圳不失时机地提出构建“设计之都”的目标，确立了“设计是产业核心竞争力”的理念。设计产业是深圳发展文化创意产业的重点，据统计，目前深圳设计从业人员达10

万人，年产值15亿元，设计产业占GDP的5%。深圳有6万多名设计师和6000多家较有实力的设计企业，涵盖平面设计、工业设计、建筑设计、动漫设计、软件设计等10多个领域。2008年11月，深圳获批加入全球创意城市网络联盟，被联合国教科文组织授予“设计之都”称号，成为国内首个、全球第六个获此殊荣的城市。

联合国全球创意城市网络，是联合国教科文组织于2004年创立的项目，该项目对应的是联合国《保护和促进文化表现形式多样性公约》，旨在把以创意和文化作为经济发展最主要元素的各个城市联结起来形成一个网络，是全球创意产业领域最高级别的非政府组织。加入该网络的城市被分别授予7种称号：“文学之都”、“电影之都”、“音乐之都”、“设计之都”、“媒体艺术之都”、“民间艺术之都”和“烹饪美食之都”。其所授出的称号在世界范围内具有极高的权威性。而“设计之都”称号，在促进文化多样性和创意产业发展方面，已经在全球范围内具有很高的影响力。全球创意城市网络与世界上著名的国际创意产业协会有着密切的联系，拥有庞大的专家顾问队伍，与创意城市及其官员建立了经常性机制化的联系。在这个网络的平台上，成员城市相互交流经验、互相支持，帮助网络内各城市的政府和企业扩大国内和国际市场上多元文化产品的推广。加入这个网络，获得其中一个称号，就等于迈上了该领域国际合作与交流最权威和便捷的平台。

创意城市网络为深圳提供了一个国际化平台。首先，加入创意城市网络，成为“设计之都”，帮助深圳加入了国际一流创意城市俱乐部，使深圳可以在国际舞台上与顶尖创意城市进行交流、合作，从而进一步提升深圳的国际化水平。其次，在某种意义上，深圳也因此加入了国际文化产品营销网，进入了全球文化产品供应链。深圳的创意产业在国际舞台上有了新的发展空间和市场。借此网络，深圳的文博会可以面向此网络中的创意城市进行推广和招商。深圳成功加入“全球创意城市网络”，不仅对于深圳市还是对于全国，都将产生重大的示范推动效应。

深圳作为新兴创意城市，获得符合目前世界城市发展潮流的“设计之都”称号，大大巩固了深圳创意产业的地位，增强了深圳对创意资本和人才的号召力、凝聚力，有利于加强创意产业各要素向深圳聚集。同时，将促使创意产业的人才、资本和各要素进一步向深圳聚集，对深圳未来发展具有非常重大的战略意义。深圳由此跨入了国际品牌城市行列，被赋予了先锋、时尚、创意的色彩，对城市形象和企业市场拓展带来了极大的无形资产效益。“设计之都”称号的获得无疑将加快深圳产业进一步升级的步伐，成为深圳经济与文化未来发展的一个新的拉动力量。

二、产业园区功能定位各异，带动创意产业起飞

创意产业园的建立，是深圳创意文化产业发展的一个重要环节。深圳的文化创意产业园是按照“企业运作、政府支持、行业集中、功能完善”的原则建设的。

（一）中国丝绸文化产业创意园

基本情况：园区位于深圳龙岗区南岭村，占地面积3.6万平方米，总建筑面积4.2万平方米。园区荟萃了旅游工艺品、礼品、保健品、化妆品、家纺、服装、服饰、面辅料、棉、麻、天然竹纤维环保产品及各方面的特色商品等。自2009年5月开园以来，已有丝丽、凯喜雅、达利、万事利、六合、杭州高盛、御品云莎、卓尚、绣都、大染坊等囊括国内一线丝绸品牌在内的40余家丝绸企业入驻园区。2011年1月，成功创建“国家文化产业示范基地”，是中国第一个也是目前唯一获此殊荣的丝绸文化企业。

具体做法：一是强强联手，实力打造品牌。引进国家级和省级行业优势资源，由中国同源有限公司与广东省丝绸纺织集团携手开发打造园区，以资产、业务、营销网络和人才资金实力开拓平台，取得良好的市场效应。二是利用空间，开发时尚园区。中丝园由14栋旧厂房改建而成，简单的仓库、空旷的空间被布置为各种风格，具有鲜明的后工业时代特色的展厅，在改造老工业区同时，为文化产业拓宽了发展空间。三是广泛合作，全力实现共赢。园区以打造中国顶尖的丝绸品牌产业化链条为目标，突破地域局限，引进来自江苏、浙江、上海、湖南、四川、山东等十几个省区，云集了我国苏绣、粤绣、湘绣、蜀绣等四大名绣的各类品牌企业，共同拓展中国丝绸文化。

（二）大芬油画村

基本情况：大芬村是深圳市龙岗区布吉街道下辖的一个村民小组，占地面积0.4平方公里，本村原住居民300多人。1989年，香港画商黄江来到大芬，租用民房招募学生和画工进行油画的创作、临摹、收集和批量转销，由此将油画这种特殊的产业带进了大芬村。随着越来越多的画家、画工进驻大芬村，“大芬村”成了国内外知名的“中国油画第一村”。据最新统计，大芬油画村目前共有以油画为主的各类经营门店近1200多家，居住在

大芬村内的画家、画工1万多人，年产值近10亿元，占据全球近70%的油画市场份额。

具体做法：一是文化与旅游相结合。与旅游部门积极合作开发大芬油画村的旅游资源，将大芬油画村建设成为国际化的油画生产基地、油画交易平台、油画展览中心、油画培训基地和油画旅游热点。二是艺术与产业相结合。大芬以原创油画及复制艺术品加工为主，附带发展国画、书法、工艺、雕刻及画框、颜料等配套产业的经营，同时发展物流、售货等服务，发挥深圳港货运港口的物流服务功能，形成了以大芬村为中心，辐射闽、粤、湘、赣及港澳地区的油画产业圈。三是短期与长远相结合。凭借深圳文博会，宣传推介大芬艺术村，以“大芬油画集团”的形象对海外推广，扩大其国际影响力和知名度。不断扩大艺术村地域规模，为大芬商品生产、供应做好后续准备，着力建设大芬油画产业园区，实现油画产业规模化发展。

（三）F518时尚创意园

基本情况：园区位于宝安中心区的核心地带，于2007年6月开始改造建设，同年12月7日落成。总规划建筑面积25万平方米。其中一期占地约6万平方米，建筑面积约14万平方米，总投入3.5亿元人民币。园区致力于创意文化和区域产业的对接，实现产业升级，并积极推进区域及园区文化氛围的建设。园区拥有创意的研发设计团队，有先锋前卫的原创艺术家，有创意孵化的平台，有配套齐全的展示交流空间，能最有效地实现设计和艺术的创意力量聚集。

具体做法：一是联合企业，孵化创造价值。园区管理实行业主模式而非房东模式，低额或免费的租金，高标准的符合园区发展的入园门槛，为入驻企业提供配套设施服务外，量身定做延伸服务链，如将市场信息提供给园区企业，为园区企业在外地设置宣传窗口，为企业在外地寻找合作伙伴等。二是依托产业基础，促进地方经济发展转型升级。依托深圳深厚的制造业基础，特别是电子通信行业和玩具礼品行业的规模资源，为产业的文化建设、品牌策划、产品开发等提供创意服务，实现产业链效益。三是依托市场需求，建设多元产业兴园。将创意与市场相结合，实现文化创意的产业价值。发展画廊、出版、演出、艺术家工作室、设计公司以及精品家居、时装、餐饮酒吧等经营形式，形成多元化、差异化的时尚艺术格局。

三、产业发展模式四位一体，引领深圳走向成功

深圳文化产业发展的模式和路径归纳起来就是四个“+”，即“文化+旅游”、“文化+科技”、“文化+金融”以及“文化+创意”。

（一）“文化+旅游”——以深圳华侨城为例

每个行业都有一个领跑者，在深圳市的创意文化产业方面，华侨城无疑是个佼佼者。1985年8月，华侨城作为引进境外资金、人才和技术的基地，经国务院批准，从深圳沙河华侨农场划出4.8平方公里土地进行开发。20多年来，华侨城像花匠一样精心打理着自己的片区，使之成为深圳的美丽“客厅”。

将中国的名胜古迹微缩到深圳是华侨城迈开的第一步。其后，在锦绣中华成功经验的基础上，华侨城推出世界之窗，把全世界精华的风景名胜浓缩到深圳，这其中包括了著名的埃菲尔铁塔、悉尼大剧院等世界闻名的建筑和名胜。这种“文化+旅游”的模式给华侨城带来了巨大的成功。在国内主题公园问世之初，华侨城园区内以优美的环境、精美的建筑及各类陈设为主要的吸引点，静态展示是主要的表现手法。

但随着市场经营的实践，华侨城认识到仅有静态展示难以满足游客的多样化需求。通过积极探索后，他们找到了文化艺术表演这种新兴载体。将文艺表演转化为村寨景点表演、剧场式演出以及大型广场艺术等多种产品，华侨城开创了旅游文化演出的新市场形式，也使得旅游演艺逐渐成为华侨城主业经营的重要内容和核心竞争力之一。

（二）“文化+科技”——以深圳华强文化科技集团为例

深圳不是文化资源大市，但深圳却是高科技发达的新兴城市，借助这一优势，深圳提出了 “文化+科技”的产业升级发展思路，让科技借助文化飞得更高更远。深圳华强文化科技集团就是“科技+文化”这一模式的典型代表。华强文化1998年成立时，只有50多人，最初是一家以做电子产品起家的高科技企业。由于找到了“文化+科技”的发展模式，华强文化快速崛起。2010年，华强集团的销售收入达11亿，利润约5亿，员工队伍发展到5000多人。华强文化的主题公园表现出强劲的竞争力，正在全国范围内全面开花，并

开始走向世界。

科技令文化产业拥有广阔市场。过去一直是科技企业的华强文化自进军文化领域后，高科技让华强集团在文化产业里如鱼得水。目前，华强文化的原创动画片输出到海外100多个国家和地区；环幕立体电影系统及影片打入了包括美国、加拿大在内的40多个国家；输出到伊朗的主题公园预计于2012开业，输出到乌克兰的主题公园也已经完成全部创意设计方案；带有鲜明中国特色的动漫制作流水线的出口已提上日程。文化和科技的水乳交融，推动华强文化的文化产品不断走出去，华强文化也被媒体誉为“中国文化产业的领跑者”。

此外“文化+科技”模式也让深圳的印刷包装、文化用品、珠宝加工、文娱旅游等传统行业焕发青春，同时又催生出许多文化产业的新行业、新品牌，成为极具增长潜力的新亮点。如今，“文化+科技”俨然已成为深圳产业发展的一大特色。虽然深圳不是文化资源大市，文化资源总量不足，但“文化+科技”的发展道路，让科技为文化插上了翅膀，文化是“内容”，科技是“形式”，通过科技优势改变文化积累和文化沉淀的方式，解决了深圳文化基础薄弱问题。反之，依靠科技的巨大助推力，弥补了深圳文化总量的不足，推动了文化的创新繁荣。

一个个文化科技企业在深圳崛起的背后，是科技和文化对接后的裂变反应。科技创新，为传统文化产业注入了强大的生命力；文化魅力，为现代科技产业提供新的突破口。科技与文化在深圳这片“敢为天下先”的热土水乳交融互助腾飞。

（三）“文化+金融”——以文博会为例

资金一直是创意文化产业发展的瓶颈，深圳通过搭建文化产业与金融机构的对接平台，形成“文化+金融”的发展模式。2009年11月，深圳文化产权交易所正式挂牌，为文化与资本联姻提供便捷条件，打造永不落幕的文博会。

深圳市政府于2010年5月出台《支持和促进深圳文化产权交易所发展的若干意见》，提出“2010年至2014年，市财政每年划拨500万元，5年共2500万元(含开办费)，支持深圳文交所建设和发展”。在政府大力推动下，深圳文交所已与国内外金融投资机构、国际买家、文化组织、文化企业等110多家机构建立战略合作伙伴关系，其创投基金的资金管理规模已达208亿元，并取得了3家银行共500亿元的资金授信。在2010年第六届深圳文博会上，多家文化企业及项目通过文化产权交易所获得大笔融资，交易成交额达85.69亿元。

市场力量是创意文化产业发展的根本动力，文博会作为我国唯一国家级、国际化、综合性的文化产业盛会，迄今为止已举办6届，已发展为我国文化产业领域规模最大、最具影响力的展会。2009年第五届文博会总成交额877.56亿元。到第六届时总成交额上升至1088.56亿元人民币。文博会辟有专门的创意设计馆，为企业提供品牌提升、上下游资源整合的合作机会，为设计师提供国际化的展示和交流机会，为买家建立有效的营销渠道、提供海量的直接采购机会，建立设计师、设计企业与生产企业的沟通合作平台。

（四）“文化+创意”

文化本身就是有创意的东西，尤其当它与产业相嫁接之后。目前，深圳市共有53个文化创意园，涵盖了创意设计、动漫制作、古玩珠宝、音乐绘画等各个门类。深圳的文化创意产业发展态势一片大好，除旅游、科技、金融等因素，最主要的还是滋生文化创意的土壤肥沃、条件成熟。那是因为产业集聚发展了30年，人才集聚了30年，政府服务了30年，因为产业需求市场的迫切和广大，因为高新技术人才的高密度。

四、产业发展前景良好，展望未来发展之路

（一）大力支持文化产业重点领域、重大项目和重点企业发展，积极引进和培育总部企业

充分利用深圳在高新技术、现代物流和金融业等方面的优势，继续壮大大众传媒、现代印刷、娱乐、工艺美术、文化旅游等传统优势产业，重点培育和发展创意设计、动漫游戏、数字内容、出版发行和版权服务、文化艺术服务、网络文化服务、广告会展等核心文化产业和高端服务业。认真梳理和扶持现有重大文化产业项目，积极协调，重点引进中博传媒等一批带动全市文化产业发展的重大项目，培育和发展一批文化产业的龙头品牌企业，通过“一项一策、一企一策”培育重点龙头企业和引进重大产业项目，帮助企业解决核心竞争力问题。

（二）大力实施产业集群发展战略，进一步加快文化产业园区和基地建设

抢抓“深港创新圈”和“国际文化创意中心”建设机遇，积极争取建设国家级创意产业园区，研究推动旅游产业与文化产业园区基地建设相结合，促进文化与旅游的融合，提升产业园区基地的竞争力和影响力。严格、科学地组织文化产业园区和基地评选、认定、授牌和命名工作，加强文化产业园区和基地的管理。落实文化产业园区和基地的有关政策，加大力度鼓励文化产业项目进驻“三旧”改造类园区，拓展文化产业发展的空间。加强对园区和基地的调查研究，根据不同类型园区和基地的实际，有针对性地研究制定政策来解决发展中存在的实际问题，引导园区和基地健康发展。

（三）以建立文化产权交易所为突破口，推进文化产业与资本市场、政府投资与社会投资的良性互动

助推文化产权交易所和文化产业投资基金加快发展，通过政府引导，市场化运作，利用深圳文博会的项目资源，加强与央行、国家开发银行、中国银行等金融机构以及风险投资、证券公司的合作，推动各类中介服务机构开展版权、创意等无形资产的评估服务，探索开展文化产权交易，为中小创业型文化企业、成长性文化项目以及创意成果转化提供融资市场，促进文化资源与资本的高效结合，并为风险资本、创业资本和社会资金提供文化市场进入与退出渠道，促进建立创业投资服务体系，提高各类资本投资文化产业的积极性，构建完善的文化产业投融资机制。另外，通过加大政府投入，尤其是对文化产业园区和基地，在项目审批、环境配套、通水通电等方面的支持，带动更多社会资金投入文化产业领域。

（四）建立完善扶持文化产业发展的政策法规体系，营造良好的发展环境

贯彻落实《关于大力促进创意设计业发展的若干意见》，在设计产业发展、设计师人才培养和引进等方面提供政策保障。同时，组织开展文化产业高层次和紧缺人才课题调研，摸清深圳市文化产业人才需求情况，制定出台有关鼓励和吸引优秀文化产业人才来深创业的相关政策措施，通过政策扶持，引进一批文化产业的领军人物，并结合深圳市文化

产业八大重点领域行业规划的制定，根据行业特点研究制定促进各行业发展的政策措施及公共服务平台的建设计划，加快推进深圳市文化产业动态数据库建设，不断完善产业政策配套环境。

（五）高水平、高标准、高质量筹办文博会，为文化产业搭建良好的平台

全面落实李长春同志重要批示精神，出台《中国（深圳）文化产业博览交易会发展规划（2010——2020）》和相关配套政策，合理有效配置政府资源、调动社会各界力量，形成统一高效、协调顺畅的文博会筹办工作机制，并积极争取中央有关部委支持，进一步提高文博会办展质量和水平，为文化产业发展搭建高起点、高规格的展示交易信息出口平台。

（六）建立健全项目企业服务机制，提高政府服务质量和水平

加强与文化企业沟通联系，为企业提供贴心、贴身、优质的政府服务。建立重点文化企业和项目跟踪服务责任分工制度，按行业、类别分工负责联系企业，为企业开展个性化服务；对重点文化企业和项目，定期开展调研，深入实地了解企业情况，发掘具有自主知识产权和自主品牌的本地文化企业，给予重点扶持；以协会为桥梁和纽带，通过举办文化产业专题讲座、组织研讨、开展培训等形式，加强政企沟通，倾听企业的要求和呼声，提升优化服务水平。

（七）完善文化产业专项资金管理机制，充分发挥财政资金效用

进一步完善文化产业专项资金管理政策体系，根据产业发展实际情况，研究修订文化产业专项资金管理办法等配套政策，调整资金投放范围和比例，科学使用专项资金，充分发挥财政资金的杠杆作用，以加强对原创研发成果及其产业化、文化产业链关键环节以及公共服务平台体系等方面的扶持，支持中小文化企业发展，引导企业走自主创新之路。同时健全资金运作规范，加大资金监管力度，确保资金使用的公正透明。

（八）加强与港澳、珠三角区域的合作，努力实现区域间文化产业的融合

加强与港澳文化产业的深度合作，积极落实与澳门文化局签订的框架协议，并与香港创意办等相关机构联系，充分利用港澳在资金、影视制作、人才、营销网络等方面的优势，依据市场需求实行互补性发展，努力实现互惠双赢。大力加强深港澳在创意设计、影视制作、动漫游戏等香港文化产业强势领域的合作，推进深港澳文博会合作，并充分利用香港国际辐射范围广、中介机构力量强大的优势，推动文博会再上新台阶。积极探索珠三角区域文化产业合作机制，依托珠三角区域的广阔市场和资源空间，努力实现深圳与珠三角区域的文化产业深度融合。

"文化立市"—— 深圳的文化发展战略十分富有想象力，表现了一个年轻城市的自信、朝气和对自己城市未来的美好期许，深圳文化创意产业的未来发展将迎来一个美好的春天。

参考文献：
毛少莹，《上海、深圳、香港、台北四城市文化发展战略比较与启示》。
毛少莹，《城市里弥漫着创意的味道》。
《2010中国城市文化创意产业发展研究》。
新华网，《从"深圳制造"到"深圳创造"——解读深圳发展文化创意产业的四大经验》。
深圳新闻网，《"设计之都"称号对深圳的意义》。
深圳新闻网，《"文化+科技"缔造深圳新型产业》。
秀洲区三产发展局（区旅游局），《服务业（文化产业）发展专题研讨班专刊一》。

杭州——秀外慧中的婉约城

作为21世纪的朝阳产业，文化创意产业启动快、扩张强，具有很强的渗透性和产业关联性，迄今为止已形成了庞大的消费市场和集群经济。目前，文化创意产业正逐步成为一个国家和地区经济社会发展的重要动力，在区域经济与社会发展中起着越来越重要的引领作用。

凭借悠久的历史文化积淀和优美的自然环境及政府的大力支持，近年来，杭州文化创意产业得到了较好发展，成为国内为数不多的文化创意产业先发地区。当前，杭州正处于经济转型升级和城市发展方式转变的重要关头。在2010年5月由国务院正式批准实施的《长江三角洲地区区域规划》中，“建设全国文化创意中心”被列为杭州城市发展功能定位的重要内容之一，意味着打造全国文化创意产业中心由杭州的地方性战略升格为国家级战略目标。现就杭州文化创意产业发展作一综述。

一、杭州对文化创意产业的理解

（一）文化创意产业的发展由来

虽然“文化”和“创意”自古有之，但作为一个产业概念，文化创意产业却是一个新事物。从产业经济学的角度来看，文化创意产业可以认为是从文化产业演化而来的。对于文化产业这一概念，其最早的渊源可以追溯到20世纪40年代。本雅明在其《机械复制时代的艺术作品》一文中最先表达了关于文化工业的思想。后来，虽然关于文化产业还形成了其他一些定义，但到20世纪80年代，人们对文化产业的理解基本上以联合国的定义为标准，即文化产业是“按照工业标准生产、再生产、存储以及分配文化产品和服务的一系列活动”。我国《文化及相关产业分类》将文化产业的概念界定为：“为社会公众提供文化、娱乐产品和服务的活动，以及与这些活动有关联的活动的集合”，可见，我国对文化产业的概念界定，更侧重于对人民群众提供精神文化需求。

自20世纪90年代开始，以IT产业的兴起和互联网的广泛应用为标志的新技术革命在世界范围内掀起，这极大地促进了经济全球化、区域经济一体化的进程，并使得要素资源在更大范围内进行配置和产业链的细分与重组成为可能。与此同时，在经过高度工业化之后，许多发达国家和地区开始从以生产为主的经济类型向以消费为主的经济类型转变，更多地注重对个性化、时尚化为特征的精神文化产品的消费需求。在这样的社会背景条件下，传统的文化产业已经不能适应发展需要，而以科技性、知识性、娱乐性、消费性和益智性为特征的文化创意产业开始崛起，并迅速成为当今世界产业发展的主流。

概而言之，我们可以认为，一方面，文化产业是文化创意产业的源泉与基础。任何一种文化创意活动，都必须在一定的文化背景下进行，离开文化，创意产业就会成为无源之水、无本之木。另一方面，文化创意产业是文化产业发展的高级阶段，是文化产业的拓展与延伸、前沿与高端，它抓住了现代文化产业的核心和实质，调整了现代文化产业的发展方向，提供了现代文化产业从单一的个人消费需求导向转向既服务个人消费、又服务生产领域的新思路。

（二）文化创意产业的基本内涵

英国是世界上第一个提出创意产业概念并运用公共政策推动创意产业发展的国家。1997年5月，为振兴英国经济、调整产业结构、解决就业问题，英国首相布莱尔提议成立了创意产业特别工作小组并亲自担任主席，负责对英国的创意产业提出发展战略。1998年，英国政府出台了《英国创意产业路径文件》。这个文件首次提出了创意产业的概念：“源自个人创意、技巧及才华，通过知识产权的开发和运用，具有创造财富和就业潜力的行业”。根据这个定义，按照就业人数多或参与人数多、产值大或成长潜力大、原创性高或创新性高三条原则，英国将广告、建筑、艺术和文物交易、手工艺品、工业设计、时装设计、电影和录像、互动性娱乐软件、音乐、表演艺术、出版、电脑软件及电脑游戏、广播电视等13个行业确定为创意产业，文化遗产与旅游产业也被列为重要的相关创意产业。

自此之后，随着创意产业在世界范围内的迅速兴起，创意产业概念也被赋予了新的内涵，如美国把创意产业定义为“版权产业”，日本称之为“内容产业”，而在澳大利亚、韩国、台湾等国家和地区则结合自身经济社会的发展特点，把创意产业称为文化创意产业。

在国内，创意产业近年来也得到了快速发展，尤其在上海、北京等城市，正在以前所未有的速度迅速崛起。虽然各地对发展创意产业已达成共识，但就创意产业内涵与外延的界定来说，目前国内尚没有形成统一的标准。通过借鉴国内外的经验与结合杭州的发展实际，杭州市委、市政府将文化创意产业定义为：以创意为核心，以文化为灵魂，以科技为支撑，以知识产权的开发和运用为主体的知识密集型、智慧主导型战略产业。概括来讲，杭州的这个定义更加符合知识经济时代的产业发展趋势，更加符合省委提出的“双创”总战略，更加符合杭州打造“和谐创业”模式、建设创新型城市、共建共享与世界名城相媲美的“生活品质之城”的目标要求，更能体现时代特征和杭州特色。

二、杭州发展文化创意产业的战略意义

在经济全球化、区域经济一体化加速推进的当今时代，面对“新经济、互联网”、“高通胀、高物价”的挑战，发展文化创意产业，开辟增长新蓝海，对于杭州实现经济社会的可持续发展、共建共享与世界名城相媲美的“生活品质之城”具有重要意义。

（一）文化创意产业是杭州扬长避短的必然选择

要素禀赋结构是一个国家和地区发挥比较优势、打造竞争优势、构筑产业优势的前提基础。杭州是一个经济大市、资源小市，缺地矿资源、缺港口资源、缺政策资源，没有大规模发展重化工业的条件和优势。而且杭州城市的环境容量及其性质和定位，也决定了杭州不可能大规模发展高污染、高消耗的传统重化工业。但杭州有着独特的文化优势、丰富的人才优势、优越的环境优势、发达的经济优势和扎实的产业优势，尤其是环境、人才和文化优势，特别适合发展知识密集型、文化密集型、科技密集型的文化创意产业。所以，发挥综合优势，发展文化创意产业，是杭州基于自身实际所做出的必然选择。

（二）文化创意产业是加快杭州产业转型的战略举措

产业是城市经济发展的支撑和动力。经过改革开放30年的快速发展，杭州开始处于由投资驱动向技术创新驱动过渡的发展阶段，日益加速的工业化与城市化使得杭州面临日益趋紧的环境与要素资源约束。破解环境资源约束，实现经济转型，已成为杭州经济社会发展过程中不可回避的重大现实问题。而文化创意产业是“无烟”产业，除了具有资源消耗少、所占空间小的特点外，还具有很强的渗透性和融合性，通过对第一、二、三产业的整合与提升，可以极大地推动传统产业从低端向高端、从低附加值向高附加值、从制造向创造的转变，从而促进整个产业的转型与升级，推动区域经济社会发展方式的转变。

（三）文化创意产业是提高杭州城市综合实力的有效途径

一个城市的综合实力，主要由经济“硬实力”和文化“软实力”构成。提升城市综合实力，既要关注经济“硬实力”，也要关注文化“软实力”。当今时代，随着经济文化化、文化经济化、经济文化一体化加速发展，文化创意产业已越来越成为先进生产力的重要组成部分，文化“软实力”已越来越成为城市综合实力的重要组成部分。20年前，如果有人说跳舞、音乐、体育是经济的一个组成部分，那似乎是“天方夜谭”。如今，以电影、电视、MTV、世界杯足球赛、奥林匹克运动会为代表的文化产业已成为世界经济的支柱产业，文化创意产业的增长速度远远高于全球经济的整体增长速度。可见，无论是提升经济“硬实力”，还是提升文化“软实力”，都离不开文化创意产业。

（四）文化创意产业是提升人民生活品质的重要依托

按照罗斯托的经济发展阶段理论，区域经济发展的最高阶段就是以追求生活质量为最终标志的。文化创意产业，不仅可以增加财富、创造就业，而且它是一种生活与创业高度融合的产业，是一种生活与创业完美结合的创业模式。文化创意产业中的某些门类，特别是工业设计业，能极大地提升制造业的层次和水平，这些对于提高人民群众经济生活品质具有重要意义。文化创意产业是以文化为灵魂的产业，它的产品绝大多数是文化产品，有利于满足人民群众多样化、高层次的精神文化需求，有利于提高人民群众文化生活品质。文化创意产业几乎不消耗任何不可再生的物质资源，而且其中的某些门类，特别是建筑设计业、园林设计业等，与提高城市品位和档次息息相关，有利于提高人民群众环境生活品质。文化创意产业中的文化休闲旅游、文化会展等行业，则与提高人民群众社会生活品质密切相关。可见，发展文化创意产业，对于提升人民生活品质，都具有独特的、不可替代的作用。

三、杭州发展文化创意产业的主要做法

作为新兴产业，文化创意产业既具有传统产业的一般特征，但也呈现出许多个性化的特点。近年来，杭州立足实际，积极探索，拓展思路，创新举措，通过发挥政府主导力、企业主体力和市场配置力“三力合一”的作用，使得文化创意产业取得了较好发展。

（一）健全组织机构

与一般的传统行业不同，作为一种新兴产业，文化创意产业具有跨度大、交叉性强等特点，产业链涵盖、涉及众多领域和部门。为避免产业发展过程中出现管理上的缺位或越位问题，英国、日本、韩国等发达国家都成立了相应的专职机构，协调、促进产业有序发展。在借鉴发达地区的经验基础之上，杭州市委、市政府专门成立了市文化创意产业指导委员会，并下设文化创意产业办公室，负责全市文化创意产业的规划制定、政策完善、人才培养、综合协调、检查考核等职能。同时，为形成上下联动的发展格局，全市13个区、县（市）均成立了文创办，八大行业牵头部门均落实具体责任处室推动所管辖产业的发展，组织协调作用进一步加强。

（二）建立统计体系

为全面、系统、及时地反映杭州文化创意产业发展状况，杭州在国家统计局《文化及相关产业分类》的基础上，建立了《杭州市文化创意产业统计调查制度（试行）》，并将文化创意产业划分为核心层和外围层两个层次，共涉及145个国民经济小类行业，根据年报、半年报、季报的统计报表，按照限上企业挨户调查、限下企业抽样调查的方法，对每季度的产业数据进行测算与发布。

（三）突出发展重点

在文化创意产业发展的初期阶段，坚持有所为、有所不为，实施非平衡战略，加大对重点行业和区块的培育与发展力度，发挥“以点带面”的辐射与带动作用，是发达国家和地区发展文化创意产业的经验总结。为突出重点，集聚发展，2007年杭州市委、市政府把信息服务业、动漫游戏业等8大行业作为突破口，将西湖创意谷、之江文化创意园等十大文化创意园区为主平台，加快文化创意产业发展。

（四）完善规划政策

制定产业发展政策，发挥政府“看得见的手”的作用，助推产业发展对于新兴的文化创意产业同样重要。近年来，杭州市相继制定了《关于打造全国文化创意产业中心的若干意见》、《杭州市文化创意产业发展规划（2009—2015年）》、《关于统筹财税政策扶持文化创意产业发展的意见》、《关于利用工业厂房发展文化创意产业的实施意见》、《关于加快推进我市文创企业创业板上市工作的实施意见》等政策文件，设立市文化创意产业专项资金，资金规模根据实际需要逐年递增，2010年达到2.82亿元。通过制定实施一系列促进政策，杭州的发展环境进一步得到优化，产业发展逐渐步入了发展的快车道。

（五）建设人才队伍

文化创意人才队伍是决定文化创意产业发展的关键要素。针对创意人才特点，杭州坚持自主培养为主，大力实施紧缺人才培训工程特别是新一轮“356”培训工程；新增3000万元专项财政资金，用于实施“青年文艺家发现计划”，着力打造一支国内一流的青年文艺家包括文化创意人才军团；积极搭建“西湖创意市集”、“酷卖街·动漫市集”、“文化跳蚤市场”等平台，为大学生创业、成长提供广阔舞台；建立大学生实训、创业孵化基地，鼓励与引导大学生创新创业，积极推动文创产业大学生创业实训工作。

（六）加大招商力度

坚持“开放带动”战略，充分利用中国国际动漫节、西博会、杭州文博会等活动，开展有针对性的文化创意产业招商；加强区域合作，推进国际交流，积极吸引国内外有实力、高水平的企业、高端人才、创意团队、科研机构来杭发展文化创意产业；加强公共技术、服务、信息平台建设，充分依托十大文创产业园区，把招才与引资有机结合，高标准、低门槛吸引知识分子和文化人来杭创业，着力打造“文化人的天堂”。

（七）营造发展氛围

大力弘扬“和谐创业”理念，通过“杭州文创产业十大风云人物”评选，挖掘成功典型，传播创业精神，在全社会形成鼓励创新、勇于探索、崇尚成功、宽容失败的创新创业文化；加强知识产权保护，充分发挥杭州市知识产权工作领导小组和相关行业协会的作用，促进文化创意产业知识产权交易平台搭建，鼓励和规范知识产权评估机构等中介结构发展，切实加强对知识产权保护工作的领导，促进文化创意产业健康发展。

四、杭州发展文化创意产业的主要成效

（一）产业实力不断提升

据统计，自2007年以来，全市文创产业增加值年均增速高于全市GDP增速6.1个百分点。2010年，全市文创产业增加值突破700亿元，达到702亿元，占全市GDP比重达11.8%，同比增长16.2%，高于全市GDP增速4.2个百分点，高于全市服务业增加值增速3.9个百分点，其中核心层实现增加值460.36亿元，占全部文化创意产业的65.6%。全年全市文化创意产业限额以上企业资产总计1914.89亿元，同比增长24.9%；从业人员为28.06万人，同比增长13.9%。

（二）行业地位日益突出

2010年，全市动漫游戏业完成原创动画片42部35008分钟，同比增长27.7%，年产量连续两年居全国各城市第一，有47部原创动漫游戏作品远销90多个国家和地区，实现境外销售额1192万美元，出口额同比增长86%。浙大网新、阿里巴巴、浙江中南集团跻身全国民营企业500强。西泠拍卖的首位度不断提升，2010年秋拍成交额突破10亿元，创历史新高。积极推动符合条件的文创企业上市融资，目前，认定中博展览、宇天科技、思美传媒

等10家文创企业为创业板上市培育对象，其中顺网科技、华策影视、宋城旅游等5家企业成功登陆创业板，其余企业上市工作正在积极筹备中。

（三）园区建设扎实推进

目前，全市市级文创园总数达16家，文创特色楼宇24家。其中，截至2010年底，首批认定的十大文创园区建成面积为124.4万平方米，同比增加57.16万平方米，增幅达85.01%；使用面积为52.77万平方米，同比增加11.54万平方米，增幅达27.99%；企业数量为1437家，同比增加600家，增幅达71.68%；就业人数为23074人，同比8042人，增幅达53.50%，园区的集聚效应得到不断提升。

（四）人才队伍持续壮大

截至2010年底，已成功引进潘公凯、余华、约翰·霍金斯、刘恒、邹静之、赖声川、朱德庸、蔡志忠等一批国内外文化名人以不同方式入驻西溪创意产业园、之江文化创意园、白马湖生态创意城等园区。认定10家大学生创业孵化基地和14家大学生实训基地，共实训大学生5148人次。每月一次的“西湖创意市集”、“酷卖街动漫市集”、“创意力量大讲堂”等活动，已经成为青年设计师、大学生创新创业和学习交流的重要平台。

（五）政策体系逐渐完善

先后制订出台了《关于打造全国文化创意产业中心的若干意见》、《关于统筹财税政策扶持文化创意产业发展的意见》、《关于利用工业厂房发展文化创意产业的实施意见》、《关于加快推进我市文创企业创业板上市工作的实施意见》等一系列政策文件，为全市文化创意产业发展提供了有力保障。市文化创意产业专项资金2010年达2.82亿元，2007年以来共对全市1360个文创产业项目进行扶持，带动社会投资约150亿元。与杭州银行等9家在杭金融机构签订了融资战略合作协议，构建文创产业融资战略合作机制，2010年签约合作银行为杭州文创企业提供了45亿元贷款。推出1.6亿元规模的文创产业银政投集合信贷产品“宝石流霞”、“满陇桂雨”，为全市92家文创企业提供融资服务。

（六）品牌打造成效明显

以西泠印社为主申报的“中国篆刻艺术”入选人类非物质文化遗产名录。2009年，《宋城千古情》等3部作品获全国“五个一工程”奖，电视连续剧《中国往事》获韩国首尔电视节最高奖。杭产动画《梦回金沙城》成功入围第83届奥斯卡；中国国际动漫节被国家广电总局和中国动画学会评为“中国最具影响力的动漫节展”；杭州高新区国家动画产业基地获得国家广电总局颁发的“最佳动画产业基地奖”；西湖数字娱乐产业园成功申办国家级科技企业孵化器，获得了“2009年度中国动漫游戏行业——全国优秀高新技术产业园区”称号；之江文化创意园被国家科技部、教育部联合命名为“中国美院国家大学科技园”；新闻出版总署批准杭州建立国家数字出版产业基地。

（七）文化会展优化提升

中国国际动漫节实现永久落户杭州，至今已成功举办了六届，其中第六届动漫节共吸引了47个国家和地区的365家动漫企业参展，161万人次参加了动漫节各项活动，签约项目近200个，动画片意向成交量达13.28万分钟，成交总金额达106亿元。成功举办四届中国杭州文化创意产业博览会，其中2010年杭州文博会吸引16个国家及港澳台地区参展，国内外观众突破30万人次，完成签约项目36项，项目意向成交及意向投资额达32亿元，实际成交额及项目落地资金达13亿元。此外，还成功举办了国际雕塑年鉴展、CIOFF亚太民间艺术节等一批文化类会展项目。

（八）组织机构得到健全

建立杭州市文化创意产业指导委员会，负责产业发展战略及重大事项的决策。成立隶属市委宣传部的相当正局级财政补助事业单位市文化创意产业办公室，负责规划制定、政策完善、人才培养、综合协调、检查考核等工作。全市13个区、县（市）完成机构组建工作，新设立的文创办均为相当当地正局级事业单位，人员编制均在5人以上。八大行业牵头部门均落实具体责任处室推动所管辖产业的发展，组织协调作用进一步加强。

(杭州市文化创意产业办公室)

无锡——魅力祥和的文化都

无锡，地处长江三角洲几何中心，位于中国沿海经济开放区与长江经济发展带的交汇处，自古以来，就是中国著名的“鱼米之乡”，有闻名遐迩的“米市”、“布码头”、“丝市”。到上世纪接轨近代工业文明，成为中国民族工商业的摇篮，孕育了一批以荣氏家族为代表的工商业巨子。20世纪80年代，无锡又成为中国乡镇工业的发祥地，铸造了“华夏百强县”、“神州第一郊”等响彻中外的美名。经过改革开放30年的建设，这座城市日趋繁荣，已位列中国15个经济中心城市之一，在“十大经济活力城市”和“综合竞争力十强城市”排名中也有一定席位。

“十一五”时期，无锡始终坚持以邓小平理论和“三个代表”重要思想为指导，把繁荣和壮大文化创意产业作为落实科学发展观、建设创新型经济领军城市和培育战略性新兴产业的重要抓手来发展。无锡市先后建成国家动画产业基地、国家动漫游戏振兴基地等一批国家和省级文化产业园区，培育和引进了慈文紫光、当当网、巨人网络等一批知名文化企业，文化产业基地规模效应和集聚效应初步显现；以动漫网游、创意设计、影视传媒等为主要内容的新兴文化业态快速发展，多元化的产业格局初步形成。无锡文化产业增幅连续5年高于GDP增幅，2010年无锡文化产业增加值为353.63亿元，占GDP比重达到6.1%（本市统计口径），其中，文化创意产业发展更快，营业收入107.8亿元，年增幅达到30%。2010年，无锡动画基地原创动画片共计40部，时长突破3万分钟，继续保持全国第二，全省第一，全市15家动漫企业通过文化部动漫企业认定，动漫企业主营业务收入及衍生产品收入等合计超过27亿。2011年上半年无锡文化创意产业已经实现营业收入71亿元，比上年同期增长30%。无锡正逐步成为一个活跃的创意型城市。

一、重点领域优势突出

2010年，根据对无锡市文化产业企业的分类调查得出，共有9大门类的企业4693家。以数字动漫、影视制作、创意设计等新兴产业为主的“外围层”（数字内容和动漫类企业150家；影视制作类企业34家；创意设计类企业246家；娱乐类企业901家；广告类企业466家；文化会展类企业33家），虽然其企业数量不多，但是发展速度明显快于传统文化产业，正在成为文化产业提升的重要引擎。处于“核心层”的传统文化产业依然是无锡市文化产业发展中的主体力量（印刷复制类企业2097家；出版发行类企业675家；演艺类企业72家），但是数量众多的传统产业，其产值相对较少。（各门类企业数分布见下图）

2005-2010年无锡动漫产业发展情况

年度	企业数（家）	原创动画（分钟）	外包加工（分钟）	产值（亿元）	全国城市排名
2005	3	/	未统计	0.15	/
2006	14	3200	15000	3	/
2007	70	7158	19800	10.1	5
2008	121	8108	25000	14.91	4
2009	140	19214	38000	20	2
2010	150	30350	45000	27	2

（一）数字动漫优势渐显

数字内容及动漫产业是无锡市文化产业发展较好的重点领域，逐步形成了“一个基地，多个园区”、高集聚度的产业格局。原创动画片是数字动漫产业发展的源头，无锡动画基地原创产量一直在省内保持领先，从下表中可以看到无锡动漫产业发展近几年稳步提升的产业情况：

2005年至今共有16部作品被国家广电总局推荐为优秀国产动画片，在省内位居第一。在2009年12月国家广电总局举办的“2009年度国产原创动画作品及创作人才扶持项目”评审中，无锡动画产业基地荣获“最佳基地奖”提名，慈文紫光数字影视有限公司创作的《西游记》主题曲以及无锡哈皮动画有限公司创作的“哈皮父子”形象，分别荣获“最佳动画歌曲奖”提名和“最佳动画形象奖”提名。2010年，无锡出台了《市政府关于扶持动漫产业发展的若干政策意见》（锡政发［2010］24号），进一步明确“扶优扶强”的产业发展重点。2008年至今，争取到扶持动漫产业专项资金1680多万元和国家、省级扶持公共平台建设专项资金700万元。慈文紫光数字影视有限公司创作的动画片《西游记》以单集10万美金的购价刷新了全亚洲动画海外发行价格的新纪录，动画电影《藏獒多吉》，在中日影展期间得到温家宝总理的充分肯定，并于7月15日在全国公映。慈文公司计划在两年内达到创业板上市各项要求。无锡亿唐动画设计有限公司2010年生产原创动画片10部15904分钟，高居全国动画企业第一，“动漫衍生产品产业化平台”项目已经获得“2011年度国家文化创新工程项目”奖励。该公司同耶鲁大学校长基金合作，拟海外上市。无锡巨人网络科技有限公司独立研发的国内首款军事游戏《光荣使命》已于近期正式发布，将有望成为国内最大、最专业的军事游戏软件研发基地。无锡雪豹十月数码动画有限公司是无锡市优秀三维动画制作企业，将联合无锡国联投资，年内拟通过无锡新区上报新三板。

（二）现代传媒持续增长

依托无锡广电集团和无锡报业集团等重点骨干企业，无锡加大改革创新力度，坚持走多媒体、跨媒体经营之路。

无锡日报报业集团成立之初由无锡日报社、江南晚报社等七报三刊一网组成。目前，已发展到包括了凤凰出版社无锡分社、锡商杂志社等13家媒体组成的集团，有员工1300余人，总资产10亿元，总营业收入突破5亿元，利润率达20%，其中广告收入2.8亿元，日发行量54万份，网站日点击量160万人次，出版图书近50种，手机报用户18万户，在全国同类城市报业集团中类型较齐、规模较大、有一定影响。6月，集团启动江苏国家数字出版基地（无锡园区）项目。

无锡广播电视集团深化文化体制改革，发挥文化产业主体投融资平台作用，着力打造文化产业主力军。集团产业经营近几年保持了平均每年近1个亿的高增幅，2010年总营业收入达11.9亿元，其中主营业务收入达8.8亿元，均位居全国城市广播电视集团前列。在文化精品建设方面，每年运作、承办大型文化演艺活动在40场以上；其摄制的《中国紫砂》、《百年锡商》等精品分别获评中国电视文艺“星光奖”、中国电视纪录片大奖。在新媒体建设方面，无锡数字移动电视于2005年在省内率先推出，年创收超1000万元；“太湖明珠网”日点击率超200万人次，是全国“六大最具潜力电视台网站”；推出“手机报”用户已达10万户，并正式开通专业网络频道“明珠宽频”。7月，集团与有关机构合作，采用市场化运作办法，建立了规模10亿元的无锡华映文化产业基金。

（三）影视出版独具优势

为了加快无锡市影视内容产业，近年来，无锡市重点推进无锡（国家）数字电影产业园建设。2009年，江苏华莱坞投资发展有限公司投资7.8亿元启动无锡（国家）数字电影产业园项目，该产业园项目位于滨湖原雪浪钢铁公司地块，以吸引美国及欧洲电影制作公司和国内一流影视产业公司入驻为重点，着力打造集电影拍摄、制作、发行、电影文学创作等功能于一体、融入全球电影工业产业链的重点影视产业基地和知名电影主题公园。2010年11月无锡（国家）数字电影产业园正式成立，它是目前全国唯一一个经国家广电总局批文成立的国家级数字电影园。2011年1月成立了规模高达“10亿人民币+1亿美元”的大摩华莱坞基金。产业园全年投资预计将达到9个亿，将有20家左右的涉及后期制作、设备租赁、影视服务等方面的企业落户园区；建成后3—5年内，影视及其相关产业年产值将有望达到200亿元。

进一步发展数字网络出版，推动无锡成为国家级数字出版基地。3月11日“中国之窗”CMI无锡国家数字文化产业基地项目签约落户无锡山水城，将在国新办“中华文化走出去”计划的推动下，汇集国内众多顶级出版行业的优质资源为手段，致力于为中国文化出版产业的整体发展提供从业务平台开发、系统集成，同时实现从内容制作加工、版权交易、电子商务、市场推广等覆盖全媒体数字化文化产业流程的全方位服务。该基地包含运营中心、资源中心、制作中心、交易中心、会展中心、客服中心、培训中心等七大中心，5年内，总投资约30亿元人民币，拟建成规模超过万人、年产值超过100亿元人民币的大型数字文化产业基地。

同时，为进一步集聚多家资源，无锡报业集团在空港产业园打造的江苏国家数字出版基地（无锡园区）项目，已由国家新闻出版总署批准建立，成为江苏国家数字出版基地四个园区之一。园区以江苏太湖数字出版有限公司为基础，打造数字出版平台，对平台进行公司化运营；聚合海量的数字版权内容，打造集内容、平台、终端“三位一体”的运营模式。

（四）创意设计潜力巨大

创意设计载体和项目是文化产业提升发展的必备条件。无锡（国家）工业设计园是国内首家以工业设计为主题的高新技术专业化园区，规划面积2.5平方公里。园区投资8400万元，建成了面积5337平方米的江苏省工业设计公共服务平台，这是国内第一个为工业设计企业和设计师提供专业化、系统化服务的公共创业服务平台，打造成设计服务外包及其产业化基地，形成具有独特优势的设计服务外包产业集群。2010年10月，无锡（国家）工业设计园被国家知识产权局批准为“国家知识产权示范创建园区”，全年服务业纳税营销230.2亿元。至2010年底，园区共集聚了工业设计及相关研发类企业210家。

国家文化产业示范基地江苏金一创意亚洲设计联盟，落户江阴临港新城开发区以来，公司投资15000万元，启动创意亚洲项目。该项目占地2万平方米，已于2010年6月投入运营，业务涉及承揽城市空间设计、开发出版物、开发贵金属珠宝首饰、开发邮票集邮品、开发玉器类产品、开发城市标识及其衍生品、开发动漫及其衍生品、开发城市主题公园及其衍生品、开发影视及其衍生品、延展城市博物馆及其衍生品 、开发奢侈品等众多文化创意产业方向。

二、空间布局独具匠心

2005年6月，无锡国家动画产业基地成立；2007年2月，国家动漫游戏产业振兴基地成立。国家工业设计园、江苏省文化创意产业园、江苏软件外包园、江苏省文化产业示范基地也纷纷落户无锡。目前，无锡市共有文化创意产业基地（园区）23个，涉及动漫网游、创意设计、影视创作、文化旅游等多个领域，其中年产值超20亿元的1个，10–20亿的4个；有1个国家级文化产业示范基地，3个江苏省文化创意产业园，3个江苏省文化产业示范基地。无锡市供文化企业使用的载体总面积共计103万平方米。无锡在园区建设方面牢牢把握规模化、集约化的发展趋势，力求在促进资源整合、营造创新氛围、实现要素聚集上形成优势，各基地（园区）呈现出分类、分区域发展的模式，最大限度地避免了同质化竞争和最大限度地降低了园区空置率，形成多元化的产业格局，集聚效应日益彰显。

（一）新区创新创意产业园（江苏省文化创意产业园）

新区创新创意产业园（江苏省文化创意产业园），园区南枕太湖，东邻苏州，紧挨无锡国际机场，附近还有沪宁铁路、京沪高速铁路等，独特的区位优势使得其不仅是长三角城市群的交通枢纽中心，亦是长三角“1小时经济圈”的重要节点。

园区重点发展原创动漫、网络游戏、互联网电子商务、创意设计、移动互联增值业务、软件信息服务和创意培训，园区一期产业集中度高、配套设施齐全，已经发展成为无锡动漫游戏产业核心聚集区；二期定位产业链前后端，突出创业服务和产业化；三期重点发展基于3G的手机动画和手机游戏、多媒体软件技术开发、互联网技术应用等；2010年新区动漫企业达到58家，获得发行许可证的原创动画片17部，累计片长达7988分钟，动漫产业产值12.3亿元。

（二）滨湖区“两园一基地”

滨湖区“两园一基地”（国家工业设计园、山水城科教产业园和国家动画基地）核心区已基本形成，创意载体面积达5.6万平方米，当代艺术产业园、太湖新城科教产业园创业科技服务中心、创新创业园全面建成，太湖数码动画影视创业园一期和二期工程A区已投入使用；2011年，无锡（国家）数字电影产业园核心区一期工程全面建成，部分主体建筑投入使用，同时启动二期建设工作；阖闾城影视基地在完成设计规划的基础上，全面启动开工，年内竣工；以无锡（国家）数字电影产业园、中视基地为中心，集电影拍摄、后期制作、交流展示、人才培训、旅游体验、衍生产品开发等多种功能为一体的影视产业基地初见雏形。

（三）江阴市（无锡下辖）临港新城经济开发区（江苏省文化创意园）、江阴国家高新区文化创意产业园

江阴市（无锡下辖）以临港新城经济开发区（江苏省文化创意园）和江阴国家高新区

文化创意产业园为重点，着力打造区域性文化创意产业中心，重点发展艺术品设计、工业设计、包装设计、动漫网游等文化创意产业；以金一文化公司为引领，加快建设创意亚洲设计之都，吸引高端设计人才集聚江阴，依托“创意亚洲”机构和国际创意港，集聚发展高端创意设计产业；江阴国家高新区文化创意产业园年内将集聚30家以上文化创意企业，形成3亿元的销售规模。

（四）崇安区北仓门文化创意产业园

崇安区北仓门文化创意产业园由归国留学人员郑皓华女士于2005年创立，是无锡首个文化创意产业园区。2010年成为江苏省无锡文化创意留学人员创业园，也是江苏省首家以文化创意为产业发展重点的留学人员创业园。地处无锡CBD中心区，环境优越，生活配套服务和功能性配套服务完善，其前身为省级文保单位“北仓门蚕丝仓库”。北仓门一期、二期建筑总面积超过13000平方米。目前园区拥有创意设计类企业多家，已形成创意设计集聚、交流、展示的平台。在引领文化潮流方面，北仓门先后举办了“日本现代艺术展”、“‘开门见喜’国际当代艺术巡回展”、“无锡一市三地油画展”等一系列国内外高水准的展览、演出和研讨活动，其规模之大、层次之高，为无锡近年之罕有，引起了极大的社会反响。园区重点发展设计类，包括建筑设计类、材料设计类、创意设计类、广告传媒类、时尚消费类等创意产业领域，并提供创意设计产业的合理人才流动和个人才华的发展平台，有序地推进创意产业链的高度聚集。

（五）古运河文化创意产业集聚区

2007年2月，清明桥历史文化街区修复工程正式启动后，园区着力挖掘运河文化内涵，发展文化创意产业。2009年3月古运河水上游全线开通，街区被列入“世博体验之旅”。2009年起，清名桥街区以“风貌统一、功能差异、品牌特色、社会运作”的思路进行文化商业合作开发，加快推动街区业态优化转型。南长街跨塘桥至金塘桥段500米2万平方以文化休闲业态为主的招商已经完成，二期招商也已开始。N1955文化创意产业园是古运河文化创意产业集聚区的重要节点，其建筑完全利用建造于上世纪50年代前老厂房改造而成。产业园业态发展良好，至今聚集了二泉网、对外图书交流中心、致远斋等28家文化创意单位，从业人员350人，年产值超千万。上半年，又有近10家文化创意单位入驻。

三、重点企业龙头引领

“十一五”时期，无锡文化产业始终坚持本地培育和对外招商并举，鼓励产业规模化、集聚化发展，通过组织实施一批成熟度高、成长性好、具有先导性的文化创意产业龙头企业和重点项目，带动全市文化创意产业的整体发展。

（一）江苏金一文化发展有限公司（国家文化产业示范基地）

江苏金一文化发展有限公司是2008年北京奥运会贵金属特许分销商、2010年广州第16届亚运会贵金属类供应商、2010年上海世博会标志特许贵金属产品经营企业，主营工艺品的创意设计和策划销售，目前有300多人的创意设计队伍，由亚运会徽设计者张强博士担纲总设计师，整合国内外一流大师资源，制作创意独特的产品。江苏金一已完成一期120亩金一文化产业园和二期“创意亚洲”研发基地的建设，在江阴临港新城璜土镇筹建面积为750亩的国际黄金珠宝文化产业园三期工程已启动，该公司于2010年11月被评为文化部第四批国家级文化产业示范基地；目前，著名文化学者王鲁湘、世界数字动漫权威专家肖永亮、日本动漫之父月冈贞夫（阿童木作者）、文化学者于丹等多位国内外艺术大师、多家著名创意设计机构和中央美院、中国艺术研究院、鲁迅美院、首尔大学、江南大学等20家创意设计研究中心进驻“创意亚洲”成立创意工作室，产学研合作成效初见端倪，将成为多种文化、流派、领域的融合交流地。金一文化已于2010年5月完成股份制改造，2010年度销售收入超过20亿元，预计2011年营业额将达到30亿元，并力争在创业板上市。

（二）慈文紫光数字影视有限公司

慈文紫光数字影视有限公司于2009年8月成立，由紫光软件集团（无锡）有限公司、北京慈文影视集团、无锡产业发展集团和新区创投公司等多方发起，注册资本1亿元，慈文紫光的成立，开辟了文化与科技联手，传统影视与信息技术结合的新模式，实现了动漫产业链上下游的完美结合。

慈文紫光历时四年斥巨资，倾力打造出高清动画巨作《西游记》，全剧共104集，2011年该剧已制作完成一半并播出，该片高超的动画制作水准和良好的市场运作，为公司从海内外夺得多项大奖（2009年南非国际影展金奖、2010年上海电视节最佳动画创意奖等荣誉）。早在2009年初，其在法国戛纳电视节刷新亚洲动画海外发行纪录的预售价，就已为该片打响了“走出去”的名头。

由慈文紫光、中影集团、日本Madhouse公司三方共同投资拍摄的动画电影《藏獒多吉》于2011年成功上映，影片完美结合了中国故事、文化和日本的动漫技法，历时四年打造完成，在中日合办的影视周上吸引了国务院总理温家宝的关注，颇受瞩目。慈文影视参与制作的张纪中版《西游记》也在全国播出。公司去年净利润达到3000万，主营业务收入达到1.2亿，计划两年内达到创业板上市各项要求，将于今年8月完成股改，9月进入上市辅导期，明年1-2月可上报证监会，争取明年6月上市。

（三）无锡亿唐动画设计有限公司

无锡亿唐动画设计有限公司由施向东先生于2008年10月创办，位于无锡中心的东方广场，办公面积1500平方米，整合了一流的动漫产业发展人才。自入驻无锡以来，以2009年7720分钟的产量居全国第三，2010年以1.5万分钟跃居全国第一，而其项目《中华五千年》、《水木宝宝看世界》不仅在国内主要频道热播，而且都有良好的出口业绩。亿唐动画的“动漫衍生产品电子商务平台”项目总投资3728万元，现已完成整体方案论证进入实施阶段，争取在2011年底完成动漫衍生产品电子商务平台的试运行，进入平台推广阶段，并开始发展会员单位。设计制作中心力争筹建过半，进入试生产阶段。电子商务平台交易额计划达到2000万，设计中心交易额达350万元，开模制作中心交易额500万元，总计将达到2850万元。同时亿唐公司借助上海水木动画的强大实力，计划与耶鲁大学校长基金合作，在美国纳斯达克上市。

（四）中国陶都陶瓷城有限公司

成立于2008年11月，是江苏省、无锡市和宜兴市三级的“十一五”重点工程，总体规划用地66.8万平方米，总建筑面积58万平方米，总投资10亿元。该陶瓷城依托宜兴历史悠久的“紫砂文化”，汇集了宜兴的紫砂陶、日用陶、工艺美术陶、园林陶和全国14个陶瓷产区的名陶、名瓷，并集购物、会展、旅游、餐饮、休闲于一体，成为特色文化旅游新景点。该项目一期工程耗资5.7亿元，30万建筑面积，1200套陶艺商苑和建筑面积达2.2万平方米的中国陶都陶瓷艺术国际博览中心已建成投运，正在申报国家AAAA级文化旅游景区。目前，该项目二期工程已经启动，正在规划建设已故紫砂泰斗顾景舟、朱可心、蒋蓉等名人纪念馆和当代工艺大师的艺术馆、工作室，以及体验式陶吧、茶文化街、古玩文化街等。

（五）江苏新广联科技股份有限公司

江苏新广联科技股份有限公司1999年8月成立于无锡，是新闻出版总署批准的大型只读类光盘企业，科技部认定的“国家级高新技术企业”以及商务部、文化部、新闻出版总署等六部委认定的“国家文化出口重点企业”，专业从事只读光盘复制、只读OTP存储卡复制、手持式电子学习终端开发、GaN系列高亮度LED外延片及芯片制造的股份制企业。经营业绩优良，行业地位突出，年生产能力达3亿多片，生产规模和经济效益均居国内前列。获得2007—2008年度国家文化出口重点企业、首届中国出版政府奖——印刷复制奖等殊荣。公司拥有国内规模最大、技术最为先进的光盘复制设备和盘面印刷设备，拥有全球唯一只读OTP存储卡加密复制设备，拥有全球技术最为先进的LED外延片生长与芯片制造设备，拥有具有国际先进水平的母盘/母卡制作设备和专业检测系统。公司去年净利润达到2935万，主营业务收入2.85亿，目前已完成股改，计划在一到两年内在深圳中小板上市。

五、“十二五”前景广阔

到“十二五”期末，文化创意产业将形成产业规模巨大、产业特色鲜明、创新能力强大、文化品位较高、创业环境一流、专业人才集聚、知名品牌众多、产权保护严密、公共服务完善的文化创意产业群。要把无锡打造成以文化、创业、环境高度融合为特色的“省内一流、国内领先”全国文化创意产业中心。

（一）经济发展目标

无锡力争文化及相关产业增加值幅高于地区生产总值增长速度、高于服务业增长速度，到2015年，文化及相关产业增加值占地区生产总值的比重达到8.5%（按无锡市现行统计口径），文化产业成为重要支柱产业，无锡文化产业发展规模和水平进入全国同类城市前十位。

无锡市文化创意产业营业总收入实现320亿元，年均增长率超过22%。其中，以动漫及数字内容、工业设计、影视出版等为代表的新兴文化创意产业占文化产业比重达到36%。

（二）产业发展目标

园区建设提速。到2015年，建成年产值超5亿元的文化创意产业园区8-10个，年产值超10亿的文化创意园区7-8个；争取到1-2个国家级文化产业示范基地、国家级文化产业示范园区。

品牌效应凸显。形成园区内年产值超5000万元的骨干型文化创意企业近50家，年产值超亿元的骨干型文化创意企业近20家；力争实现3-5家骨干型文化创意企业上市。

公共服务完善。建成一批产业孵化平台、投融资服务平台、技术创新平台、产品制作平台、产品和产权交易平台，服务功能得到有效增强。

（三）社会发展目标

加快无锡建设创新型经济领军城市的进程，满足市民日益增长的文化消费需求，带动生产和生活方式的转变。吸引一批业内领军人物和创业团队，培养文化创意人才3万人，就业总人数以年均10%的速度递增。

（无锡市文化广电新闻出版局）

百花齐放·千帆竞渡

"十二五"开拓者——人物

"十二五"践行船——产业

“十二五”开拓者——人物

2008年第三届中国创意产业年度大奖

傑出貢獻

何镜堂——建筑人生，锦绣风华

他是建国60周年建筑创作评奖中获奖最多的建筑师，是中国建筑界最高荣誉——首届梁思成建筑奖得主，但他为更多人所知是因为世博会，因为中国馆，他是上海世博会中国馆总设计师，被称作“中国馆之父”。他，就是何镜堂。

何镜堂的建筑人生既是为了建筑的人生，也是自我人生的“建筑”过程。但是很少有人能想象，直到45岁，何镜堂才有机会站到起跑线上，从事自己钟爱的专业。他56岁成为“中国工程设计大师”，61岁当选为中国工程院院士。今天说起何镜堂的代表作，大多是他当选院士之后的设计。从第一个真正意义上的设计作品到成为院士，这中间的时间跨度，不过区区16年。所谓大器晚成，不过如此。

一、大器晚成——天赋与努力

何镜堂的设计生涯可谓大器晚成，45岁起步，61岁当选院士，73岁仍活跃在第一线。

少年时，喜欢数理化又割舍不下对绘画喜好的何镜堂因为老师的一句话，“建筑师是半个艺术家、半个工程师”，从此认定建筑师是最契合他理想的职业。他是华南理工大学第一届研究生，师从一代岭南建筑宗师夏世昌，但由于种种历史原因，直到不惑之年才正式开始进入建筑设计行业，他的第一个作品是1984年设计的深圳科学馆。

他总说自己幸运，但幸运只“眷顾”有准备的人。

在他被下放偏远山区务农的时候，他仍是努力的。研究生毕业，正逢“文革”，被分配到湖北省建筑设计院的他转眼开始了插队落户的生涯。那时候，他用他喜欢的方式——画画表达他对生活的热爱，对未来的憧憬，他用阅读来填实渴望知识的内心，毛主席的

《矛盾论》、《实践论》是他读得最熟的书，也就是在那时候，他如今的建筑哲学慢慢成形。当然，他对建筑的热爱与学习一如既往，他有空就看找得到的建筑书籍，有时悄悄买来4分钱一张的白纸，深夜在房间里练习画设计图。至今他仍感激那段艰难岁月，没有厚积就没有薄发。

中年起步，何镜堂只争朝夕，不想放过任何机会，他为自己定了一条“清规戒律”：工程——研究——精品，即做一个工程，出一篇论文，争取获一个优秀建筑奖，牢牢地将“工程研究与实践结合”。

这条苛刻的路径始自他南归后的第一个项目深圳科学馆。1973年，何镜堂调到北京轻工业部设计院工作，他又站在了历史的转折点上。他选择迎浪而上，举家南迁，从北京到广州，回到了母校。刚到学校，“机遇”就敲门了，深圳科学馆要举行设计竞赛，这是一个很有影响的工程项目，但只有三个星期的时间，要不要参加？何镜堂忙与同是建筑设计师的妻子李绮霞商量，妻子表示全力支持他，两人经过20多天日夜奋战，终于完成了初稿。这就有了后来的深圳科学馆。

深圳科学馆是何镜堂首个获得大奖的设计，该馆采用当时世界上最先进的设计理念，以八角形为主体，无论从哪个方向都能获得较大的采光面。深圳科学馆遂成为何镜堂人生路上一个标志性建筑，从此他的建筑生涯仿佛经由漫长逼仄的甬道，步入了豁亮的厅堂。此后的西汉南越王墓博物馆也是他的代表作，该馆被认为是“传译两千多年前的历史文化”的力作，设计上构思独特，一气呵成，该建筑获得多个国内奖项，还入选了世界80个著名博物馆。北京奥运会摔跤馆则被誉为“最经济的京奥新馆”，其外形采用了工厂厂房常见的“门式框架结构”，一层层的框架组合，最后在体育馆的屋顶组成了一个“Z”字形的屋脊，远远看去，就好像两个运动员正在摔跤，更巧妙的是，错位处可采用透明材质，可使用自然光，节能环保，该工程本身也很“节能”，每平方米造价不足1万元。

此后，何镜堂的建筑之路越走越顺，1989年，他被学校任命为设计院的副院长兼总建筑师，1992年任院长，1994年被建设部授予“中国工程设计大师”的荣誉称号。1999年，何镜堂成为中国工程院院士。60岁生日时，他的学生送来一个生日蛋糕，上面是他26年前的起步之作：深圳科学馆。他觉得，那是他最幸福的时刻。

二、扛鼎之作——东方之冠

历届世博会都会有佳作传世。英国伦敦的水晶宫、法国巴黎的埃菲尔铁塔、比利时布鲁塞尔的原子球馆，成为世博会留下的最大遗产。2011年全球瞩目的上海世博会，也确实给何镜堂和他的团队带来了很大的压力，究竟怎样的建筑能代表古老而又生动的中国表情呢？

“世博会是面向全世界的，因此中国馆一定要具有中国特色与时代精神。中国五千多年的文化历史，博大精深，中国是有56个民族的国家，怎样才能表现中国？”何镜堂把他长时间的思考浓缩成简练的描述，和他的建筑风格如出一辙：“我和我的团队决定从三个方面把握中国特色，一是文化符号，中国的汉字、京剧、山水画、剪纸艺术等等都是最能体现中国特色的文化符号，外国人一看就知道是中国的；二是历史文物，比如说中国的一些出土文物，夏商周时期鼎、罐的造型，也是最能表现中国形象的；三是传统建筑，中国传统的城市格局、园林规划有着很多值得汲取的灵感，比如棋盘式、中轴线、九宫格等布局方式。所以说，中国馆最大的特点就是源自中国元素，这些元素是抽象的，不是具象的，看到中国馆就能够感受到中国文化的张力。”

而时代精神则需要用现代材料、现代技术和现代审美观念来表现。“中国馆需要很中国，也需要很创新，我们希望达到的效果是看不出是哪个年代的建筑，也就是给人以现代之感。”何镜堂介绍说，中国馆是环保的、节能的、低碳的，这就是最明显的时代特征。比如说，斗拱结构可以达到冬暖夏凉的效果，阳光直射时，场馆底部可以享受到大片阴凉，而在阳光斜射的冬天，又可以更多享受到温煦的阳光；架空3米的设计，通风效果也很好，能够形成自然风，因此，在中国馆外排队的观众会觉得比较凉快。他套用了世博主题，他认为，对于建筑来说，“创新，让生活更美好”。

中国馆建筑的外观以“东方之冠”的构思与主题，表达中国文化的精神与气质。经过世博会组委会的层层筛选和通过，国家馆终于居中升起，层叠出挑，庄严华美形成“东方之冠”。宛如“华冠高崇”，又寓意“天下粮仓”。它整合了丰富多元的中国元素，传承经纬网络和中国构架的神韵，象征昂扬热烈的中国精神。

2010年，何镜堂站在事业的巅峰，许多人未曾到过也到不了的高度，但他却依旧谦逊，面对扑面而来的荣誉，他依旧知道自己要的是什么。建筑大师贝聿铭曾说：“历来建筑师可分两类，一类是专心致志研究理论著书立说的，一类是埋头苦干承担实际设计任务的，两类建筑的工作都很重要，不可偏废。”何镜堂就是同时在做这两件事情，72岁、中国馆，远不是终点。

三、建筑的力量——震撼心灵的纪念馆

在何镜堂的心目中，他能和中国馆相提并论的作品是侵华日军南京大屠杀遇难同胞纪念馆扩建工程。他觉得，两个他最喜爱的作品代表着中国的两段历史：一个是中国被凌辱的过去，另外一个是重新站起来的中国。“好的建筑能提供一种精神，大家看到的不仅仅是外在形象，还要能感受到一种精神。”在侵华日军南京大屠杀遇难同胞纪念馆扩建工程的设计中，他围绕战争、杀戮、和平三个概念，由东到西依次营造出“折断的军刀”、“死亡之庭”、“和平之声”三个意境空间，入口广场以砂石铺装，行走时的“沙沙”声犹如冤魂的泣诉；和平广场则以缓缓流动的水来体现对和平的期望。而通过中国馆，他则向世界传达了腾飞的中国自强不息的精神。

在这个纪念馆扩建工程中，他着力从以下几个方面进行设计。

一是突出遗址主题。新建纪念馆作为整个空间序列的序曲部分，点明主题；原有纪念馆的万人坑遗址等作为整个纪念馆空间序列的高潮部分，震撼心灵；和平公园作为整个空间序列的结尾部分，发人深省。

二是尊重原有建筑。作为扩建工程，他们始终注意与原有纪念馆保持协调。在建筑尺度的把握上，为避免新建部分对原有建筑产生影响，何镜堂采用“体量消隐”的设计手法，将新建的纪念馆主体部分埋在地下，地上部分东侧逐渐升高，屋顶作为倾斜的纪念广场。这样既突出了新馆的特殊风格，又减少了对原有纪念馆的压迫感。

三是营造纪念氛围。在入口纪念广场处，他们以无生命特质的级配碎石（注：粗、中、小碎石集料和石屑各占一定比例的混合料，当其颗粒组成符合规定的密实级配要求且塑性指标和承载比均符合规定要求时，称为级配碎石。）铺路，通过这一特殊的材料来反映生与死的主题。新馆的内部空间结合建筑形体特点，运用倾斜墙体和缓坡地面，组合成一种错乱、冲突的非常态空间，营造出焦虑、痛苦的氛围。在和平公园里，他们用巨大的长条形水池，将人们的视线直接引向水池终点的和平女神塑像，营造出安静、祥和的氛围。

四是精心处理细节。结合施工过程中现场发现的几处骸骨遗址，他们调整设计，重新设计了透明地面并强调自然光的运用，使这些遗址原貌得以展示。重新设计的万人坑遗址保护区，采用了砂石地面、锈蚀钢桥与昏暗灯光的组合，充分再现了大屠杀的现场感。

深圳市建筑设计研究总院有限公司董事长、总建筑师孟建民曾这样评价新馆："新馆虽为原纪念馆基础上的扩建工程，但建筑师在纪念性场所氛围营造、处理新老建筑间的关系方面，将震撼人心的场景和静穆冥思的氛围通过一系列独特的空间关系营造出来，既表达了对战争与和平这一宏大主题的理解，又在引导追思、表达哀痛以及人性思考等方面给予细腻的刻画。这是一个蕴含历史感和责任感的设计，在空间序列、形体尺度、材质和肌理等方面均有出色表现。这些对于我国青年建筑师今后的创作，具有非常重要的借鉴作用。"

四、建筑之思——两观三性

何镜堂的建筑理念——"两观三性"论也影响着一位位设计师。"两观"即整体观和可持续发展观；"三性"，即地域性、文化性和时代性。他强调，建筑的核心在于因地制宜，要考虑当地地形、气候、文化等因素，设计出符合功能需求的建筑。比如，岭南地区气候较热，要考虑遮阳、通风、防潮；北京则干燥、寒冷，建筑就得相对封闭。而文化的另一层含义是建筑不但要满足功能要求，还要给人精神享受，世界上很多出名的建筑其精神作用远远大于实际功能。

关于建筑的地域性，何镜堂认为，建筑是一个地区的产物，世界上是没有抽象的建筑的，只有具体的地区的建筑，它总是扎根于具体的环境之中，受到所在地区的地理气候条件的影响，受具体的地形条件、自然条件以及地形地貌和城市已有的建筑地段环境所制约。从广义上来讲，建筑首先受地理的气候、区域的影响；从狭义的角度来讲，建筑的地域性主要是指建筑地段的具体的地形、地貌条件和城市周围的建筑的环境；建筑的地域性还表现在地区的历史、人文的环境之中，这是一个民族一个地区人们长期生活决定了历史文化的传统。

关于建筑的文化性，何镜堂认为，建筑具有双重性：它既是物质的财富，又是精神的产品；它既是技术产物，又是艺术的创作。一座优秀的建筑，其精神内涵的作用常常超越功能的本身。建筑作为一个文化形态，它既是人类文化大体系的一个组成部分，又与社会经济、科学技术、政治思想息息相关，各种观念无时不在制约着建筑文化的表达和发展。

关于建筑的时代性，何镜堂指出，建筑是一个时代的写照，是社会经济科技文化的综合反应。现代建筑创作应该适应当今时代的特点和要求，建筑要用自己特殊的语言，来表达所处的时代的实质，表现这个时代的科技观念，揭示思想和审美观。时代精神决定了建筑的主流风格，把握时代脉搏，融合优秀地域文化的精华，建筑才会创新和向前发展。

何镜堂还认为，建筑的地域性、文化性、时代性是一个整体的概念，三者又是相辅相成的，不可分割的：地域性本身就包括地区人文文化和地域的时代特征；文化性是地区传统文化和时代特征的综合表现；时代性正是地域特征，传统文脉与现代科技和文化的综合和发展。如果建筑师能够很好地理解和综合应用建筑的三性，强调整体性和统一性，就能创作具有特色的建筑。

五、赢在团队——因为热爱，所以坚持

在何镜堂看来，过去辉煌的履历更多地应是给予他继续前行的动力和信心，而不应成为阻碍他越战越勇的包袱。“我不怕竞争，不怕输，不怕丢面子！”他确实是这么做的，他甚至敢于与自己的学生参与同一项目的竞争。“我或许是这行里仍在参与竞标的人中年纪最大的，但对我来说，爱这一行，就得输得起。更何况，即便输了，这个过程也可以锻炼我的团队。”

他认为，建筑师需要有顽强的心理承受力，不单是参加竞争要输得起，还得面对各种各样的争议甚至批评。“凡是轰动的建筑都要经历一个争议的过程，所以建筑是好还是不好当时很难讲，不是任何一个人能说了算的，要经过历史考验和社会评价。”法国埃菲尔铁塔建成之初，有相当一部分巴黎市民并不认同，悉尼歌剧院早期也曾被推到风口浪尖，贝聿铭在卢浮宫前的玻璃金字塔更是遭受巨大压力。“从某种角度来说，任何一个有创意的作品都会引起争议，没有争议的作品反而是平庸的。建筑没有100分！”他对所有人都这么说。但他并不认同“标志性建筑情结”，现在很多城市都喜欢搞标志性建筑，光考虑外形，而不考虑功能、安全、经济等更重要的问题，这是本末倒置。

对于自己在建筑路上的一路跋涉，何镜堂直言：“整个社会推着我向前走，我也不是

没有想过退的问题，但我的团队需要我，我学生们比我聪明，能看着他们不断进步不断提高，我觉得自己也愈发年轻了起来。”

傑出貢獻

范建华——仗剑而行的“文化侠客”

范建华：1958年10月生于云南富源。历任云南省社科院办公室副主任，社科院民族文学研究所副所长、所长，云南省委办公厅秘书四处副处长、秘书三处处长，省文化厅副厅长、省文产办常务副主任。现任省社科联主席。

他是中国文化产业领域领军人物之一，作为中国文化产业理论的探索者和实际工作的管理者，他在文化产业业内人士口中常常被称为“有思想的操盘手”。从上世纪九十年代起，他参与策划主持实施了多项文化产业的大活动、大项目。他是1999年昆明世博会主题馆“人与自然”馆的设计制作者；2000年以他为主策划了“首届云南文化产业展洽会”，开创中国文博会先河；2004年作为《云南映象》总策划之一的他，策划并执行实施了云南文化北京系列宣传活动，同年策划“云南文化上海推介周”；2005年第七届上海国际艺术节“感受云南”系列活动；特别是由他发起倡导并策划组织实施的《首届中国（昆明）西部文化产业博览会》已成为中国文博会的重要盛会；他担任省社科联主席以来，组织编辑出版《云南当代社会科学百人百部优秀论著丛书》，得到社科专家的普遍赞誉……他的这一系列的大动作，在社会上产生广泛影响，得到了业内人士的普遍认同。因此，于2009年他获得了美国哥伦比亚大学美中艺术交流中心颁发的“民族民间文化保护与可持续发展特殊贡献奖”，2009年10月获“第三届中国文化产业新锐奖·中国思想人物精英奖”，同年11月获“第四届中国创意产业年度大奖·中国创意产业杰出贡献奖”；2011年获“节庆中华奖·年度人物贡献奖”，2011年获“全球文化产业学院奖·全球文化产业学术著作·思想驱动奖”。可以说，目前中国文化产业领域重要的奖项都集于他一身了。

范建华的藏书很吓人——家里专门辟出一间大屋子摆放上万册典籍，俨然一座小型图书馆，书架、书柜也一律选用上好木材精心打造，一间间、一面面分割出文、史、哲、理、图，逶迤排开，汪洋浩瀚；他随手就能抽出“17年文学”的代表作、当年被仅限内部传阅的"黄皮书"，当然还有数不胜数的大量人类学、文化学经典。"这本书极好，我常常翻看；嗯，这本也很棒，作者是第一流的专家……"

这是范建华常常出口成章、引经据典的由来——浓浓书香孕育了这位中国文化产业理论界的领军人物，也引领他走出云南东北部一座贫瘠秀美的乡村小镇，顺利完成"知识改变命运"的壮举。而范建华思考、言论的由来绝不仅仅囿于书斋，与这座小型图书馆相映成趣的是，他的足迹遍及大半个中国，全球30多个国家。在书房与世界之间，他义无反顾、卓然高蹈，像极了武侠小说中怀揣济世梦想、仗剑而行的侠客。

他从不愿意停下，无论当年的小山村，还是如今的云南昆明，无论大学时代的学生刊物创办者，还是30年后中国文化产业一系列重磅言论；他也从不惮于特立独行、锋芒尽显——新闻发布会从不看稿子，接受采访语出惊人，待人接物侠肝义胆。"仗剑而行？文化侠客？"他不同意。首先手中无剑，唯典籍环伺而已；其次，侠客总喜欢独来独往，而他，身边从不乏意气相投的知心知己。沉思良久，只能儒雅地一捋长发，"好吧，勉强算是对我的鞭策——切忌扣帽子、贴标签。作为文化学者，你没有超拔的思考，独立的担当，另类的体验，怎么行？"

一、必须感谢中国文学

范建华的家乡曾被明代徐霞客在其游记中记载600余字：从黄草坝（今贵州兴义县）往西七十米，"忽有水自北峡出，下嵌壑中，绕东南而注，是为黄泥河。其河仅比泸西水，不阔而深，不浑而急，其源发于乐民所、明月所，经狗场至此，东南与蛇场河同下江底而入盘江者也；黄泥河（镇）聚庐颇盛，其地四面环山，而北及河绕其后，复东南待之。西又一小溪，自西南峡来，北注黄泥，其中多盘坞环流，土膏风沃，为一方之冠。亦佐（县）之米，俱至此马驮肩负而去。前拟移县于此……"这个深藏于滇东北部、与贵州兴义交接的黄泥河小镇深受滇黔文化浸润，自古厚重而超然；黄泥河镇两山相峙，山间清流曲水，镇中青石板铺地，古典屋舍鳞次栉比，如果不是在前些年的快速发展中惨遭拆毁，黄泥河镇是很多官员和知识分子眼中最棒的云南古镇之一，堪比现在的丽江大研；黄泥河不是县政府所在地，却建有孔庙、文昌阁、魁星阁，足见文化底蕴之厚。范建华父亲是富源县最早的地下党之一，解放初期曾任黄泥河镇的领导，母亲是大家闺秀，做事勤谨而极有见地，识字不多却深识大体，对左右乡邻总是古道热肠、慈爱宽厚，而且，“很能担事！”1990年去世时，当地1万多人的送葬队伍足足排出两三里地，送来两三百只花圈……

范家七兄妹，建华排行老六，性格深受母亲影响；虽然自幼聪敏，却比大多数孩子勤奋——6岁就读书，“文革”中被耽搁了三年，此后三年初中非常幸运地遇到一位昆明师院“58届”毕业的恩师，这位老师订了国内顶尖的三份文学杂志：《文学评论》、《文艺学习》和《文艺报》，从创刊到“文革”前的每一期，范建华一期不落全读了，当时一批中国大家的思想与美文对这个聪慧早熟的孩子影响巨大，让此后的范建华对理论书籍兴趣浓厚。他至今记得：每次从老师手中借到杂志，立即死死攥着一路飞奔回家，把自己严严实实关在屋里如饥似渴往下读。“文学和文艺为我铸造了另一个世界，那里美轮美奂，深邃遥远，让我暂时逃开‘文革’的喧嚣和家庭的苦难，并且冥冥中注定，我今后必然和文化结缘。”

1970年前后的“文革”期，范建华总觉得“吃不饱”，肚子饿是其一，其二是能读的书太少太少，好在设在镇上的富源二中和底蕴颇深的黄泥河镇上还能淘到“文革”前十七年几乎所有的中国文学读本，小学四年级时他啃下来的第一部长篇小说是《战斗在沂蒙山区》，描写抗战时期山东沂蒙山区的抗日民兵的故事，主角陈大新至今挥之不去。印象最深也最喜欢的书是柳青的《创业史》，“太棒了！柳青对中国农民的剖析非常深刻，是目前为止我读过的最好的中国农村题材小说。”对十七年文学他如数家珍：《红旗谱》、《保卫延安》、《红岩》、《青春之歌》、《山乡巨变》、《汾水长流》、《风雷》、《上海的早晨》、《灭亡》……能读的几乎都读了，但被奉为经典的《林海雪原》一直难觅踪迹，范建华长吁短叹，竟然三次在梦中遭遇书中的少剑波、白茹……直到“文革”快结束时终于辗转从朋友手中拿到了它，激动得两手发抖。

为了读更多书，他和黄泥河镇上的算命先生打成一片，“骗来”《二十四孝》、《二十四记》，什么《柳荫记》、《蟒蛇记》等等，还包括《枕中记》、《推背图》等线装书，当时根本读不懂，但《枕中记》这类读物有配图，有说唱辩文，传统文化领悟不少；最缺的还是外国文学，但通过《文学评论》、《安娜·卡列尼娜》、《铁流》、《青年近卫军》、莫泊桑、雨果、巴尔扎克、乔治·桑、托尔斯泰等等早就耳熟能详，后来上了大学立即把这批“老友”找来恶补。光借书还不够，他摸黑翻窗进入富源二中图书室，“借出”不少佳作，至今还有几本“绝版好书”藏在自己书架上，每每想起不觉莞尔。“冲击比较大的是《十日谈》和《三言二拍》，有些性描写，偷偷读，也没见变坏嘛！青春期的懵懂冲动实属正常，相反，这些经典好书让我受益匪浅。”

还有更不可思议的读书经历。无名氏的《北极风情画》是上世纪30年代言情小说代表作，以波澜壮阔的国际背景讲述了一段刻骨铭心的爱情。范建华和一个同学白天上课，晚上就轮流抄书，直到把这部20万字的小说变为厚厚一大摞手稿。他至今为此自豪，“看到好东西，整个就疯魔了！”

书读多了也想写小说，可不知道如何下笔；古体诗词却常写，毛泽东去世时他提笔就写了“九天呼号思红日，五洋悲歌悼领袖”的对联贴在家门口。

英雄伟业、浪漫柔情、剑客豪侠、快意恩仇，书香的润泽难免让他不时向往“生活在别处”，“无论是母亲还是我的恩师，一直给我灌输一个观念，外面的世界很精彩，好男儿志在四方，你应该走出去成就一番事业。我早就发愿，一定要走出大山，决不能在小山沟里待一辈子。”机会来了，1975年县文工团招募创作人员，还在上高中的范建华体检表都已填好，却因“批邓反击右倾翻案风”的影响被停招，与一次职业创作机遇遗憾地擦身而过；粉碎“四人帮”，恢复高考，他和同学自备资料刻蜡纸埋头复习，当年富源县1300多人参加高考，理工科录取30多人，文科仅录取两人，范建华正是其中之一。

“激动，当然激动，百分之一的机会啊！”他当时报考的是北广新闻系、武大图书馆系和复旦新闻系，最想当记者或律师，最终却被昆明师院历史系录取，浪漫的文学青年梦就这样被刻板的史学考据粉碎了。乘长途汽车从富源一路颠簸辗转赴省城昆明，他心里滚烫而忧伤——走出大山的夙愿实现了，从此道别生活19年的黄泥小镇，未来是什么？是暴风骤雨还是脉脉温情？无论如何，他对中国文学充满感激，“那些文学画卷为我打开了向往另一个美丽世界的窗口，它让我变得柔软，变得勇敢。我像那个时代所有的有志青年一样充满渴望，或回报时代，或被时代塑造。更强壮，也更成熟”。

二、行走的学者，苦学的行者

流金溢彩的1980年代，诗人、作家、学者是显赫的身份标签。大学期间的范建华也想当诗人，也写诗，比如这样的句子：爱/是不能爱得太深的/否则/将会被爱的烈火燃成灰烬。“有点为赋新词强说愁——我那时年轻啊，还没谈过恋爱呐，哪能理解什么爱的真谛！”他是全班年纪最小的，却深受高龄同窗珍惜来之不易的大学机会、发愤苦读的精神感染，每天埋头攻书、一丝不苟。文学仍是挚爱，这期间《文艺评论》的记忆一一复活：苏俄经典、美国文学、巴尔扎克、狄更斯纷至沓来，他经常一头扎入图书馆，仿佛扎入母亲怀抱吮吸乳汁般狠狠汲取名著营养，一套《约翰·克里斯多夫》对他影响巨大，范建华做了厚厚一大本读书笔记，为书中主角的奋斗精神感佩不已，“这部书让我明白，王侯将相宁有种乎？好男儿没有远大志向和抱负，岂不愧对天地？”

那时的范建华已经展现出诗人、“侠客”的种种特质：多愁善感、重义气、满脑子天马行空、敢想敢干、敢做敢当，在学校有很强的号召力；兴致来了就拉上同学跳上单车直奔海埂撒野、三五个人搞一台单卡录音机大蹦迪斯科，中国男足3∶2逆转科威特，他拽上同学就上街游行……一方面浪漫率性，积极投身滚烫的校园生活；一方面则苦心孤诣，耐心寻找学业上的突破点。1980年，他以一篇《第一次大革命的失败与共产国际的关系》一鸣惊人，获云南首届大学生论文大赛二等奖，他为此查阅大量资料，包括台湾的内部读物与陈独秀的书信文稿，“我可是那批获奖者中年龄最小的！”发声，缘何而发，怎样发，范建华从这篇论文中确立了日后作为中国文化产业专家的发声方式：绝不雷同，必须独立思考且有独特个性。

接下来，创办一本学生刊物变得自然而然。范建华伙同几个朋友创办《长河》并出任第一、二期执行主编，“当时条件艰苦，我们自己组稿、找誊印社、筹钱刻蜡版……令人欣慰的是，30年过去了，这本杂志至今还在办，是国内校园刊物寿命最长的了吧？”

整个大学时代在阅读、狂热、梦想、激情和思考中一晃而过，毕业后的范建华做梦也没料到，命运将把他推向另一种人生却并不预设美好的将来。“感觉那时的我已经像个行者——在司法系统和文化系统之间来回行走，在曲靖市区和乡村之间来回行走，在地州与省会之间彷徨行走……”

他是被意外分入曲靖司法系统的，坊间流传一句玩笑，23岁的范建华因地州考生身份一再错失多个省级部门，只好回曲靖报道，人事局问他哪个系毕业，他操着不太标准的普通话回答，“历史系！”结果被登记报到的工作人员错听为“律师系”，在档案未到的情况下将其分入司法局。范建华回顾这段调侃仍忍俊不禁，实际上，那是省司法厅要他不成，特地给曲靖打了招呼让他去司法系统“时刻准备着”。

就算“憋”在小地方也照样风生水起：1982年他参加云南省首届公证律师培训班学习，全班148名学员中，他以平均考分第一名而成为法学界的一名新星，此后以曲靖地区律师事务所律师身份打了一系列重要官司并小有名气；很快，他又去了曲靖地区文管所，埋头致力爨文化研究，“司法系统的历练让我严谨，文管所的工作则让我真正弄懂了将来究竟要干嘛？”羽毛渐丰的他以一系列《爨文化史论》及《云南政治中心500年一移说》等论文声名鹊起，填补了云南地方史研究的两大空白。

田野、行走、第一手资料——范建华早早掌握了自己的治学方法论，这挺符合他的浪漫个性与豪侠情结。他动不动就往乡下跑，去晋宁、玉溪、宣威，也去师宗、陆良、宜良；1985年只身去了德宏三台山和瑞丽江畔做田野调查，一待两个月；很多地方不通公路，遇到老乡就蹭一趟马车牛车，要不就甩开步子翻山越岭；饿了吃干粮，渴了就喝山泉水，“感觉很踏实，我从小生在乡村，长在乡村，对大地，对行走，有天然的亲近”。侠客之感肯定有，不同的是，侠客的仗剑而行是背上几本小说典籍的“仗书而行”，但他照样长歌不止、击节吟诵，在乡野之间轻轻松松就找到了内心的丰盈和满足。

机会来了。1992年调任云南省社科院办公室副主任，1994年任文学研究所副所长，很快就野心萌动——与朋友一起鼓捣出中国第一本人文地理杂志《山茶》，后来又鼓动《地理知识》的主编做成当下最有影响力的《中国国家地理》，彼时业内对范建华的评价是：视野极其开阔，以田野、行走和影像的方式为中国的人类学开辟出一条兼具商业与学术、市场与探察的全新路径。这一时期的范建华英姿勃发，在曲靖转战多年、潜沉厚积终于能在喜爱的岗位上一展抱负了，他开始地将文献学和田野调查以影视人类学的方式切入，这一时期他把总策划总撰稿拍摄的纪录片《高原上的民族》、《搬家》、《家在独龙江》、《白族工匠村》等均获得一系列国内大奖；他又以大理新华村作为田野考察根据地，2004年出版人类学调查报告《白族工匠村》；在海外学术基金支持下，又出版了《中国古城巍山》，成为芝加哥艺术学院古建系的参考教材，备受西方同行肯定与关注。

"这时候你是停不下来的，你得往前走，一直走——行吟四方，书生嘛，读万卷书行万里路实在是莫大幸福！"从上世纪90年代到本世纪前十年的整整二十年间，"在路上"的感觉与仗剑而歌的侠客行迹更加神似，这绝非做作地摆姿态、玩潇洒，而是真实坦荡地交出身心。比如1993年他就曾跳上长途汽车，从兰州一路颠簸至霍尔果斯口岸；1996年以中国探险协会山岳丛林和历史与地理两个专业委员会副主任的身份，他和朋友一同组织了"横上世界屋脊——滇藏文化带考察"大型科考探险活动，自驾车首次考察西藏，行程5000多公里，历时50天，历尽艰辛。1999年他再次进藏，有公路的地方全跑遍了。他已经对大气磅礴的山河之美、天地之美、宗教之美与灵魂之美等等藏地之美"上了瘾"，至今每每提及西藏都会莫名冲动而亢奋。范建华6次造访纽约，在哥伦比亚大学美中艺术交流中心支持下出版多种文化项目书籍；2007年他和朋友自驾车，从纽约一路开到亚特兰大，考察美国的"文学艺术黄金线"，走访爱伦·坡故居，遍寻福克纳旧地，感受《飘》的橡树庄园，深入了解纽约和费城之间保留了19世纪生活方式的"无电"小镇，深入探访一个名为圣达菲的印第安人小村庄……屈指一算，他迄今走过大半个中国，足迹遍及30多个国家；每到一地就举起手中的相机拍个不停，2009年索性在云南省博物馆搞了一次名为《辉煌与毁灭》的现代城市摄影大展，让专业摄影师张大了嘴巴。

"三十功名尘与土，八千里路云和月！不到实地，不进入诗歌描摹的神奇之境，你无法体验人类文化和文明的大美，惟其如此，才会促使你连贯中西，从两种不同的文化形态中追寻方向。"他说。

三、从"云南文化"到"中国文化"

由于学术上的独特贡献及1999年世博园人与自然馆的杰出设计与"操盘"，并获得李岚清亲笔署名的展览设计金奖，范建华很快从社科院调任云南省委秘书三处、四处任处长、副处长，上车伊始就碰到"云南往何处去"的历史命题。这个西南一隅的老少边穷大省正向世人发问，而作为学者、专家及一线政府官员的范建华，积极而勇敢地回应提问似再合适不过。

"当时云南形象不好啊，央视一部《中华之剑》反响巨大，云南在观众眼中是黄色云南、白色云南、黑色云南，我在想啊，究竟能以什么办法为云南正名——绿色云南如何？”他和几位官员、学者商量，大家一拍即合——既以满目翠绿象征云南山水之美、蕴藉希望之美，也暗暗为这个边疆大省指出方向：能否在21世纪蹚出一条兼具环保再生能力又能推动经济可持续发展的绿色循环之路？多年考察欧美发达国家的可持续路径给他足够的信心，拥有25个世居少数民族的云南虽有相对落后、闭塞，原始却更有资源丰饶、文化多元、和谐而居的现实形态，摸索一种全新的“绿色”发展路径也许能为全国乃至全球的类似疑问找到回答。“绿色大省”一经提出即获省委省政府高度肯定并迅速成为该省的发展方略，依托一届国际研讨会所提出的《云南倡议》，范建华很快写出《云南生态环境、民族文化与经济社会协调发展论纲》，在学界引起强烈关注。他在这份提纲挈领式的论文中表达了一名学者、一名官员的焦虑与豪情：“我们在科学中愚昧，在发展中堕落”、“在推动经济快速发展的进程中，往往以摧毁文化和破坏生态环境为代价……这样的结果，就是在隆隆的机车声中，脆弱的传统文明被无情地碾碎，许多民族的有形和无形文化，正在按几何级数的速度快速地消失或遭到毁灭性的打击。”“云南以其丰富多彩的文化和生态条件是否能够提供具有全球性的（协调发展）经验和策略？如何改善25个少数民族的生活质量并保护他们的文化传统……”

那时的范建华常常被大学时代创办《长河》般的激越之情包围鼓舞，‘常常纠集一帮知己神侃、前瞻、质疑、争论、深思，你要知道，当你心怀家国或一个大省的未来蓝图，你总会为此付出一切。”仗剑而行的侠客感觉回来了，不，其实这感觉从未退场，当年立志走出黄泥河镇小山村的远大抱负从未远离，他明白修身、齐家、治国、平天下绝不是空谈妄想，只要机会垂临，好男儿总须“长风破浪会有时，直挂云帆济沧海”。但命运再次拐了一个小小的弯——他从省委调往云南省文化厅，当他站在文化厅大门口抬头仰望，不由大笑，感觉冥冥中总有看不见的大手帮他弥补当年与县文工团擦肩而过的遗憾，帮他一圆少年时代读小说搞文艺的美梦。但这一回，不是写剧本、写相声，而是出任主抓文化产业的副厅长，他将手握民族文化大省的战略地图，聆听号令，冲上前线。

2000年，范建华剑锋出鞘，策划云南文化产业展洽会，这被业内誉为全国第一，堪称中国文博会的雏形，3年后深圳文博会才破土而出。不久他又和朋友深夜拜访文化部官员详谈能否操办“西部文博会”，让西部诸省轮流办。答复是肯定的，范建华很激动，很快策划、撰写了西部文博会方案并报送文化部；经过大半年精心筹备，首届西部文博会终于在昆明呱呱坠地，这也是云南文化以一个更为磅礴的姿态呼啸出世；2003年，范建华主持编写《云南文化十题》，虽未出版，却以开阔广博的国际视野成为业内区域文化发展的纲领性书籍，成为很多专家案头的参考书；这期间他还兼任文产办常务副主任，在很多公开场合露面时才华迫人，总给人绝非官员的“书生侠义、豪气干云”之感——新闻发布会从不用稿子，出口成章却又沉着痛快，一针见血而又高迈优雅，常被媒体誉为最不像官员的官员，能务实就绝不务虚的文化专家……

“让我痛并快乐着的，莫过于《云南映象》和《云岭天籁》这两大演出了。”闻名天下的《云南映象》总策划之一正是范建华，在如何完成原生态与后现代嫁接的过程中，他似乎也领悟到云南文化走出去的某种捷径——仅仅是呈现和杂糅就能让现代都市观众惊诧莫名，可见少数民族文化的无穷魅力。《云岭天籁》则是范建华总撰稿，可谓呕心沥血、殚精竭虑，但，这是一部集合了云南顶尖文艺力量制作的艺术精品，虽被李长春同志连赞歌好、舞好、串词好、音乐好、舞美好的五“好”作品，却缺乏走向市场的契机与能力，甚至从一开始就没认真思考过如何走入市场，最终无奈夭折，这让范建华至今“含恨”。

最令他牵肠挂肚的还是云南文化大省建设及中国文化产业发展的宏大命题。

2003年，范建华对云南提出建设文化大省的战略思考是将“绿色”转换为“多彩”，隐喻云南文化的五彩斑斓、绚丽多姿，他积极策划《多彩云南》文本，为云南文化大省建设扫清理论障碍；紧接着是对改革之初全省形式的判断——当国有企业、院团都不愿意“动弹”，何妨以“民营包围国有”，由下至上推动改革、逆向破题？头五年的改革收到奇效，云南映象演艺公司、丽水金沙演艺公司、勐巴拉娜西演艺公司等等一大批民营企业通过资本整合、资源输出等方式雨后春笋般在云南开花结果，催生了多部名震海内外的旅游演艺经典及影视拍摄基地，云南影视产业、旅游文化产业蓬勃兴起，缔造了令中国业内惊叹的“云南现象”。2008年至今，范建华开始积极应对国有企业硬碰硬的改革，于势在必行的洪流中，兼任云南省文产办常务副主任的他必须冷静思考和正确处理改革与发展、集体和个人的微妙关系，云南几大国有院团被先后“动刀”，尽管不失阵痛，却为国有院团的未来发展与中国文化产业往“何处去”摸索了有益经验……

作为整个云南文化产业改革大潮的直接操盘手，范建华时时感觉如履薄冰，洒脱不羁的侠客精神固然值得艳羡，但在牵一发而动全身的重大历史时刻面前，还需要更多冷静、睿智、宏阔的体察深思；这期间，他并不耽于复杂的现实，积极沉入改革的浪潮下探栗淬火，写出备受中国业界专家好评的《文化与旅游互动发展论》、《中国文化产业发展两极论》、《文化与文化产业发展新论》、《节庆文化与节庆产业》等重要文本并提出“文化体制改革是撬动政治体制改革的重要杠杆”等重要论断，在学术界引起极大反响。他在这一系列论述中神游八荒、横贯中外，逐步廓清了国内文化产业发展中的重重迷雾，系统扎实地阐释了文化发展的要素、东西部资源的差异与依托及经济欠发达地区如何优选文化产业发展等等诸多重要议题，为西部地区的文化改革、更为中国的文化产业发展提出了独辟蹊径、含金量十足的命题与追问。

这位“文化侠客”的“剑气”已然溢出西南一隅，近年来连续担任青海省政府科技顾问、中国国家行政学院兼职教授，美国哥伦比亚大学、芝加哥艺术学院和中国传媒大学、云南大学、云南民族大学、云南艺术学院等多所大学的客座教授，四川大学文化产业研究院特聘研究员；并走入美国哥伦比亚大学、芝加哥艺术学院、芝加哥菲尔德博物馆、华盛顿史密森博物院、纽约州立大学普切斯学院、纽约市立大学皇后学院、北京大学、上海交大、厦门大学、中山大学等高校研究机构进行学术演讲和学术交流，成为中国文化产业人才培养与教育的亲历者。

朋友问他，“建华，累吗？”“累，真累。”可他绝不长吁短叹，那会让他觉得“很不男人！”既在改革的熔炉中锻造，又在学术的原野中飞奔，历史选择了你，干嘛虚掷？“再累一点也无妨。”乡下的灰尘、熬夜的黑眼圈以及会场上的嘈杂喧闹，拍一拍洗一洗扫一扫就是了，他要的是百分百投入，把工作做好，做到极致；他热衷这样的身份：书生、官员、杂家、影像学者、策划、编导和撰稿人、教授……“宝剑锋从石砺出”，向来自信洒脱的范建华不时以冈察洛夫斯基或约翰·克里斯朵夫为样板，担当和磨炼都是必需的，这让他成为“云南现象”时期公认的现象人物，他为之深深欣慰。

四、何为“侠之大者”？

海明威说过，孤独往往始于喧嚣之初。如今业已离开云南文化部门，前往省社科联履职的范建华，是否早在云南文化激流勇进之初的就已深刻体味到了“孤独”的况味？

“还好，我一直觉得自己太随遇而安，太不刻意去做什么、不做什么，只要担子来了就把它挑起来。”他反倒觉得自己不失孤傲——侠客之于江湖不也每每存着孤傲心？但小小的孤傲绝非孤芳自赏，范建华身边从来不缺各行各业的知己好友，他们是他丰富人生和知识、增长智慧和见地的“捷径”，但酒肉朋友不足交，志同道合、彼此投契、互相敬重是交友的前提。1996年同去西藏探险的朋友至今还是“死党”，而当年他在社科院文学所时前往迪庆调研结识的当地一位官员也迅速成为莫逆，带他去家里品尝酥油茶，他们谈天说地、言古论今，深深引为知己。后来这位官员调任西藏，不久前，范建华前往拜访，许久不见了，不觉丝毫变化和拘束；两人推开办公室窗户，正对前方巍然耸立的布达拉宫。他们聊神迹，聊宗教，聊藏区文化，聊人生理想，直到夜深人寂仍然不知疲倦。此时，夜色中的布达拉宫一片辉煌……

大学时代的四川籍同窗更是一辈子的兄弟，两人当年都是意气风发的愤青，在“足球、歪诗、迪斯科”的1980年代就经常玩出大动静，范建华每次去四川出差，兄弟必来酒店陪他彻夜畅谈，聊人生、事业、家庭甚至女人；曲靖某县的副书记也成了忘年交，当年范建华刚大学毕业，前往那个小县城调研时与那位书记一见如故，半年后的一个傍晚，这位书记敲开他的房门给他送来一袋当地的红米，让他至今感动，“无所图，无所求，只要投缘相知，这才是真朋友！”

也总有人问他如何在官员和学者两种截然不同的领域之间成功“走钢丝”的？范建华可从没觉得这是个问题，“官员也好，学者也罢，都是人吧？做人，就有基本的操守，做到就不错。”比如同情心、善良心、敬畏心，任何时候都不该欺善怕恶、虚以委蛇、趋炎附势。“我们是社会化的人，很多网络和规范你是无法突破的。既然你改变不了社会，你总能保留自我。”他尽可能维系内心的平静和原则——幼时母亲急公好义、宽厚仁慈的性格教育对他的影响是终生的，为官也罢，做学问也好，很多难题因此迎刃而解；尤其做学问，他一系列具有全国影响力的论述都建立于独立思考的基础上，绝不人云亦云，“思想是不能被统帅的，如今中国最缺乏的就是独立思考的思想家。我不会是思想家，但至少是个保持自我的思考者。”

但即便仗剑而行的侠客也颇多误解和责难，这或许是一名有创见者必须承担的。范建华也不免被朋友屡屡误解——在官场和学界行走30年，他的“锋芒太露”或直言不讳不知不觉就把某些朋友得罪了。“君子坦荡荡，如果就因为一两句话就得罪的朋友，我不强求。这样的朋友，不做也罢。”但最大的误解在于即便最了解他的领导也未必“读懂”

了他。早年插队时，范建华曾经在生产队长家里遭遇过这样一件小事：村里一个小女孩手里拎着一勺猪油，推门进来，怯生生地说，“大爹，我妈听说你病了，让我送点猪油给你煮面条。”当时范建华差点落泪——中国农村之穷可见一斑，他从小又生于乡村，长于乡村，对中国农村、农民感情极深，30年来的田野调查也随处见证着中国乡村基层的真实现状，此后无论在任何部门任职，他的谋略、策划总希望从改变基层出发，切实考虑农民的转变与发展等迫切问题，他并不讳言自己对乡村经济的独到感悟甚至切肤之痛。“但领导往往会说，建华是个文化人，不懂经济。这对我真是最大的误解。”其实他向来胸怀农民、农村，也最早找到了云南可持续发展的绿色循环路径，如昆明这样的城市就可以效仿泰国成为名噪遐迩的旅游名城，干嘛非得无工不富？“类似的经济增长方式的转变，究竟多少官员认真思考过？”

身处文化业界，很多时候也颇多无奈——中国文化产业虽已备受重视，但受传统思维或体制机制的束缚，还没有彻底摆脱意识形态的捆绑，于是诸多理论总有空谈之嫌，这或许是中国学界必须忍耐的阵痛之一。“其实中国文化产业的未来，一言蔽之，认认真真把它当做消费品就好了。”

再无奈再悲哀，也往往一笑置之，不拘小节、不受常法才能找到突破口。仔细回顾，他觉得自己最大的缺点或许就是“太随遇而安”——似乎没有一项为之毕生执著的理想，于是总有烟花虽绚烂却多短促的感慨；性格过于坦率也未必见容于官场或朋友，“我年轻时很冲的，领导批我，我会据理反驳他，从方式来说其实未必最佳，如果再圆滑一点，效果或许更好？”转眼已过五旬，他越来越低调，也越来越冷静，很多无趣的应酬可以不去，很多违心的话可以不说，毋宁在经验、积累的黄金期将老辣精准的专业素养尽情发挥，如踏踏实实在中国文化产业、人类学、民族田野等领域再成就一番事业，哪怕写一篇满意的文章，做一次有价值的理论突破……

何为侠之大者？范建华拒绝“文化侠客”的标签，但认真揣度这个命题。“金庸说，侠之大者，为国为民，我赞成。当然，侠之大者也可谓为天地立心、为生民立命、为往圣继绝学、为万世开太平——这么一说，我们还差老远老远，何足道哉？！”

范建华常对妻女充满歉疚，因为陪伴她们的时间太少太少；好在，每年还能携她们返回故乡黄泥河镇——如今父母都辞世了，范家七兄妹总在年节回老家团聚。行走在熟悉又陌生的旷野和大地之上，范建华努力寻找自己来时的踪迹，去时的雄心。“我常问自己，很多事情究竟做得如何？有的有答案，有的还没有……”尽管已经在中国文化产业留下深深烙印，但还需仗剑而行——来去任由天地阔，一剑萍踪江心白，还没到停步的时候，还早，他还需要收拾行装，一次次回来，一次次出发。

（陈鹏）

傑出貢獻

余培侠——中国动漫产业的见证者

从引进世界品牌动画片《米老鼠与唐老鸭》、《猫和老鼠》、《铁臂阿童木》、《机器猫》、《天线宝宝》等，到主持创办中国第一个面向全国的少儿频道，再到主持创作《哪吒传奇》、《小鲤鱼历险记》、《美猴王》等央视动画大片。中国动画学会会长、央视青少节目中心原主任、央视少儿频道原总监余培侠，与中国青少电视、动画一路走来，参与并见证了中国动画产业的发展。有人称他是“中国少儿频道和电视动画之父”，他则自谦只是业内“一名老兵”。

一、十年磨一剑

20世纪九十年代初，世界电视进入“窄众播出”的潮流，欧美等发达国家与地区纷纷开办儿童电视频道。1993年时任青少部主任的余培侠，在济南第二届全国少儿电视理论研讨会上首次提出要开办我国少儿专业频道。

据十年后业内人士调查研究报告显示：各国儿童频道的开播，都有一个孕育期，其中较早开办儿童频道的10多个国家和地区的“孕育期”（即该国电视诞生时间至首家儿童电视频道开播的时间）大约为40年。若从这个角度上说，自1958年中国电视诞生之日起便有了少儿节目的中央电视台，到2003年央视少儿频道开播，正是瓜熟蒂落的时节。从现在的眼光再看，余培侠为创办中国少儿频道在济南会议上的第一声呼唤，不但不是一个偶然，还具有一定的预见性。

凡是熟悉他的人，都知道余主任低调做人，高调做事。在业内具有独特的战略眼光。而他的眼光，来自于长期的实战经验与超常智慧。余培侠自1975年到央视，一直从事青少年电视编导与动画创作管理工作。他是国内最资深的青少电视专家与领军者。他创意并主持创办了一批具有时代影响力的青少电视栏目。如《大风车》、《十二演播室》、《第二起跑线》、《三星智力快车》、《东方儿童》、《智慧树》、《异想天开》、《动画乐翻天》、《动画梦工场》、《动漫世界》、《银河剧场》、《童心回放》等等。策划并举办了一系列具有国际影响力的大型主题活动。他还作为我国少儿电视专家，连续五次出席“世界儿童媒体高峰会”。

1994年，在墨尔本“首届世界儿童媒体高峰会”上，面对众多外国同行与媒体的提问：中国何时能开办儿童频道？余培侠充满自信地答道：“中国是世界上儿童最多的国家，我国政府也非常关心他们的健康成长，相信在下次见面时，一定能给您一个圆满的答案。”

回国后，他开始脚踏实地的工作。首先呼请全国妇联、团中央、教育部、关工委及“人大”、“政协”代表的支持与帮助。1995年，全国政协常委叶至善在“两会”期间，正式提出了《建议中央电视台开辟儿童频道的提案》，引起了政府相关部门的重视。时任广电部副部长的田聪明在政协等相关部门组成的联合调研组会议上明确表示：“为了三亿多儿童，我们就是砸锅卖铁也要把这个频道办起来！”这句话，真是掷地有声。同年十月，中央电视台第七套卫星少儿节目终于试播了。遗憾的是，原定第七套为“儿童频道”，谁知好事多磨。开播时，又加盟进来农业、军事和科技节目，而真正的少儿节目仅占整个频道不足三分之一。因此，又改称为“少儿、农业、军事、科技频道”。

1998年6月1日青少节目中心成立，余培侠把五年计划的第一件大事，就确定为开办真正属于孩子们自己的少儿频道。

那么未来的央视少儿频道会是怎么样的呢？余培侠大胆地提出：用“一日少儿频道”为未来少儿频道试水的设想，提前“实战演习”。

2000年6月1日，恰逢喜迎新世纪的“六一”儿童节，中央电视台第一套黄金频道从8:00至22:00连续首播12小时的少儿节目——《我们的世纪》，这是一台名副其实的不同类型、不同题材、不同形态又具有整体概念的儿童电视节目饕餮盛宴，这在中国电视史上是史无前例的，在世界电视史上，在国家主流媒体黄金频道的黄金时间连续首播12小时少儿节目也属罕见的。被业界称为“一日少儿频道”成为央视少儿频道生命之初的雏形。

“一日少儿频道”中涉及的节目类型，几乎涵盖了以后少儿频道的所有栏目。余培侠更为敏锐，也比别人更清楚的是“一日少儿频道”之于央视少儿频道来说，还有更为重要的意义；就是锻炼团队，选拔人才。这一举措，他不仅是在谋事，更是谋人。在“一日少儿频道”中，涌现了一批年轻的制片人、导演，成为后来少儿频道的中流砥柱。

从2000年起，2001、2002年又连续推出8小时“六一特别制作”，为未来的专业频道预热、练兵，少儿频道的开办引起了全社会的高度关注！

2002年12月23日，“十六大”刚刚闭幕不久，余培侠第三次提交了开办央视少儿频道的报告。这一次，党中央九位常委都作了圈阅与批示！央视少儿频道的申办成功了！

胡锦涛总书记对中央电视台开办少儿频道作了重要批示，指出这是一件有利于少年儿童健康成长的大好事，要加强领导，加大支持力度，动员全社会各方面力量，针对少年儿童特点，切实把它办成精品频道。

“十年”怀胎，一朝分娩。分娩的“预产期”屈指可算只有3个多月了。这对一个新创建的频道，是个多么紧迫的时间啊！

余培侠在全中心动员大会上提出“团结奋战一百天，打造央视新亮点”的振奋人心的口号。他胸有成竹，指挥若定。一边调集本中心精兵强将，组成精英团队抢时间争分秒实施频道分众制作、分众播出的编播策略。一边动员社会各界有识之士助力。要求“高起点，巧运作”，全力打造一个“全国空前，世界一流”的国家少儿频道。他亲自为频道确定了“尊重、支持、引导、快乐”的先进理念；创新符合中国儿童审美习惯和作息规律的独特的编排模式；在节目内容上提出了“去成人化、去碎片化、去新闻化”的“去三化”以及儿童节目要贴近“儿童生活、儿童情趣、儿童市场”的“三贴近”原则；同时强调提升频道的“绿色收视率、绿色竞争力和绿色创收率”的“三提升”。

为了让少儿频道一面世不仅要一鸣惊人，还要有“国际范”！余培侠做出了一个大胆而明智的选择，请迪士尼频道的设计人员参与频道整体包装的策划与制作。因为在这之前，央视的十多个频道，还没有一个频道具有完美的整体包装。余培侠想以“儿童为先”，借鉴国外先进的频道包装理念，与中国传统文化和审美两者相结合，形成对频道的理念识别、行为识别和视觉识别的创新解读：这就是央视少儿频道首创的“频道形象卡通化，标识创意对象化，色彩基调个性化”。

实践证明：频道的包装经过了时间的检验，历久弥新。八年来我们依然在使用这套频道识别系统，而且成为中央电视台频道包装的典例，这更加印证了余培侠的眼光与思维是十分超前的。

2003年12月28日，凌晨6：00央视少儿频道初试啼声，“千呼万唤始出来”——一个全新的少儿频道终于与全国的小朋友见面了！

余培侠圆梦了，中国3.67亿少年儿童终于拥有了自己的梦想空间。为了这个梦想，他百折不回、呕心沥血。如今，他的梦想真的变成了现实，他终于赢得了一片喝彩声。频道的收视率节节攀升，开办头一年，2004年收视份额为0.7%，在全国上星频道排名第21位；2005年1.72%，列全国第10位；2006年2.19%，列全国第8位；2007年2.41%，列全国第7位；2008年2.37%，列全国第8位；2009年2.59%，列全国第7位。成为全国开办时间最短，收视份额提升最快的频道。被誉为“孩子们开心，家长放心，老师称心”的绿色频道。同时频道的经济效益也大幅提升，2009年央视少儿频道的广告招标高达7.18亿，再加上央视动画一个多亿的衍生产值。央视少儿频道在专业化、品牌化、产业化的进程中，已迈入了世界一流少儿频道的行列。

二、花繁亦千寻

许多人知道余培侠是中国少儿电视频道之父，却不一定清楚他同样也是中国电视动画的创始者。

上世纪五、六十年代，美、日等国的电视动画蓬勃兴起。到八十年代初，外国动画片开始进入我国。1980年12月，中央电视台首次播出了日本动画片《铁臂阿童木》。随后一批国外著名动画片开始引进。当时，已做了五年少儿电视编导的余培侠心想，为什么我国的动画片还停留在传统的动画电影上呢？为什么至今还没有一部电视动画片？作为电视人的一种敏感，他觉得这同样是“无限风光”在险峰，应该去攀登。1981年，他参与了中国第一部电视动画片《小黑驴与小花鹿》的创作。

“当时的动画是手绘的，是一张张地画，一张张地拍，用16毫米的胶片。采用电视摄影机逐格拍，十分钟就拍了两年多……”回忆起当年拍电视动画的情形，在动画学会那间敞亮的办公室里，余培侠打开了尘封的记忆，曾一度陷入沉思。

从80年代零散的电视动画短片，到90年代的动画系列、连续片，直到1998年青少节目中心成立，动画片部与动画制作部都隶属青少中心之后，使他拥有了一片更加广阔的蓝天。

首先，他提出了“央视动画”的品牌战略。每年要重点推出一部“央视动画”大片。

1999年，首部央视动画大片《西游记》出台。接着又相继推出《哪吒传奇》、《小鲤鱼历险记》、《美猴王》、《小虎还乡》、《月亮大马戏团》、《开心小镇》等一批精品动画片，成为最早探索国产电视动画民族化、国际化、产业化发展方向的代表作。

从中国第一部电视动画短片的诞生，到“央视动画”连续推出的精品大作，这三十年的发展之路，不仅是中国改革开放的激荡三十年，也是中国电视动画蓬勃发展的三十年，当然也是余培侠探索国产动画产业化发展的激情岁月。

早在2003年，他就提出“以原创为龙头，品牌为主，依托频道，开拓市场”的央视动画发展思路。

许多人知道《哪吒传奇》是央视首部盈利的国产动画大片，却没有人想到，余培侠把它与市场对接的切入点选定在图书上。

动画产业的核心是创意内容，最大的利润却来自衍生品的开发。

余总当时选定与对国内外图书发行市场最了解的童趣出版社合作，制定了非常完整的发行出版方案，当时主管副台长胡恩说：“这是我看过的最完整的动画衍生品的运营方案。”

这个方案的实施使图书一项的营销就获得了800多万人民币的利润；墙里开花墙外香，童趣出版社在这项合作中更是受益匪浅。当时在国内图书发行量最高的西单图书大厦，发行量超过了“哈利波特”，排名第一。中宣部还专门拿这个事当典型；说明国产的图书是可以击败国外的图书。这是国产动画首次在图书市场上获得的最佳业绩。

这次宝贵的经验使余总在主持央视第三部动画大片创作时，创新地运用了双制片人制。

即一个制片人主抓艺术，另一个制片人主抓市场，不像以前一样，片子快做完了，才考虑市场，才考虑授权。也不像现在有的公司老总，自己既搞创作又搞市场运作，既做导演，又做市场经理。更重要的是有利于动画片从策划创意开始就进入市场运营。

其实，余总是我国电视动画界最早具有文化市场意识且懂得市场游戏规则的人。他早在十年前，就先后指导与帮助过刚刚踏入这个行业的民营动画企业的创作与运营，他还有几十年与国际动画顶级公司合作的经验与眼界。他十分透彻地看到，作为意识形态重要组成的传媒业与市场的链接，是相当敏感的地带，但他从某些强势国际传媒中看到了传媒业所具有的产业属性，认为在坚持“导向金不换”的同时，发展动画产业势在必行。

2006年11月22日，央视少儿频道作为央视第一批实现频道制改革的试点，撤销原少儿部、青年部、动画部；成立频道编辑部、央视动画有限公司，构建制播分离的新体制。这次频道制改革的最大亮点，就是央视动画的改制。把原来的动画片部剥离出来，改制成立央视动画有限公司，变原来的事业体制为企业体制，由少儿频道主导经营，投资管理的运营机制。使央视动画实现了由单一为播出而生产向播出与多元产业开发并举转变；由单一自产自播向多媒体、多渠道转变。这是优化产业资源实行高效运营的新模式。使央视少儿频道逐步形成创意研发、制作播出、市场开发为一体的良性产业链。

改制激活了央视动画的经营活力。“市场之手”使2007年刚刚上马的央视第四部动画大片《美猴王》旗开得胜。在《美猴王》品牌授权拍卖会上，全场共拍得4135万元人民币。这场拍卖会，用行动吹响了中国动漫产业的集结号。随着拍卖师轻轻地一敲，成功敲下了“中国动漫的第一锤”，这个“制胜的瞬间”，让许多人现在回忆起来，依然记忆犹新。

而更让央视少儿频道的同仁们难忘的是2009年10月10日这一天，这个为少儿电视奉献了毕生精力的中国青少电视最资深的老编导、老专家、老领导要退休了。就在退休的前一天，他也没有觉得有什么不同，依然和往常一样精力充沛地安排工作。对于名利淡如水，事业重如山的余培侠来说，他的轻松似乎表达散发着一种禅意，同时也透露出他退而不休依然处于事业巅峰状态的“惯性”心境。

作为中国动画学会的会长，可以用三个“十分”来形容他在学会的工作状态，精力仍十分充沛，事业仍十分酷爱，决策仍十分精准。

成立于1985年的中国动画学会，是我国动画业唯一的全国性的社会团体，原来学会除一年一次常规的工作年会外几乎没有什么活动。余培侠上任之后的第一个点睛之笔，就是把“中国动画学会年会”改为“中国动画年会”，将“学会”两字拿掉，两字之差，就发生了质的飞跃。

把一个学会的会员工作年会，变成了整个动画行业的饕餮盛会，这“四两拨千斤”的科学决策，与时俱进，趋势利导。使与会的代表倍增，参与的层次提高，探讨的问题更具关注度与影响力。

2008年第一届，以两岸四地动漫的合作交流为主题，提出中华动漫合作共赢的理念；2009年针对上万家的动漫企业，大多单打独斗的创业现状，提出要“整合资源，优化配置”的主导；2010年提出要“做实企业，做强产业”。企业是产业的基石，企业做实，做盈利了，产业才有希望。现在大多数的企业还不盈利，不少企业光靠政府的补贴来维持生存。企业在起步时需要扶持，就像孩子学步，大人一定要扶一下，但是不能到他十岁、二十岁了，还是由大人扶着。企业必须要有自己的发展战略与盈利模式。因此，今年年会的主题就强调“如何创新我国动画产业的盈利模式”，探讨梳理国内外成功的发展模式。

余会长第二步是要完成学会的转型，由过去以学术研究为主，转变为现在的以研究动漫产业发展为主。学会的主旨明确为六个字：“引导、联络、服务”。创办了“中国卡通吧”，以轻松的茶座方式打造高层次专业交流的平台。同时，通过创办学会“美猴奖”等各种评比活动，助推动画产业链各环节的健康发展。

第三步，是由他倡导发起并已于去年12月在云南腾冲创建了以中国动画学会为牵头，由中国儿童少年基金会、中国玩具协会、中国软件协会游戏委员会、中国版权保护中心、央视动画有限公司等共同组成的中国国际动漫产业联盟。主要任务是开展“联展、联播、联创、联投、联研”活动。今年4月份，把18个动画原创企业整合成一个联合军团在戛纳举办了“中国动画联合展台”，收效很大。同时，学会从去年开始又与北京大学文化产业研究院合作，每年将有一个企业发展的调研报告，简称为《中国动画企业蓝皮书》，引导行业健康发展。

三、山高人为峰

三十五年来，余总虽然山一程，水一程，一路艰难跋涉，翻过一山又一峰。但他深知，山外有山，楼外有楼。“海至尽头天是岸，山到高处人为峰”。要想真正攀登事业的高峰，必须具有国际眼界，通过“引进来，走出去”与世界交流互动，合作共赢。

1983年中美第一部合拍电视片《大鸟在中国》，一举拿下美国电视艺术最高奖“艾美奖”，这是中国电视走出国门的第一部成功电视片，余培侠正是这个节目的导演之一，也是他国际化之路的第一步。

1994年他代表我国参加墨尔本“首届世界儿童电视高峰论坛”，当时澳大利亚最大影视制作公司的资深制片人容松德就非常期待跟他交流与合作。会议刚刚闭幕，他们就在悉尼歌剧院对面的一个啤酒小屋里，开始了这次富于创意的会晤，他们先是漫无边际地畅谈两国的文化，后来聊到儿童电视时，余培侠突来灵感，建议是否合作摄制一部适宜两国文化的“人偶剧”。即由真人扮演的偶像剧。容松德先生一听连声称好，两位资深总制片人就这样一拍即合。一个月后，容先生即飞至北京，签订合作协议。一年后，我国第一部52集大型电视人偶剧《神奇山谷》就在央视播出了。

这是中央电视台儿童节目第一次采用国际通行的合作模式“共同投资、共同创作、版权共享、利益分成”进行合拍的。该剧发行到100多个国家和地区，创造了中国少儿电视节目在国际发行与播放的最高纪录。

进入二十一世纪，余总的国际交流与合作更加频繁。2002年亚太大学生机器人大赛，余培侠代表中央电视台作为亚广联这项赛事的董事会成员，在东京的第一次董事会上，他提出“让思维沸腾起来，让智慧行动起来”的赛事口号。使至今每年一届的《亚太大学生机器人大赛》已成为亚洲各国大学生的重要赛事。

2007年《国际大专辩论会》，这个由他创办了十几年的国际品牌节目，又更新为《国际大学群英辩论会》。按照“运作新、形态新”的新要求，实现“海外选拔、海外录制”的大跨越，引起了世界各国的高度关注。《国际大学群英辩论会》起到了在全球范围内推广汉语、传播中华文化的重要作用，同时推出了一批精英人才，“以积极的热情投入到国际交流中，以独特的创意参与国际合作与竞争”。这是余总一直强调的。青少中心很早就参与了像慕尼黑青少年电视节、法国戛纳电视节、阿姆斯特丹儿童电影节、意大利电视电影展等国际知名电视节，并有30多个原创动画片和电视节目入围，5个节目获得大奖。

余总常常是一边“走出去”，一边又“请进来”。每年的12月28日，是央视少儿频道的生日，通常频道还会举办国际儿童电视发展论坛，邀请美国尼克罗迪恩儿童频道、迪士尼卡通频道、英国BBC儿童与青少频道这世界上三大儿童与动画最强势频道一起来交流业务，探讨合作，共谋发展。

同样，经他“慧眼”引进的国际顶级动画片与儿童节目也家喻户晓。如《米老鼠与唐老鸭》、《猫和老鼠》、《小熊维尼》、《铁臂阿童木》、《机器猫》、《丁丁历险记》、《托马斯与它的朋友》、《天线宝宝》、《花园宝宝》、《海绵宝宝》、《芭比系列》等等。从引进国外第一部动画片到频繁的国际交流合作，从把《多啦A梦》改成《机器猫》被大街小巷叫火，没有太多人知道余培侠的名字，可是他却在国际化的道路上走得风生水起、自得其乐。有时你以为他去“拔萝卜”，谁想到他却拔回了一根“好人参”。

1997年他在伦敦参加第二节世界儿童媒体高峰会，在中场休息时，他发现电视里正播放一个非常有趣，令他眼睛一亮的节目。他认为这个片子主要是针对3岁以前的，因为严格地说，那时，我国还没有针对0-3岁的电视节目，一般说的学龄前节目都是以3-6为对象的节目，当时他就萌生了想引进这部片子的想法。

“说来正巧……”余培侠回忆说，“当时，我们的翻译有个朋友，请我们到她的家里去做客，我们在聊天，她刚2岁的女儿正在看电视，只听不时地哈哈笑，还从沙发滚到地毯上笑。我转身定睛一看，呀！不就是我白天看到的那个节目吗？我随即打听主人，原来这个片子正是BBC制作的，叫‘Teletubbies’——即《天线宝宝》，英国家家户户都知道。会议一结束就去了BBC的制作基地。”

“拍摄基地就离莎士比亚镇不远，全片三百多集这才拍了三分之一，当时见了制片人和编剧，编剧是专门研究学龄前教育的教授，我们之间的交流挺好，我印象最深的是这个节目里总有‘欢……欧……’的发音。”余培侠叙述到这里的时候，脸上竟然露出了孩子一般的天真。

“我问这是什么意思，他说，你们中国孩子在说话之前的是怎样发音的？英国的孩子开始说话之前. 发音就是‘欧欧’，孩子一听到这个声音就引起了共鸣。”后来被中国亿万孩子与家长喜爱并受到学龄前教育老师、专家赞赏的《天线宝宝》，正是余培侠的慧眼识珠，并经过二三年的反复谈判与审批，才得以在中央电视台的屏幕上大放异彩。

余培侠曾经有很多头衔，青少中心主任、少儿频道总监、央视动画董事长、中国动画学会会长等等，他的每一个名头都是一个符号，每个新的符号都标志着：中国少儿电视和中国电视动画的一次重大动作，每一次的重大动作，他又都是在“走崎岖的路，做垂直攀登”。而攀登的崇高目标却只有一个，那就是：“引领成长，塑造未来！”

你每天打开央视少儿频道，总能听到刘纯燕天籁般的童声：“引领成长，塑造未来！”这简单的八个字，包含着余总三十多年矢志不渝的追求梦想与心血结晶；包含着老一代电视人、动画人对祖国未来的期望与愿景。这一字千钧的主题词，不仅是余总监为央视少儿频道而作的点睛之笔，更是他毕生为之苦苦奋斗的真实写照！

傑出貢獻

廖家本——武汉市洪山区创意产业的推动者

他是一位年近花甲的长者，却对一个朝阳产业情有独钟。他既是领导者，又是专家，创新开拓中透着果敢，运筹帷幄间尽显睿智。他的贡献，不仅仅在于创造了一个又一个业界奇迹，更体现了对事业的执著追求和永不懈怠的信念——正是这种信念，凝聚起武汉市洪山区80万人民的力量，正在将一个科教大区打造成“创意产业的一颗明珠”！他就是2010年中国创意产业十大杰出贡献人物奖获得者、武汉市化学工业区管理委员会副主任、中共武汉市洪山区委副书记、洪山区创意产业促进工作领导小组组长廖家本同志。

廖家本同志历任武汉市洪山区建设委员会主任、洪山区人民政府副区长、常务副区长等职，多次荣获湖北省、武汉市“先进个人”、“优秀共产党员”等称号。特别是自2008年初担任洪山区创意产业促进工作领导小组组长以来，他团结带领领导小组成员，深入学习实践科学发展观，努力将洪山区科教智力密集的优势，转化为现实发展优势，在洪山区中心地带着力打造以“创意大道”为核心的创意产业集聚区，推动洪山区创意产业跨越式发展。截至2010年底，洪山区已集聚创意企业过千家，产值过百亿元，多个企业和个人连续两年获得中国创意产业年度大奖中的9个奖项。全国政协副主席、著名经济学家、中国创意产业领军人厉无畏先生3次到洪山区，称赞洪山区为创意产业的“一颗明珠”。

一、创意策划者——推动创意产业集聚发展

廖家本同志亲自主持制定了《洪山区创意产业发展2009—2020年规划纲要》，确定了创意产业“一核八区五块”的空间发展布局。为了迅速推进创意产业的项目建设，廖家本同志确定了“突出重点、打造核心、示范带动、分步推进”的原则，提出了打造“一主

线、一核心、四园区”的近期发展思路，即以洪山创意大道为主线，打造南湖创意产业园这一核心，建设武汉大学珞珈创意产业园、武汉创意天地、先建村生态创意城、李桥科技文化体育创意产业园四大园区。

作为洪山区创意产业核心区的南湖创意产业园是在武汉洪山经济开发区北港科技工业园建设的基础上实施产业结构调整和转型的。目前，园区入驻各类企业合计134家，其中文化创意企业72家、科技企业31家、其他商贸服务类企业31家，吸纳从业人员约8560人，形成了高新技术、出版传媒、建筑设计、动漫网游及关联企业的集聚，实现科技和创意产业的融合发展。在已建成五个创意产业基地之后，园区又有四个创意产业基地开工建设，同时还策划了动漫基地三期及亿胜创意产业基地等两个项目，现正在进行总体规划设计。

南湖创意产业园在推进动漫产业发展方面成果丰硕。海豚传媒公司出品的52集动画电视连续剧《小鼠乒乒》于2010年2月登陆央视，并荣获“国家优秀国产动画片”称号。意美汇文化传播公司策划推出的湖北省首个中式原创动画推广发布平台“漫画盒子网”于年初正式上线。园区企业还制作了原创电影《天音少年》、《 再战封神 》、《我想有一个梦》、《杀往天堂》，原创动画连续剧《米勒和他的朋友》、《鸡宝宝的快乐生活》、《润小龙与陨石晶》、《噜啦啦》，以及多部动漫情景剧和动漫舞台剧。在动漫外包方面，两点十分公司参与制作的蓝猫续集《龙骑团》已在央视播出，104集的《虫虫计划》已全面完成制作，计划于今年12月在央视播出，156集的《招财童子》即将完成制作。武汉齐进网络技术开发有限公司研发的《六道》已于今年4月正式上线运营，并被湖北省文化厅授予“全省优秀原创网络游戏奖”。南湖创意产业园已成为湖北省继东湖开发区之后的第二大动漫产业集聚区。

创意产业基地加快推进。武汉创意天地项目占地348亩、规划总建筑面积31万平方米、投资12亿元。武汉大学珞珈创意产业园一期数字乐园项目占地30亩、总建筑面积12.5万平方米、投资6亿元。大华创意街区总建筑面积1.82万平方米，集创意工作室、创意作品展示、新闻发布、会务交流、教育培训、休闲娱乐、衍生产品销售于一体。先建村生态创意城总规划面积5000余亩。李桥科技文化体育创意产业园总规划面积1080亩。此外，洪山区还有8个创意产业基地正在办理规划报建手续，近期也将陆续开工建设。

二、政策制定者——打造创意产业服务平台

在廖家本同志的主持和推动下，洪山区委、区政府出台了《促进创意产业发展若干扶持政策》，设立1000万元创意产业专项扶持资金，从贷款担保、租金补贴、购房补助、税收减免、用地支持、政府采购、专利奖励、人才引进等各方面，对创意企业、产业基地和创意人才进行全面扶持。

鼓励大学生从事创意产业。洪山区有高校38所，每年毕业的大学生在10万人之上，为拓宽以大学生为主的创意人才创业、就业渠道，廖家本同志提出安排大学生与创意企业对接实习促使企业吸纳一批、制定优惠政策扶持创业一批、多种培训储备一批、举办创意竞赛等系列活动的办法，促进大学生创业、就业。目前，区内各创意产业基地和企业，已安置大学生创业、就业8000余人。洪山区还与华中师范大学共建贫困大学生创意产业创业基地，基地的场地及办公设备全部由区政府和华中师范大学免费提供，面向贫困大学生开展创业辅导、孵化、财务管理等专业服务，实现了贫困大学生的“零门槛”创业。目前，该基地已入驻创业项目12个，并被共青团湖北省委认定为湖北省青年企业孵化器。

打造创意产业公共服务平台。在完善政策的基础上，洪山区以建设公共服务平台为重点，努力为企业提供完善的服务。一是以创意大道网站为基础，完善功能，构筑信息发布、项目资源、电子商务、传媒推介等信息共享平台。二是依托区内现有融资体系，以洪山天成担保公司为基础，吸引社会资本，与相关金融机构、风险投资商密切合作，构筑创意企业融资平台。三是成立洪山区创意产业协会，充分发挥协会的服务职能，加强会员之间、行业之间、政企之间的沟通、交流与合作，形成发展合力。四是筹划建设文化创意产业版权交易中心，建立版权交易及保护平台，提供专业化版权登记、合同备案、版权法律咨询、侵权查处、翻译、制作、展览等服务平台。五是开展全面调查，做好产业运行状况的跟踪监测，建立创意产业的统计和分析平台，为实现创意产业的又好又快发展提供科学依据。

三、品牌塑造者——营造创意产业良好氛围

近几年来，在廖家本同志的策划下，洪山区举办了多个有影响力的宣传造势活动，使洪山“创意大道”品牌、知名创意企业、产品品牌等得到有力的传播和推广，不断扩大了洪山区创意产业发展的社会影响。

2009年4月21日，洪山区隆重召开了“促进创意产业发展新闻发布会”，对外界发布了《洪山区创意产业发展规划纲要》和《洪山区关于实施促进创意产业发展若干扶持政策的意见》。全国政协副主席厉无畏在会上作了《创意产业价值创造与赢利模式》的主题报告。当月，洪山区还与共青团湖北省委、省学生联合会、武汉大学共同举办了“赢在起点”湖北省首届大学生创意企业未来之星选拔赛，并在省电视台播出。洪山创意大道建设在省内高校及社会上产生了广泛影响。

2009年11月27日，洪山区组团参加了第四届中国文化创意产业年度峰会，廖家本同志在会上作了《发挥科教智力优势，推动创意产业发展》的主题发言，介绍了洪山区的区情、发展创意产业的优势条件及创意产业发展情况，扩大了洪山发展创意产业的社会影响和知名度，进一步宣传了洪山。洪山区政府获得“创意产业推动奖”，湖北长江出版集团有限公司获得“创意产业领军企业奖”，海豚传媒有限公司等4家企业获得“中国创意产业高成长企业100强”称号。

2010年4月21日，洪山区在台湾举办了“武汉·洪山创意产业发展论坛”，搭建了汉台两地的合作交流平台，签约了3个合作项目，进一步加强了与外界的合作。

2010年7月，洪山区隆重召开了创意产业发展工作大会，总结和部署了工作，表彰了一批先进企业和个人。全国政协副主席厉无畏再次莅临参会，并作了《以文化创意推进品牌建设》的报告，通过媒体的报道，产生了广泛的影响。

2010年 11月，廖家本同志率团参加了2010第五届中国文化创意产业年度高峰会和中英文化创意产业交流合作座谈会。在此次会上，洪山区荣获2010年中国创意产业年度大奖中的3项大奖。

2010年12月，洪山区组团参加了在昆明举办的全国动画年会，海豚传媒出品的《小鼠乒乒》荣获优秀作品奖，两点十分数码科技公司制作的动画片获创新制作奖，进一步扩大了我区创意产业发展的影响力和吸引力。

2011年4月，洪山区组团赴杭州滨江区（杭州高新技术开发区），就创意产业发展工作进行交流，并参加了杭州动漫节。会上，我区两家企业代表湖北省在会上签约。

2011年5月，廖家本同志率团赴英国，参加了“2011年中英创意产业发展研讨高峰会”，介绍了洪山创意产业发展条件及优势、经验和做法。同时，与英国国际视觉传播协会构建了交流合作平台。

雄关漫道真如铁，而今迈步从头越。把洪山区“创意大道”建成全国领先、世界知名的创意产业集聚带，是廖家本同志孜孜以求的奋斗目标。他将继续以强烈的责任意识、超前的创新思维、严谨的工作作风，为创意产业的发展做出新的、更大的贡献。

四、思想驱动者——用创意推进区域城市发展

廖家本同志对创意产业对区域城市发展的推动作用思考了很多，他指出，21世纪决定城市发展的主导因素正由资本、资源等经济优势转向人才、创新等文化创意优势，文化创意已成为一个城市未来竞争的制胜法宝，创意产业的发展程度，逐渐成为衡量国家或城市综合竞争力的重要标志之一。他强调说，必须准确把握创意产业在推动区域城市发展中的作用和重要意义，提高认识，凝心聚力，在“十二五”时期，将洪山区打造成为“科教创新之城、文化创意之区、宜居创业之地”。

（一）塑造城市形象，提升城市品位

文化作为城市的软件，以文化为核心的创意产业则是城市的硬件。廖家本同志认为，发展创意产业在塑造城市的整体形象、展示城市品牌、增加城市文化含量、提升城市文化品位方面有显著强化作用。繁荣发展创意产业，将城市建设成为先进文化和时尚潮流的载体，这是城市发展长盛不衰的关键，是增强城市实力、活力和魅力的可行及必然之路。

廖家本同志指出，这一问题可分三个方面来解读。首先，塑造城市形象。文化创意还有助于城市的品牌和精神的塑造，创意产业的发展会促进一个城市货币资本、品牌资本、智力资本的共同升值，从而提升城市竞争力。因此，创意产业塑造良好的城市形象，能够转化成为无法估量的经济推动力，放大城市价值，改善投资环境，增强城市的吸引力、凝

聚力和影响力，这正是创意产业的一种强辐射功能；其次，提升城市品位。文化是城市的名片。以文化为核心内涵的创意产业可以将城市中的特色文化资源开发并加以利用，通过创新为原有的城市景观增添新的内涵，从而塑造出新的城市景观特色。创意产业的发展有利于工业建筑、历史街区等传统风貌乃至传统工艺的保护，它可以最大限度地开发利用城市历史风貌保护建筑物，实现保护与发展的有机结合，并有利于城市文脉的延续。

（二）优化产业结构，推动产业创新

众所周知，创意产业具有高附加值，强渗透、关联和集聚性的特性。作为一个新的经济增长亮点，通过与其他传统产业的渗透与融合，可以促进城市产业结构的调整与升级，推动区域产业的创新发展，成为城市繁荣发展的重要发动机和助推器。

在具体实施路径上，廖家本同志提出要从四个方面实施：一是优化城市产业结构。创意产业可以大大提升制造业的附加值，实现产业优化升级，而且对第三产业结构有着巨大的提升和催化作用，促使传统的第三产业迅速裂变出新的产业群，推动城市的综合服务功能攀升到一个新的境界，推动城市消费方式的转变和城市消费结构的升级；二是增加产业的附加值。创意产业是智能化、知识化的高附加值产业，它普遍应用高新技术，提升了创意产业的技术含量，同时创意产业本身是一种节能产业，具有无污染性、资源消耗少等特点，可以不受土地、资源相对稀缺的限制，获得高额增加值；三是强化产业的渗透性、关联性和集聚性。

创意产业的渗透性表现在从事该产业的创意人员，往往能够将创意、文化、技术、市场融为一体，将个人思想、智慧和现代技术交互作用产生的创意产品，渗透到生产部门和其他部门中去，这不仅会促进自身产业的发展，而且会带动其他产业的发展，并且会促进产业间以创意产业为纽带的相互融合，拓展产业链条的广度和深度，衍生出更多的中游、下游企业，从而带来了显著的产业整合效应；四是推动产业创新。创意产业就是依靠人的智慧、灵感、想象力及创造力，借助高科技技术手段对文化资源的再创造，将文化、技术和经济有机结合，创造含有知识价值、拥有知识产权的产品的活动。因此创意产业可以不断地推动产业的创新。

（三）增加居民就业，改善居民生活

廖家本同志指出，创意产业对增加就业、改善居民生活质量和环境、提高居民文化素养的作用逐渐凸显。首先，创意产业对GDP贡献的年增长率远高于其他产业，而且提供的就业岗位是新增的，不是恢复性的，能促进就业人口在行业间转移，改善城市的就业结构，提高劳动人口的素质和收入水平。其次，由于创意产业是一种知识密集型产业，它没有污染，消耗的物质能源很少，对环境保护有其独特的优势，创意产业的繁荣发展适合创造人们生存发展的良好文化生态环境，有利于改善居民生活的环境质量，满足人们对物质文化的追求，实现人与环境的和谐、可持续发展。最后，可以促使城市文化的继承、发扬和繁荣，提高全民整体的文化素养，增强民族创新力，繁荣社会主义文化、增进社会的稳定，推动国民经济与社会的持续、协调发展。

正是这样一位花甲老人，站在创意产业的制高点，运筹帷幄，指点江山，着力推动洪山区文化创意产业发展繁荣。相信未来在廖家本同志的带领下，洪山区的文化创意产业必定持续跨越式发展，继成为我国乃至世界创意产业的“一颗明珠”。

傑出貢獻

朱晞颜——长江三峡库区的“创意者”

忠州，正立足于打造忠文化之都，创建党建、经济、民生“三位一体”的全国基层党建示范县，建设文化旅游创意产业内陆开放型生态经济高地。忠县，与北京颐和园等一道，以充满诗情画意的“半城山水满城橘”城市品牌，被评为“中国最具国际影响力旅游目的地”。其发展模式被国务院三建委誉为“后三峡时代”库区发展的典范！

朱晞颜，忠县县委书记。浙江义乌人，法学硕士，管理学博士，中国第一个政治学博士后；从中央到地方，从东部到西部，出任重庆三峡库区首个博士后正厅局级县委书记。超前的思维，睿智的眼光，非凡的手笔。他以“三十年之功力”，创意“非常忠州”，成为“中国旅游品牌国际化建设先锋人物”、第八届（2009）“中国十佳行政县政要”，是第四届（2009）“中国创意产业杰出贡献奖”获得者。

一、当好领头雁——用创意转变发展方式

忠州，唐太宗赐名的中国历史上唯一以“忠”命名的州县，是忠义之都、中国橘城、西部重镇、三峡水城。“忠县位于三峡库区腹心，肩负着保护三峡库区一汪清水的使命和责任。”2008年11月3日，朱晞颜就任忠县县委书记后作出如此判断，“在忠县，提出任何发展思路，都先要考虑三峡库区这汪清水。如果发展造成库区环境污染，就是千古罪人！”

“对于忠县，外界已知的远不如未知的！”经过深入调查研究，朱晞颜发现，“忠县拥有无价之宝！”“‘忠’字拆开是‘中心’，‘创意发展’建‘中心’。让躺着的忠州奔跑起来！”着眼唤醒沉睡的历史文化资源，保护三峡水库一汪清水，激发移民安稳致富

的内在动力，避免库区同质化恶性竞争，朱晞颜响亮提出：用创意的思维，从城市的区位条件和文化旅游资源去谋划发展的路径。

从区位条件看，忠县位于三峡库区重庆版图的几何中心，地处“一圈两翼”格局的交汇地带，是承“圈”传“翼”的重要节点；从文化底蕴看，忠县有2300年的文字记载史，是中国历史上唯一以“忠”命名的州县城市，以忠义、忠勇、忠诚、忠孝、忠信为主要内涵的“忠文化”享誉华夏，移民文化、柑橘文化、半城文化等特色文化极为丰富；从旅游资源看，忠县是全国66个文化旅游大县之一，有“世界八大奇异建筑”之一的石宝寨、堪称“中华一绝”的汉阙、国家级森林公园天池山、被誉为“中国活的地下二十四史”的甘井中坝遗址、“江中仙岛”皇华城、白公祠、中国柑橘城和库区唯一留存的“半城风貌”。

“抓文化就是抓方向，抓文化就是抓发展，抓文化就是抓未来。”朱晞颜说，“忠县在库区独有的文化旅游资源，就是优势，就特别需要张扬，做成大产业，使发展更健康、更有后劲、更可持续。”“探究历史、彰显特色，辉映发展、造福民生。”朱晞颜提出了“环境是生命、生态是资源、民生是关键、创意是灵魂”的发展理念，按照“文化经济化、经济产业化，产业生态化”的发展思路，以独特的历史文化、人文景观和山水风光为主线，唤醒沉睡资源，把得天独厚的自然、历史文化资源，与现代经济元素“嫁接”，大力发展文化旅游创意产业，建设内陆开放型生态经济高地。

IOTA新加坡设计公司、德国科罗思邦设计公司、北京市建筑设计研究院、北京梦公园文化艺术有限公司、浙江古今建设集团、青岛市旅游规划建筑设计研究院……一大批国内外知名规划设计单位牵手忠县，编制了概念性城市设计、文化旅游创意产业发展规划等，描绘了一幅幅充满遐想与憧憬的“非常忠州”。

打造移民生态文化城、长江三峡忠州半城、中国柑橘城和移民生态工业园等“三城一园”，努力把忠县建成长江三峡国际黄金旅游带上的重要旅游目的地；依托三峡水库蓄水后形成的良好水域和“三峡第一岛”皇华城、“川江第一湾”独珠湾等有利条件，大力发展游艇旅游、游艇会所、游艇制造等游艇经济；动工建设新加坡生态城、滨江公园、四望楼、忠义寨、香山生态公园等创意产品；保护开发建设“绿色石宝寨”等六大重点文化遗产……忠县，“华丽转身”挺进创意产业新时代。

兴建文化创意产业生态城，大力发展文化产业；以旅游集聚人气，打造“长江三峡忠州半城文化”，投资60亿元建设以“忠”文化为主题的旅游基地、中共党史实景教育基地、国防教育基地、军事题材影视剧拍摄制作基地、水上运动休闲旅游基地、移民就业致富基地等六大基地为一体的库区移民生态文化旅游创意产业示范区，大力发展文化旅游业；以创意增强活力，培育移民生态工业园，大力发展特色工业；以文化提升品位，大力发展现代农业，以打造中国柑橘城为重点，通过文化创意把文化艺术活动、农业技术、农副产品和农耕活动以及市场需求有机结合起来，构筑现代农业全景产业价值体系，建设一流的中国柑橘城……将创意融入到忠县的文化旅游、工农业中去，用创新的思维，优化产业结构，推动全县发展。

“忠县发展文化旅游创意产业，大有可为！”2009年8月8日至10日，中央政策研究室、国务院研究室、国家发改委、国家环保部等对忠县调研后作出如此判断。

“几天来，我们听到的大多数是关于发展工业园区的情况，库区发展面临同质化问题。”2009年10月13日，三峡工程后续工作规划咨询评审专家组组长尤伯军说，“忠县提出发展文化旅游创意产业，具有前瞻性，方向是对的。”

目前，忠县移民生态文化城和文化旅游创意产业园项目已被列入国家三峡工程后续工作规划，优先启动前期工作重点实施。忠县被国家科技部批准为国家农业科技园区。

二、当好策划师——用创意思维营销城市

“高峡出平湖，石宝乌杨阙丁房。清风越长空，白公笑迎皇华浪。最难忘，闻橘香。论沧桑，青云上。半城山水满城橘，忠州扬……”这首取名《半城山水满城橘》的忠县音乐形象歌曲，由亚洲金牌导演邝盛量身打造成音乐画面。它浓缩了忠县历史文化和人文景观。

朱晞颜认为，忠县发展经济的切入点，就是文化旅游创意产业，主线是经营城市。要经营城市，就要学会营销城市。营销城市，就是把城市当做商品，把它的核心价值推销出去，在最大范围里产生经济聚合效应。2009年2月19日，“半城山水满城橘”被忠县确定为城市品牌。随后，忠县营销城市的一系列活动全面展开。

2009年4月17日至20日，忠县创意举办以“半城山水满城橘”为主题的中国柑橘文化节，吸引了5万多名游客参加，宾馆、招待所全部爆满，连洗脚城都睡满了游客；2009年4月18日晚，在重庆人民大礼堂上演的“半城山水满城橘”音乐诗朗诵会盛况空前，王晓

棠、祝希娟、丁建华、陈铎等众多著名艺术家激情吟诵忠州，让观众尽享了忠县山水风韵，领略了千古忠义精神；2009年8月24日，忠县以“半城山水满城橘”成为全国首批13个“中国精彩城市”，在国家文化产业创新与发展基地完成上线传播；2009年10月4日，忠县舞蹈《半城山水满城橘》首次走进中央电视台，作为“火炬颂”全国青少年国庆献礼大型电视晚会开场节目浓情出演；2009年11月7日至8日，美中滑水运动员在忠县“高峡平湖”乘风破浪上演“水上芭蕾”，并诞生了8人绕船360° 项目新的世界纪录。

以气势磅礴的长江当舞台，以青山绿竹为背景，游客夜坐江边观赏水天一色的红歌会……2011年4月23日晚，以“半城山水满城橘，一江唱满万江红”为主题的2011重庆·忠县中国柑橘文化（旅游）节正式唱响。晚会现场，刘秉义、克里木、于淑珍、邓玉华、耿莲凤等老一辈著名歌唱家和汤灿、李丹阳、刘和刚、屠洪刚等当红明星云集忠县，讴歌橘城，重温经典，共唱红歌，再唱东方红。集结如此多的老、中、青歌唱家在长江上共同演唱红歌，在全国还是首次。县委书记、县长将在电视剧中“本色出演”的创意，使名不见经传的忠县，声名大振。

2009年12月29日，忠县籍当红影星陶红返乡成立陶红影视文化投资公司，并在忠县拍摄全国首部反映三峡库区移民奋斗致富的30集大型电视连续剧《半城山水满城橘》，陶红出演女主角。为拍摄这部反映库区人民生活与创业的电视剧，忠县广征本色演员，县委书记、县长将带头参演。消息一出，立即引起轩然大波。有网友发出批评，“县委书记演戏是不务正业、纯属作秀”，“演戏是为了美化自己”，各种各样的争议与猜测在网友间如同滚雪球般越滚越大。朱晞颜被推上“风口浪尖”。

“我们的团队是踏踏实实地干，别人的言论是关心你、关切你，甚至可以说这有可能是我们潜在的客户，是潜在的投资者。”面对这种种争议，朱晞颜倒显得有几分坦然，“我可能做事高调，但这与忠县的国家级贫困县身份有关，因为我们在财力上没有更多的钱去宣传。落后地区谋发展，不仅要苦干、实干，更要聪明地干。自己演电影也只是为了更好的推销忠县而已。”

“我和县长客串演出，就像有的书记和县长为促进农产品销售带头叫卖、为拉动旅游消费去派发门票代金券一样，都是为了营销城市、促进发展、为民谋利。我们纯属友情客串，是没有片酬的。”2010年1月8日，朱晞颜在接受《人民日报》记者专访时说，“助推一个区域的发展，县委书记就是要当好‘宣传员’和‘播种机’。”

《朱晞颜：电视还没拍，我们就已红了》，这是2010年1月15日《新京报》“对话”

版的通栏标题，充分肯定了朱晞颜对城市的“另类营销”。“另类营销”对内激发了全民创业热情，对外形成了巨大“磁石效应”。涂井乡涂家村移民周灿，与乡政府签订了《三峡橘海生态度假港湾建设协议》，拟投资3.1亿元，利用柑橘园和长江支流的水域，打造柑橘观光园、画家村、现代艺术陶吧、水乡影视拍摄基地等文化旅游产业项目。非公企业在文化旅游创意产业领域的投资已达17亿元。

国内外一些知名客商也被忠县这座富有创意的城市吸引，纷纷前来投资兴业。中国进出口银行与该县签下了在未来10至15年内授信300亿元，打造文化旅游国际化项目的合作协议；一知名浙商拟投资100亿元，在忠县建设集教育产业、旅游休闲、移民就业为一体的影视城项目；浙江康恩贝集团投资3亿元，在该县成立三峡库区首家风险投资公司；青岛水务环保设备有限公司投资2亿元，在该县建生产污水处理设备项目……

三、当好播种机——让普通百姓参与创意

2009年6月，朱晞颜发起了一场别开生面的“全民炒菜比赛”——忠县全民参与名优特色菜品创新大赛，每一个城乡居民家庭和餐饮企业，均可报名参加。

忠县作为三峡库区淹没指标居第二位的移民重县，面临着三峡库区普遍存在的受内旋文化影响较深、开放程度不高、发展相对滞后、产业较为空虚等问题。对此，朱晞颜在深入调研的基础上，响亮提出，“忠县的发展，要在创意上做出特色。要提高忠县人创意的才能，鼓励全民创新、创意、创业、创造，实现小经济富民，大经济活县”。

“大力发展创意产业，但是很多人包括部分官员都不理解何为创意，他们认为这个很虚。”朱晞颜说，“我策划炒菜比赛的第一个目的就是为了让老百姓理解创意。”

这次炒菜比赛，忠县有几千人报名，除了专业厨师外，还有不少普通居民。经过初选，200多名选手参与角逐，以个人名义参赛的家庭组有30多人，参赛菜品有291道。

当年6月22日，“炒菜”大赛拉开帷幕。经过3天共31轮的“炒菜比赛”，共评选出30道“忠县特色名菜(热菜)”、10道“忠县特色名凉菜”、10道“忠县特色名小吃”、20道“忠县地方特色家庭菜”。

炒菜比赛，不仅仅只是比赛那么简单，朱晞颜还想了一个点子，让获奖菜品进入酒店餐厅，客人每点一次，菜品创始人就提成一元。“炒菜比赛还有一个目的，就是纠正大家

对就业的认识误区。”朱晞颜说。

“很多人认为做生意、有个单位才叫就业，部分官员谈就业，也必谈劳务经济。”朱晞颜说，炒菜比赛让老百姓知道这样也叫就业，同时还让老百姓了解了什么叫知识产权。

忠县正在开发一套点菜系统，所有酒店餐厅必须和系统联网，每有客人点一次，系统将记录一次，菜品创始人提成1元，其中3毛交给政府用于管理，其余7毛扣除个人所得税后由菜品创始人获得。

“全民都是创意人才，创业是不需要文凭限制的。”朱晞颜说，“好多人都认为创业要做大生意，要走出家门，但这是狭隘的理解，所以我把这次全民创意大赛定为炒菜，先从吃开始，每个人都可以参与，一方面能集思广益，另一方面也告诉老百姓创业很简单，只要找对方向，坐在家里都能有钱收。”

为在全县广大干部群众中根植创新创意意识，朱晞颜邀请国家发改委政策研究室局长、博士生导师费洪平，中央政策研究室经济局副局长、博士生导师白津夫，北京师范大学区域规划所教授、博士生导师宋金平，浙江古今建设集团执行董事长、2008年中国创意产业领军人物奖获得者李美赞等50余位国内著名创意大师、企业家、专家学者到忠县讲学，举办报告会40多场次，在全县干群中刮起一股强劲的“头脑风暴”。

“炒菜比赛”，让全县干部群众都有了创意创业的信心和热情。而挑选群众当演员，则是让老百姓登上了创意大舞台。

电视剧《半城山水满城橘》，女主角橘红由陶红出演，男主角由《山城棒棒军》中“毛子”的饰演者赵亮担纲，其余角色如小老板、棒棒、擦鞋工、算命师、村社干部等角色，全部在当地招聘。摄制组把忠县分成10多个片区，邀请电影学院老师来考察选拔群众演员。全县先后3000多人报名参加选拔，每次选拔时，各个乡镇仿佛赶场一样热闹。选拔群众演员时，他们没有提及多少钱一天，报名群众也没人询问。经过层层考核，最后确定了60名群众演员，经过专业老师一个月集中培训。

2011年3月15日，电视剧正式开机拍摄，数十名群众演员到场。

“我在拍戏，不方便呢。”在拍摄现场，一位驾奔驰跑车来的女士，不停地对着电话轻声说。这位女士叫聂翠英，搞工程开发，还开有砖厂等，身家上千万元。聂翠英说，看到招聘演员的报名通知，她立即前往报名，觉得这个故事与自己奋斗经历很符合，很想在剧中尝试一个与自己相似的角色。经过选拔，剧组最后确定她演一个农家乐的老板。聂翠英透露，为方便拍戏，她推掉了很多业务。

出演卖草药的王洪祥老人，本身就长期在当地扯草药卖，人称“王草药”。王洪祥老人说，他希望在电视剧中有机会吼上几嗓子“川江号子”，因为他是国家非物质文化遗产“川江号子”的传承人。长时间跟在女主角陶红身边的搬运工胡景华，本身是一名码头搬运工。“没想到我也有今天，不仅能当演员，还能演戏挣钱。”胡景华说。

目前，电视剧已在忠县完成拍摄，进入后期制作阶段，有望冲刺中央电视台。

如今，忠县人的创意才能，已开始在各个行业、各个环节得到体现。一首优美的歌曲——《半城山水满城橘》，在唱响忠县的同时，被编成手机彩铃上传至下载平台，手机用户每下载一次，即收费3元至6元。一笔由彩铃版权产生的财富应运而生，实现了社会效应和经济效应的双赢。

全民参与的“城市大洗脸”，要市民改变陋习，要城市环境整洁漂亮，要政务环境务实高效。活动得到了全县干部群众的积极参与，全县自然环境、人文环境、社会环境、法制环境、政务环境大为改观。经过半年的努力，忠县成功创建了重庆市级卫生城市，被表彰为全国平安建设先进县、浙商最佳投资城市。目前，忠县正在创建“五城同创”：创建市级文明县城、市级山水园林城市、市级森林城市、市级环保模范县城、国家卫生县城，打造全国网格化社会管理“样板”。

朱晞颜，长江三峡库区的“创意者”，将忠县这个名不见经传的小县城发展成中国最具国际影响力旅游目的地。用创意转变发展方式，靠创意思维营销城市，让普通百姓参与创意。如今，创意已经潜移默化地成为忠县人思维习惯的一部分，创意的精髓已经渗透到城市的各个角落。

李维昌——立足创意农业发展，铸就顺鑫辉煌未来

俗话说“民以食为天”。农业是安天下，稳民心的战略产业，没有农业的现代化就没有国家的现代化，没有农村的繁荣稳定就没有全国的繁荣昌盛。顺鑫农业作为农业产业化国家重点龙头企业，无疑是我国众多农业企业中一颗璀璨的明珠。如果把顺鑫农业比做一艘破浪前行的航母，那么它的掌舵人李维昌无疑是一个极其优秀的舵手，正是在他的决策和带领下，以“创意农业”为先导，以发展“现代农业”为核心，书写了一个中国农业企业的神话。

李维昌，北京顺鑫农业发展集团有限公司党委书记，北京顺鑫农业股份有限公司董事长兼总经理，研究生学历，高级经济师。北京市第十二、十三届人大代表，顺义区第一、二、三届人大代表。2001年、2004年、2005年、2006年被评为北京市京郊经济发展“十大”杰出典型；2003年首都劳动奖章获得者、顺义劳动奖章获得者；2004年荣获首届“北京影响力”人物奖；2005年被评为北京市劳动模范；2006年荣获全国杰出信息化领导者奖；2008年荣获全国优秀创业企业家称号，奥运立功全国五一劳动奖章获得者；2009年荣获北京市优秀企业家称号；2010年被评为全国劳动模范。这一系列荣誉的取得，饱含着顺鑫农业十余年来发展的艰辛，是各级部门和社会各界对顺鑫农业的充分肯定。李维昌，用心血和汗水浇灌着顺鑫农业茁壮成长。

一、创意引领规划，发展快速和谐

1997年6月，由北京市顺义县政府主导，集中顺义农业产业优势资源，以相关国有涉农企业为核心，按集团式重组方式组建成立北京顺鑫农业股份有限公司。1998年11月4

日，伴随着深圳证券交易所喜庆的开市钟声，“顺鑫农业”成功挂牌上市。

作为北京市第一家农业类上市公司，顺鑫农业借助资本市场的融资功能和诸多优势，乘势发展，迅速发展成为农业产业化国家重点龙头企业。但是，市场是千变万化的，李维昌认为，企业要在不断的变化市场竞争中保持平稳快速的发展，就要不断创新，创意取胜、明确企业发展定位，制定发展规划。

伴随着中国加入WTO带来的机遇与挑战，李维昌审时度势，围绕“大农业”概念，先后制定了以“完善四条产业链和发展两个行业”为核心的“一·五”战略和以“打造集生产、加工、物流、销售为一体的农产品加工产业链”为核心的“二·五”战略。经过十年的艰苦奋斗和创新发展，顺鑫农业产业链资源整合初步完成，企业规模迅速扩张，经营业绩大幅提升。其中创意农业更是从无到有，发展速度不断加快，成为提高企业品牌影响力、推进产业优化升级的生力军。2010年，公司超额实现各项经济指标在2000年基础上翻两番的目标，企业发展取得了长足的进步，已成为行业龙头企业和现代农业的领军人。

2010年，公司在深入总结“一五”、“二五”发展战略的基础上，深入分析国家宏观政策和行业发展趋势，制定了“三五”（2010–2015年）发展规划，即围绕大农业概念，立足企业使命，完善农产品加工和新农村建设两个领域，坚持资本经营与产业经营协调发展，大力发展主导产业，重点培育优势产业，优化提升医药产业，加快培育和形成六大产业集团，实现人才队伍专业化、产业集团化、市场国际化、资本证券化、科技信息现代化，力争使顺鑫农业成为具有国际竞争力的现代企业，成为我国“创意农业”的践行典范。

正是得益于李维昌对企业宏观发展的战略把控，十余年来，顺鑫农业在产业整合及产品结构调整方面上了一个大台阶，实现了企业的快速发展。

二、完善产业链，打造创意农业新模式

在世界经济步入创意经济时代的今天，转变农业发展模式，发展创意农业，构建一个持续健康的产业体系，是实现社会主义新农村建设目标的一条创新之路。李维昌始终认为，创意农业、观光农业的深度开发是企业加快发展的必由之路，而产业链建设则是打造农产品流通平台的前提和基础。

十余年来，顺鑫农业始终围绕强化企业基础设施，完善产业链上下游建设，完善市场布局，狠抓产业基础建设。一是围绕硬件设施改造，不断提高生产能力和技术水平。2002年，实施石门农产品批发市场升级改造工程；2003年，实施鹏程食品分公司“放心肉”技术升级改造；2006年，投资2.5亿元成立创新食品分公司；2009年，实施牛栏山酒厂改扩建项目。经过一系列升级改造，公司农产品物流业务进一步丰富，农产品批发、物流配送能力进一步增强。白酒业务、肉食品加工业务生产能力、技术水平得到了有效提升。二是围绕产业链上下游基地建设，不断加强产品源头掌控。种猪繁育和肉食品业务充分利用公司小店畜禽良种场的种源优势，不断加强种猪繁育基地建设，先后在达州、汉中、承德、海口等地建立十几家种猪厂，有效加强了产品源头监管，确保了食品安全和产品质量。三是围绕产品推广，不断加强市场网络建设，深耕终端市场渠道。充分发挥龙头项目带动作用，立足北京一线城市，着眼二三线城市，不断完善公司发展战略布局。

“顺鑫游”——“全国工业旅游示范点”。这是顺鑫农业在提高企业知名度、扩大品牌影响力，发展创意农业和观光农业的又一重要举措，也是代表顺鑫的鲜活名片。“顺鑫游”是以顺鑫农业旗下的食品生产企业为中心，开发出的“北京市放心食品游”线路。在这里，您可以在弥漫着浓浓酒香的牛栏山，聆听古人造酒的传说，共同追寻京城“二锅头”的踪迹；走进北京市最大的放心肉生产基地——鹏程食品公司，感受现代化的屠宰与分割车间带来的震撼，惊叹完善的食品安全全过程追溯体系和奥运品质；走进创新食品公司，体验“食尚”潮流，品“有身份（证）”的蔬菜；走进顺科公司，见证“水培蔬菜”生产的壮观场面，体会“科技改变生活”的伟大力量。开放六年来，“顺鑫游”累计参观人数达120万人次，已成为展示公司形象、传播企业文化、体现社会责任的新平台。

三、秉持“责任意识”，积极回报社会

顺鑫农业的发展历程，带有鲜明的带农、富农特色。李维昌时刻不忘企业创业宗旨，他始终强调，企业的发展要以“带农为手段、富农为目的”，不断促进农业增效和农民增收。通过解决农民就业，带动农户种、养殖，逐步促进农民增收，让农民真正享受到企业发展的成果。截至2010年底，累计带动农户从2000年的7500户发展到61550户，基地养殖生猪从2000年的65万头发展到300万头，种植胡萝卜、南瓜等各类蔬菜面积21万多亩，每

年为每户农民增加收入超过1500元，成为依托龙头企业带动千家万户农民走向市场的成功范例，真正实现了企业与农民的共同发展。

“5.12”汶川大地震，一场大灾难牵动着顺鑫人的心。李维昌号召公司全体员工积极行动起来，为灾区人民战胜灾害、恢复生产、重建家园，奉献一份爱心，贡献“顺鑫人”的一份力量。并亲手将总额100万元的支票交到捐赠中心负责人手中，将价值55万元的“牵手”果蔬汁、矿泉水各10000箱捐赠灾区。组织公司9363人进行捐款，募集善款1041467.2元，特殊党费354043元。同时还对在公司工作且受灾较为严重的5名川籍员工捐款近4万元，对4户川籍经商户免收3个月租金。2009年，李维昌发起倡议，向北京市温暖基金捐款10万元，为困难职工解决关系生活的急迫难题。

2008年北京奥运会是全国人民的骄傲，顺鑫农业积极投入到奥运保障工作中来，凭借过硬的产品质量，承担起北京奥运会残奥会生鲜猪肉产品和生鲜切分蔬菜供应任务。李维昌高度重视，精心安排，组织成立奥运产品质量安全领导小组，全面落实保障方案，着力加强对重点环节、重点企业的管理。在他的正确领导下，顺鑫农业组织得力，措施到位，运转高效，圆满完成了北京奥运会残奥会食品供应任务。鉴于李维昌的突出贡献，全国总工会授予他奥运立功全国五一劳动奖章。

第七届中国花卉博览会是展示中国花卉产业的丰硕成果、促进中外花卉产业交流与合作的一次花事盛会，是首都北京献给国庆60年庆典的一份厚礼。在李维昌的带领下，顺鑫农业全程参与了花博会筹办、建设、保障的全过程，仅用了15个月的时间就完成了建筑面积16.8万平方米、玻璃幕墙8.5万平方米、膜结构3.25万平方米的主场馆建设任务，圆满完成了花博会主展馆建设和展会期间的运营保障工作。

四、十年成就，登上“创意”新台阶

有付出，就有回报。顺鑫农业历经十余年的风雨历程，已经发展成为集农产品生产、加工、销售以及创意农业、观光农业创新实践为一体的综合性大型企业集团。目前公司拥有中国驰名商标5件、中国名牌产品1件、国家级非物质文化遗产1件、北京市著名商标6件、内蒙古著名商标1件、北京市名牌产品5件。连续多年荣获农业部“农业产业化国家重点龙头企业”、“中国制造业500强”、“北京十大最具影响力企业”等荣誉称号。

2011年是公司“三五”规划的开局之年，是公司发展的全新起点。在李维昌的带领下，全体顺鑫人将继续秉承“诚信、敬业、创新、高效”的企业宗旨，发扬不畏艰难，勇攀高峰的创业精神，为实现人才队伍专业化、产业发展集团化、市场国际化、资本证券化、科技信息现代化的“五化”伟业奋斗不息！

展望未来，顺鑫农业将继续立足中国现代农业发展，以向社会提供绿色、健康、营养、安全的食品为己任，着力推动创意农业和文化创意产业发展，全力打造中国现代农业产业化龙头企业第一品牌。

領軍人物

钟葱——贵金属文化创意产业之路的开创者

钟葱，北京金一文化发展股份有限公司董事长。现任江西省政协第十届委员会委员、江苏省江阴市第十三届政协委员、中华全国青年联合会第十一届委员会委员、中国珠宝玉石首饰行业协会第五届理事会理事。

他，被评为“2010第五届中国创意产业年度领军人物”、中国人民大学深圳校友会顾问。

他，很忙碌。从创业伊始，几乎每天的工作时间都在十六到十七个小时，而且大部分的时间都在奔波的途中。一个月起码有二十天是通过飞机穿梭于北京、上海、深圳、广州、成都等城市之间，工作排得非常满，但是他乐此不疲，他说这样很充实。

他，最令人印象深刻的是他的激情和对文化创意产业的深刻洞察。2003年，他力主创办并发行中国第一款邮品系列画册，开始了其在文化创意上的首次尝试。首次将中华名家和中华名川两大题材结合于一体，采用新颖的双面彩印、折叠成册的设计形式，动静皆宜地展现名家名作和俊山秀水，图文并茂、行云流水、流畅飘逸，开创了中国文化收藏品新思路。

2004年，他又开始致力于影视文化创意研究，着重进行影视节目的创新与开发。他与何群、姚晓峰等著名导演合作，成功拍摄电视连续剧《夜深沉》、《秋海棠》等优秀作品，在央视强档播出，获得了很高的收视率和良好的社会反响。

现在，他一直追求特有的“让黄金讲述文化，让文化诠释黄金”的文化传播理念，一面游走于国内外工艺大师、艺术家、设计大师、设计院校之间汇聚文化资源，深入挖掘传统文化之精髓，另一面又穿梭于各大银行金融机构、私人银行、贵金属加工销售企业，用创意的思路带领着金一文化创新性地开辟了一条文化创意的产业化之路。

一、红色情怀 光耀金一

钟葱，出生于江西省瑞金市九堡镇的一个小山村，自小家境清贫。江西瑞金那片红色的土地蕴藏着巨大的精神财富，传承着光荣的革命历史传统，是培育当代青年核心价值观的生动教材。是那片红色的土地，让他从小在革命战争时期先辈艰苦卓绝的奋斗历程中接受洗礼，实现精神升华，让他在感悟祖国灿烂历史文化的同时，培育爱国之情，激发强国之志。

在2006年庆祝红军长征胜利70周年之际，瑞金市委市政府、瑞金市教育局向社会各界发出"捐建70所长征小学"的倡议，统称为长征小学。钟葱从报纸上看到消息后，当即汇款60多万元，捐建3所长征小学。他还曾捐款给瑞金九堡镇的母校，为母校兴建了一幢近600平方米的教学楼和改建一幢属C级危房的教学楼。他在那片红色土地上成长起来，接受着红色精神的熏陶，他更用他的实际行动扶持着那片红色土地的未来。

在日常工作中，钟葱用他身上特有的红色情怀感染并带动着一个近千人的团队，与他并肩作战。他曾带领管理团队参观瑞金革命遗址，曾多次购买《长征》这本书，分发给朋友、员工，希望大家学习、领悟，并将之运用于日常工作当中。在公司，他组织领导干部一起观看《长征》电视剧，并把从《长征》中感悟到的精髓与大家分享。比如组织中决策的重要性、必须紧密协作、干部要深入群众、要有奉献和牺牲精神、要艰苦朴素等。在一次发言中，他说道："工作中遇到困难，一定是思路和工作方法出了问题，多交流、多碰撞，才会生出智慧；金一文化当下，发展很快，如果我们进步的速度赶不上企业发展的速度，没有奉献精神，不能够打开心胸，高度团结、统一，不能忍受委屈，没有高尚的品格，何来战斗力？坚持一件事情，持续不放弃，谦虚礼让，就能将很多人甩在身后。历史就像一面镜子，时刻提醒着我们如何前进！"

每次看完《长征》，钟葱都要把对电视剧的赏析运用到管理层面。他指出：到了新的组织，想象一下会发生什么？大家的成长背景不同，性格不同，经历不同，地域文化不同，在工作中肯定会有不同的意见，会有碰撞。红军为什么要被迫转移？损失那么大？因为最高三人决策层出现了两个分歧人物：博古和李德，他们不顾朱德、周恩来等人的反对，以卵击石，坚持调集红军主力同有着优势兵力和武器装备的敌人做殊死搏斗。因此决策是至关重要的，直接关乎最终结果的好坏。如果一个组织从决策层开始出现了失误，往往会带来灭顶之灾。

俗话说“三人行必有我师”，作为一名管理者，钟葱时刻谨记不能以自我为中心，听不进别人的意见。早期时候，彭德怀、周恩来与主席也时有摩擦，但是最后兼容得很好，关键就是一个“和”字，海纳百川，有容乃大。红军在瑞金坚持了5年，在大家的不懈努力下，根据地一点一点扩大，人员规模到了七八万人，可湘江会战之后只剩下万余人，这也时刻警醒着我们后来人。对于核心层，每个人都是不可或缺的，也要相信每位员工来到公司都是想要为公司添砖加瓦、创造价值的。闭目塞听失掉“民心”的同时，也阻碍了公司发展的步伐。

钟葱常常感叹：“虽然现在这个社会很喧嚣、浮躁，但是我们要尽可能把心沉淀下来。如果每天坚持读2小时的书，持续学习，你就超越了10亿人；如果你一辈子诚实，注重诚信，你就又超越了1亿人。我们要学会这种思考模式，并将这种思考贯穿于我们整个人生，只有这样你才能快速成长和发展。”

金一文化在钟葱的领导下，短短四年间发展成为拥有五家全资子公司的文化创意企业。每当谈起这些，钟葱总是淡淡一笑说：“我个人的成功是大家的成功，未来还需要大家共同努力。”钟葱更多时候关心的是企业员工的成长，常常以切身体会来教导员工，“不从现在改变，60岁之后你还是碌碌无为……艰苦朴素离我们太远了，没有这种精神一切都是空谈……如果你想混日子，就没有必要呆在金一文化；如果你想干事情，回到团队，带着信仰，发挥你的表率作用……如果咱们1000名员工都动起来，依据现在的团队规模做到200个亿是没有任何问题的……。”

在红色情怀的启发下，钟葱制定了金一文化的核心价值观：伟大是干出来的。的确，伟大的梦想、伟大的目标、伟大的企业、伟大的人生都是脚踏实地地干出来的。他提倡的五种干法为实干、敢干、巧干、肯干、苦干。金一人没有显赫的家族背景，没有与生俱来的优越条件，没有资源，亦没有积累，可金一人有一颗感知伟大与发现渺小的心；有一种改变自己、改变家庭、为中华民族做点有意义的事情的强烈使命感。这种使命感让金一人懂得了感恩，懂得了奋斗，懂得了不停地付出。金一人沉下了心，去掉了浮躁，披星戴月开始追逐自己的未来。

伟大是奋斗出来的。在钟葱的带领下，金一人开始去领悟伟大与实干的逻辑，团队的磨合，发展中的矛盾，身体的疲倦，社会的压力以及种种的诱惑，不停地干扰着我们，导致我们边干边停，停停干干，心不在焉地干，效率低下地干！夜很静，金一人停下来、冷静地思考，发现只有不停地干，玩命地干，用心地干，巧干，才能成就我们每一个人，才能成就金一伟大的事业！

二、远见卓识 金讲文化

钟葱与贵金属结缘，提出文化贵金属概念，是源于2006年在故宫的一次参观。他看到故宫里面有很多唐朝时期的贵金属工艺品，非常精美，现在都已成为国宝级文物。他开始思考，怎样用现代人的审美眼光，把中华文化再一次通过贵金属呈现出来？于是，在2007年成立了北京金一文化发展股份有限公司。钟葱开始构架通过创意设计，以贵金属为载体，来表现中华文化，从而实现中华文化的传承。

金一文化主营业务定位为贵金属工艺品的研发设计与销售。为了打破传统贵金属产业成熟化、市场饱和、加工制造供过于求的局面，响应《国家“十一五”时期文化发展规划纲要》号召，深入探索发展文化创意这一新兴产业规模化发展之路，钟葱高瞻远瞩，采用高端定位，向文化资源整合、创意设计和销售、售后服务的“微笑曲线”发展。并且，钟葱在业内率先推出“文化黄金”的理念，将黄金和中国文化紧密融合，以设计为先导，以黄金为载体，通过贵金属工艺品的富贵华丽，彰显和表达中国文化的博大精深。

2009年，在钟葱的倡导下，金一文化开始着力打造“创意亚洲”项目，着眼于亚洲城市文化创意和中国黄金文化创意开发，致力于为各大城市在创意设计方面提供集创意、设计、研究、开发和商业运营于一体的全方位服务。在开业当日，被誉为“中国创意产业之父”的全国政协副主席厉无畏，在参观完“创意亚洲”后，十分认可钟葱这位年仅35岁的年轻人在文化创意产业方面付出的努力和取得的成绩，为“创意亚洲”亲笔题词——“创艺见真金”。每每想到这一幕，回眸自己白手起家时的艰辛、一步步走到现在，钟葱心中总是感慨万千，而今正逢国家大力发展文化创意产业、有国家领导的亲切关怀，有国家好的政策支持，对未来发展的信心顿时倍增。创意亚洲的成立，不仅是创意资源的聚集平台，更是文化创意产业化、经营规模集团化、商业经营模式多元化的整合平台。创意亚洲将整合专业的生产企业、卓越的营销理念、强大的销售网络、先进的物流仓储体系、科学的ERP系统等优势资源，打造一条庞大的“文化创意——生产——营销”产业链条，为亚洲文化创意事业在全球的崛起贡献力量。

现今，创意亚洲以及江苏金一文化创意园区已发展为不仅是创意资源的聚集平台，更是文化创意产业化、经营规模集团化、商业经营模式多元化的整合平台。2010年12月9日，被国家文化部评为“第四批国家文化产业示范基地”。

三、嫁接创意 文化生金

由于文化贵金属工艺品的消费者存在一定的特性，为了赢得更大的市场和实现更好的效益，钟葱提出了“借船出海”的思路。那时在“藏金于民”的理念和政策下，全国各大银行逐步拓宽贵金属理财业务，特别是实物黄金业务。钟葱率先发现了这一商机，努力尝试通过为银行提供产品和销售服务，将文化贵金属产品通过银行渠道间接销售给客户，迅速成为了多家国有及商业银行的主要贵金属供应商。文化贵金属产品一方面能够更周到地满足客户日益增长的黄金理财和避险需求；另一方面，也满足了消费者日益增长的文化需求。这一创新性的思路，不仅推动黄金产业的升级，增强消费者文化素养、传播了中国文化、传承了中华文明，也使公司步入了发展的快车道。2010年，营业额超过了23个亿，近三年年复合增长率超过了123%。

金一文化搭建了广阔的营销网络，整合普通供销、创意设计兜售等销售模式，已拥有直销专卖店系统、银行渠道、邮政渠道、金店渠道及电视购物渠道等几个固定的销售渠道。金一文化陆续在江苏、广州、深圳建立了全资子公司，以配合公司稳健快速的发展。同时，金一文化于2007年同步注册成立自有品牌“金一黄金”，又相继成为2008年北京奥运会贵金属特许分销商、2010年广州第16届亚运会贵金属类供应商、2010年上海世博会标志特许贵金属产品经营企业、中国乒乓球队2010年度指定赞助商以及2011年深圳大运会贵金属特许生产商企业。

在公司稳进发展的同时，钟葱并未停止前进的脚步，也一直没有停止过从故宫那次参观后的思考。他开始更真切地将“通过文化创意，用贵金属为载体来表现中华文化，以实现文化传承”的梦想付诸现实。2010年，他开始频繁地奔走于美、英、法等国的各大博物馆，考查博物馆文物保护以及衍生品开发等情况。他用心的思考参观者为什么来到博物馆，希望在博物馆中寻求到什么，希望博物馆留给他们什么、从博物馆带走什么，是知识，是感受，是美的形象，还是对历史的启示？回国后，迅速与中国国家博物馆、首都博物馆、陕西博物馆等国内大型博物馆开展合作，打造能够演绎出博物馆藏品艺术和历史生命力的贵金属衍生品。博物馆中收藏着人类发展各个时期优秀艺术的遗存，这一行动的实施，一方面将给企业带来经济效益，另一方面丰富人们的文化生活，让博物馆文化衍生品成为博物馆展览的延续，进而帮助人们认识、理解文化和历史。

四、授业解惑 布道未来

钟葱的事业蒸蒸日上，我们从他身上却看不到一丝的骄傲，他为人谦虚谨慎甚至有些许的腼腆；他事务繁忙却常常书不离手，哪怕在候机室，也拿出书来看上几页。

他除了自己坚持读书外，还像一个虔诚的布道者，向身边的朋友、同事，传递从书中学习到的知识，并积极倡导大家“有收获的学习”。公司在北京、深圳、广州等分子公司均设有图书借阅服务，在创意亚洲，还建有一个面积不小的图书馆，涵盖艺术、设计、文化、历史、科研、生活等诸多方面的书籍。当他看到一本好书，就会激动地和大家一起分享，交流所得；他还经常把书送给同事，或者买一批书来供大家传阅学习。他要求公司人力部门，搭建学习的氛围，对新员工要进行岗前培训，不只进行业务学习，更要进行精神层面的引导。

“让黄金讲述文化，让文化诠释黄金。” 相信北京金一文化发展股份有限公司在钟葱的带领下，必将不断成长，实现他们共同的意愿：成为受人尊敬的世界级文化创意企业！

傑出貢獻

万本根——成都蒲江走出来的西部创意先锋

创意产业是在世界经济一体化、信息化背景中发展起来的新兴产业，是21世纪对国家软实力具有重要影响的产业。在我国，创意产业已经受到中央领导的高度关注，在部分省市、特别是东部发达地区，创意产业正在迅速崛起。

而素称“天府之国”的四川，既有山川俊美的自然风貌，又有秀冠华夏的历史人文。这里，巴蜀文化源远流长，名人文豪竞相辈出。基于先天优势、顺应时代之需，四川的一些专家、学者不断活跃起来，积极为促进四川创意产业的发展做出努力。

2006年10月9日，四川省社会科学院原副院长、现任四川省创意产业协会常务副会长兼秘书长万本根教授等有关专家向四川省领导递交了《关于发展创意产业的请示》，为促进四川省创意产业的发展起了模范先锋的作用。

说到这里，不禁会有人疑问：万本根何许人也？是的，万本根先生低调的处事态度并没有让他像明星一样光彩照人，但是他严谨的治学精神以及为促进四川省文化和经济大发展所做的积极努力都仿佛具有无比大的吸引力，带领着我们去探寻他的踪迹。

一、步履探寻

万本根，1944年三月初三出生于四川省蒲江县寿安镇青龙场的一个普通家庭。他是中共党员，四川省社会科学院原副院长、编审、研究员、教授，还是教授级注册咨询师。1962年9月—1968年6月，在四川大学中文系读大学本科五年。1968年7月—1978年10月调铁道部眉山车辆工厂任政工干事。1978年11月调四川省社会科学院，在院刊《社会科学研究》杂志当编辑，曾任文史哲编室主任。1984年12月任四川省社科院副秘书长兼行政处长。1991年6月—2001年3月，任四川省社科院副院长。2001年4月—2005年3月任副院级调研员。2005年4月至今，经省委、省政府办公厅批准任当代四川史编辑部主任、（由省委批准的）四川省巴蜀文化研究中心副主任及省社科院中华儒学道学佛学中心副理事长。兼任四川省中华文化学会常务副会长、四川省创意产业协会常务副会长兼秘书长、川师大中国哲学与文化研究所名誉所长、四川大学国际儒学研究院常务副院长。

万本根教授长期在四川省社会科学院工作，经常深入企业、农村调查研究，研究我国经济体制改革，研究中华传统文化和现代企业文化，为省委省政府重大决策写出了不少调研报告，多次参与省委省政府在经济体制改革上的参谋论证工作。1997年以来，为配合国家、四川省和成都市经济社会的发展决策，独立或与专家合作向领导献策建言。曾获时任中央常委，全国人大委员长，国务院总理、副总理批示10件，时任省委书记、省长批示14件，时任省委副书记、副省长批示12件，现任省委常委、副省长批示8件，国家部委领导和国务院部委机关批示2件。1991年以后，为了加强理论联系实际，帮助企业科学管理和地方经济发展，经组织批准，1992年—1995年兼任成都恩威集团常务副总裁；还兼任一些企业、县市政府顾问；主持和参与了一批咨询策划案。

1993年以来，万本根参与主持创立了四川省巴蜀文化研究中心以及中华儒学文化中心、中华佛学文化中心、中华道学文化中心和公开杂志《中华文化论坛》（季刊）、内刊《中华文化研究通讯》、《巴蜀文化研究通讯》。在任院刊《社会科学研究》编辑期间，曾编发105篇文章，其中四分之一在省内外引起了良好反响。至今已撰写理论文章约100万字，分别刊载于《人民日报》、《光明日报》、《四川日报》、《黑龙江日报》、《重庆日报》、《成都晚报》等报纸和《求是》、《半月谈》、《新华文摘》、《经济体制改革》、《红岩》、《四川文学》、《青年作家》等刊物。1995年参与倡导中华“和合文化”工程（由程思远牵头，范敬宣、邢贲思、楚庄等老同志具体执行）。1999年与人合作主编大型社科类典藏图书《巴蜀文化图典》、《四川50年图集》。前者已获四川省“五个一”工程奖。

2000年与人合作撰写调研报告《实施西部开发战略，加快推进对内开放》。该报告得到时任国务院总理朱镕基的圈阅和总书记江泽民同志的肯定：“中国固然要对外开放，但更要对内开放”。该调研报告在《四川日报》、《经济体制改革》发表后，新华社《国内动态清样》、国务院研究室《研究报告》、《人民日报》的《内部参阅》相继转载，并获四川省“五个一”工程奖。文章指出：对内开放与对外开放一样是邓小平理论的重要组成部分。中国对外要开放， 对内更要相互开放。对内开放是社会主义市场经济体制的本质要求；是东、中、西部地区共同发展的客观必然；是西部经济发展的必由之路。并且在该报告中，还进一步指出了加强对内开放的4 条根本途径，为西部经济的发展起到一定的指导作用。“对内开放开发”的观点从理论到实践已成为现实，万先生的首创功不可没，不仅具有理论意义更具有实践意义。

2000年他与人合作的论文《经济全球化与中华文化的未来发展》发表于《河南大学学报》第6期，后获省政府哲社科三等奖。2002年他与人合作的论文《重视发展老龄产业》，刊中共中央主办的《求是》2002年第9期，获省政府哲社科三等奖。2004年他与人合作主编的大型社科类典藏图书《20世纪四川全纪录》，后获省政府哲社科二等奖。2004年与人合作撰写的论文集《老龄化与老龄产业研究》，当年10月由四川出版集团天地出版社出版发行，影响较大。2006年他与人合作策划编撰《巴蜀文化通史》22卷本，获省财政分年拨款额度约800余万元。2010年他与人合作策划编撰《巴蜀全书》大型文化工程，获省委和国家社科基金批准，分十年财政拨款额度约4500万元。

2010年，在中国北京国际文化创意产业博览会组委会办公室、中国版权保护中心主办的“2010第五届中国文化创意产业年度高峰会”上，万本根获“2010中国创意产业杰出贡献奖”。全国共有10人获得该荣誉：韩三平、郝亚宁、何镜堂、李红、李美赞、廖家本、梅帅元、万本根、汪良、余培侠。

二、创意精髓

万本根教授学术成果丰硕，深入实践，理论联系实际，在经济、文化等方面都做出了杰出贡献。他是中国经济体制改革的研究者；是现代企业文化的探路者；是四川巴蜀文化的追寻者；是文化创意产业的领军者。可以说，他的每一步都稳扎稳打，以一种“润物细无声”的方式影响着四川省乃至整个西部地区的经济和文化的发展。

说他是中国经济体制改革的研究者在于他多次独立或与专家合作向领导献策谏言，以配合国家、四川省和成都市经济社会的发展决策。

说他是现代企业文化的探路者，不仅在于他曾兼任成都恩威集团常务副总裁，深入实践，还在于他常常到四川省的各大企业内进行调研，密切关注企业文化的建设问题。如，在企业质量文化的建设方面，他有着自己独到的见解，他认为“ 一个企业要想建设一个适合自己的质量文化，就必须从自己的构成、产品定位、生产工艺、员工素质，以及市场需求等各方面做起，没有捷径可走”。2010年，万本根教授一行12人到成都军星酒业有限公司参观，对军星酒业的发展历史、企业文化表现出浓厚的兴趣，并对公司未来的发展提出了建议。

说他是四川巴蜀文化的追寻者在于，作为地地道道的巴蜀子弟，万本根教授一直没有停止过探寻它的脚步。从周秦两汉到清末民初，巴蜀两地留存下了大量有价值的历代文献。因此，不失时机地将文献、典籍尽可能完整地收集、保存，为后世留下一份厚重的文化财富成了四川学者多年来的一个美好愿望。从1999年下半年，开始酝酿《巴蜀全书》的编纂，到2007年年初，国务院下发《关于加强保护我国古籍的通知》，参加编纂的这一批四川文化人热情高涨。其中，万本根是积极的牵线搭桥人。“可以说《巴蜀全书》也是对李氏等前人行为的继承，是必须完成的文化传承使命。”万本根这样说。最终，《巴蜀全书》大型文化工程，获省委和国家社科基金批准。

而在近年来，不少国家和地区开始把创意产业作为战略产业和支柱产业并采取相应的政策措施和手段积极推动和扶持其发展的今天，万本根教授也按耐不住心中的激动，积极投身于对创意产业的研究和实践中，成为西部创意产业的先锋人物。他与四川省创意产业协会常务副秘书长吕林合作撰写的《创意产业三题》在业内引起广泛影响，这其中的创意精髓也必将影响着今后的创意实施者。

（一）创意产业是对传统文化产业的一种超越

万本根教授等人从不同国家对创意产业的概念定义和创意产业的缘起背景中得出：最初的创意产业脱胎于文化产业，它是一种与文化紧密联系、自上而下的发展策略，是政府促进本地经济、文化、社会进步甚或成为国家优势的产业政策。虽然创意产业脱胎于文化产业，文化要素是创意产业发展的最重要因素，文化产业也成为创意产业的重要组成部分，但创意产业并不等同于文化产业。创意产业更强调创造力和创新性，更重视文化创意对其他产业的融合渗透，它比文化产业有更广泛的内容。从这个意义上看，创意产业是对传统文化产业的一种超越。

显然，创意产业的出现是知识、文化在经济发展中地位日益增强的结果。随着人们对创意产业的理解不断走向深化和广化，它不再仅仅局限于内容产业、文化产业的高端，甚至被看成思想产业、观念产业、核心产业、关键产业的统称。万本根教授指出，创意产业的关键是强调创意和创新，从广义上讲，凡是由创意推动的产业均属于创意产业，通常来讲，把以创意为核心增长要素的产业或缺少创意就无法生存的相关产业称为创意产业。从更广义的角度看，创意产业也是创新产业，它在客观上已经成为知识经济时代的一个标志性产业，创意产业的边界将涉及具有高科技含量、高文化附加值和丰富创新度的任何产业。万本根教授给创意产业赋予了更加明晰的界定，理清了创意产业的定义思路。

（二）创意产业是一种“无边界产业”

我国创意产业学术界的“泰斗”、“开山鼻祖”厉无畏先生认为，创意产业并非单指某一种产业，而是指一群在社会与文化发展的贡献上特性相符，具有相同的经济发展与就业机会的潜力，并受到政府的额外重视而被划分出来的产业别类。它不仅包容了“以物质资本、经济资本为运转方式”的传统产业，还拓展了“以智力资本、文化资本、社会资本为运营方式”的新产业内涵（薛晓源，2004）。为此，厉无畏先生从产业经济学角度提出了创意产业是一种“无边界产业”的著名论断。在《创意产业三题》中，万本根、吕林对此论断也进一步丰富了其内涵。文章指出，创意产业是融合了商业、文化与制度的跨行业、超意识形态、多价值链的新经济系统；创意产业资源消耗少，附加值高，是文化、技术、艺术多产业相融合的智力密集型产业。即创意产业是依靠具有创造力的创意人才，将抽象的文化、高科技和设计观等产生观念价值的创意作为生产力要素投入，通过跨行业领域、跨人才专业的整合，以产业化运作方式，直接或间接地将核心创意要素转换成具有高度经济价值的产业。

万本根教授明确了创意产业的跨界融合效用在于：打破产业界限原有的条条框框，通过越界，寻找在转型中的制造业和日益增长的服务业中的新的增长点，通过高渗透性、高增值性和高融合性的作用，产生高度个性化的新产品、新服务、新科技和新的商业模式，从而加速文化创意对传统一、二、三产业的融合，加快产业结构升级的步伐。并提出，充满活力的创意经济要求创意型企业的发展要始终以一种“我存在，我创意”的姿态，不断在动态中寻求突破机会和新的利润增长点，时刻保持着旺盛的生命力和持久的应变力，来面对技术进步、市场变化等种种挑战，为创意企业的发展指明了发展方向。

（三）从“中国制造”到“中国创造”

万本根教授等人首先肯定了创意产业是面向21世纪的朝阳产业，具有巨大的发展潜力。他说，科技创新和文化创意是现代经济增长的双引擎，前者的硬实力产业，后者是软实力产业，真正能发挥巨大能量的是文化因素和科技含量有机融合的综合创意产业。

其次指出，改革开放以来，中国作为一个劳动密集型的、消耗资源型的、缺乏核心技术、低附加值的制造业加工业大国，资源大量消耗，生态平衡遭到破坏，并引发了一系列的社会问题。中央提出了均衡发展的科学发展观，以解决现实出现的新问题。

随后，万本根教授分析了北京、上海、深圳、青岛、杭州、西安、港台地区的创意产业的发展情况，得出结论，认为中国创意产业的发展已具备一定的基础，并有着良好的势头。但同时也存在着众多的困难与问题。他指出，中国创意产业发展的主要问题在于：一是观念问题；二是发展环境问题；三是人才问题；四是产业定位问题。万本根教授还针对现存的问题给出了较为详细的解决建议，为推进由“中国制造”向“中国创造”的转变起到了智囊团的作用。

10多年前，万本根教授就参与提出“文化要经济化，经济要文化化”，当时被人误为“疯语”，然而如今文化经济一体化已成为世界经济发展总趋势。在这基础上，万本根教授进一步提出“创意产业化，产业创意化”的发展论断。这正是目前世界经济发展的一股大潮流。

三、实践先锋

除了在理论方面，万本根教授高屋建瓴地建立了自己独到的知识体系。在实践方面，万本根教授积极推进四川省创意产业的发展和创意平台的构建。2006年12月26日，《中国西部导报》刊载了万本根、张子明（现协会常务副秘书长）、吕林三位同志的署名文章《四川省创意产业发展对策研究》。2007年6月8日，四川省副省长黄彦蓉对民革四川省委《关于召开四川省创意产业发展研讨会的建议》作出批示：“建议很好。请科技厅牵头，经委、省社科院等单位研究，提出一些较为具体的意见。”

2007年6月7日，四川省民政厅批准成立四川省创意产业协会筹备组，万本根任常务副组长。万本根带领协会同仁勤勉务实，积极进取，在规定的筹备时间内做了大量卓有成效的工作，并邀请我国创意产业开山鼻祖、现任全国政协副主席、民革中央常务副主席厉无畏担任四川省创意产业协会顾问指导委员会名誉主任。2008年4月13日四川省创意产业协会成立大会在成都金牛宾馆隆重召开。在万本根的带领和指导下，四川省创意产业协会创办开通了“四川创意产业网”，编辑出版了会刊《创意四川》。万本根主张“创意产业化，产业创意化”，“创意立国”应该推广为全民共识，并在《四川日报》发表文章《为经济发展装上“创意引擎”》以及在《四川文化产业报告》发表文章《创意产业三题》。以万本根为牵头人的四川省创意产业协会在万本根的带领下积极开展和参与创意产业工作。

（一）发起并参与策划了《最爱献给全世界——大熊猫摄影作品集》画册

这本画册作为奥运国礼，向来自全世界200多个国家和地区参加奥运会的运动员、教练员、国外政要、世界名流及随行人员赠送，让世界人民更加了解在人类地球上生存了800万年的物种——美丽可爱的大熊猫，表达了四川8800万人民对北京奥运会的良好祝愿。

（二）策划“都江堰世界水文化博览会”项目

该项目拟比之于“海南博鳌亚洲论坛”与“上海世博会”，突出“水”主题，做足“水”文章，主打“水”品牌，旨在弘扬水精神，建设水文化，改善水环境，发展水经济，集水利科学普及、休闲观光旅游、会议度假于一体，把都江堰市逐步建设成为中国最具魅力的水文化之乡、世界最具权威的水文化研究中心、世界水文化科学普及基地和水文化乐园。

（三）为会员单位彭州市通济镇作出建设“龙门山休闲养生国际社区”的战略定位

该定位以龙门山休闲养生传统文化之精髓为核心，融合现代养生健康理念及最新成果，立足中华文化圈，面向全球的开放型养生国际社区。“5.12”汶川特大地震发生后，通济成为极重灾区，万本根带领协会同仁及时引导通济镇用创意的思维谋划恢复重建，并为该镇完成了“四川省彭州市通济镇恢复重建工作方案”，2008年6月20日，该镇被国家发改委批准为灾后恢复重建国家级试点镇。

（四）确定成立“四川创意人沙龙”，为协会会员提供一个交流的平台

经多方踩点谈判，初步拟定将“沙龙”设在四星级的成都京川宾馆。成都京川宾馆作为川内知名的三国文化主题饭店，在区域文化和经济的嫁接方面树立了榜样。

（五）提出《关于对成都市龙泉驿区打造“西部创意之都”的建议纲要》

为大力推进四川省创意产业发展，万本根带领四川创意产业协会同仁在进行反复调研及论证的基础上，针对具有典型性和代表性的成都市龙泉驿区，并结合该区实际，提出了《关于对成都市龙泉驿区打造“西部创意之都”的建议纲要》。拟由协会牵头、联络，邀请民革中央调研部负责人、上海市和北京市创意产业研究专家、四川省社科院和成都市社科院有关专家、龙泉驿区有关委局办负责人等组建“龙泉驿区创意产业发展规划领导小组”及“专家调研组”，拟在龙泉驿区提出“创意立区”发展战略（即在科学发展观统领下，实施“一区四域”产业战略，大力发展创意农业、创意工业、创意服务业、创意文化旅游业，推动龙泉驿区创意经济又好又快发展）。

（六）支持并帮助攀枝花市宝鼎生态旅游区积极打造“中国·攀枝花宝鼎阳光国际健康养生社区”

现已完善打造成功的景点有水帘洞原始森林探险区、野生猕猴观望区、寺庄宗教活动区、希腊神话雕塑群落、百合花园区、郁金香园区、玫瑰园区、本土野花基地、鸵鸟园、观霞楼、蘑菇亭、茅草亭等。目前，在万本根领导的协会的大力支持下，攀枝花市宝鼎生态旅游区正积极打造“中国·攀枝花宝鼎阳光国际健康养生社区”，力争成为攀枝花市乃

至全省、全国健康产业、创意旅游的一颗耀眼的新星。

（七）万本根带领四川创意产业协会同仁成功发起并参与主办了“2008首届中国创意农业发展论坛暨中国东西部品牌商会合作年会”

（八）打造创意产业平台——四川省（邛崃羊安）创意产业园

与邛崃市委、市政府及邛崃市羊安工业园区达成合作意向，在邛崃市羊安工业园区内共同打造创意产业平台——四川省（邛崃羊安）创意产业园。

（九）创意产业协会副会长单位中铁二局集团有限公司经对外考察学习、反复研究论证，在协会协同下拟启动实施四川创意产业重大项目

项目总构想为一“城”一“中心”，即建立中国西部创意产业集聚区，在区内成立“西部创意产业中心”，完善产业的软件配套；建立“西部创意产业城”打造产业的硬件设施。该项目策划将“中心”搭建成为西部创意产业的网络信息平台、投融资平台、展示交易平台、对外交流平台、人才培训平台、知识产权保护平台、研发测试平台和宣传推广平台；将“产业城”建设成为一座专门从事创意的新城，具有产业集聚区、创意大社区两大功能；区域划分体现为四大版块：商务办公区、LOFT主创区、旅游休闲区和生产区；集中时尚设计、软件动漫网游、工业产品和建筑设计、影视创作、书画艺术五大产业。

（十）参与策划并成功举办“四川省旅游商品设计大赛”

（十一）协会与四川亚东投资集团有限公司合作，建设“玫瑰天堂”创意农业项目

该项目已正式启动，占地总面积12800多亩，充分利用高低分明的台地与洼地走廊特征和优越自然条件，大力发展以玫瑰为主的花卉种植业，将大尺度的乡村景观营造模式与

大地艺术创作模式相结合，突出“四季花海、彩田艺术”特色，打造AAAA级乡村旅游景点，实现一三产业互动。

（十二）打造“天府创意产业园”

万本根带领协会帮助副会长单位、中国知名企业、海外上市公司诺亚舟教育控股有限公司旗下的成都诺亚舟电子有限责任公司倾力打造 “天府创意产业园”，园区从设计之初就吸取了海外和中国各大城市同类园区之所长，同时结合了成都本土特点和先天优势，倡导“快乐工作、享受工作”的现代办公理念，充分满足入驻企业对良好的自然生态环境、创意环境的需要与渴望。

（十三）策划“蜀都盛世——锦江（双流段）滨河古今文化旅游产业带”项目

万本根带领协会牵头策划了该项目，拟规划拟建成约25—50平方公里的国际金融商贸机构总部云集、国际名品名店荟萃、文化创意产业繁荣、文化旅游特色浓郁、人居环境优良的城市新区。

（十四）打造成都市温江区成为成都国际医学城

万本根带领协会与成都康城公司合作，拟将成都市温江区打造成集医疗、养生、会展、旅游、商贸、娱乐、地产等为一体的大型服务经济园区。

（十五）协助成都皇城老妈公司品牌推广、基地建设等

在参与这些社会实践期间，万本根副会长和筹备小组一起在抓好协会筹备工作的同时，在全省广泛开展调研工作，深入成都市（金牛区、锦江区、高新区、武侯区、双流县、蒲江县、崇州市、彭州市）、遂宁市、攀枝花市、阿坝州、凉山州等市州，就如何发挥各地文化创意资源，积极发展各地创意产业、创意农业、创意旅游等问题进行了细致地调查与摸底，并与各级政府部门、企事业单位深入交流，并积极宣传创意产业知识及意义，取得了显著成效，其中参与的创意项目，都已经取得阶段性成果。

万本根教授今年已经67岁了，但是他年轻的心态和工作的热情传染着每一个人，我们相信，万本根教授将继续用他高瞻远瞩的思想体系和源源不断的创意知识引导着西部创意经济的腾飞！

領軍人物
Christian Dior & Chinese Artists
Jörg Immendorff 约尔格·伊门道夫
SAINT CLAIR CEMIN
RUMINATION

万捷——从“为人民艺术服务”到“艺术为人民服务”的开拓者

他创造性地实现了传统印刷和现代IT的完美融合，在毕昇发明印刷术900多年后，他让中国印刷术再次领跑世界。他一次次站在世界印制大奖的领奖台上，他为印刷术的故乡重新赢得了骄傲和尊严。他，就是雅昌企业(集团)有限公司董事长——万捷。

多年来，万捷致力于现代印刷模式的新探索，改变了印刷在人们意识中的传统观念，赋予了印刷更深的文化内涵；他对传统印刷行业提出了革命性的挑战，大胆地将传统印刷业与现代IT技术及文化艺术完美结合，创办了目前全球最大最重要的中国艺术品门户网站——雅昌艺术网；他率领的雅昌团队，以令人惊叹的效率成功打造中国申奥、申博金钥匙《北京2008年奥运会申办报告书》、《中国2010年上海世界博览会申办报告书》，并连续荣获国际印刷大奖近300项，以精美绝伦的《梅兰芳藏戏曲史料图画集》和《西夏文物》摘取印刷界“奥斯卡”Benny Award（班尼）金奖，其中《梅兰芳藏戏曲史料图画集》在德国莱比锡获图书装帧设计界最高荣誉“世界上最美的书”，此奖项是 56个国家唯一一项金奖。万捷，作为“开拓中国新经济文化产业的业界新锐”和 “引领中国印刷业到达世界最高水平的先锋人物”，正在为创造中国印刷的新辉煌而不懈努力。

万捷以让活字印刷发源地重获世界敬重为理想，是世界最高印刷水平的引领者；他实现“传统印刷+IT技术+文化艺术”商业模式的创新，是从传统行业向现代文化创意产业转型的引领者；他带领雅昌从“为人民艺术服务”到“艺术为人民服务”，是艺术知识和艺术教育的普及者；他以保护与传承中国优秀文化为己任，是中国新经济文化产业的开拓者；他以成为最具社会责任企业家为目标，是社会公益事业的积极创立者和参与者。

一、初创霸业，领跑中国印刷业

1962年万捷生于北京，1984年毕业于北京印刷学院印刷机械专业。毕业后，辞去原分配单位的"铁饭碗"工作，应聘于深圳美光彩印公司。经过7年的努力，入驻公司董事会，成为公司最年轻的董事厂长。其间曾多次赴日本著名制版公司——光阳社和富士精版两家公司研修，接受严格的制版印刷技术和经营管理专业培训。通过培训、学习、比较国外成功印刷企业的成功之道，结合自身多年经验，取精去粕，提出一套"以人为本，以客为尊，崇尚服务，实施精品战略，发展企业集团"的经营管理模式。1993年创立深圳雅昌彩色印刷有限公司，如今，这个当年员工总数不足30人的小制版公司，已迅猛发展成为员工千余人，集摄影、平面设计、电分制版、彩色印刷、书刊装订、包装加工、印刷设备供应、多媒体创意制作、艺术资讯网络服务等为一体的、综合性的现代化印刷管理集团。

中国虽然是印刷术的故乡，但在雅昌集团初创时，中国现代印刷业远远落后于世界先进水平，全中国印刷业在2000年的总产值不及日本两家印刷企业的总量。印刷工艺上，也非常落后，很多广告艺术类的东西只能送到国外去印。但是雅昌近几年的表现，却开始让全世界的印刷行业对中国印刷水平刮目相看，雅昌在艺术品印刷上通过自己的创造达到了世界最高水平，目前国内艺术品方面，特别是非常火爆的艺术拍卖雅昌占领了95%的市场，包括台湾、香港、美国和德国的一些企业拍卖公司的图片都是由雅昌专门印制。雅昌在代表世界印刷最高水平的艺术品印刷领域异军突起，对中国印刷行业来说，是一项具有重大意义的成就。

二、铿锵亮剑，奖项成果不胜枚举

为表彰万捷对我国印刷企业管理模式的探索所做的特殊贡献，中国印刷技术协会授予万捷印刷企业管理最高荣誉“森泽信夫印刷奖”一等奖；2000年授予万捷深圳特区印刷业发展20年杰出成就奖；同年，他当选深圳第三届政治协商会议委员会委员；2001年被中国民主同盟广东省委员会授予先进个人称号。万捷不仅是雅昌集团董事长，他同时担任深圳市印刷行业协会第四届理事会副会长、中国国民民主同盟深圳市委员会委员、深圳市政协委员等要务，担负着振兴我国印刷业、改善民生的重任。

2000 年12月，在“第十二届香港印制大奖赛”上，深圳雅昌彩色印刷有限公司印制的《敦煌》荣获“SMEloan全场大奖”以及“书刊印刷（精装）冠军奖”；《中国摄影》荣获“杂志类印刷冠军奖”。2001年元月，北京2008年奥运会申办委员会确认深圳雅昌彩色印刷有限公司为《申奥报告》指定印制单位。2005年7月，由雅昌印制的《西夏文物》荣获第55届美国印制大奖BennyAward金奖。这是雅昌公司继2003年凭《梅兰芳藏戏曲史料图集》摘取被誉为全球印刷界“奥斯卡”的BennyAward金奖以来，再次荣膺该项国际大奖。2005年4月20日，在全国第八届毕昇印刷技术奖颁奖仪式上，万捷率领的雅昌荣获最高奖项“毕昇印刷奖”。2000年至2010年十年间，获得“香港印制大奖”80余项。

自创立至今，雅昌印制的图书已超过60000种，3亿多册。为近5万名艺术家、230多家出版社、近100家国内外博物馆、美术馆和纪念馆以及近30个国家的艺术和商业客户提供了高质量的书籍艺术品制作服务。万捷表示：“做一个能做最优秀印刷品的文化产业公司，我们扎扎实实地做到了。”

同时，雅昌在弘扬优秀文化方面的努力也得到了政府和社会各界的认可。2005年

11月17日，雅昌企业(集团)有限公司成为深圳文化产业示范基地之一。2006年，国家文化部授予雅昌“全国文化产业示范基地”称号。2006—2010年，雅昌连续五次荣获由中国社会工作协会企业公民委员会和中央电视台授予的“中国优秀企业公民”称号，并被授予企业公民最高荣誉，万捷荣获“中国最具社会责任企业家”称号。2007年，雅昌被文化部和中国美术家协会联合授予“文化（美术）产业示范基地”，2008年又获得由国家文化部、商务部、广电总局、新闻出版总署联合设立的首届中国文化产业创新奖，2009年荣获“2009—2010年度国家文化出口重点企业”。

三、披荆斩棘，开拓中国新经济文化产业

为传承和弘扬中华优秀文化艺术成果，万捷率领雅昌集团，精心打造《中国艺术品数据库》核心平台和雅昌艺术网，为艺术家及艺术服务机构提供高端艺术印刷服务、艺术咨询、艺术品市场信息、电子商务和广告服务、艺术家综合服务，同时提供高仿真艺术复制产品。多年来创新变革，倡导“为人民艺术服务”的经营宗旨，以世界最大的中国艺术品数据库为核心，首创“传统印刷+现代IT技术+文化艺术”的雅昌商业模式，形成环环相扣的文化产业链，为艺术市场提供全面、综合的一站式服务。将传统行业演变成以艺术品数字资产为核心的文化产业，此模式被长江商学院和商界传媒评选为“2005—2006年度最佳商业模式”。

（一）成为全球最优秀的艺术服务机构

1993年万捷创建的雅昌集团，总部位于中国深圳市南山区，以此为核心向全国辐射，拥有北京、深圳、上海三大运营基地和广州、广西、杭州三个艺术服务中心，以及香港、美国办事处，产品和服务遍及中国大陆、港澳台地区及美国、日本、欧洲、东南亚等海外市场。十八年来，万捷要求雅昌始终不断追求先进的科学技术、

创新的经营管理模式，为中国及世界文化艺术界提供综合服务。

雅昌秉承着全心全意“为人民艺术服务”的宗旨，以传承、弘扬优秀文化为己任，致力于中国新经济文化产业的开拓，竭力打造最优秀的艺术服务机构，形成全球最大的中国艺术品数据库，构建中国最大的艺术资讯网络平台，不断开发艺术产品，真正地实现让艺术为生活服务。

（二）从“为人民艺术服务”到“艺术为人民服务”

万捷通过多年来创新变革，独创的从“为人民艺术服务”到“艺术为人民服务”的商业模式，将为艺术家、艺术机构、艺术经营机构、艺术出版机构、艺术院校等客户提供的B2B服务与为大众提供艺术教育、艺术普及的B2C产品紧密结合起来，将企业经营战略和实现社会责任紧密结合起来。

（三）全球最大最重要的中国艺术品门户网站

在万捷的带领下，在互联网资讯和广告服务领域，雅昌于2000年创建了“雅昌艺术网www.artron.net”，作为全球最大的中国艺术品门户网站，雅昌艺术网每天页面浏览量达600多万人次，在国际知名互联网调研机构ChinaRank的全球互联网排名中位于综合排名400名之内。雅昌艺术网已成为传播中国文化艺术的一个重要窗口。

（四）国内最全的艺术家资料和图片数据库

在万捷发起创建的雅昌艺术网上，集结了全国最全的艺术家和图片资料。在艺术家综合服务领域，雅昌以提升艺术家核心价值为终极目标，以艺术家个人数据库为基础，以北京、上海、深圳、杭州四地服务中心辐射全国的服务网络，提供艺术家数字资产管理、出版服务、展览服务、互联网服务等系统、全面的一站式服务。到目前为止，雅昌已经为2200余位中国当代艺术家建设了艺术家个人数字资产管理库；为数十位知名艺术家出版个人画册；在中国美术馆、上海美术馆、今日美术馆，举办过众多艺术家个展。在雅昌艺术网上，艺术名家频道管理着近5万名艺术家的详尽图片数据，成为国内最全的艺术家资料、图片数据库。

（五）独创的“雅昌艺品流动美术馆”

在高仿真艺术品复制和衍生产品领域，雅昌凭借多年积累的艺术品高仿真复制技术，通过与博物馆、艺术馆、艺术家的合作，对中国古代书画、中国近现代书画、西方经典油画等艺术品进行高仿真复制，对当代艺术家的经典作品进行授权限量复制，满足艺术工作者、爱好者进行研究、教育、普及、收藏和欣赏等多样化需求。同时，万捷还创造性地为客户提供了独创的商业模式——“雅昌艺品流动美术馆”，这种高级艺术空间与艺术教育解决方案令这些珍贵艺术品最大程度地发挥出普世的艺术教育价值，成为雅昌艺品的特色产品。雅昌艺品使“深居殿堂”的文化瑰宝走近寻常百姓，潜移默化地提升了民众的艺术素养和精神追求，弘扬了中华传统文化和世界优秀艺术，也践行了雅昌的社会责任。

（六）中国最大的艺术数字出版系统

顺应全球阅读数字化趋势，万捷抓住了机遇，利用中国艺术品数据库资源，通过现代电子阅读技术，自行研发版权保护技术和体系，推出独具特色的拍卖电子图录和其他数字出版产品。利用庞大的艺术数据处理系统，不断打造艺术数字出版教育系统。

（七）填补空白的中国艺术品数据库

万捷十多年精心打造的《中国艺术品数据库》填补了中国艺术品数据领域的空白，也是雅昌的核心资源和开展众多业务的资料和数据中心。《中国艺术品数据库》拥有60000余名艺术家、2000多万件艺术品珍贵的图文资料，并以数据的形式永久的存储起来。《中国艺术品数据库》不仅为雅昌艺术网提供全面、准确的数据来源支持，同时为艺术印刷、艺术家个人数字资产管理、艺术品摄影、艺术图书和艺术数字出版的策划、设计、出版、装帧，艺术品衍生产品的开发经营、艺术影像产品、艺术展览策划等多种艺术品业务提供强有力的资源应用保障。

四、潜心研究，对艺术理论的思考

万捷在企业发展经营的同时，也不忘对艺术理论的探索。随着数字技术的发展，数字出版和电子书风靡全球，“书籍数字化”正在成为当今的时尚潮流。一方面，以IPAD、KINDLE为首的平板电脑、电子阅读器、智能手机不断推陈出新，以纤薄轻巧的机身、丰富的图书资源和强大的阅读功能吸引了全世界读者的兴趣，其用户数量也越来越多；另一方面，数字化阅读越来越成为一种生活方式，读者已经习惯了轻触电子屏的阅读方式。这一系列变革，使得传统书籍受到了巨大的冲击。书籍普通的阅读和信息传播功能，正在被数字阅读产品或其他电子产品所代替。那么，传统书籍是否真的会被形形色色的平板电脑和电子阅读器所取代乃至逐渐消失？万捷在《书籍，是人类最宝贵的艺术品》一文中，给出了答案。

传统书籍不仅是一种信息传播的载体，它更是一种文化气韵，是数千年来人类文明传承的鉴证。书籍可以翻阅，收藏，感触……它是一个充满情感的热载体，通过书籍，能给人一种亲切、温馨的情感传递。尤其是各种艺术书籍，作为各种艺术题材的载体，阅读纸质的艺术书籍体验不仅成为一种高品位的文化艺术享受，而且精美的纸质艺术书籍本身也是值得收藏和流传后世的艺术珍品。所以，即便传统书籍的信息传播功能会被取代，它的体验功能却很难被代替，也永远不可能被代替。而艺术类的书籍装帧制作越来越精精美，越来越富有创意，书籍已经变成了艺术品、奢侈品、收藏品、装饰品、礼品和艺术普及教育的良好工具。

在文章中，万捷分析归纳总结了书籍在现代生活中的六种形态。

第一，书籍是艺术品的一种形态。艺术品是人类创造和情感的表达，书籍亦是如此，它既是作者或艺术家所创作的语言艺术、图像艺术的载体，更是一个结合了作者（艺术家）、设计师、材料提供者、工艺制作者等多种综合因素创造而来的多功能艺术品。越来越多的艺术家在用书进行艺术创作。

第二，书籍是奢侈品的一个门类。奢侈品意味着完美的做工和品质，是稀有、限量、珍贵以及身份品位的象征。高端的艺术类书籍拥有和奢侈品一样的属性，它们都处于金字塔的塔尖，代表了奢侈品牌的文化。

第三，书籍是重要的收藏品。随着地球资源的日益匮乏，以纸张为材料的书籍将会越来越稀有，而且书的形式越来越大，材料越来越向最早期、最原始的书靠拢，尤其是那些记录人类物质和精神发展进程的珍贵书籍。随着时间的推移，它们变成了收藏品乃至文物。比如佳士得拍卖行最早的拍卖图录，就被当做藏品进行拍卖。

第四，书籍是精美的装饰品。随着人们对工作、学习和生活品质的要求越来越高，也使得书籍成为不可或缺的装饰品。它以各种形式出现在人们的工作和生活的空间中，形成一道独特的风景线。

第五，书籍是珍贵的礼品。随着国民人文素养的提升，装帧精致的书籍作为文化的精髓，在人与人交往的过程中更多地扮演了礼品的角色，作为馈赠他人之礼，既彰显送礼者的品位，又能彰显收礼之人的身份，格调高雅，富有内涵。

第六，书籍是艺术普及和教育的良好工具。艺术类书籍是各大院校教师、学生、学者、研究人员的教学工具，也是文博单位从业人员开展学术研究的最好参考。同时，在艺术普及教育越来越受关注的今天，艺术类书籍能逼真还原再现珍贵的艺术作品，能令这些珍贵艺术品最大程度地发挥出普世的艺术教育价值，成为艺术普及和教育的良好工具。

为了顺应书籍的未来发展趋势，在万捷的带领下，雅昌已经成为艺术书籍的制作中心和书籍艺术品的创作中心。雅昌与优秀的艺术家、设计师一起，通过创意十足的视觉设计和艺术装帧，表现具有深厚人文艺术精神的图文内容，共同创作书籍艺术品。同时，将材料和设备供应者联系到一起，通过特大尺寸书籍、仿古线装图书等装帧形式，与金属、石材、纺织物、塑料等不同材质创造性地结合，创作出了具有鲜明特色的限量作品，与艺术家共同分享。

万捷作为新一代青年企业家，为中国经济的市场化、现代化、国际化做出了自己独特的贡献；为传统产业与新经济接轨，为中国企业形成核心竞争力，提供了一个充满活力与前瞻性的成长性样板。让小企业拥有大思想，让传统企业嫁接新经济的活力，让传统产业拥有国际竞争力，让中国制造成为中国创造，让中国文化融入世界文化，万捷和雅昌公司作出了真诚努力。万捷以其“振兴民族印刷业，成为艺术品印制专家”的经营理念，率领雅昌的优秀员工团队，成为中国新经济文化产业的开拓者。万捷——影响中国印刷业发展走向的最具活力的新锐青年企业家。

領軍人物
范周

范周——中国文化产业的领军者

他是全球文化产业学术联盟主席，《中国文化产业》杂志社总编辑，《中国文化产业年鉴》总编辑；他是联合国“创意经济顾问”和中国2008年度文化产业十大领军人物之一；他是“两岸文化创意产业研究联盟”的发起者、“创意中国·和谐世界”文化产业国际论坛和中国文化产业三十人论坛的创办者；他历任山东省曲阜市文化顾问、中国金牌形象大使等大型活动总策划；他更是中国文化产业的领军者。他就是中国传媒大学文化产业研究院院长——范周。

2006年4月，范周教授率领多位领导、学者筹备成立了文化产业研究院，这一举措在首都高校中处于领先地位。2006年5月和8月，分别组织领导成立的中国文化产业学术网和《中国文化产业》杂志，是国内较早的学术网站和第一本文化产业月刊。2006年11月，范周教师成功策划召开的 “创意中国·和谐世界”文化产业国际论坛，至今已举办六届。每届论坛均有来自数十个国家的专家学者及众多企业与会研讨、交流，已经成为世界了解中国文化产业的窗口，并引领中国文化产业的学术趋向。2010年12月，由范周教授主编的我国第一部翔实记录和反映全国文化产业年度发展状况的大型工具书《中国文化产业年鉴》问世。全书包括图片记事、特载、文件与法规、全国概况、地方概况、统计与数字、园区与基地、理论研究与出版、专题调研、规划与项目、港澳台文化产业、评奖与表彰、大事记等13个栏目，具有填补文化产业理论空白的重要意义。

在范周教授的带领下，文化产业研究院成立五年来，在科学研究、社会服务、平台搭建、国际交流等方面成绩斐然，已经成为中国文化产业理论研究重镇和文化产业实践推动基地。与此同时，范周教授沉淀思想，积累成果，秉持严谨、执著的学术作风，承担了多项国家重点课题的研究，提出了诸多针对文化产业的新思考、新策略，在国内外学术界和产业界产生了广泛的影响。他的学术观点主要有以下几个方面。

一、中国文化产业“三个乐章”理论

早在2006年末，范周教授就提出了中国文化产业“三个乐章”理论，其得到学界高度认可，并被收入澳大利亚昆士兰科技大学的博士生教材。“三个乐章”理论指出，在文化产业中，2006、2007和2008是三级跳的年份，如果说2006年是“概念纷争”的一年，2007年则是“政策出台”，紧接着的2008年则是“资本介入”。这三个乐章有三个方面的内涵：第一是相关概念的论证，第二是知识产权的保护，第三是产业链条的形成。

对于2006“概念纷争”年，范周教授指出“我们党提出了和谐社会的建设，提出了和谐文化的理念、文化创意产业作为文化产业的延伸与提升，这绝对不是一个普通的提议。随着首届文博会的召开，第一乐章——‘文化创意产业概念年’也正式进入了一个更振奋人心的高潮。第一乐章在一片辉煌中缓缓落下帷幕，大气磅礴的第二乐章紧随其后。届时文化创意产业不再是一个模糊的概念，而是自行科学分类形成若干条二级产业链，每条产业链彼此相对独立却又互相依存促进”。

2007年，国家的有关文化产业的相关政策法规陆续出台，印证了范周教授“三个乐章”理论中2007“政策出台”年的判断。“以《国家‘十一五’时期文化发展规划纲要》为指导思想，北京市已经启动了一系列的政策制定和规划工程，其他地区也将紧随其后，结合当地实际情况，制定相应的政策措施。政策是政府对产业发展大局的规划和引导，政策的科学、务实，市场法律法规的完善，良好竞争环境的营造是整个产业健康发展的有力保证”。

对于2008年，范周教授预测“金融资本将会大量投入到这一产业中，跨国公司的‘航母’和中国的‘巨轮’都将驶入文化创意产业的海洋。文化创意产业所拥有的远大前景将成为投资的热门，获得有远见的国内外投资者青睐。而这些经验丰富的投资者在使文化创意产业获得资金注入的同时，也将帮助其借鉴全世界最先进的理念和管理体系，作为一门成熟的、正规的产业来运作，开始参与全球市场的竞争合作”。

与此同时，在展望一番文化创意产业的锦绣前景后，范周教授提醒我们，更需要保持清醒的头脑，在这一片“热”中保持“冷”思考。他说，“这个产业才刚刚起步，还远未到乱花迷眼，醉赏箫鼓的时候。更多的人一味地为创意产业叫好，盲目跟风，追捧投资，无视于实际的困难和问题，这却更让人忧心——如同一个新生婴儿，受到太多不恰当的宠溺，恐怕会有‘捧杀’之虞。”

如今，历史已经检验了“三个乐章”理论的正确性，也将继续印证范周教授提出的“三个乐章”导致的结果：“首先是文化产业要呈现出本土化。本土化就是强调民族特色。第二是规范化，一定要按照国际标准。第三个是全球化，我国文化创意产业最终要走向世界。但是，如果有了创意，有了资本介入，最后的问题就是人才。人才是需要在文化创意产业的社会实践这个大熔炉中锤炼出来的，不仅仅需要对行业有敏锐的嗅觉，还需要较高的个人素质、管理能力和前瞻能力。”

二、文化产业聚集区的分类模式

对于目前纷繁复杂的集聚现象，范周教授根据文化创意产业集聚区形成的缘由以及其发展所依赖的路径，创造性地将其划分为四大类型，通过深入细致的分析总结出各类集聚区的本质特点和存在问题，并在此基础上提出一系列发展文化创意产业集聚区的切实可行的策略。

第一种聚集区类型为空降型，即政府主创并实行统一管理。范周教授解释为“空降兵往往是最优秀的职业军人，他们训练有素，经验丰富，他们往往肩负重大使命，出其不意地突然出现，然而总能凭着必胜的信念、高超的战术出色地完成艰巨的任务。对于中国的文化产业园区来说，‘空降兵型’适用于政府主创并实行统一管理的园区。这些园区一般有着雄厚的实力基础，良好的政策支持，天然的发展优势和肩负着区域发展的重大使命等。如北京石景山数字娱乐中心、8号桥等”。同时这种聚集区往往存在的问题是，政府的引导能力弱，相关法律法规仍旧不健全，科技促进产业结构调整的强势不足，高新技术产业贡献率低。

第二种聚集区类型为池塘型，即企业自动聚集和自行孵化，而后由政府接管。范周教授指出“这种园区如同一个自然形成的生态群落。在池塘中聚集了多种水生植物、浮游植物以及各种鱼类，在生态群落中自发生存。政府后来的介入，旨在调整‘池塘’的生态平衡，使其向着更加健全，更加平衡的方向发展。如798艺术区”。同时，“池塘”型园区存在着政府过度介入而丧失个性和同质化的问题，798 的特点和优势在于它是从事创作产业的人自由结合形成的，不是规划出来的。政府接管势必会促进798的发展，在政策和资金上给予一定的方便，但是，如果干涉过度，则会影响艺术家的自由发展，准入门槛的提高也将限制艺术家的发挥，而规划的过程如果粗暴和强制，则会导致艺术品的去个性化和同质化。

对于第三种“大树型”园区，范周教授认为“‘大树型’的园区通常沉淀了一个区域上百年的文化积淀。上百年的历史、饱经沧桑的文化变迁，根植特定的文化并深深地扎根，并在老文化中不断融入新创意。如老北京文化园区琉璃厂和什刹海”。其存在问题主要有三个方面：首先，它缺乏足够的灵活性，不能适应外部竞争环境的变化；其次，不能根据外部环境的变化以有效方式整合内部资源。或者说，在“物种多样化”的时代，这个“树状有机系统”如果太“孤独”的话，产业形态单一，没有形成产业链，根本无法适应外部环境变化。最后，需要国际一体化发展。

第四种聚集区类型，范周教授命名为蜂聚型，指企业因为行业内龙头的入驻而慕名蜂聚而来。“通常一个园区内进驻了1-2家著名的大型动漫企业，其他中小企业就会慕名而来，快速跟进，像蜜蜂一样聚集到一起。如苏锡常地区的动漫产业园区于通过‘蜂聚’逐渐形成了本体部门群、动漫产业的交叉产业链(以动画及其副产品形态为主要资源和手段向相关产业纵向递增或横向延伸形成的部门与产业)以及动漫产业的延伸行业网(在创意产业交叉产业链的基础上进一步向其他产业行业拓展形成的综合产业网络)。”其存在问题为：近距离扎堆也会带来负面效应，如同质化、重复建设等，例如苏锡常三市的基地建设就有很多共同之处，也有浪费资源之嫌，一个城市的动漫基地就进驻了几十个企业，而且企业之间还存在着恶性竞争的现象；发展规模不平衡需要错位经营，根据不同的城市、不同的行业、不同的企业，采取不同的错位发展的策略，让不同园区差异化、特色化，进而实现不同产业之间的优势互补。同时，防止水土不服的行业生态系统。

三、区域文化产业的创新体系

区域文化产业发展问题是范周教授的主要研究方向之一，几年来，范周教授的足迹几乎踏遍全国所有省市，他的很多理论观点被应用到城市文化产业发展实践中，并起到了不可或缺的巨大作用。

（一）科技创新：催动北京跨越式发展

在《科技创新：催动北京跨越式发展》一文中，范周教授指出“在对传统产业的提升上，现代农业的发展，科技创新功不可没；在对新兴产业的开发上，文化创意产业的兴起，科技创新提供技术支撑；在推动城市可持续发展上，节约型社会的建设，科技创新更是发挥了不可替代的作用。”

展开来说，范周教授分三点详细解释。首先，科技创新推动现代农业的发展。对北京而言，立足于首都城乡统筹全局，跳出农业看农业，北京农业的地位、价值、环境正在发生深刻变化。发展都市型现代农业，是对大城市地区农业发展的一般规律的积极探索，是实现北京农业又好又快发展的主要途径，也是推进北京社会主义新农村建设的首要任务。

其次，科技创新推进文化创意产业的发展。北京未来文化创意产业的发展不仅仅在于文化资源的开发，更多的是必须关注文化资源的高科技包装。科技创新和文化产业增长周期规律昭示我们，要大力推行科技自主创新战略，加速新技术的研发及应用，在文化产业的内容创作、生产环节、传播渠道、接受方式等各方面，借助科技创新的力量，支撑和引领我国文化产业迈向新的发展阶段。因此，重视科技创新，努力打造文化创意产业的技术平台，北京文化创意产业的发展必将与技术共舞，与创新齐存。

最后，科技创新推进节约型社会的建设。北京市经济保持高速发展，资源供需矛盾成为经济社会发展的长期性制约因素。因此，依靠技术创新，开发推广先进实用技术，提高资源利用效率，促进新型工业化进程，进行节约型社会建设成为北京市未来发展的重要突破口之一。目前，北京市经济保持高速发展，资源供需矛盾成为经济社会发展的长期性制约因素。因此，北京仍然需要依靠技术创新，加大力度开发推广先进实用技术，提高资源利用效率，促进新型工业化进程，进行节约型社会建设。

（二）把脉黑龙江文化产业的发展动向

黑龙江省作为东北老工业基地的重要组成部分，如何振兴是历史提出的课题。放眼全球，工业老城的发展，无一走上了文化振兴的道路，让文化之柔锤炼重工业之刚，实现区域的文化软着陆。为此，范周教授提出了黑龙江动漫产业的内修外联。所谓“内修”即塑造品牌，配套服务。在产业配套上下工夫，从而能够真正通过政府引导、企业主体、市场运作，做到分工明确，责任到位，调动社会各方面力量促进全省动漫产业发展；“外联”

即整合资源，走向国际。高新技术的基础、节庆文化的内涵、边疆文化的底蕴以及国际风情城市的特色等，都为动漫产业的发展铺就了朝霞般绚烂的底色，而目前动漫产业都在经历着由技术创新和动画时长的比拼向商业模式创新转变的端倪。

此外，范周教授提出了以影视产业作为黑龙江省文化产业突破口的观点，“在整个文化产业系统中，影视产业的巨大潜力有目共睹。黑龙江省要把影视产业作为推动文化产业发展的重点内容，积极鼓励和扶植，以此带动相关文化产业的共同发展。要做到一是制定黑龙江省影视产业发展战略，营造良好的发展环境；二是集结影视产业的各个环节，以内容为王促成资源整合；三是激活影视基地的连带效应，带动旅游业的辐射式发展”。

（三）海西创意经济崛起的启示与思考

在“海西文化产业博览会”上，范周教授整合城市区位优势，指出海西创意经济崛起的五大做法。

一是实现产业聚集。产业集聚作为区域创新体系的核心和支柱，成为促进区域经济增长的一个有效途径，并发挥着越来越重要的功能。在福建周边长三角、珠三角台湾等几大经济区域中，文化创意产业以园区或基地的方式得到快速的发展，虽然周边区域文化创意产业的发展对福建省文化的发展构成强有力的竞争压力，但也为福建发展文化创意产业创建了区域协作的平台，对发展福建的文化也是一种挑战。

二是理念转换、体制变迁、对策措施和规划指导。福建在长期实践的基础上提出了建设海峡西岸经济区战略构想，这一构想定位准确，得到了中央的支持，并写入了党的十七大报告中，海西建设将成为中华民族核心利益的具体实践。作为全国区域发展布局的完善，海西处在长三角和珠三角之间，以两岸四地连接点的区位优势，发挥着承南启北、西联东出的重要作用。

三是增强创新指数和创新活力。他指出，首先，创新指数的强势地区十分注重对科技的投入和利用各种科技资源，真正做到以科技为第一生产力。其次，企业的创新能力非常突出。最后，拥有良好的创新环境和基础设施。

四是强化品牌，提高核心竞争力。丰富的文化资源是文化产业发展的坚实基础，但仅有文化资源不足以产生产业优势。文化品牌一旦形成，便会扩大文化产品的影响，集聚更多人力、物力以及金融资本，更好地实现对文化资源的开发利用。文化资源的丰富性往往伴随着分散性，过于分散化会阻碍产业化进程。

五是创意资源跨地域整合。范周教授概况为三方面，辐射+虹吸，塑造创意经济体；地缘+血缘，铸造优势产业群；经贸+文化，打通闽台合作甬道。

四、县域文化产业的发展理论

众所周知，我国有2000多个县和县级市，县域面积占国土面积的90%，人口占全国人口的80%以上。县域文化产业的发展对于振兴地方经济、实现文化强国战略无疑具有重要的意义。范周教授关注县域文化产业的发展，在多部著作及演讲中系统阐述了县域文化产业的发展理论。尤其在《文化产业的县域突围——兼谈河北平泉县文化产业发展路径》一文中，范周教授以河北平泉县为例，从五大方面阐述了县域文化产业的突围之路。

（一）县域文化产业能否成为新领军者

首先范周教授指出，发展县域文化产业并非偶然。时代的步伐早已使经济的发展从中心城市向县域扩张，并不断催生着新的生产方式和发展范式。在许多地级城市都在力争成为区域经济发展中独特的“增长极”，而在这种目的范式下的城市发展思路不可避免地走向千城一面。在县域文化产业的发展中，特色鲜明，区域色彩浓厚的县域文化，使城市走出了千城一面的同质化进程和呆板思维模式，而许多县域城市产业化发展的实证，也宣布了县域文化产业的首战告捷。

（二）壮士断腕的决心和气魄

范周教授在河北承德市挂职期间，位于承德市东北部的平泉县以县城文化为中心，以城镇文化为依托，以乡土文化为背景的文化，在新的时代背景下崭露头角，引发了产业的革新和发展意识的革新。由于其领导集体一方面对家乡、对乡土文化怀有浓厚的感情，另一方面，他们又以开阔的眼光，前瞻的意识和深入的思考，将县域文化产业的发展带入了一条“高速公路”，同时，他们也清楚地看到，与发达城市相比，今天的县域文化产业还未成主流，文化产业意识的淡薄、产业形态的不完善以及文化基础设施的相对滞后，也催生了他们不断谋划大刀阔斧改革的思路。

（三）善于“借鸡下蛋”

平泉县位于冀、辽、蒙三省交界处，是辽蒙与京津、华北内陆的交通要地，同样也是连接沈阳故宫和北京紫禁城的通道；在旅游线路上，也受到京、津、唐、承德、秦皇岛、赤峰、沈阳等城市的辐射。平泉凭借有利的地理优势，除了接受承德的辐射，利用三省交界的自然条件，也使得平泉接受内蒙古和辽宁许多城市的辐射也更为便利。

范周教授指出，与中心城市的联动发展，成为县域城市的一个突破口。我国区域经济发展到今天，经济布局发生了很大变化，区域间你中有我，我中有你，发展是共生共荣的现象。应该说，与中心城市和周边城市联动，是县域文化产业在扩展发展空间上，将自身置于更高层次、更大范围的文化产业发展平台和发展空间上进行战略考量。

（四）城乡平衡的博弈

对于大多数中国县域城市来说，区块分布极为不平衡；文化资源丰厚的农村地区，特别相对边远地区农民的文化生活依然十分贫乏，尤其民族资源丰富的少数民族自治乡，民族文化和民俗资源仍未得到产业化开发，城乡发展同样不均衡。

面对城乡发展的不均衡现象，范周教授指出，统筹城乡，发展、促进城乡一体化工作的关键是农民，重点是农村，基础是农业。而统筹城乡发展最重要的任务就是改革城乡二元体制，这是中国下一轮改革发展的重点，也是一场伟大的社会变革。在县域文化产业的发展中，如何调动县域资源的积极性，使各种要素有效地融入文化创新环节是至关重要的。生产型文化产业的活化以及文化创意与第一产业的结合，既是县域文化产业的优势所在，也是其产业升级转型过程中必须面对的选择。

（五）园区模式“村村通”

范周教授对于文化产业园区有很深的研究，他指出，在中国的体制政策以及城乡发展模式中，原本就以特色产业而集聚的县域文化产业园，往往没有可供参照的范本。因此，在突破地域界限和产业界限的尝试中，县域文化产业园区往往走在了最前端。

园区在文化产业繁盛的年代里，又在为县域经济合理调整文化产业布局、改善文化产业投资环境和产业发展环境、发展外向型文化经济、提升文化产业能级创造着有利的条件，并日益成为经济发展的新增长点。可以说，正是由于县域文化产业园区的不断突破，犹如在庞大的运转机器中嵌入了高速“引擎”，强力拉动着县域经济的迅速崛起。

以上论述仅仅是范周教授学术观点的一小部分，他近年来在《光明日报》、《人民日报》、《中国文化报》、《中国文化产业蓝皮书》等多家媒体上发表了关于文化产业的相关论文数十篇，出版《中国文化产业新思考》等学术专著8部，主编的《文化创意产业前沿》（六卷本）、《中国城市文化消费报告》（八卷本）学术丛书创造了理论研究的诸多亮点。这些学术观点既有中国文化产业发展战略的宏观思考，又有微观案例的解剖与分析；既聚焦国内文化产业，又放眼全球文化贸易；既有相当的政策眼观，又有独到的经济见解；既着眼于当前的实践难题，又谋划未来的持续发展。范周教授的理论成果对于文化产业主管部门以及文化产业领域的研究者和实践者都具有重要的参考价值和借鉴意义。

“十二五”践行船——产业

第四届中国北京国际文化创意产业博览会
THE 4th CHINA BEIJING INTERNATIONAL CULTURAL & CREATIVE INDUSTRY EXPO
2009
THE 4th
颁奖典礼暨第二

2009第四届中国文化创意产业年度高峰会
创意产业年度大奖
EATIVE INDUSTRY ANNUAL AWARDS
创意产业发展研讨会

打造新东城文化产业名片
——北京东方文化资产经营公司

从古典精致的菖蒲河皇城文化体验区落成到高端文创产业集聚的玉河历史风貌保护区即将开园；从京城首个国际化皇城艺术品中心开门迎客到本土首部音乐剧《邓丽君》全球巡演；从"东城区文化创意产业示范基地"到"中国文化创意产业领军企业"。每一个脚印都记录着北京东方文化资产经营公司（简称东方文化）成长的步伐，十年如一日地为"首都文化中心区"打造着一个又一个高端、精品的文化项目，努力将东城区打造成为"世界城市窗口区"尽自己一份责任与力量。

作为东城区国资委直接管辖实力最强的国有独资企业，北京东方文化资产经营公司成立于2001年，公司成立之初以净资产5000万元开拓发展，至今已达账面净资产11.2亿元，预估净资产实际价值不低于71亿元，旗下78家权属企业，在岗员工数千人。

从中国深厚的传统文化土壤中寻求创造构思。东方文化秉承"恢弘民族精神，传播优秀文化"的经营理念，以区域产业政策为依托，以发展文化产业、繁荣文化经济为己任，致力于推动区域文化产业发展。紧紧围绕文化项目经营与建设两大平台：形成了以高端艺术品展览与交易、原创音乐剧编创排演、媒体广告、动漫、影视剧的制作与发行、文化会馆、剧场经营及皇城休闲旅游；政府重点折子工程建设、古都风貌保护建设、房地产开发经营、物业管理为主体的高品位的文化产业格局。经过十年的努力探索，逐渐在文化产业市场中异军突起，如今的东方文化已迈入"中国文化创意领军企业"队列中，正努力为打造国内文化企业一流品牌而进取拼搏。

一、传承古都历史神韵，再现文化辉煌与产业繁荣

翻开公司厚重的工程档案，记载着菖蒲河昨天建设的历史，这条沉寂在天安门前四十年的"暗渠"被渐渐唤醒。2002年按区政府《折子工程》的要求，本着"风貌保护，改善

民生，人口疏解”的原则，公司积极参与项目的前期规划与施工建设工作，考虑到菖蒲河紧邻故宫皇城，地理位置特殊而又重要，经过大量的前期方案论证，将这里定位成一处依托历史遗址、富有古典风格的皇城文化创意体验区。斥资搬迁河道两侧居民私杂乱建，重挖菖蒲河故道，恢复了水面，标志出天妃闸，亮出了南皇城和太庙、皇史宬红墙，并将一系列代表皇城文化的高端文化载体注入区域内：

（一）北京皇城艺术馆，展示神秘而生动的北京皇城文化

北京皇城艺术馆是国家唯一一家系统研究、挖掘、展示京城皇城文化的专业博物馆。2002年之前，北京乃至全国尚无一家专业介绍及展现皇城文化的艺术馆，东方文化开创了首家以皇城历史文化为主题，全面展示北京明、清皇城衙署、坛庙、胡同、御库、园囿以及拱卫服务等人物风情的皇城文化艺术馆。前国家主席江泽民同志为艺术馆题字祝贺，同时还得到了中央、省、市各级相关单位及领导的高度赞扬，并多次组织参观视察。艺术馆曾举办《〈帝京拾趣〉老北京城历史文化图片展》、《〈毕加索·紫禁城〉毕加索艺术大

2011皇城文化国际旅游节 东方文化之旅 启动仪式

展》、《李可染大师精品展》等国内外大型展览，为世界展示了一个神秘而又生动的北京皇城文化展示平台。

（二）北京皇城艺术品交易中心，打造国际化高端艺术品流通平台和全方位服务系统

依托新东城丰富的历史文化资源和自身完善的艺术服务系统，东方文化与时俱进不断关注艺术品文化市场发展动态，根据调查研究发现：当今艺术品交易市场对更加专业化服务的需求日渐强烈。为满足这一需求及再次升华皇城艺术馆的定位发展，京城首个艺术品交易中心——北京皇城艺术品交易中心成立了。2010年4月公司正式与中国动漫集团（其前身为文化部文化市场发展中心）共同出资成立的交易中心落户于皇城艺术馆内，并于2010年10月11日开张运营。有别于拍卖公司、文物公司、艺术会所、展览馆等传统艺术品机构，该交易中心是融合了艺术品领域各种商业形式为一体的新型艺术品交易服务平台，从建设规模及艺术品安全保管都位居全国前茅。同时，交易中心将文化部文化市场发展中心艺术品评估委员会及《20世纪美术作品国家档案》项目并入艺术品交易中心共同运营。因而形成以皇城艺术馆为基地，以艺术品收藏俱乐部为基础，以文化部文化市场发展中心艺术品评估委员会强大的委员阵容为专业依托，以国家财政拨款的《20世纪美术作品国家档案》等相关文化产业项目为依附的集文化艺术交流、展览展示、评估鉴定、交易、抵押、融资、教育培训、衍生产品开发等多功能为一体的国际化高端艺术品流通平台和全方位服务系统。

（三）东方文化与金融机构联姻，搭建艺术品融资平台

在当今如火如荼的艺术品交易市场中，艺术品交易金额屡创新高，为解决艺术品交易资金间断的瓶颈问题，由东方文化提议，与工商银行北京分行、亨达信典当行等金融机构合作，共同搭建了艺术品融资平台，为收藏家提供艺术品融资、典当服务，使艺术品在市场中得以正规、平稳地交易。这一系列的服务平台的建设，顺应了市场发展趋势，充分整合了艺术品资源，对中国艺术品市场的繁荣发展起到积极地推动作用，并使艺术品向金融化迈出了实质性的一步。

（四）重现传统建筑风貌，展现国粹精品的戏剧文化

东方文化以中国传统文化的振兴为己任，沿用明永乐年间该地域称为“东苑”的历史名称，重现传统风貌，打造国粹戏剧文化舞台，将东苑戏楼建设成为庭院与传统戏楼完美结合的建筑，融入菖蒲河建筑群之中。整个戏楼布局紧凑、集中，其特点为“庭不在大，在于雅；戏不在多，在于精”。除进行经典传统戏剧演出外，还利用现代化的多媒体对戏曲文化进行展示和解说，使戏楼又成为一座戏曲博物馆，人们在观赏戏曲表演的同时，可领略博大精深的戏曲文化。许多国内外国家领导人观赏完传统戏剧表演后，更即兴与演职人员同台献唱，氛围其乐融融。在保留传统国粹戏剧演出的同时，东方文化结合当今戏剧文化的发展趋势，以东苑戏楼为演出平台，选用元代汤显祖的戏剧题材，改编创作了现代戏剧舞蹈《牡丹亭》，受到了业内及广大戏剧爱好者的一致好评。东苑戏楼在传承历史国粹文化的同时，打造着符合现代戏剧的神韵的新舞台。

（五）依托菖蒲河历史文化，开辟特色皇家接待平台

与东苑戏楼紧邻的便是高端会所皇城会，东方文化在展现皇城文化及戏曲文化的同时，结合菖蒲河历史文化底蕴，为京城开辟了一块特色的皇家接待平台——皇城会。其建筑风格为标准官府式大四合院，古色古香，草木茵茵，水榭，茶室一应俱全；室内装饰以明清古典风格为主，处处体现中国传统文化氛围。曾接待过前国际奥委会主席萨马兰奇、现任主席罗格，前德国首相默克尔、埃及皇妃等诸多国际友人，为北京增添了一处国内外了解中国传统文化的场所，又为世界展现出一个北京皇城文化的殿堂。

（六）重塑玉河遗址河道，集聚高端文化产业

在建设完菖蒲河皇城文化体验区之后，东方文化并没有止于对古都风貌的保护，而是继续挖掘着历史文化的遗迹。于2002年开始规划、建设玉河历史文化风貌保护区项目。同菖蒲河文化区相仿，将埋藏于地下百年的河道遗址重见天日，以恢复北京明清时期通惠河漕运码头传统景观，还原北京特色四合院建筑格局，改善了当地居民的生活环境，将该区域融合于周边钟鼓楼、什刹海、南锣鼓巷、皇城根儿遗址等一系列古都风貌特色区域，为京城又增添了一处休闲文化地标景观。即将建成后的区域，

玉河鸟瞰 效果图

作为国内外文化创意产业的物质载体及聚集地，以玉河保护区为中心点，借助着这条历史古老的运河的水脉，将文化创意产业的源泉由“首都文化中心区，世界城市窗口区”源源不断地流向全国乃至世界各地。

（七）钟鼓楼广场，再现“晨钟暮鼓”时代

钟鼓楼经历了七百余年的风雨沧桑，今天依然巍然屹立于京城中轴线的最北端。在风貌保护建设上，东方文化着眼于未来，在国家将“中轴线”申报世界非物质文化遗产的背景下，规划再现明清时期“晨钟暮鼓”的钟鼓楼广场。钟鼓楼作为国家级的保护文物，目前周边大体保留着明清时期的胡同肌理，以民居住宅为主，但多为私杂乱建的棚户区，与传统风貌不符，也不利于文物的保护与消防安全；市区级领导多次现场调研考察，十分重视钟鼓楼区域的风貌保护与民生问题，东方文化作为国有企业，肩负着“服务与民、贡献

社会”的职责使命，对钟鼓楼区域进行了大量的实地入户调研，编制规划方案，规划手续办理等大量前期工作。以菖蒲河、玉河风保区建设的经验，拟通过梳理历史街区，恢复钟鼓楼地区的明清历史风貌，依托中国都城传统计时报时建筑——钟鼓楼及周边传统历史风貌区所构建的、以发扬中国传统时间文化为主题的、现代创意产业与历史风貌保护相结合的文化艺术区。承载休闲旅游、重大庆典活动、文化演出等文化活动，以鼓楼东南角正在建设的时间博物馆为呼应，展示时间计时文化，传播区域历史文化，共同打造钟鼓楼中轴文化休闲集市。

（八）传承国学文化，打造国子监国学文化产业生态区

东方文化在不断开拓现代文化创意产业的同时，更注重围绕中国传统的国学文化深入挖掘。借助国子监、孔庙在全国乃至世界的影响力，加强历史文化资源与传统风貌的保护，提升历史文化名城整体保护力度与水平，传承、弘扬中华传统国学文化，利用国子监地区自身得天独厚的国学文化优势，东方文化对国子监文化产业区的区域功能布局、交通、景观、公共空间、街景、胡同的路网梳理、市政基础设施完善等进行合理分析和设计。结合古代最高学府国子监的古老神韵，传承国学文化，拟建立国学大讲堂，举办定期的文化典礼等活动，扩大国学在世界的影响力，建设国学文化轴线，修建后的国子监文化产业区将成为东城区的又一个文化核心标志区。

二、依托创意与发展，打造高端与精品

（一）打造区域文化产业链条

近几年，东方文化依托区域丰富的历史、文化、旅游资源，多次主办、承办了各类大型文化节、旅游节活动，大大提升了企业品牌影响力。北京市东城区拥有悠久的历史及深厚的戏剧艺术土壤，是中国戏剧文化产业的中心区，在中国产业结构调整及文化产业进一步升级的大背景下，为拉动东城区文化GDP增长，形成以东城区文化存量资产为基础，以全新文化创意产业概念为核心文化会展经济体系。东方文化携手中国戏剧文学学会等单

位共同主办"全国戏剧文化奖·2011小剧场优秀戏剧展演季"，使其成为中国戏剧文化产业的辉煌盛典。该项目以每年一次的演出季为龙头，以全国戏剧产业合作体系的建立为平台，以获奖剧目全国巡演为延展，以核心剧场建设为依托；形成文化产业戏剧板块全产业链开发模式，促进中国戏剧产品优质化、多元化发展；引导培养戏剧观众，培育中国戏剧市场。此项目将永久落户东城区并完成历时15年、每年100余场的调演演出，同时评选出原创剧目大奖、实验剧目大奖、编剧奖、导演奖等多项国家级奖项。旨在打造华语戏剧演出季第一品牌，进一步推广戏剧东城概念，提升东城区作为中国戏剧第一区的公众形象。

为宣传北京文化历史，拉动旅游经济增长点，打造新东城旅游"吃、住、行、游、购、娱"文化旅游产业链。东方文化积极主办新东城"壮丽中轴文化游"系列活动，于2011年4月27日在永定门南广场举行了引人注目的2011皇城文化国际旅游节分会场活动，以"感受中轴壮丽、品味东方文化"为主题，内容涵盖三大板块："东方文化之旅"——新东城壮丽中轴文化游；"东方文化之观"——皇城艺术馆的国际名人书画展；"东方文化之夜"——东苑戏楼的牡丹亭戏剧表演。最终圆满出色的完成了此项活动，各大媒体进行了报道，成为2011皇城文化旅游节的一道亮丽风景线，为区域皇城文化旅游增添了绚丽的一笔。

（二）引人入胜的中国原创"百老汇"

在音乐文化产业中，东方文化以原创音乐剧为核心，与松雷公司共同组建东方松雷音乐剧发展公司，全力打造"中国原创音乐剧培育推广基地"，严格参照国际知名剧场的建设标准，建设音乐剧剧场，运用百老汇式纯商业化运作模式经营，开展原创音乐剧的设计、制作、经营、演出，打造"中国原创音乐剧制作中心"品牌，充分展现中国原创音乐剧特色。原创音乐剧《爱上邓丽君》是以邓丽君金曲为音乐元素制作的一部跨越年代，融合时尚与经典的音乐剧。依托邓丽君题材的强大感召力，从设计伊始便将会成为大众焦点与媒体追逐的对象，凭借邓丽君在中国大陆、港台地区以及东南亚地区的巨大影响，在立足北京长期驻演剧场及中国内地巡演的同时还将瞄准东南亚的演出市场，成为一部体现时代特征、弘扬民族传统文化的中国原创音乐剧精品，一部能够参与国际演出市场竞争的重要商业演出。该剧借助东方松雷公司与美国百老汇既有的战略性合作关系，拥有高超水准和丰富经验，是国内首部完全按照美国百老汇编创模式，由国际化创作团队创作的中国

《爱上邓丽君》海报

原创音乐剧。为了做好本剧的创排和市场推广工作，一方面为本剧组建了国际化的制作团队，另一方面制订了详细的宣传和巡演计划，目前已在香港、台北、深圳等百余城市巡演，使该剧每到一个城市都在当地引起轰动的效应，得到了观众的高度认可。2011年7月在亚洲唯一的国际音乐剧节——第五届韩国大邱国际音乐剧节闭幕式暨颁奖典礼上一举夺得DIMF特别大奖和女偶最佳表现奖两项大奖。

在《爱上邓丽君》排演取得巨大的反响后，观众在肯定东方松雷的作品后，相继编创一部现代社会的寓言故事《王牌游戏》。以发展中国原创音乐剧为宗旨，根据当今音乐剧市场发展需求，为国内音乐剧市场增添经典传承的文化剧目。该剧依托“魔术”这一叫人倍感神秘题材的强大吸引力，其'专统的爱情故事及穿梭时空的表现手法，多次的现场互动环节，符合中国观众的品味需求。同时该剧制订了详细的宣传和巡演计划，是最期待的音乐剧之一。原创背后是浓郁的中国文化情结，未来东方文化还将推出更多高水准的原创音乐剧作品，努力打造艺术精品，让它们走向世界的舞台，展示和传递中华民族的审美观和价值观。

（三）开拓影视剧创作的发展之路

不单在原创音乐剧领域里博得好评，东方文化积极投身于影视剧创作行业，发展多元化的影视机构，横跨电影、电视、音乐及广告等行业。先后投资拍摄了25集电视连续剧《幸福在路上》，30集民族传奇史诗剧《香格里拉》，生活题材剧《下海》、《家和万事兴》，出品电影《三笑之才子佳人》等多部影视剧作品。受到了各电视台媒体及观众的好评。以国学文化为素材的大型历史文献片《国子监》正在前期紧张筹备中，将对国学文化的普及起到积极的作用。一系列的影视文化创作，为中国影视剧市场增添了诸多脍炙人口的优秀影视作品，推动了国内影视剧市场的繁荣发展。

（四）孵化多元化的“文创蜂巢”

每项文化产业的打造，必将有一个文化设施作为背后载体。作为公司总部基地的东方文化大厦，2010年被评为“东城区文化创意产业示范基地”，大厦内引进了原创音乐剧、影视、动漫等多家文化产业公司。依托相关文化产业扶持政策，公司为入驻企业申请政策资金。东方文化大厦已成为区域文化产业的孵化器、文化聚集区的坐标点。

北京作为政治、文化的中心，孕育着多元化的文化艺术，东方文化着眼于原创音乐剧市场，将“百老汇”的经典运营模式引入中国，建设专业化演艺剧场——东方松雷艺术中心，让观者体会到国际一流的视听环境。即将建成的艺术中心位于东二环交通商务区的核心区，集音乐厅、酒店、写字楼于一体，设施和设备采用了安全、环保、节能的国内最领先技术，胜任国际一流的音乐剧演出。

伴随着国内电影市场的回暖与强档影视作品的票房火爆，观影者对影院的视听要求也随之增长，公司旗下的老字号影院——长虹影城，经定位研究，装修改造为五星级影院标准的全新现代化单体多厅影城。票房成绩已连续3年突破千万，举办各种见面会、首映式等大型活动60余次，累计放映场次5万余场，累计观影达100万人次。以更加现代化、人性化的服务为北京电影文化市场的发展做出更大的贡献，为长虹老字号剧院品牌创造更加辉煌的未来。

相比回暖的电影市场，小剧场话剧的发展前景令人惊叹，优秀戏剧演出达到了一票难求的场面，2008年公司与城市蜂巢（北京）国际文化发展有限公司合作将东方文化所属十字坡影剧院改造成蜂巢剧场。以创作和演出高质量、高品质的国内外艺术话剧艺术作品为标准，剧场集中体现了世界和民族的文化成果，丰富了首都市民的文化生活。同时蜂巢剧场还定期举戏剧沙龙、戏剧大师班、当代诗歌朗诵会、戏剧节等系列文化交流活动。从而进一步推动了东城区首都文化核心区的建设。

（五）完善的文化旅游服务体系

作为东方文化旗下著名的“中华老字号”企业四联美发、中国照相，多年来得到了社会广泛认同，形成了良好的信誉品牌，不仅是一种商贸景观，更重要的是一种历史传统文化现象。如何打好这张“文化名牌”，东方文化结合地理位置与自身资源的优势，在传承民族“老字号”品牌的同时，开展以京城历史风貌、皇城文化、人文风俗等地区代表性元素为主题，有效协同王府井女子百货、北方佳苑饭店、新北方涉外旅行社等其他旗下品牌，走文化休闲旅游的路线，通过多年的努力形成了一条完善的文化旅游服务体系，专注于提升东城区文化旅游市场的发展和区内外游客文化休闲旅游的品质。

十年征程中，东方文化被评为“第五届中国创意产业年度中国创意领军企业大奖”、“东城区文化创意产业示范基地”、“东城区文化创意扶持专项资金奖”等多项文创产业相关的国家、市级荣誉奖项。东方文化今天取得的成绩得力于许多人的努力与奋斗，历史的脚步始终向前进，东方文化以乐观积极、创新思维、把握机遇、卓越品质为企业价值观；以高度的责任心，积极的上进心，执著的事业心诠释着东方文化的企业精神。

“敞朗东方彻，阑干北斗斜。”东方的天空已经初见光芒，文化创意的朝阳产业正在东方冉冉升起。从不留恋以往成就的东方文化再次踏上新的征途，追求卓越，永争第一，是东方文化的气魄，伴随东方人不断突破、不断创造、不断超越。面对新的机遇和挑战，东方文化将以更为成熟和稳健的步伐来担负起对社会的更大贡献，创造更多价值。

从东方开始，每一天都是全新的。

（北京东方文化资产经营公司）

数字出版的创新之城
——盛大文学云中书城

云中谁寄锦书来，这是古代著名女词人李清照《一剪梅》中的名句，而这句意境优美的古典诗词，被盛大文学变成了现实。2010年3月10日，盛大文学在北京高调召开新闻发布会，发布电子书战略，推出“一人一书（OPOB）”计划。作为为一人一书计划保驾护航的数字内容平台，“云中图书馆”的概念首次在发布会上被提出。这个“云中图书馆”的概念，正是“云中书城”的雏形。

“云中书城”既可以理解为一座拥有不同类型内容的图书馆，也可以理解为一个可以快捷搜索、对比选择的高端数据库。外在显性的一面可以满足用户“一人一书，阅读世界”的愿望，内在隐性的一面可以充分凸显它强大的检索功能。它不仅是一座图书馆，更是由一个个品牌图书专卖店构成的“数字图书商城（AppStore模式）”。

云中书城

一、创新的（B-B-B-C)商业模式

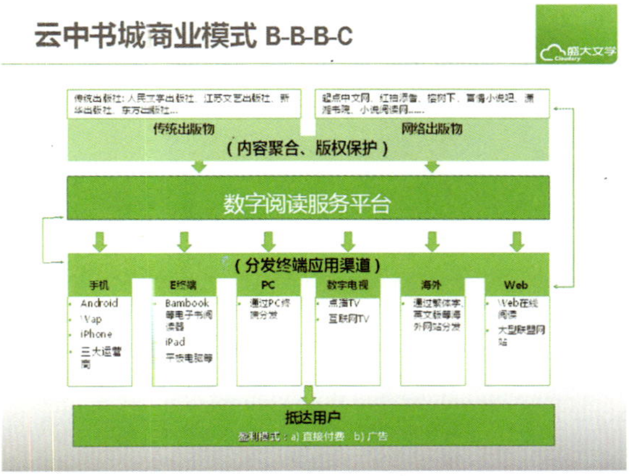

云中书城商业模式

在数字化阅读领域，盛大文学旗下的多家文学网站以其独特的内容创造和阅读收费模式，在2009年法兰克福国际书展获得了全球出版界的高度认可，被认为是全球数字出版领域的巨大创新，国际同行称盛大文学模式同亚马逊、谷哥同为“世界三大主流模式之一”。2009年盛大文学收获新周刊“网络生活价值榜”奖项：起点中文网荣获“年度最有价值网站(文学艺术类)”奖。2010年5月深圳文博会发布了2011年中国文化品牌价值排行榜总榜。总榜中盛大文学排名58位。数字出版类荣登首榜。而云中书城在商业模式上，将更上一层楼，在目前成功的原创小说网站基础之上，将利用内容的规模化优势和互联网技术及运营的资源整合优势，创造一个更大的数字化阅读市场。

作为盛大文学的全版权运营平台，云中书城的商业模式是对所有合作伙伴开放的，在此平台上，所有的出版社、个人都可以自由地上传自己的内容，这就像是淘宝上的卖家，无论你是专卖店的网上旗舰店还是个人都可以成为店主；其次，版权拥有者可以自主为内容定价。

根据系统支持，每当一个读者下载或者购买了某出版社的书，出版社在自己的管理系统里面就可以看到，这个数字就会跳上去，“透明的结算，让我们去建立起销售商和读者之间的诚信交易”。

“云中书城”会有九成免费内容，而且购买可以是分章加整书的模式，读者不至于花冤枉钱，按字数计费也会让读者觉得书有所值。而云中书城的“云分析”，更是可以通过浏览习惯与购买习惯进行精准营销，哪一类书籍受哪一类消费者喜欢，然后聚焦各类型消费者，去做不同的分析推荐。

而对于接入“云中书城”的版权所有者来说，自然也能尝到这种付费阅读模式的甜

头，这种领先的付费模式吸引数量庞大的阅读群体，而这些读者带来的巨大流量，将成为作者丰厚收益的来源。“云中书城”的系统还能让每一位作者能实时看到读者下载自己作品的次数，每有一次下载或购买，数字就会变动一次，这种新型的电子书付费与盈利模式目前在世界上都是处于领先地位的。

二、不断创新的技术团队

作为盛大集团战略发展的重要项目，云中书城在项目创立初期，就着手打造了一个强大稳定的创新型技术团队，除吸引大批业界优秀人才外，并引进了包括盛大创新院、果壳电子等的顶尖级人才参与团队技术开发。

云中书城由多名来自美国硅谷专家领导的技术团队建设云计算体系，将大量用网络连接的网络文学资源统一管理和调度，构成一个计算资源池向用户按需服务。云中的电子书资源在使用者看来是可以无限扩展的，并且可以随时获取，按需使用，随时扩展，按使用付费，其电子书平台包含了以下3个层次的服务：基础设施级服务，平台级服务和软件级服务。

云中书城是网格计算（Grid Computing）、分布式计算（DistributedComputing）、并行计算（Parallel Computing）、效用计算（Utility Computing）、网络存储（Network Storage Technologies）、虚拟化（Virtualization）、负载均衡（Load Balance）等传统计算机和网络技术发展融合的产物。通过使计算分布在大量的分布式计算机上，而非本地计算机或远程服务器中，平台数据中心的运行将与互联网更相似。这使得电子书平台能够将资源切换到需要的应用上，根据需求访问计算机和存储系统。

电子书平台计算操作系统，是构架于服务器、存储、网络等基础硬件资源和单机操作系统、中间件、数据库等基础软件管理的海量的基础硬件、软资源之上的云平台综合管理系统，包含以下几个模块：大规模基础软硬件管理、虚拟计算管理、分布式文件系统、业务/资源调度管理、安全管理控制等几大模块组成。其中的云存贮、云分析、智能推荐、云关系、精准营销等技术将会被广泛运用。

开放接口：

基于“盛大开放平台”，拥有完善的技术保障及专业的客户服务；

接口内容丰富，业务涵盖广泛，涉及找书、看书、买书、藏书、评书、用户等模块。

版权保护：

设备认证基于“数字证书”；

版权书籍采用DRM（内容数字版权加密保护技术），确保“一书一密”，内容不易复制、转移；

快捷接入：

详细的接入流程介绍，接口文档帮助、多语言接入SDK支持；

专业的工程师提供细致、周到的技术支持；

全接入方式：

在技术团队不断的努力开发下，目前云中书城海量电子书已可以通过云中书城网

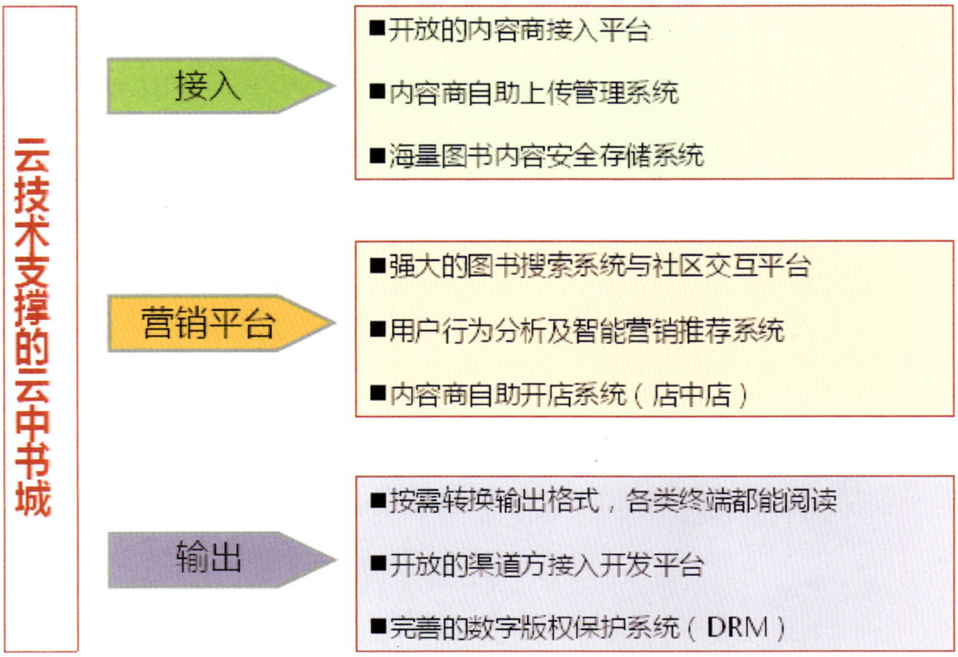

云中书城：数字图书领域的中国版“亚马逊”+海量信息内容

站、云中书城手机WAP站、云中书城安客户端、IPHONE和IPAD下载阅读。外部渠道已经接入合作了5个重要渠道，同时，还有几十个渠道正在接洽中。在技术团队的带领下，云中书城真正实现了“一处购买、多端阅读、一处更新、多端同步”，用户随时随地畅享阅读。

云中书城客户端

三、持续共赢的开放平台

经过一年多时间的筹备与推进，盛大文学已完成了电子书产业链各个环节的规划与布局。为集合各方优势资源、推动电子书以更快速度普及，盛大文学提供了一套完整的电子书解决方案，无论是作者、出版社、数字内容提供商，还是软硬件企业，包括用户，都能通过这套解决方案获益。盛大文学为电子书产业提供的这套解决方案的核心关键词为“开放”，具体内容为海量版权内容开放、图书分销资源开放、电子书软硬件解决方案开放等。

而盛大文学建立“云中书城”，将会为盛大电子书战略提供强大的内容及技术基础，是其开放战略的具体体现。“云中书城”是两头开放式的软硬一体化的电子书解决方案：上游针对版权内容，自由接入，打造Applestore模式交易平台；下游针对硬件制造，为硬件厂商提供软硬一体化的解决方案，让更多厂商制造出带有盛大文学印记的电子书。借由打造并且开放“内容+渠道+终端”移动阅读产业链，从而带动整个电子书市场的良性发展。

“云中书城”的运作方式定位在一个开放的平台，为此，云中书城历时五个月精心打造了店中店平台，旨在吸引全球优秀的出版社和文学网站加入，所有版权所有者（包括报纸、杂志、论坛、博客）及读者都可以自由接入，通过链接变成其中的一个组成部分。而对产业链上的合作伙伴来说，“云中书城”可以保留伙伴的品牌。接入“云中书城”的每家出版社、每个作者都可以继续宣传自有的品牌。同时“云中书城”还允许合作伙伴自由定价，盛大文学不会介入合作伙伴的定价。

云中书城店中店的优势有：每年庞大的阅读收益；自主上传、自由定价、自由品牌的开放模式；多年大型内容平台运营经验；符合国际会计标准，稳定、透明结算系统；专利下载加密和身份认证的版权保护措施。

“云中书城”的开放模式将会吸引更多的合作伙伴参与其中，共享电子书产业大蛋糕，从而和全球领先的Google图书馆形成挑战格局。

云中书城店中店

四、完善的版权保护

随着互联网使用的日益普及和深入，网络逐渐成为作品，尤其是文学作品的一个主要原创平台。与此同时，针对网络作品的侵权事件也层出不穷，且呈愈演愈烈之势，对著作权制度冲击很大。频频发生的网络侵权案件给网络原创作者带来极大的利益损失，同时对互联网知识产权环境的健康发展也产生了极大的冲击。

作为文化创意产业的重要组成部分，网络文学产业在各位领导的关心支持下，迅猛发展，逐渐引起中央领导以及社会各界的广泛关注。盛大文学以推动中国原创文学事业为宗旨，长期致力于原创文学作者的挖掘与培养，始终坚持正版化运营，并积极通过法律手段维护著作权人的合法权益。盛大文学云中书城作为该行业的佼佼者也广受关注，并且为完善版权保护采取了以下措施。

（一）搭建版权管理平台

为加强云中书城版权管理，实现作品版权价值最大化，盛大文学自主研发了版权管理平台，该平台将于2011年9月正式上线运营。

该平台上线后，云中书城将在引进作品的合同审核阶段即就作品的版权进行审核与评估，做到对作品版权引进、制作、购买、传播、授权、开发全流程中产生的各类版权信件进行及时的采集、处理、录入、存储、提交等工作。在注重作品版权工作标准化管理的同时亦注重作品版权纠纷、维权方面的及时跟踪管理。盛大文学员工实名登录版权管理平台，按照版权管理规定和平台设定的规则，根据各自权限录入和查询作品版权信息，能够方便、快捷地处理各项版权业务。

版权管理平台已完成查询及录入功能，可通过书名、作者名、笔名、书号、作品原编号、ISBN这些关键字进行查询，也可设定好相关关键字组合查询；录入功能结合合同管理输入合同公共信息并可录入单条作品信息，并可在合同管理中查询已录入合同信息。

（二）开发敏感字过滤系统

云中书城设立审核系统，利用技术手段对内容进行监控。通过审读室与运营部门共同沟通、探讨，云中书城已经开发了一套很严格的敏感字过滤系统，对于外部引进版权的作品，做到先审后发。先由敏感字系统进行筛查标划，再由人工对作品进行全面审核，通过技术手段大大提高了审核工作的效率和质量。上半年审核云中书城作品七千多部。

（三）客户服务创新

云中书城依托拥有12年精品服务口碑的盛大客服中心，提供全方位、全天候、亲情化、个性化的服务方式，云中书城客户服务目前有以下五种方式：7×24小时电话服务，在线客服、邮件、论坛、微博。这在数字出版行业，是绝无仅有的。

1.独具特色的彩虹在线客服。

彩虹的含义是桥，是心桥，是一座客户与盛大沟通的桥梁；彩虹的出现总在风雨后，盛大这些年风雨中闯荡始终把客户放在首位，不管任何问题我们都希望能承现出彩虹般的灿烂送给客户；彩虹的绚烂是因为七色的交替，盛大为每种颜色赋予一种属性，为每种颜色配上一个服务，希望这七种颜色能让我们的客户真正感觉到盛大的关怀与温暖。

在云中书城首页的实时在线客服有一个好听的名字——“彩虹在线”。用户们再也不必苦苦等待邮件或论坛回复了，也不必再为了问一个简单的问题而在电话里排数十分钟的队，登录网站，点击彩虹在线客服，马上就会出现一个即时对话窗口，由客服人员直接与用户对话答复，解决遇到的所有问题。

2.与时俱进，推出微博客服。

微博的出现方便了用户与企业的联系，云中书城也积极顺应潮流开通官方微博，并配备专职人员在微博解答用户疑问。对于私信做到有问必复，对在微博上反馈的问题及时进行跟进处理，与用户进行了很好的沟通交流，受到了用户的好评。

3.云中书城的创新客户服务具体体现：

A、云中书城客户服务的倡导精神是：严谨、真诚、创新 。

B、全方位、全天候、亲情化、个性化的服务方式。云中书城7*24小时的服务时间，加上亲情服务、微笑服务来最终体现服务的细致化。

C、客户需要我们时，我们就应该站在离客户最近的地方，因为盛大的服务强调的是为客户没有距离的提供服务，为此我们做到：沟通零距离；互动零距离；关怀零距离。

D、我们的努力是为了让客户在阅读中体验到乐趣，因此作为盛大的服务团队，我们的目标是：提供乐趣无限平台、体验客户关怀服务。

8月31日，盛大网络CEO陈天桥在财报会上表示，目前通过Bambook从云中书城下载内容的数量已突破1000万册。这在盗版横行的电子书市场上不能不说是一个奇迹，也更加坚定了云中书城走正版创新之路的信心。

作为集多种功能于一身的领先的创新型正版数字书城，云中书城的建设，不仅会为读者和出版商带来利益，对净化国内版权环境、推动电子书产业发展，亦有着积极的促进作用。我们已经看到，一座中国电子书业的创新之城正在快速崛起！

娱乐巨头是怎样炼成的——光线传媒

一、见证娱乐，抒写传奇

光线传媒（300251）于2011年8月3日登录国内创业版，其定位是中国最大的多媒体视频内容提供商和运营商。自1999年《娱乐现场》节目开播以来，光线就一直是中国民营传媒领域的先锋和领袖。

光线是国内最大的电视节目制作公司，每日制作6个小时精彩电视节目，涵盖娱乐资讯、综艺节目和生活类节目。光线的日播娱乐资讯节目《娱乐现场》、《音乐风云榜》、《影视风云榜》和《最佳现场》，均已连续播出8年以上。通过持续的改进和创新，始终领导电视潮流，成为同类节目的榜样。在综艺节目和生活类节目领域，光线正后来居上，成为各级电视台的首选合作伙伴。光线引人注目的E标已经成为电视界著名标志之一，被观众和广告商视为收视率的保证。

光线拥有全国最大的地面电视节目联播网，每天全国超过1100个电视频道滚动播出光线的电视节目，覆盖全国所有地市级以上城市，更有150个城市频道每日在黄金时间连续播出光线6小时节目。同时，在全国性数字频道，在互联网和手机，在航空、铁路和城市公交，在户外媒体和大学校园，光线的节目无处不在，形成立体交叉覆盖，每日影响全国10亿人的娱乐生活，也为广告客户带来丰厚回报。

光线是国内最大的演艺活动公司之一。颁奖礼、演唱会、娱乐营销活动和城市节庆活动，每年上百场风格各异的娱乐盛宴源源不断，音乐风云榜颁奖盛典和新人盛典、娱乐大典、国剧盛典、慈善大典、模特大典、风云新人选拔赛，这些活动在成为娱乐界重要行业指标的同时，也成为光线重要的品牌资产和内容来源。

光线是中国娱乐整合营销的先行者。光线专注于15至40岁这一最有商业价值的观众群体，为了服务客户，光线经常集各种身份于一身：作为节目制作公司，为客户量身定做高品质节目和活动；作为广告公司，为客户打造独特营销方案并提供自有投放平台；作为公关公司，光线超越电视，为客户进行多媒体宣传推广。光线的整合营销模式吸引了超过500名广告客户——蒙牛、百事、王老吉、红牛、中国移动、摩托罗拉、诺基亚、真维斯、KAPPA，这些响亮的品牌和光线著名的E标品牌交相辉映，共同分享市场的成长。

光线聚焦娱乐领域，见证了中国娱乐界十年来的变幻风云，成为影视音乐作品、明星和娱乐事件首选的信息传播平台和对中国娱乐界影响最大的民营公司。光线拥有国内最大的长达7万小时的娱乐视频资料库，在三网融合和视频数字化时代，为光线内容经营提供了广阔的空间。

五年前，光线开始进军电影行业，作为全国少有的依托传媒集团的影业公司，光线影业与光线电视业务紧密互动、资源共享，目标是成为国内第一电影发行公司。2010年发行的华语影片总票房已经进入全行业前三强。光线影业建立了全国最大的地面电影发行网，发行人员每日驻守全国票房最高的50个城市，进行贴近式网络化营销，四年来已累计投资制作发行

20余部影片，储备项目多达30个。2011年预计发行10余部影片，票房目标8亿以上。

光线也是国内重要的电视剧制作和营销公司，累计投资制作超过20部电视剧，未来将向全新的电视剧发行平台发展。公司正在打造新型艺人经纪公司，已有20位签约艺人，在主持人领域首屈一指。

光线的娱乐内容已经实现了工业化流水线生产和经营，内容的策划、制作、包装、发行、广告和增值业务等各个环节，专业分工、环环相扣，加上强势的品牌影响力和资源共享的内容协同效应，使光线可以在控制成本的同时，不断扩大生产规模并保持稳定的质量。而发行网络的不断扩大和整合营销手段的不断丰富，使节目内容价值实现最大化。这种独特的商业模式，使光线传媒最近三年的净利润复合增长率达130%，被评为2009年中国文化产业十大领军企业和高成长文化企业100强第8名。

随着各种渠道对内容需求的增长，以及新旧媒体加速融合，光线将通过收购和投资策略，由内容制作商向出品商和发行运营商拓展，以提供和运营更多精彩内容。

二、成功上市，助力成长

在国内传媒产业发展的过程中，王长田作为一个没有电视台的“民间电视台台长”走到今天这一步实属不易。

1998年，王长田离开体制内的电视台，东拼西凑10万元建立中国第一家专业电视策划与制作机构“北京光线电视策划研究中心”。

1999年11月，国务院办公厅转发第82号文件，被电视业界解读为“制播分离”的信号。这意味着电视台和民营公司站在同一条起跑线上，电视台也会向社会制作机构购买节目。

此时王长田已在一个由民居改建的简陋写字楼里开始了创业，《中国娱乐报道》横空出世，通俗的播报方式让其迅速进入全国的有线电视台。半年之内，和王长田签约播放其节目的各地电视台达到60多家。其模式基本是，光线传媒的节目免费提供给电视台，获得一定的广告时间。根据国家规定，三十分钟的节目规定可以插播20%的广告，光线拿一至两分钟的广告，电视台四至五分钟。“这种模式下我们拿40%的广告时间，而60%在电视台。电视台和我形成了没有花钱买，广告销售扣掉频道运营成本就是利润。电视台广告是当地销售，我的广告是全国性的销售，我的竞争对手某种意义上是卫视和中央台。”王长田说。

而短短两年内，就涌现出一大批民营电视节目制作公司。单是2000年的“北京国际电视周”，参展的民营公司数量便达317家。因实力强大，光线传媒、派格太合、欢乐、唐龙四家公司被当时业界戏称为“民营四公子”。

2003年光线传媒广告收入超过2.5亿元，播出范围覆盖全国300多家电视台。2004年，国家正式部署实施文化体制改革，在广电系统推出了“管办分离”、“广播电视总台制”的改革。其中指出，一部分广播电视节目包括大众娱乐类节目、社会服务类节目的制作经营等属于产业经营范围，这部分要面向市场，要严格按照现代产权制度和现代企业制度的要求组建市场主体，进行产业化运营。

这算是一个政策上的鼓励推动。“我在2003年至2006年利润4000万至6000万。2007年是个坎，但我们过来了。”王长田说道。

王长田2005年曾在接受采访时表示，政策比较模糊，“民营参股，国有控股，民营有没有独立实体，这是一个模糊地带，是对民营电视企业发展最大的不确定因素”。

当时利润还在增长的情况下，王长田已开始寻找新的模式，其新的定位是光线传媒是一个以新媒体和新技术为导向的多媒体内容的提供商和运营商。从这年开始，关于光线传媒上市的消息就不断。

2007年，光线传媒与华友世纪（音乐）合并，但不到半年，双方便“离婚”。这一次，被业界人士认为是曲线在纳斯达克上市未果。2008年算是光线传媒较为低潮的一年，当年的利润仅有1300万元。不过，在文化产业大复兴的宏观背景下，这一年，加入影视、活动业务的光线传媒获得北京银行(601169.SH)超过1亿元的贷款额度，为重启上市作铺垫。

光线传媒2009年高调投资《阿童木》，算是进入影视产业最为标志性的符号。迄今，其影视业务进入全国前三名，所得利润占到公司的32%。再加之在传媒平台上搭建的活动业务占到了11%，原来占据主要位置的电视业务虽下降，但仍旧占到了57%。王长田称，三者是内容与渠道全方位的整合。

2011年6月13日，北京光线传媒股份有限公司向证监会提交申请，拟在深圳证券交易所创业板上市。发行股票2740万股，占发行后总股本比例为25%。

2011年6月17日，北京光线传媒股份有限公司在深交所上市获得证监会批准。

2011年8月3日，北京光线传媒股份有限公司在深交所挂牌上市，发行股票2470万股，每股发行价为52.50元，共募集资金约14.39亿元。当天最高价达74.88元。

三、独辟蹊径，定位发展

“我们的模式其实有点像腾讯，他们原来所有的业务都是架构在QQ上，不断扩展，彼此互相扯都扯不开。我们是依托电视网，是内生的，内部资源的组合，想做什么事，没人找人，没项目找项目。”当谈及华谊兄弟时，王长田表示愿意与腾讯相比，尽管他们与华谊兄弟上市的承销商是同一家——中信建投，“因为是同一家，所以才会有彼此业务模式发展的区分”。

王中军曾在采访时表示，华谊是一家做大文化产业的公司，其全称中是有“传媒”二字的，目前衍生品的开发中，也将有电视节目制作部门，与光线传媒不同的是，其制作的节目直接出售给电视台。

看起来，双方似乎有“殊途同归”的感觉，但双方还是有本质的不同：光线传媒是有传媒概念的上市公司，华谊还是一个以影视为概念的上市公司。光线传媒拥有12年的电视节目制作经验，华谊的这块业务才刚开始，短期内追上光线传媒并不可能，毕竟，光线传媒还拥有中国最大的地面电视节目发行网，在国内建立了覆盖307个地面频道（包括地市级城市电视台和部分省级地面电视台）每日超过1200个台次的节目联供网，如此强势的节目播出平台化优势，促成了光线传媒节目制作的品牌化发展。

与华谊另一大不同点在于，其影视业务主要是以项目为核心。王长田称，会加大投资，对一些片子会有更多的控制权。但对于影视公司争抢的院线这块，王长田表示，光线传媒还没有目标。

与华谊的“明星股”不同，光线传媒骨干管理层的股份几乎占到了20%，并与公司签署了锁定协议，三年不得出售股份，包括王长田本人。这基本规避了“与明星分手”所带来的管理风险。

光线传媒本次发行市盈率为61倍，虽然从市盈率的绝对值来看，高于前期发行的平均水平，但实际上这正表明了市场对传媒行业的高成长性、消费升级以及对光线的业务模式和市场地位的认同。而且，从国外市场来看，创业板市场传媒行业的平均市盈率也要远高于其他行业，在美国纳斯达克也是传媒企业的平均市盈率远高于其他行业，几乎达到一倍。从行业角度看，由于传媒产业特有的高成长性，国内A股上市的传媒企业的平均市盈率高出市场整体水平一倍以上。

同时，从行业地位来看，光线不仅是制播分离的第一股，也是民营电视节目行业的龙头，创造了电视节目联供网的业务模式，业务运营具有媒体运营的特点，未来成长空间极大。从资本市场优化资源配置的角度来看，强者恒强的马太效应必将使得市场资源向龙头企业和优质企业倾斜。尤其是创业板的企业规模普遍较小，抗风险能力弱，只有在细分市场上占据龙头地位才有可能更好地化解风险，给投资者带来期望的回报。

四、坚守娱乐，内容为王

8月3日，“制播分离第一股”北京光线传媒股份有限公司（光线传媒，300251）正式登陆创业板，成为继华谊兄弟、华策影视之后，登陆资本市场的又一影视传媒公司。光线传媒的开盘价为70.88元，较发行价52.5元大涨35%。开盘半天再次上涨至73.82元。

光线传媒此次募集资金将投向电视联供电视节目制作、电视剧购买和数字演播中心扩建项目等。将把超募资金用于电影项目和电子商务公司，但不会投资影院。

2010年光线传媒实现营收4.8亿元人民币，净利润1.1282亿元，基本每股收益1.37元。发行前，公司总股本为8220万股，公司创始人、董事长兼总经理王长田通过上海光线控股持有72.06%股权。发行后，光线控股持股降至54.05%股份。现有股权结构中，公司的骨干，包括营销和创意人员所持有的股份约为20%。

从1999年以“中国娱乐报道”起家，至今12年，光线传媒一直坚守娱乐节目阵地，也成功造就了其在娱乐节目制作行业不可撼动的领先地位。

总裁王长田曾以一句话概括了光线传媒的成功：“一个节目带来了一堆节目，然后带来了一个频道，或者是一个公司、一个行业。”这里的“一个节目”就是《中国娱乐报道》，即《娱乐现场》。12年的行业经验积累与国外的传媒娱乐集团的经营模式借鉴，光线传媒已经形成了一条颇为完整的从策划、制作、包装、发行、广告到相关增值服务的工业化运营体系，形成了以被称为“娱乐界的《新闻联播》”的《娱乐现场》领军，结合陆续推出的《最佳现场》、《音乐风云榜》、《影视风云榜》等一批栏目构成的资源共享的娱乐资讯及综艺类的电视栏目群。在工业化节目制作体系下，一个明星的采访内容能以不同报道角度进入《娱乐现场》、《最佳现场》、《音乐风云榜》和《影视风云榜》等栏目的制作，达到内容资源共享从而降低成本。这样的播出平台对那些忙着赶场的明星颇具吸引力，又省事又覆盖大量观众，明星们也乐于配合。而明星频频眷顾也使得这个平台越来越权威，内容资源越滚越大，从而实现了节目制作的规模化优势。

目前，公司制作的电视节目为10档日播栏目和1档周播栏目，每天的节目制作量共计为5.5小时，相当于一个省级电视台的节目制作规模。公司的电视业务主要通过两种方式实现收入：一是用电视栏目换取广告时间，通过贴片广告、植入式广告等方式实现收入（以地面电视台销售为主）；二是电视栏目的直接销售，一般是将电视栏目在特定区域、特定期间的播出权出售给电视台（以卫视销售为主，也有部分地面电视台。

与其他民营电视制作公司相比，光线传媒还拥有中国最大的地面电视节目发行网，在国内建立了覆盖307个地面频道（包括地市级城市电视台和部分省级地面电视台）每日超过1200个台次的节目联供网，如此强势的节目播出平台化优势，促成了光线传媒节目制作的品牌化发展，也造就了同行业竞争对手无法撼动的行业领先优势。不得不承认，目前

国内娱乐界对其已产生了一定程度上的依赖，董事长王长田曾自信满满地说道："在电视台总编室里堆放着各个电视制作单位的节目，但是只要带着光线标志的带子拿过去，他们都会第一时间审看，因为你不看，另外一家和它竞争的电视台会拿走。现在光线的大部分栏目的收视率都能够达到同类栏目的第一。文化娱乐品牌最主要地体现在商标上，一个知名的商标代表着该品牌的高信任度。"

普华永道发布报告称，2011年，中国有望超过德国成为世界第三大娱乐及媒体市场，前两位是美国和日本。从国外传媒娱乐行业的发展看，谁掌握了资本、掌握了渠道、掌握了资源便掌控了行业的领先权，这想必也是光线传媒多年以来努力争取"上市"的主要缘由。

光线传媒董事长王长田认为，"传媒娱乐产业化"是娱乐产业经济发展的必然趋势，最终也应走上资本市场化运作体系。 如今，光线传媒的品牌标签已不仅仅是国内拥有国内最大的地面电视节目发行网的最大的民营电视节目制作商，更是"国内三甲的电影公司"、"最大的演艺活动公司"，掌握了最大的发行渠道，掌握了最大的节目制作资源，稍许欠缺的便是资本运作。显而易见，光线传媒的成功上市，也是实现其"国际化传媒集团梦想"的关键所在。

日益成熟的光线传媒以其在娱乐圈中的号召力聚合了越来越多的娱乐资源，此外借鉴国外娱乐集团成功进入传媒产业的经验，"光线"又开始逐渐形成了以"栏目制作与广告运营业务、影视剧投资制作与发行业务、演艺活动业务三大业务为基本架构，节目联供网与电影发行网两张网为发展引擎的集团发展战略布局，使其在"传媒集团化"经营上找到更为宽广的发展空间和更有利的发展优势。

相对于华谊兄弟、华策影视 "绑定明星制"的号召力，"平台+内容"的光线传媒能否得到投资者的青睐还是未知数，不过，中央财经大学文化创意研究院执行院长魏鹏举表示，作为制播分离后的第一家上市的民营传媒公司，无论从政策鼓励，还是盈利模式的探讨，光线传媒都将是一个"重要借鉴"。

从行业地位来看，光线不仅是制播分离的第一股，也是民营电视节目行业的龙头，创造了电视节目联供网的业务模式，业务运营具有媒体运营的特点，未来成长空间极大。

五、百尺竿头，更进一步

中国的传媒和娱乐行业正处在发展的初期，但是世界上已经有许多成功的传媒娱乐集团。光线希望通过坚实的发展能像世界知名的传媒娱乐集团一样，进入世界五百强，成为拥有巨大影响力的传媒娱乐品牌。深刻地改变和影响着全世界人们的文化和娱乐生活。

2011年光线登陆国内创业版，从此打开了资本市场的发展高速期，未来光线传媒将大力发展电视联供节目制作、电视剧购买和数字演播中心扩建项目等相关产业链。完善公司业务结构，成为中国传媒娱乐业的领军者。

作为娱乐行业及电视节目制作产业的领军企业，光线的每一个举动都会给行业带来一定的影响，光线的节目制作和传播将实现全数字化运作，在促进我国娱乐传媒数字化技术普及应用、提高娱乐传媒行业生产经营效率、更加高效地存储娱乐内容资料方面将展现创新性和示范性的领头作用，将致力于促进同行业企业加快数字化发展进程，使我国的娱乐传媒产业技术升级改造和内容营销传播能力在高起点上得以强力的拉升，从而推动我国传媒产业发展。

光线传媒将在未来的发展中充分挖掘自身发展潜力，整合社会各方面制播资源，为整个行业发展提供切实的帮助，通过搭建高清大型演播平台、节目联播联供平台等方式，将优秀内容制作商整合起来，促进企业自身资源的社会化，为社会带来更大的效益。

光线在上市后将大力发展电视节目制作的硬件及软件环境，未来将尽快提高传媒业的生产制作能力和效率，促进企业为社会提供更多更好的影视节目，充分发挥娱乐产业愉悦大众的主要作用，使身处激烈竞争社会中的人们放松身心，释放压力，从而促进和谐社会的建设。

朝阳下启航的动漫之帆
——慈文紫光数字影视有限公司

慈文紫光数字影视有限公司，是一家集动画创作、发行、动漫设计、制作、动漫衍生产品的研发、生产和销售、网络游戏开发、手机动漫游戏开发和服务为一体的高科技动漫企业。公司由民营电视剧制作企业慈文影视集团和中国软件巨头清华紫光软件集团强强联手，吸引无锡市的风险投资共同参与，是江苏省首家注册资本达1亿的动漫企业巨头。

一、一次成功的试水：国产动漫的排头兵

2000年以来经过打破计划经济体制后的几年阵痛，中国市场机制慢慢地活跃起来，中国动漫逐渐出现了令人欣喜的生态，终于迎来了发展的春天，随着中国经济的进一步崛起，改革开放的程度进一步加深，一些原有的思想观念被一一打破，这使中国动漫在创作上有了一个较为宽松的创作环境和市场运作空间，从而促进了国内整个动漫产业的快速发展。然而，我们发现中国动漫产业经过近几年的发展取得了一些可喜的成绩，但同时，在发展的过程中也面临着巨大挑战和存在着许多问题。

首先，开发意识缓慢，缺少创新意识。

纵观国际动漫，以美国、日本等国为主的动漫发展大国，他们的动漫产业在国家经济产业构成中都占有相当比例，动漫产业是英国的支柱性产业，甚至在日本也占据第二大产业的重要位置，美国的网络游戏业已经连续好几年超越好莱坞的电影业成为该国的最大娱乐业，而这些国家都是以原创动漫的开发为主的产业方式，而且有着相当漫长的发展史。相比之下，我国的动漫产业才刚刚起步，国内的动漫数字娱乐自主研发的能力弱，原创能力比较低，不仅无法满足市场的需求，甚至无法满足播出的要求，有些所谓的原创变为一

种简单的模仿，在人物形象、故事情节、语言风格、画面质感等方面都有比较多的“崇日”、“崇美”、“模韩”等现象。

其次，市场培育不健全。

传统的动漫市场，可以分为三个层次：一是播出市场；二是卡通图书和音像制品市场；三是衍生产品。其中最后一个层次比前两个层次周期更长市场更广，并且盈利也是最后一层次比较多。在西方传统的动漫产业里，往往都是在某一个动漫角色上大下工夫。打个比方在日本和美国，如果动漫家的原创作品首先是在周刊上发表，反响好的作品就会得到杂志社的支持，使作品得到广泛的传播，杂志社将作品印发成单行本。因此，漫画家像流行的歌手、影视巨星那样拥有广阔的知名度和社会地位。近几年来，中国政府出台的一系列政策扶持本土动漫产业，在各地举办动漫节来加强市场的宣传力度，以便培育动漫市场，从而促进整个动漫产业的发展。动漫产业的真正收益70%是源自衍生产品，但由于我国动漫产业衍生产品开发乏力，导致中国原创动漫主要是拿稿费。由此可见中国动漫市场的培育很不完全，很不平衡。

第三，产业链不完整。

动漫产业一般由动画前期市场调研和策划、动画生产制作、动画片营销（发行）、动画片的播放、动画片的衍生产品开发经营五个部分组成的环环相扣的产业链。在这个产业链中，每一个环节的运作质量都直接影响到下一个环节的成败，它们之间是一个相互交叉又相互制约、相互促进的有机整体，而这其中的每个环节又牵扯众多的行业发展（如策划公司、动画制作公司、广电业、出版业、玩家业、服装业等20多个行业）。美国动漫产业链，是目前世界上较为完整的产业链。以迪斯尼为例，产业链发端自动漫片制作开始，链接服装、食品、图书、玩具、幼儿园、主题公园等领域。随着社会的发展，其外延还在不断扩展，涉及手机游戏、彩信、网络游戏等，产业链涵盖人们生活的方方面面。相比之下，日、韩两国的动漫产业链长度虽没美国长，但也形成了自己的特色：注重图书出版，加强真人版与动漫版互动，且向互联网、手机等领域渗透，其手机智能游戏尤为出彩。目前在国内的动画片中，动漫的产业链还很不完善，往往是动画节目在制作后，除了完成播放一个环节则基本处于被动停滞的状态，好一点的有图书与音像进行出版发行，玩具和形象授权更是凤毛麟角。动画片光靠播出根本无法得到相应的资金回报，必须通过产品的衍生开发才能实现盈利。

由此可见，目前中国的动漫产业还处于“朝阳时期”，原创动漫正处于不断成长的

王依群

过程中。很多年轻的企业、年轻的人才也都在不断探索，试图为自己的作品打上深深的“made in China”印记而不断奋斗。面对中国动漫产业所存在的问题，慈文紫光这家2009年才成立的动漫创意企业，却用仅仅2年的时间，创作了电视动漫《西游记》、电影动漫《藏獒多吉》两部精品。以动画片《西游记》为例，无论是该剧的创新意识还是市场培育体系，以及打造出的一条“原创产品生产——全球市场落地——影视片拍摄——图书出版——音像制品——手机游戏、网游设计”等环环相扣的产业链条，对于整个中国动漫产业来说都是一次有意义的探索和尝试。

动漫离不开“创意”，动漫作品源于创意，而动漫产业的发展更需要增添创意的养分。同时，动漫离不开投入，两年多时间里，慈文紫光数字影视有限公司拿出了影视方面积累的利润，不遗余力地发展动漫，并于2010年获得了“2010中国创意产业年度大奖——中国创意产业领军企业”的荣誉。慈文紫光在动漫领域的摸索发展过程中，所获得的经验无疑值得借鉴。

二、一次完美的“结合”：“软件技术+影视艺术”的搭配

慈文紫光数字影视有限公司是江苏省注册资金最大的动漫企业，当“慈文”遇上“紫光”，传统影视与信息技术结合的新模式也随之诞生，“软件技术+影视艺术”的组合也使得动漫产业链上、下游的完美结合随之产生。动画其实也是一种影视作品，而当动漫借助了影视艺术已经搭建好的成熟平台后，起步的动力自然强劲得多了。而借助影视方面积累的创作团队和渠道，动漫产业也有了靠山，前进的步伐也轻盈了许多。

在起步阶段，公司提出了“打造慈文动画核心竞争能力”的奋斗目标。其中指出要走

高端路线，打造中国主流文化，制作要精良，要达到国际发行标准。首先，在原创策划能力上，慈文剧本创作中心解决了动漫创意的源头问题；在动漫制作能力上，科技与动漫的结合保证了慈文动漫制作达到最佳性价比；在发行方面上，借助慈文强大的发行能力，坚持高价发行路线，解决作品出口问题；在衍生推广能力上，作品的衍生版权是公司最大的财富。

慈文紫光还利用科技手段、科学管理改变了传统动画开发模式。在技术应用方面，打破传统二维、三维界限，打破传统手绘和FLASH界限，降低制作成本、降低从业门槛。加强CG技术的应用、紫光电子档案技术应用；在管理应用上，开创了软件开发工程管理模式，紫光MES系统应用；在人才培训上，慈文自创实战教程，植入式培养模式得到显著的应用。

三、两个呱呱坠地的婴孩：《西游记》、《藏獒多吉》

（一）《西游记》国内外市场的“全面突围”

慈文影视公司联合紫光软件（无锡）集团有限公司从2005年初就开始策划拍摄动漫《西游记》，当时就确定要以创新、集成为手段，立足全球市场，以制作国际一流的国产动画片作为战略目标，并为全世界的儿童和青少年再现中国传统名著的魅力。

这部动漫大片《西游记》作为慈文紫光数字影视有限公司的第一个“宝贝”，目前在国内的动漫创作上也做到了三个“第一”，即：近百万元的单集制作成本，前52集总投资4000万元，创下国产动画片的投资额“第一”；利用国际领先的技术，创造非同寻常的视觉感受，是目前国内“第一”部超长高清动画片；“第一”部三位一体发行的国产动漫，动画版问世的同时，推出电视剧版和电影版。

《西游记》全剧规划104集，第一部26集已在部分地面台（浙江、四川、广东）发行播出，收视率喜人。三台均创其动漫收片价格新高（平均5倍以上），且播出情况理想，均达到电视台该播出时段最高收视率，这更加突出定了《西游记》在国内电视台国产动画大片的地位。2009年4月，法国戛纳电视节上传来好消息，《西游记》的海外单集预售10万美元，创国产动漫海外发行新记录。2009年末，南非国际影展上，《西游记》力挫英美两国的另外四部动画巨制，夺得该影展上的动画金奖，成功打进非洲市场，成为在此影展获奖的首个亚洲动漫作品。加上此前已经进入的日本、韩国市场，《西游记》已经实现了“全球市场落地”。2010年，荣获中国大学生原创动漫大赛特别奖，而由李宇春演唱主题歌也获得了国产原创动画作品最佳动画歌曲奖……

高投入带来高回报。美猴王师徒四人风光旖旎的国际之旅让我们不禁开始思索，在国际金融危机尚未退去之时，《西游记》究竟有何独特魅力而成为国产动漫的翘楚之才？总结起来，《西游记》获得一片好评的制胜法宝是精良的制作水平、创新的制作理念及与国际接轨的制作思路。

紫光软件（无锡）集团有限公司总裁王依群曾说：“华语动画片有着深厚的文化底蕴、历史传统和制作特点。这部《西游记》凝聚了国内动漫界最优秀的制作力量，目的就是要将中国动画推向世界，树立中国动画的世界品牌。”《西游记》在尊重原著的基础上，情节有所创新，去除了暴力血腥的场面，始终保持轻松和谐的娱乐氛围；片中动画形象在延续传统风格展现中国传统文化的同时，糅合了西方动画的现代风格，注入了国际因素；同时人物对白符合现代的用语习惯，人物性格鲜明可爱，动作夸张幽默，更符合现代人的思维方式与审美习惯。这部深受人们喜爱的《西游记》正是将中国传统文化与国际受众需求相结合，来了一次“中西合璧”，成功打造出一个中国动画的世界品牌。

（二）真正的“MADE IN CHINA”——首部中日合拍电影《藏獒多吉》

在动漫电视剧成功的基础上，慈文紫光快速进入动漫电影这个兵家必争之地。慈文紫光、中影集团、日本MADHOUSE公司共同投资拍摄的动画电影《藏獒多吉》，成为首部中日合拍的动漫电影。《藏獒多吉》根据杨志军同名小说改编，总投资6000万元人民币。日本已有150家影院签约放映，欧美部分院线也已有明确意向。国内由中影集团总发行，于2011年的7月15日在国内各大影院放映，计划于2011年圣诞节期间在日本和法国等地上映。

电影《藏獒多吉》的出现无疑为中国动漫指出了一条全新的道路，影片采取了中日深度合作的模式，主要主创全部由日方动漫资深人士担任，其中包括王牌监制丸山正雄、资深导演小岛正幸、顶尖人物造型设计浦泽直树。而影片的故事却是来源于本土的文化：

《藏獒多吉》海报

中国西藏特有的神犬藏獒。两者的结合使得影片兼具日本的制作水准和十足的中国内核。在合作上，日本方面也给予了足够的重视，本片被视作是他们与中国合作的关键性一步，而中国动漫也借此机会将自己的水准提高不少。在自身开发能力有限的情况下，这种合作模式无疑是一条近路。而值得可喜可贺的是，《藏獒多吉》部分核心原创制作由慈文紫光无锡制作基地完成，首次实现了国际发行的动漫电影的“MADE IN CHINA”。同时标志着慈文紫光坚持精品路线在动漫电影领域实现零的突破。

《藏獒多吉》包含了亲情、友情的温馨，也充满了悬疑推理因素。并且，影片作为重要的参展作品出现在中日电影电视周、动漫节开幕式上，同时在素有“动漫戛纳”美称的法国昂西国际动画电影节也将影片选入了长片竞赛单元。“人物造型各具特点，线条流畅，身体比例漫画感十足；影片画面色彩丰富又十分和谐，道具场景等极为精细；而音乐则在交响乐的厚重感中包含着童趣般活泼的感觉。”——这些都是观众观影后的评价。《藏獒多吉》获得业内外人士的一致好评。

四、两个捆绑发展的文化领域——“传统影视+动漫”的互动

动漫发展处于投入期，而慈文将传统影视所赚的利润投资到了动漫产业。去年，慈文影视将总部移师无锡并更名为“慈文传媒集团有限公司”意在集中慈文影视及慈文紫光资

《西游记》宣传海报

源，抓住机遇快速发展，明确了慈文传统影视的利润将主要用于拓展慈文紫光投资动漫业务。慈文影视与慈文紫光整合后将成为国内首个同时具有传统影视及动漫业务的民营影视公司。整合后，最大的优势将体现在传统影视与动漫之间将互为促动。

慈文影视是中国第一批被授予电视剧制作许可证(甲种)的民营公司，被媒体誉为影视界的实力军团。现年生产电视剧200多小时（400集）、年产电影1—2部。慈文影视目前出品并拥有版权的作品有100余部近3000集。武侠系列如《射雕英雄传》、《神雕侠侣》、《七剑下天山》、《雪山飞狐》等，使慈文影视成为国内武侠剧的翘楚；电影《七剑》成为上映当年票房最好的电影之一；主旋律题材的《干部》获得“第二十三届飞天奖三等奖”；名著改编系列如《半生缘》、《双响炮》、《家》等，其中《家》获得“北京市广播电视剧推荐优秀电视剧”剧目；贴近百姓的情感剧如《爸爸别哭》、《嫁衣》都在市场上取得很大的影响，在全国各家电视媒体的播出均取得极高的收视；情节动作剧《五号特工组》获“第二十四届金鹰电视节电视剧三等奖”，其系列篇《战后之战》一并开创了特工题材类型片的先河和收视神话。正在各个地面台播出的张纪中版真人版电视剧《西游记》单集制作成本超过200万，国内预售利润超过5000万。

其实，动漫发展借助的不仅是传统影视积累的雄厚资金，更多要依托其成熟的编剧、导演，甚至是一套完整的发行渠道。例如，由慈文影视投资制作的张纪中版《西游记》，虽然与动画版《西游记》在故事情节和表现手法上都不相同，但是电视剧版的《西游记》无疑将带动动画版《西游记》的播放。同时，动画版一旦推出，势必将为电视剧版的《西游记》造势。

五、一块手机屏幕带来的机遇——手机动漫（漫画）将改变中国人的阅读方式

如果中国动漫没有市场，为什么害怕国外动漫大举进入。换言之，中国的动漫市场非常有潜力！在中国，动漫的发展机遇又在何处？如同日本动漫的成功，也在于它拥有了大批的群众基础。中国动漫市场也必须要培养一个稳固的群众基础，慈文紫光的领路人给出了回答：中国动漫的发展，需要依托手机的小小屏幕。

手机将成为未来的主流新媒体。移动等通讯商培育了非常巨大的用户基础，谁又能借助手机的小小屏幕，成为手机用户平时最爱点击浏览的内容？不是电视剧，也不是电影，而是动漫。手机的实时通讯功能，决定了它顺应了快节奏的都市生活。在地铁里，在公交车上，人们点击手机，小小屏幕上呈现的如果是一部连载的漫画，一个简短的动漫视频，如果动漫的内容贴近中国现代文化，那给人们带来的将是一次轻松又自在的文化消费。当动漫与手机相结合，抓住的将是一批年轻人。

目前中国动漫产业发展面临的最大障碍是中国没有漫画群众基础，电视动漫的制作成本及发行价格矛盾近期无法解决，且电视播放的动漫基本是针对低幼人群。几经思考，慈文紫光看到了手机用户将是中国动漫真正的客户群。慈文紫光的领路人大胆预测：手机动漫（漫画）将改变中国人的阅读方式。由于手机内容和成本的特殊要求，国外企业未来很难和中国企业在这个领域竞争。手机动漫（漫画）将成为中国动漫作品的摇篮。

对手机动漫（漫画）而言，其内容应该是全方位的：时事趣闻、知识趣味、生活指南、漫画故事、动漫短片、动漫长剧等。所以应是一种崭新的阅读、观赏形式。慈文紫光希望以企业之力，培养年轻的动漫消费群体，慈文紫光已将动漫制作的重点转向手机媒体内容。《藏獒多吉》已经开通了手机观看的路径，通过手机上网，便可观赏。除为中国移动定制生产的手机剧外，慈文紫光表示，愿意将其每年生产的动漫大片在手机媒体上首发。

手机动漫的表现形式应明显区别于电视动漫，应充分考虑到手机媒体的优劣势，其动漫制作要求、表现形式应介于漫画和传统动画之间。随着手机动漫客户增加，其互动性内容自然会形成相应的模式，而手机动漫（漫画）制作成本及发行收入可以形成良性循环。中国缺少制作高端动漫的人才，但绝不缺制作手机动漫的人才，由于内容的质量、规模、

周期等因素要求，需要专业稳定的具有一定规模的制作团队，完全依赖互联网松散的个人制作不能满足要求。

六、两个发展的关键词：人才、渠道

（一）人才——开创动漫人才“订单式”培养模式

慈文紫光非常清楚，原创人才分布在全国，一部动漫作品前期的编剧、策划、设计，完全可以前往北京等大城市，在无锡，他们只要进行中后期的具体制作。目前，无锡动漫从业人员近8000人，其中还包括了社会上一些培训班的学员和院校的学生。一位动漫从业人员坦言：北京，依然有着很浓厚的学术氛围和产业氛围，就目前来看，无锡要想留住动漫产业的高端人才真要多下工夫。

一位资深导演曾经说过，全国范围内动漫方面既懂导演、策划，又具有包装、营销经验的复合型人才只有200—300人，这个数字也显现了动漫人才的缺乏是一个普遍现象。无锡的动漫企业前几年动不动就要求员工样样兼备，大学本科、动画专业、有经验、懂技术而且还要有天赋，这无疑加大了企业的用工成本。

慈文紫光很早就创立了自己的一套“订单式”的培训方法，通过降低从业人员门槛，来降低用工成本。无论求职者是不是本科，有没有基础，哪怕只是个爱好者，来到慈文紫光后，经过7个月的手绘培训加上3个月左右的包括FLASH基础在内的计算机知识培训，一年下来，只要熟悉掌握了技术，就可以顺利上岗了。而企业在一年之内，也会请来日本有经验的老师，传授最实用的技术。慈文紫光和日本MADHOUSE公司合作成立的无锡动画制作基地，受培训的人员可以学习到日本动画的教案，并且慈文紫光会定期邀请日本动画专业人员到无锡基地授课，并且聘请日本动画专业人员来无锡和基地人员共同工作，学员可以学习到更多的实践经验。

（二）渠道——搭建动漫产业平台

慈文紫光目前正在做的就是力所能及地加大投入。至于动漫衍生产品的生产、出版、

演播和经营；基于动漫产品的网络游戏研发、出版、运营等，慈文紫光公司则表示，这些都将在一部动漫作品深入人心后才能提上日程。

江苏省大力发展文化产业的政策支持为文化企业快速创新发展提供了绝佳的机会。而无锡更是为将动漫产业作为文化产业发展的一个推动力。政府近几年的投入，已经产生了明显的变化。动漫产业的从业人数在增加，企业也越来越多。但是，政府的扶持不能只做在扶贫上。动漫的发展起步确实缺钱，但是政府应该更多地有针对性地投入资金。特别应当把对企业的扶持，倾斜一些到发行渠道上。

例如，当《藏獒多吉》进行销售时，就遭遇了进口片与国产片一视同仁的待遇。国产动画在起步阶段，需要更多地为人们所认识，在排片时，电影院如果能够拿出黄金档，那对国产动画将是最好的帮助。当然，电影院、电视台等播放渠道并没有过错，他们只是按照市场规律办事，怎么赚钱就怎么来。但是，政府可以出台一些奖励措施，引导这些发行播放渠道向国产动漫倾斜。政府如果能为国产动漫营造一个更加宽松良好的发行销售环境，将是最大力度的扶持。

慈文紫光未来的定位是一个动漫产业的平台。这个平台不仅可以支持本公司自己的作品，也可以帮助那些手里有好的项目却缺乏资金、技术、或销售渠道的团队或公司，公司之间相互合作，提供服务和支持，实现双赢。这个平台上可以有许多动漫工作室，慈文紫光可以为这些动漫工作室提供服务和支撑，让他们专心制作出好的动漫作品。最终，能为更多有志于动漫事业的企业打通渠道，把这些好作品变成能挣钱的好商品。

尽管《西游记》在海外卖出了“天价”，尽管《藏獒多吉》获得国内外观众的一致认可，但是慈文紫光的制作部团队现在还在继续后面的故事。现在的慈文紫光正面临难得的发展机遇，呈现出前所未有的发展态势。相信，在很快的时间里，慈文紫光就能真正向“中国第一”乃至“世界第一”成功迈进。

创造建筑新思维，打开创意新视野
——湖北中江建筑设计院

2010年3月，中国勘察设计协会对改革开放以来迅猛发展的全国数千家勘察设计企业进行了评选，一家刚刚成立5年的民营建筑设计院，成为了湖北省唯一一家获奖单位，被授予全国勘察设计行业“优秀民营设计企业单位”的荣誉称号。这个奖项，堪称是建筑设计领域的最高大奖，摘得这个行业最高荣誉的就是湖北中江建筑设计院（以下简称“中江院”）。

中江院是由香港戚务诚建筑师事务所武汉办事处、武汉工大务诚设计咨询有限公司与国有黄冈市建筑设计院于2006年联合改制重组创建的。经过5年的培育与发展，中江院已经成为具有建筑工程设计、规划设计、商业设计、市政设计、工程勘察、工程总承包资质的国家甲级设计企业。公司目前拥有以海外留学人员、高级技术职称为主体的设计队伍。现有员工160余人，大学本科以上学历占全员80%以上，各类注册工程师40余人。高素质的人才队伍，奠定了高品质的勘察设计产品。

多年来，中江院秉承“创新设计、高效服务，追求人与自然和谐共生”的企业宗旨，建立了一套完整严密的管理体系，形成了团结求实、进取奉献，严守职业道德的院风，开创了创意设计时代民营建筑设计院发展的新思路、新局面。

一、迎难而上，快速发展

5年前，成立伊始的中江院只有建筑行业工程设计乙级资质，还面临着诸多的困难：资质受限、资金短缺、管理模式落后，还有国企改制遗留的人员安置等问题。董事长兼院长闫国胜锐意进取，多元开拓，带领全体中江人迎难而上，仅用了一年半的时间，实现了企业的扭亏为盈。2007年10月，中江院顺利地获得了国家工程设计甲级资质，之后，中江院进入了快速发展通道，每一步成长道路，在快速的同时，都走得踏实而稳健。

2008年，中江院作为创意产业的重点企业，入驻洪山创意大道产业园区。中江院以创意设计拼天下，开始广泛参与湖北及其他省市的重点工程建设，相继承担并参与设计了中共一大代表包慧僧故居、汉口北国际商品交易中心（新汉正街）、江西萍乡政务中心、蕲春会展中心、大别山地质博物馆、武汉大学珞珈学院等项目，设计业务辐射到河南、江西、江苏、山东、山西、湖南、新疆等10多个省市区。为快速发展、整合资源，中江院在江西九江、北京、新疆、河南平顶山、深圳等地开办了5个分院，缔造了湖北民营设计院企业飞速发展的奇迹。公司2008年6月取得了ISO9001质量认证证书，2010年通过认证审核。

在省市领导的大力支持下，企业快速成长，并获得“中国公共建筑设计优秀作品奖”、“中国民用建筑设计优秀作品奖”等多个奖项，成为一家在建筑设计行业中具有高成长性的建筑设计企业。

2009年11月28日，第四届中国创意产业博览会在北京举办，全国政协副主席厉无畏出席大会并致辞。该奖项作为国内创意产业领域最具有权威性和影响力的公益性奖项，总结和展示了全国创意产业发展的各项成果，中江院作为湖北省仅有的四家获奖单位获得“中国创意产业高成长企业100强”称号。

2009年底，在中共湖北省委党校、湖北省信用研究会、中共武汉市委宣传部、武汉市精神文明委员会办公室、武汉市发改委、武汉市国资委、武汉市经济委员会、武汉市社科院、武汉市人民政府研究室等单位联合发起、共同举办的“2009武汉中小企业融资与诚信建设论坛”活动中，中江院凭借优秀的市场业绩和良好的企业形象，荣获“武汉最具投资价值诚信企业”荣誉称号。

2010年3月，中国勘察设计协会为总结国家工程勘察设计行业民营勘察设计企业的成功经验，

湖北中江建筑设计院

深入贯彻落实科学发展观，推进民营勘察设计行业又好又快地发展，经中国勘察设计协会理事长批准，表彰全国改革成效显著、发展业绩突出的民营勘察设计企业代表。中江院作为湖北省仅有的两家获奖企业之一从同行中脱颖而出，荣获“全国勘察设计行业优秀民营设计企业”。院长闫国胜荣获“优秀民营企业家”称号。

2010年6月，中江院在洪山区政府荣获“2009年度洪山区全民创业十佳创业企业”称号。

2011年4月，中江院荣获“武汉市先进创业企业”荣誉称号。该荣誉是武汉市人民政府为推进全民创业工作颁发的重要奖项，也是中江院载誉史上的又一座里程碑。

但是，这些成绩对于中江院来说仅仅是个开始，在未来三年里，中江院计划走专业化经营发展之路，积极实施专业化总承包转型项目，打好新一轮发展的基础，实现设计年产值超过1亿元，实现产业延伸、工程总承包及创意地产年产值过5亿元的目标，力争跻身于中南地区民营建筑设计院的前三名。

二、增值服务，创意先行

中江院作为一个改制的民营设计企业，能在竞争激烈的市场中脱颖而出，实现企业规模增长十多倍、产值净增20倍，取决于它创新的设计理念、开放的建筑思维、扎实的技术基础、优质的增值服务和追求长效利润的经营理念。

中江院为客户提供的是“一站式”的全程服务方案，从前期的产品定位、项目策划，到方案设计、建筑过程中技术支持以及项目后期完成度的控制，中江人都会跟踪服务。他们的企业理念是：只有为客户创造价值，才是中江院最大的价值。因而，中江人最重视的就是客户的满意度。

中江院的设计团队坚持“创造建筑新思维和新视野”的工作宗旨，创意先行，敢于打破传统建筑设计行业的模式化、套路化设计风格，在每一次建筑设计创作中，都非常注重对建筑艺术文化的研究，挖掘其文化的内涵，赋予建筑物以生命和活力。2010年上半年，中江院承接了武汉市“十二五”重大文化投资项目武汉文化会展中心。在闫国胜的带领下，设计团队对该项目设计进行了深层的文化研究，既要体现武汉的历史，又能展现武汉的民俗民风和传统文化，通过讨论，将项目定位为“武汉客厅”，并以此概念为主题，做了一系列建筑设计。“武汉客厅”概念的推出，获得了巨大成功，被誉为武汉的“文化新地标”，将打造成武汉第一张商业创意的城市名片。

三、创新经营，独特管理

武汉客厅

一个成功的企业，必须有成功的管理之道。中江院几年来一直不遗余力地对内抓基础管理和人才建设，尤其是团队建设，按照现代企业模式运作，大胆创新，大胆实践，建立了新型的设计创意型企业的组织模式。

针对中江院的现状，全院由“三会”即管理委员会、技术委员会、文化建设委员会作为管理机构。管理委员会作为全院最高决策机构，既不是董事会也不是股东会，委员是由全院职工推选出的具有参政能力的各部门骨干代表组成（7人，既有股东也有非股东），每三年一届，重能力轻资历，淡化股东身份，保障员工利益，打破传统的设计单位存在的人员身份壁垒。在中江院，员工都是一个身份，闫院长还专门下发了同事关系“六字诀”的文件，即：合作、平等、尊重，建立了一种新型的员工间、员工与企业间的和谐人际关系，在这两年的运行中，已经起到了良好的效果。职工队伍稳定，加盟的海外留学人员已有5人。

2010年，中江院自己的“两会”诞生了，即每年定期召开全院年度工作会议、年度经营工作会议，针对院内情况展开积极讨论，为企业的经营发展出谋划策，这一举措受到了全体员工的热烈响应，大力增强了凝聚力。中江院充分发挥网络资源，利用大家熟悉的上网模式，通过自主研发网络办公信息化平台的建设，大幅度提高了工作效率，实现全员工作由被动变成主动的良性工作局面。

中江创新运作的成功经验得到了上级部门和领导的赞誉和肯定，先后荣获全国建设信用诚信企业，全国政府放心、用户满意先进单位等一系列荣誉称号。2009年4月全国政协副主席厉无畏来中江院视察，充分肯定了企业的发展模式，鼓励中江人大胆创意创新，快速发展。

四、以人为本，温情温暖

企业竞争在很大的程度上就是人才的竞争。为此，中江院建立了一套完善的人才运作模式，大力培育“以人为本、人才激励”的企业文化，以股份、期权、奖励等激励方式，广纳业界精英，仅2009年就吸纳了海归人员5人及其他各类技术骨干十多人。这些新鲜血液的融入，改变了中江院的知识背景和人才结构，给中江院增添了极大的活力。

中江院十分重视企业文化氛围的营造。中江人有自己的媒体——《中江资讯》，这里是中江人展示风采的最好舞台，企业资讯、技术研讨、获奖作品、员工随感……内容可谓是包罗万象，精彩纷呈，所有的文章皆为中江人原创。如今，《中江资讯》已成为中江院对外宣传和展示的又一张特色名片。

2011年厦门之旅

中江院还成立了党总支和工会领导团队。2008年7月22日，中共湖北中江建筑设计院有限公司党总支委员会批复建立。2009年11月中江院开展了党员先进性的学习活动，每个党员人手一册的必读书——《经理人常犯的11种错误》，让管理者从自身的工作中寻找原因，敢于承担责任，做好走在员工前边的表率。2011年6月25日，在中国共产党建党90周年之际，中江院党总支组织全体党员及入党积极分子赴革命老区将军县——红安，接受先进性教育。在总支书记汪荣芷的带领下，中江院一行人扛着鲜红的旗帜，开始了忆峥嵘岁月、缅怀革命先烈的红色之旅。这一系列的活动让他们树立了正确的人生观和价值观，并有了更加清晰端正的工作态度和工作方法。中江院的党总支曾被评为湖北省非公有制企业先进党组织。

2010年11月17日，湖北中江建筑设计院有限公司工会委员会正式成立。中江院工会委员会的成立，标志着中江院企业民主管理模式有了新的进步与突破。近年来，工会尽心尽责，不断通过形式多样的活动丰富员工的文化生活，在办公楼设立了员工活动室，举办了羽毛球比赛、棋牌类比赛，并组织自驾车俱乐部、登山之旅、惊险漂流等户外拓展活动。特别值得一提的是“中江形象墙”，上面是每一位中江人在历次活动中灿烂的笑脸，还有写满生日祝福的温馨贴纸，当月生日的中江人名单都将公告于栏，并由工会组织派送出不同的神秘生日礼物。

五、激流勇进，回报社会

企业发展壮大之后，中江院致富思源，富而思进。2008年汶川大地震，中江院主动请缨，积极支持震区的灾后重建，是湖北参与援建的唯一的民营设计企业，共完成汉源县三所学校的设计任务，目前已竣工交付使用，圆满完成了援建任务。2008年11月，中江院出资近10万元，送大别山老区58位留守农民到韶山、长沙、武汉等地进行“伟人情结、圆梦之旅”的一周学习观光活动，其中年龄最大的团员是92岁。这一造福农村老人的“创举”和“义举”，在社会各界反响强烈，得到新华社、《湖北日报》、湖北电视台、《黄冈日报》等媒体的广泛关注和好评。

中江院非常热心于教育事业。多年来，他们一直坚持资助省内外贫困大学生；在华中科技大学设立了“中江奖学金”；还为华中科技大学建筑与城市规划学院的大学生们设立了就业实习基地。这些都是中江人回报社会的真诚之举。

2011年是湖北省十二五规划的第一年，是湖北发挥优势、加快发展的战略时期。勘察设计行业将迎来大发展的历史机遇，湖北省政府专门发文《关于促进工程勘察设计行业加快发展的意见》，武汉市也在大力打造“工程设计之都”，勘察设计行业将成为湖北新的千亿元产业，这些有利的形势都极大鼓舞着“中江人”的信心，中江院全体员工在董事长兼院长闫国胜的带领下，紧跟时代发展潮流，顺势而为乘势而上，把年产值过10亿、走企业上市发展之路作为全体中江人新的目标和追求，一定会书写更加精彩的传奇、更加辉煌的篇章。

在传承中创新，在创新中前行
——中国古今集团

一、引言

一处古建筑，就是一个传说，就是一段历史，更是一笔丰厚的历史文化遗产。他的飞檐翘角，他的琉璃筒瓦，他的迂回长廊，他的丰富色彩，凝聚着历朝历代的文化特色，凝聚着中国百姓的勤劳智慧，凝聚着伦理有序的传统文明。

这样丰厚而凝重的古建筑，不是单单建筑形式的再建，就能传承千年的，历史文化，才是其根基。有着千年文化积淀浸润的古建筑，随着文化因子的注入，绵延千年，生生不息。

中国古今集团，本着对历史文化的尊重，对民族文化传承的使命，本着让古建文化焕发新生的决心，数十年如一日，用专业铸造经典，续写文化传奇，在古建文化的传承与弘扬的道路上，不断突破，不断前行，在执行董事长李美赞的带领下，用创意产业的力量承载中国古建文化更为深刻的历史文明，用创意产业的灵动赋予中国古建文化更为鲜活的生命！

二、技艺传承，践行使命

中国传统文化中的技艺文化往往是师徒相教，家族秘传。比如医学、建筑、数术、武术等，其传承更多的具有“家学”特征，所以就形成了无数的门派风格，传统的中国文化都是一脉相承的。

“问渠那得清如许，为有源头活水来”，中国古今集团的源头活水就是中国传统古建文化，千年文明为企业铺就大背景，始终如一践行“弘扬民族文化，传承历史遗产，推动社会发展”的使命。

中国古今集团，一个肩负民族古建文明传承与创新使命的企业，一个拥有古建界最完善产业链和人才数据库的行业领跑者，于1979年诞生于浙东南沿海。李美赞其父李春友，是中国古今集团创始人——古建筑界的泰斗人物，不但传承祖上精湛古建技艺，更是大大拓展建筑文化，汲取古建文化之精髓，在中国乃至世界，树立起传承文明，品质致远的丰碑！

在创业初期，企业从产品工艺、产品质量、产品造价入手，具备了独特的竞争优势。一方面，老员工都是能工巧匠，传承父辈手艺，或跟师傅学艺，千百年来积累了丰富的专业技艺，在作品的制作、加工等过程中，充分发挥专业优势，保证了作品的专业性与艺术性。通过产品制作步骤化，加工方法、工作重点、加工尺度、工艺要求都通过分析，并严格的把关，保证了工艺质量。另一方面，温岭本地石材资源丰富，通过就地取材，加工石雕作品，减少中间环节，降低生产成本。

从企业成立伊始，李春友和他带领的能工巧匠们，一直积极探索古建新技艺，传承与创新的因子，一直伴随着企业的成长。

“机遇总是垂青于有准备的人”，80年代初，雁荡山管理局要求李春友为雁荡风景区建造一批凉亭、桥梁、人物雕塑等石建筑、石雕塑艺术品。李春友通过实地勘察、找资料、画草图，综合运用力学、数学、物理、美术等多科专业知识，利用石材相当强的抗压优势，采用榫的结构、拼的方法及杠杆原理，将多个力合为一个力，成功地研制建成了“全系石结构凉亭”系列，填补了国际园林石建筑史上的一项空白。雁荡山景区的“果盒亭”、“卧龙亭”、“逸心亭”、“烟波亭”及徐霞客雕像等已被推崇为我国石雕、石建筑的经典。

全系石结构凉亭一雁荡山果合亭

传承，是一种态度；传承，更是一种责任；弘扬，充满着力量；弘扬，更充满着希望。传承与弘扬，就这样牢固地成为企业发展的座右铭，成为企业领导者们孜孜以求的使命。也因此，在三十余年的发展历程中，中国古今集团始终以古建筑为核心产业，一步一个脚印践行着自己的使命。

三、铸造经典，传承文明

当文化注入建筑，建筑因此更为灵动，有更强的生命力。中国古今集团用专业铸造一处又一处的经典，让那些古建筑与延续了千年的传说一起，涅槃重生。比如雷峰塔，比如在全国各地许许多多的古建精品，在中国古今集团的精心雕琢之下，以传统的古建样式，沉淀了文化，焕发出新生！

杭州雷峰塔

雷峰塔是杭州的城市名片，雷峰塔的传说家喻户晓，白娘子的故事妇孺皆知。一千年的风雨沧桑，一千年的喜怒哀乐，一千年的爱情故事，都由雷峰塔演绎着。重建雷峰塔、恢复“雷峰夕照”景观的决定，是浙江省委、省政府作出的。在准备了详尽而科学的施工设计方案后，中国古今集团终于在全国十多家实力雄厚的古建企业参加的招标会上脱颖而出。当重建雷峰塔的重任落在了中国古今集团的肩上，那是瞻仰文明的喜悦与激动，那是沉甸甸的嘱托与责任。

雷峰塔结构复杂，“骨头”是用钢做的，“肉”是用水泥做的，“衣服”是用铜做的，“帽子”是用黄金做的。要在一年之内完成如此庞大、工艺复杂的建筑，不是件容易事，保护其精髓就是关键。雷峰塔建设过程中碰到的最大难题，就是要最大限度地保护雷峰塔遗址，要在遗址上施工，却一点儿也不能碰遗址，还要保护老塔遗址周围的环境。而关键就是既保留这座古塔丰富而独特的人文内涵，展示出中国古建筑的风姿，且赋予其新时代的意韵。

经过一年多时间的努力，2002年9月25日，高近72米、地下两层、地上六层的雷峰新塔终于屹立在夕照山上，西子湖畔。这是中国第一个采用金属材料建造的塔，它不但更好地传承了中国古老文化历史，更开创了中国建塔的新纪元，在中国风景保护和建设史册上留下了五项第一：塔类建筑采用钢材框架作为建筑支撑、承重主体的第一；塔类建筑中采用铜件、铜饰面积的第一；塔类建筑内部活动空间宽敞的第一；塔类建筑内部文化陈设的第一；中国古塔遗址原址保护的第一。

当雷峰塔再次成为杭州的一张金名片，也成就了中国古今集团缔造经典“新名片”。犹如城市的雕刻者，中国古今集团精雕细琢着一座座城市的细节，刻出了中国古建筑的万种风情与璀璨文明。

雷峰新塔

中国古今集团在全国各大风景区：杭州西湖风景区、黄山风景名胜区、普陀山风景名胜区、雁荡山风景名胜区、广西桂林风景区、辽宁千山风景区以及亚、欧、美、澳、非世界各地，缔造了许许多多古建园林艺术精品。

中国佛学院、东辉阁、白云阁、护国寺、京杭大运河、东来第一阁、清河坊街、湖中三岛、静逸别墅、抱青别墅、拱宸桥、上天竺、中天竺、中国扇博物馆、杨乃武与小白菜奇案陈列馆、东钱湖南宋石刻公园、奉化蒋氏宗祠等等，一次次获得“鲁班奖”、“钱江杯”、“西湖杯”等优质工程奖，一次次创下中国古建筑领域的第一，一次次受到党和国家领导人及业内人士的好评。在传承古建文明的同时，为一座座现代文明城市增添了城市底蕴，丰富了历史人文。

中国佛学院总体鸟瞰

东来第一阁

在数十年如一日的坚守品质，创造经典工程的过程中，在古建筑的仿古重建及文化遗产保护中，创新的因素随处可见，融合古代工艺，融入现代科技，有内容的创新，表现形式的创新，更有文化内涵的丰富补充。

杭州东来第一阁，达到了古建筑史上的工艺与设计理念的重大突破，成为古朴风范与现代气势完美结合的典范。在这个细致而又不乏大气的仿古建筑中，中国古今集团首次将制造飞机所用的材料钛合金，应用在古建筑中，使其在大量的仿古建筑中独树一帜，极具现代感；在工艺方面则采用了玻璃楼梯，在传统结构构造形式的设计理念上形成了新的突破。此外，东来阁是大胆夸张的仿唐式建筑，最大出檐达7.2米的大手笔挑檐造型，犹如雄鹰展翅，横空出世。东来阁的设计与建造，既展现了现代人文风貌的厚实丰富，同时也弘扬了古文化的博大精深，成为与雷峰塔同样重要的典范性建筑作品。

诸如此类创新工程不胜枚举，如中国扇博物馆通过电视、动漫、3D等方式进行古文化的传播，是古建文明传播角度的一种创新。古建筑是一种和谐文明的建筑形式，而创新让更多的世人在领略古建筑的古朴典雅，享受中国千年文化的同时，也能体会到现代社会的和谐文明，新旧两种文明的交替融合，让古建筑在今天被赋予了新的力量，也将成为我们后人的宝贵历史文化遗产。

四、文化领航，创新前行

人类作为个体的生命是短暂的，但是在传承文化创造文化中可以获得新生。人类社会的历史，在传承与创新中不断地延续和发展，前人留给我们的传统文化，是前人创新所创造的物质和精神的成果，是后人发展的起点，也是创新的基础。而今人所从事的创新活动，也将成为后人的传承的文明，这样的创造才是有意义的。于是，中国古今集团将古建文化与创意产业融合，碰撞产生的火花，催生生产力。

鲁迅先生曾说过："弃其糟粕，取之精华"。对传统文化精髓加以保留与利用，并加入创新的元素，这是传承传统文化的重要出路。拥有伴随着经济发展的高速列车，中国古今集团把握发展机遇，适时调战略、树品牌、拓市场、求创新、促飞跃，在传承与创新中前行。

企业坚持古建文化为核心产业，重点培育文化创意产业，并本着"传承中创新"的原则，将古建文化与影视文化、旅游开发、旧城改造、佛学文化、雕塑艺术、拓片艺术、环境艺术、古典家具等相关产业紧密地结合在一起，将传统文化与新兴产业完美契合，催生出全新的产业链效应，力求成为城市名片打造者、影视文化传播者、创意产业领跑者、社会文明的推动者。

由集团执行董事长李美赞在国内首家发起成立的"中国文化创意产业发展基金"，开创古建文化产业链新模式，企业连续多年被评为"中国文化创意产业领军企业"，李美赞连续多年获得"中国创意产业杰出贡献奖"，其独创的古建文化产业链新模式被评为"浙商模式创新十大经典案例"，企业被列为"省非物质文化遗产生产性保护基地"，打造出古建文明传承与文化创新的全新模式！

这种将传统古建与创意产业融合的经营模式，既是企业产业链模式的创新，也是民族文化传承与弘扬方式的创新，更是企业转变角色，自主承担社会责任的创新。

第一，这是企业产业链模式的创新。古今集团一直以古建园林、文化遗产的设计和施工为核心产业，随着企业的发展壮大，企业走"一业为主，多元发展"的路线，如何既保证古建产业核心地位，又发挥创造最大的价值，使企业产业链更为完善？通过文化创意产业延伸到产业链上下游，达到资源优化配置，是企业经营模式的一种创新。

第二，这是民族文化传承与弘扬方式的创新。传统的古建技艺不仅仅是对古建文物的保护，古建营造技艺、古建传承人、雕刻技艺等都是其重要组成部分，对传统营造技艺的保护研究也拓展了古建研究的视野，使人们可以从技术、文化空间、人类学等角度对建筑进行综合性地审视。打造古建文化创意产业园区，就是对传统技艺保护的一种创新模式，也是古建文明传播角度的创新。对文化遗产加以研究与开发，通过电视、动漫、3D等方式进行古建文化的传播，是古建传播角度的一种创新。当古建作为一种建筑产业，被附加于历史内涵、旅游产业、影视文化、城市形象工程等，形成产业链，这本身不仅是古建文化的传播，更是城市文明的传播。

第三，这是社会责任承担方式的创新。将古建产业作为一种文化加以内涵的深化，既达到保护与弘扬的目的，影视文化创意产业基地建设、古建文化创意产业园区等的建设，对于系统地保护我国传统建筑文明，塑造城市形象，提升城市内涵，打造文化品牌，形成产业集群，整合文化资源等都有着积极的推动作用，这是企业承担社会责任，使古建文化永恒传承的体现。

目前古今集团已经在国内各大城市陆续开展古建文化创意产业园区、古建文化旅游、影视文化基地等建设项目，企业投资拍摄多部电视剧，在电视剧拍摄过程中，大量融入传统文化，并大量融入生态旅游、城市文化等因素，推动古建文化与影视文化产业迅速发展。

当我们将古建文化与创意产业融合，碰撞产生的火花，同时产生了一种生产力，当创造了客观的经济效益，企业才能更好地投入到文化遗产的保护工作中去，我们的文化遗产也才能得以更好的传承和弘扬，从这个角度来说，企业的多方面发展，是促进古建文化传承保护的良性循环。而且当传统文化被重视、被挖掘、被赋予生态旅游、影视动漫等文化创意新的切入点，我们中国传统文化将变得更为丰富，更为深厚，并更为持久。

创新让传承更有力，创新让传承更深远！

五、融合开放，畅享未来

如今的中国古今集团，以三十多年来积累的丰富建设经验和强大的资本实力，在中国古建文化行业产生了深远影响力，雄踞中国古建行业龙头地位。中国古今集团不但在专业领域建设了一大批具有影响力的古建筑作品，更是具备了相当的品牌、市场及资源优势：

卓越的品牌优势：中国创意产业领军企业、中国建筑业500强企业、中国古建技术十大品牌企业、中国仿古建筑行业最具影响力品牌企业、中国最具生命力百强企业、中国古建保护工程科技进步奖、中国仿古建筑标杆企业、中国优秀企业数据库企业、省工商AAA级守合同重信用单位、全国党建文化先进单位、浙江经济十佳诚信经营企业、浙江省民营经济自主创新示范基地、重点骨干企业、建筑业十强专业企业、纳税大户、省最佳雇主企业、省伯乐奖、非物质文化遗产生产性保护基地、浙商十大模式创新经典案例企业等等。

集团拥有广泛的市场优势：作为清华总裁商会会长单位、浙商理事会主席企业、杭州台州商会会长企业、杭州温岭商会会长企业、杭州市总商会副会长企业、浙江省直属商会副会长企业、省投融资运行中心主任单位、股权上市中心主任单位、浙江大学继续教育学院企业家俱乐部会长单位、浙江大学"求是强鹰"俱乐部主席企业等等，中国古今集团积累了良好的社会美誉度，广大的企业网络和人脉关系，与国内外众多有产业影响力的企业建立长期的战略伙伴关系，为集团业务开展奠定了市场基础。

集团拥有完善的资质优势：古典建筑、雕塑艺术、园林绿化、文物修缮、文物保护、装饰工程、市政铁路、港口码头多行业、多专业的设计、施工资质，及对外承包经营权，具备了国内古建界最专业的人才库和最完整的产业链。

集团拥有广阔的辐射网络和完善的产业链优势：以下辖二十多家公司为辐射，延伸到产业链的上下游，除重点培育古建筑业与文化创意产业外，在市政工程、生态旅游、高新医药、金融担保、投资开发等领域，与古建文化大产业相互支持，相互促进，推动企业升级发展。

时间积累优势，时间验证奇迹，三十余载，中国古今集团坚守着古建文化传承与创新之根本，一路高歌昂扬，阔步前行。

没有传承的创新，是无本之源；没有创新的传承，是固步自封。融纳古今，取其精髓，中国古今集团在传承古建文明的同时，不断创新进取，将传统古建对接创意产业，融入现代创新，努力让承载千百年历史文明印记的古建筑，永远绽放文明之光！承载着荣誉，也承载着责任，中国古今集团固守古建文化之根基，以融合开放的姿态，做好古建文化大产业，畅享更为美好的未来。

学术与实践，书写创意与产业传奇
——上海社会科学院创意产业研究中心

在全球化趋势不断加强、国际间竞争日趋激烈的今天，创意产业已经不仅仅是一个发展的理念，而是有着巨大经济效益和社会效益的直接现实。诚然，创意经济引发的热浪正以前所未有的传播速度影响着中国各地的经济发展方式，改变着传统的经营模式，也革新着人们的观念和思维方式，并因此最终改变中国。然而，中国的文化创意产业还处于发展初期，如何用理论指导实践、用实践检验理论并进一步完善理论成为国内专家、学者以及各学术机构亟需研究的课题。

基于雄厚的理论研究和理论基础，被誉为"中国创意产业之父"的厉无畏先生大胆提出了"把创意变成生意，让智慧带来实惠"的创意产业的商业化运作模式，不仅成为国内创意产业研究领域的标杆，更为文化创意企业指明了发展方向。近年来，厉无畏先生及其带领下的上海社会科学院创意产业研究中心在创意产业理论研究领域取得丰硕的学术成果，并形成创意产业全面系统的理论体系，同时还对中国创意产业实践予以高度关注和大力推动，书写出国内创意研究和产业转化的传奇。

上海社会科学院创意产业研究中心（以下简称"中心"）成立于2004年9月，隶属于上海社会科学院，是中国最早的创意产业专业研究机构之一。中心主任由全国政协副主席、民革中央常务副主席厉无畏担任。中心主要从事创意产业和创意企业研究，集学术研究、咨询研究、政策研究三大功能为一体，从产业经济学的视角研究文化创意产业，把文化创意产业的发展与经济增长方式的转变、产业结构的升级、区域竞争力的提升和城市品牌的塑造相结合，研究重点和领域包括：文化创意产业发展、创意城市、创意旅游、创意农业等。中心以多学科的研究团队为基础，联合国内外的优秀学者，建立开放式的研究机制，重视理论与实践的紧密结合，目标成为中国一流的创意产业研究和咨询机构。目前中心设有学科研究部、项目决策咨询部、创意旅游策划部、公共艺术策划部等专业研究咨询部门。2009年，在上海社会科学院院部组织的特色学科建设考核专家评审中，上海社会科学院创意产业研究中心的文化创意产业特色学科获得了第一名的佳绩。

一、夯实基础，建立框架

从2004年至今，中心一直不断强化学科基础理论建设，基本建立了创意产业发展的理论框架。

创意产业是一个新兴的产业，国内外对创意产业的研究处于起步阶段，中心在学科建设中强化学科基础理论研究，力争占领学术高地。学科先后出版了《创意产业导论》（2006年）、《创意产业：转变发展方式的策动力》（2008年）、《创意产业新论》（2009年）、《创意改变中国》（2009年）四本专著。其中《创意产业导论》是国内第一本从产业经济学的角度来审视创意产业的学术著作，建立了以创意产业为研究对象的产业经济学理论分析体系，具有重要的学术参考价值和理论权威性。它的适时出版，填补了该研究领域的空白，也为学科建设奠定了基础。《创意产业新论》则以更广阔的视野，从城市发展、社会发展、经济发展等不同的层面全面诠释了创意产业的深刻内涵，提出了创意社群、创意产业的文化社会生态、创意产业价值实现和最大化等新思路。特别值得一提的是，《创意改变中国》出版后，社会反响强烈，目前已成为全国不少地方领导干部学习培训的指定参考用书，出版至今已经第7次印刷。同时，该书的韩文版已经在韩国正式出版上市，日文版和英文版业也即将出版，学科学术成果的国际影响力显现，学科带头人厉无畏研究员的社会影响力凸显，成为中国创意产业理论和政策研究的领军人物，被誉为“中国创意产业之父”，并获得首届“中国创意产业推动大奖”，是荣获此大奖的唯一理论界人士。

中心研究团队的科研人员在《学术月刊》、《中国工业经济》、《社会科学》、《经济管理》、《世界经济研究》等院规定的69种核心学术刊物上发表相关论文30多篇，其中，《创意产业促进经济增长方式转变——机理·模式·路径》、《旅游产业的新发展观：5C模式》、《关于我国发展文化创意产业的战略思考》等4篇论文被《新华文摘》全文转载。此外，中心成员在国内外各类杂志、报刊发表的创意产业方面的论文和文章达百余篇，每年中心都将各成员发表的论文汇编成册，供相关部门和人员参考，创意产业研究中心也因此荣获“中国创意产业推动大奖”。

二、立足现实，形成特色

在加强基础学科建设的同时，中心紧密联系社会实践需求选题，初步形成了上海社会科学院创意产业研究中心的研究特色。

创意产业研究既是新兴交叉学科，又是与社会经济发展热点问题紧密相关的应用性学科。中心的研究选题注重紧密联系社会实践，每年确定一项重点研究课题，至今，重点资助了“创意产业促进经济增长方式转变”、“创意旅游发展”、“创意农业发展”和“上海创意城市建设”等4个课题的研究，一方面，根据社会需求确立重点研究方向，初步形成本中心的研究特色；另一方面通过直接资助，重点研究方向从理论基础研究起步，逐渐延伸到决策咨询领域，不仅为上海市政府的决策咨询提供智力支持，也在尝试研究中心为上海社会科学院智库建设加分助力的新型模式。主要成效具体体现在两方面：

（一）实现基础理论研究、学术成果和承接委托项目之间的互动

目前中心的基础研究课题都取得了较好的学术成果，并争取到了上海市哲学科学规划办的招标课题和市政府决策咨询委托项目。比如上述几项基础理论的研究成果分别在《中国工业经济》、《经济管理》、《农业经济问题》、《学术月刊》等院外的69种刊物上发表。在此基础上，2007年和2008年成功申请了2项上海哲学社会科学规划基金课题（分别是创意产业发展和创意旅游），中标和承接了2项省部级决策咨询课题（分别是创意旅游和创意农业）、3项委办局决策咨询课题（分别是上海经济委员会的2008年重点课题“创意产业促进上海经济发展方式转变”；上海旅游委2008年决策咨询课题“上海旅游业与文化创意产业融合发展的思路和对策”；上海市农委2008年科技兴农软课题“发展上海创意农业研究”）。

（二）通过深入调研，中心重点研究方向的学术积累不断加深，研究特色也逐步形成，社会绩效显著

目前中心已经在上海创意产业发展研究和旅游产业研究领域形成特色，并在智库建设方面发挥重要作用。比如在上海创意产业发展研究方面，中心先后承接了上海市政府“创

意产业促进上海经济发展长方式转变”、“上海推进‘创意城市’建设的重点、措施及政策研究”等课题，2010年主持编制了“上海市创意产业发展‘十二五’规划”；又如，在旅游研究方面，在院外甲类核心刊物《解放日报》（新论）2010年5月31日以“创新·融合·提升——对上海旅游产业发展的探索研究”为主题刊发了一组文章，文章刊登后引起了良好的社会反响，部分观点和内容被纳入上海市政府的“上海旅游产业‘十二五’规划”，在2011年上海旅游产业大会上，韩正市长的讲话中提到“创新·融合·提升·服务”4个关键词，其中3个与中心的研究成果相同，而服务则是研究中心努力在践行的以科研成果为地区旅游业的发展提供咨询服务。

三、双轮驱动，良性循环

在7年的时间里，中心专注于以学科为基础支撑、以智库建设为导向，实现学科建设与智库建设双轮驱动，着力创造科研、咨询、学科建设和学术推广与交流“四位一体”的良性循环氛围。通过学习、调查和科研取得理论创新的成果，通过推广交流、讲学推介获得政府、企业和社会的认可与信任，不仅在与学员的互动中可了解社会的需求和提供解疑释惑的咨询，而且还获得了许多地方政府与企业的委托课题，包括战略规划的研究和产业发展项目策划等。通过各项课题的调查研究，获得第一手资料和新的研究成果，并进一步完善中心的建设，也为学术交流和推广提供新的经验和案例。更值得一提的是中心的研究得到许多企业认同和支持，使中心的咨询策划更有实效。比如中国国际投资促进会的许多会员企业经常跟踪中心的学术推广活动和研究项目，当中心为地方政府提供咨询或完成规划课题，其中提出一些项目策划，他们就及时跟进投资，从而使地方经济和企业发展都获得实惠。

在学术研究方面，中心承接各类研究课题10多项，其中国家软科学课题1项，省部级以上课题6项，中标上海市哲学社会科学规划基金课题2项；

在决策咨询方面，学科团队先后承接上海市人民政府、以及湖北、江西、浙江、贵州、河南、河北等地委托的创意产业发展课题10多项。为配合上海社科院社会主义新智库的建设，利用学科带头人的社会知名度和影响力，通过各种渠道积极参与决策咨询，为上海创意产业的发展献计献策，为上海市政府完成各类咨询报告5项，专报4篇（上海社会科学院社会经济问题专报2篇，以民革中央名义上报1篇，直接转交俞正声书记一篇），提案5篇（分别以民革市委名义提交2007年、2008和2009年政协大会发言）。其中，“创意农业”专报获国务院副总理回良玉批示，“设计之都”专报获俞正声书记批示，并已经促成上海市正式启动加入联合国“设计之都”的申请工作。2007年“加强上海创意产业机制创新”的提案被评为上海市政协优秀提案。2010年浙江省诸暨市人民政府、武汉市洪山区人民政府分别给院党委寄来感谢信，感谢中心研究团队深入基层，实地调研，积极为当地政府决策提供咨询服务，并取得了良好的成效。

在国内外学术交流方面，举办国际学术会议2次，全国性学术论坛1次，学术报告30多次。中心组织开展了一系列学术交流活动，与美国、英国、日本等地的学术机构建立了良好的合作关系。2006年8月，中心主办了“后媒体时代创意产业发展战略”研讨会；2006年10月，与联合英国利兹大学、新加坡国立大学共同主办“创新城市，创意经济”国际学术研讨会，2006年11月，与日本北九州CCA共同主办“Bridge The Gap”国际论坛，2006年11月，参与协办2006年上海国际创意产业活动周之“创意人才论坛”。从研讨会的筹划到顺利举办，充分利用了社会资源和资金。国内外包括政府和非营利组织在内，都给予了大力的支持。两次国际性学术论坛的资金筹措，分别获得了日本北九州市市政府、亚欧基金会，以及英国利兹大学的部分赞助。由于中心研究的国际影响不断扩大，骨干成员还被邀请到境外讲学、交流。

在服务社会方面，中心积极参与智力扶贫，2010年义务承担了中央智力支边小组黔西南联合推动组的委托项目“黔西南州文化创意产业规划”。

同时，为配合中心的重点研究领域，还举办各类主题论坛以扩大学术影响力，如“又好又快发展上海创意产业”、“发展创意农业，促进社会主义新农村建设”等，并参与协办“金融支持创意产业”发展论坛等。

四、创新机制，稳步发展

中心在稳步发展的同时，积极创新中心的学科建设机制，形成了以项目为纽带的大学科建设格局。在做好学科规划的基础上，中心积极探索学科建设的创新机制，以学科带头人为引领，以项目为纽带，结合创意产业学科融合性强的特点，不断推进创意产业的跨学科研究。

一是发挥部门所多学科优势，不仅通过学科的交叉融合推进学术创新，并带动相关领域的研究发展。如与城市经济、工业经济、农业经济、旅游经济、金融研究相结合，发表了“创意产业与城市发展”、“文化创意的产业化与产业创新”、“创意产业与蓝海战略”、“发展创意农业，促进社会主义新农村建设”、“创意旅游——旅游业发展的新模式”、“创新金融支持创意产业的健康发展”等一系列论文和演讲。中心能承接到来自发改委、经信委、农委、旅游委、金融办等政府部门委托的课题和论坛演讲，正是发挥了多学科融合创新的优势，同时也促进了部门所各学科的研究发展。

二是以项目为纽带，整合相关研究力量共同参与创意产业研究。文化创意产业研究的主要成员以部门所科研人员为主，在研究中，根据项目研究的要求，实现了跨院、跨所、跨室的动态组合研究，比如，院外，中心与华师大、戏剧学院等合作；院内，中心与信息所、咨询中心、文学所等合作；所内，中心与产业经济、区域经济、企业发展和金融等领域合作研究，逐步拓展与产业经济、区域经济、农业经济、旅游经济、金融服务等研究领域相融合的大学科研究格局，形成跨学科的互动互促。

三是制度创新。为鼓励中心科研人员和院内外文化创意产业学者积极参加本中心的建设，文化创意产业研究中心不仅以项目为纽带，建立一个开放的研究平台，联合院内外专家共同参与课题研究，还不断创新思路和机制，在2010年推出新规定，凡是符合本学科的年度研究主题，在院科研处规定的核心学术杂志上发表，并注有“获2010年度上海社会科学院文化创意产业特色学科学术研究费资助”字样的论文，按院部有关配套规定，给予奖励，促进文化创意产业研究不断走向良性循环。

如今，面对21世纪的第二个十年，创意到底能怎样地介入我们的生活？创意究竟怎样“点石成金”？上海社会科学院创意产业研究中心，用事实回答了这一问题，并说明了“把创意变成生意，让智慧带来实惠”实现的必然性。今天的中国创意活动更加频繁，相信上海社会科学院创意产业研究中心作为智库的作用也将更加显现。未来，中心的整个研究团队将继续发挥创意智囊团的作用，理论联系实际，充分发挥自身的实力和优势，指点创意经济的发展，促进创意企业实现经济效益与社会效益的双赢！

开创文化创意产业与资本对接通道
——工行北京分行金融支持文化创意产业发展情况

工行北京分行作为北京地区较早进入文化创意产业领域的商业银行和工行系统内文化产业的试点行，积极贯彻落实国家文化产业振兴规划要求，以影视行业作为进军和拓展文化创意产业的起点和突破口，深入市场调研，掌握行业发展规律，积极探索进入和扩大对行业信贷市场的途径和产品模式。经过几年的营销实践，在政府及行业主管部门的大力支持下，工行北京分行在金融支持企业发展方面积累了相对丰富的经验，构建了相对完整的产品体系和信贷管理思路，发掘和培养了一批优质合作客户，形成了一定规模的客户基础和信贷规模，市场拓展取得明显成效，树立了该行支持行业发展品牌形象和社会知名度，影视行业也因此成为工行北京分行支持文化产业发展的一个重要工作亮点和信贷名片。

在第四届“中国（北京）国际文化创意产业博览会”上，工行北京分行因在金融支持创意产业发展领域所做出的突出贡献，获评中国文化创意产业年度高峰会组委会“2009年度中国创意产业金融创新服务奖”。从工行北京分行近几年支持文化创意产业的工作实践中可以看出，工行北京分行一直致力于改善首都文化创意企业的融资服务环境，对促进产业发展壮大和扶植优质企业走出去具有十分重要的意义和深远影响。

工行北分与中演票务通建立高效的票务网络运营机制

工行总行和北京分行领导与中关村科技园雍和园及园内企业亲切会谈

一、近三年支持首都文化创意产业发展总体概况

作为北京地区较早进入文化创意产业领域的商业银行和工行系统内文化产业的试点行，工行北京分行积极贯彻落实国家文化产业振兴规划要求，大力配合国家和北京市各级政府及行业主管部门对文化产业的政策指导意见，把金融支持文化产业发展作为该行公司金融业务发展的战略目标之一。针对文化企业融资难的问题，工行北京分行在深入市场调研、掌握行业发展规律的基础上，把拓展文化产业信贷市场作为该行培育新兴信贷市场的一个重要增长点，积极探索进入和扩大对文化产业信贷市场的途径和产品模式，努力提高对相关行业的信贷投放力度规模。通过营销实践和市场调研，构建了相对完整的产品体系和信贷管理思路，发掘和培养了一批优质合作客户，形成了一定规模的客户基础和信贷规

模，也为其在市场和同业中树立了良好的品牌形象。

其中，2009年工行北京分行文化创意产业（北京市文化创意产业促进中心口径）贷款客户突破百户，达到105户，贷款余额46.36亿元；全年累计为112家不同规模的客户提供信贷支持，累计发放贷款43.62亿元。2010年末，贷款余额达到53.31亿元，比年初增长7.95亿元，累计为181家文化创意企业发放贷款53.47亿元。2011年8月末贷款余额61.48亿元，企业数量225家。贷款投放规模和客户发展水平居北京同业前列。

二、信贷支持文化创意产业发展的实践和创新

在信贷支持文化创意产业发展的过程中，工行北京分行利用自身资金、结算、产品、科技、人才、网络等方面的综合优势，不断丰富针对文化创意企业的产品系列和一揽子金融服务方案，形成了完善的产品体系。其中融资方面，借助专业化的人才队伍，为客户量身提供各类项目贷款、流动资金贷款和贸易融资等产品服务方案及其创新组合，满足从产业园区建设、项目开发、固定资产购置，到企业创意产品运作、文化产品交易、日常经营周转、企业并购等各方面的融资需求。并通过参与怀柔影视基地“首都电视节目推介会”，举办昌平区内文化创意产业企业的信贷产品推介会等活动，加强银企互动，畅通与文化企业的咨询沟通渠道，支持优质企业做强做大。此外，工行北京分行还凭借结算、法人理财、现金管理、电子银行、企业年金、投资银行、财务顾问、资金托管等新兴业务优势，可根据客户需求设计一揽子金融服务方案，全面满足个性化金融服务需求。

（一）支持文化创意产业的信贷实践

1.产品创新实践。

作为较早进入文化创意产业领域的商业银行，工行北京分行围绕文化创意企业的自身特点和金融需求，开展了大量市场调研。针对企业普遍经营规模偏小，抵押资产不足产生的融资难问题，通过积极推进产品创新，探索进入文化产业信贷市场的新途径，将版权质押+个人连带保证引入信贷管理流程，实现了对企业现金流和核心资产的有效控制，以及影视行业的信贷破冰，在降低信贷风险的同时成功实现了对企业的信贷投放，贷款支持影片包括《风

声》、《十月围城》、《唐山大地震》、《狄仁杰之通天帝国》等卖座电影。继电影制作行业后，工行北京分行又先后在影视、出版、文艺演出等行业信贷投放取得突破，进一步打开了文化产业的信贷市场空间，客户合作对象不断扩大，信贷投放规模位居同业前列。主要合作伙伴包括中国对外文化集团、中国出版集团、北京歌华有线、歌华集团、央广传媒、华谊兄弟、万达电影院线、博纳影视、海润影视等行业知名龙头企业。2010年四季度，工行北京分行针对电视剧产业链进行深入梳理，推出“影视通”融资模式，切实解决中小电视剧制作企业的融资难问题，并已为梦舟文化、东方青雨、泰合百联、中影联文化等近10家影视剧小企业，海润影视等民营龙头企业审批完成贷款13940万元。

2.管理机制创新。

为进一步贴近文化创意产业客户服务需求，工行北京分行根据北京市“十一五”规划的产业聚集区分布，结合支行对新兴现代服务业市场的信贷发展水平，客户资源条件、人员队伍素质和业绩经验，重点打造辖内10余家特色支行，作为营销抓手。在分行层面指导支行加大对目标行业的营销力度，深入挖掘潜在客户资源；鼓励大力探索业务发展模式，加快信贷资金投放步伐，对符合条件的优良企业提供绿色通道服务，提高业务受理和审批时效，及时高效满足企业的金融服务需求。

通过管理机制创新，力争将这些支行打造成为“客户有规模、产品有创新、服务有特色，市场有亮点”的特色化、专业化和精品化支行，为全行做大新兴现代服务业市场规模、做强客户基础，发挥中坚力量和骨干作用。

（二）针对文化创意的创新发展思路

文化创意产业与其他传统行业不同，企业轻资产特征明显，规模偏小，可用于抵押的资产较少，为这类企业设计和提供融资服务必须从企业客观情况出发，摆脱传统的固定资产抵押业务模式，一方面要重视企业自身的经营资质、运作能力水平、经验业绩、专业团队情况，从整体上把握企业的发展水平；另一方面积极探索从“物权控制”向“未来现金流控制”的转变。通过创新产品模式，对企业现金流和核心资产进行有效控制，切实经营好和控制住信贷风险。

三、对文化创意企业的其他金融服务与合作

除融资业务外，工行北京分行还在其他领域与文化创意企业开展了广泛合作，利用该行综合服务优势满足客户个性化需求，实现了银企共同成长和合作双赢。

一是在积极稳妥地推动信贷业务的同时，工行北京分行也不断加强与企业在电子银行、个金理财、结算等方面的业务合作，进行综合化业务营销，包括与中演票务通文化发展有限责任公司合作，依托该行网点资源优势，在北京地区首推代理售票业务，建立高效的票务网络运营机制；与阳光媒体集团合作签约“绿色生活”、“杨澜——灵通卡”；与北京耀莱成龙国际影城管理有限公司合作发行“工银耀莱成龙灵通卡”；与歌华有线合作开发电视缴费产品；成立中国工商银行名人理财俱乐部（北京），通过为影视明星、歌星、体育明星等社会名流客户群体提供个性化、专家级、全方位的尊崇金融与非金融服务，凝聚和发展名人高端客户等。

邀请行业专家举办“融入创意、激扬文化——影视融资座谈会”

二是大力支持文化产业走出去发展。借助工行国际品牌优势和全球网络优势，为支持重点文化企业“走出去”发展提供国际化贴身服务。工商银行全球网络分布广泛，业务范围覆盖亚太、欧洲、美洲；截至2010年，工行北京分行境外营业机构延伸至全球28个国家和地区，境外分支机构203家，与132个国家和地区的1453家境外银行建立代理关系，可协同国内众多网点机构的优势，为客户提供进口信用证、托收与代收、汇款等多种国际结算和国际贸易融资服务；凭借工商银行的海外影响力和广泛的客户资源，在支持文化企业实现“走出去”的过程中，内外联动，为企业提供各类信息咨询、结算、融资等一揽子国际化贴身金融服务，有力地支持了企业在国际结算、结售汇、采购原材料、设备进口及走出去发展等方面等的金融需求。

三是以签署战略合作协议的形式，深化双方合作领域，在更高层次进一步发展和密切银企合作关系。近年来，工行北京分行先后与中国出版集团公司、中国对外文化集团公司、北京歌华有线电视网络股份有限公司、央广传媒发展总公司、动漫集团等企业和机构签署全面合作协议，为推动工行北京分行与签约企业进一步密切合作，提供了重要机遇和合作空间。

四、与政府相关部门的合作

为全面提高对首都文化创意产业的金融服务水平，工行北京分行今年进一步加大与政府相关部门的合作力度，共同发挥各自优势，积极改善文化创意企业的融资服务环境，促进银政企合作水平再上新台阶。

一是于2010年与北京市文化创意产业促进中心（简称“文促中心”）签署《文化创意产业与金融资本对接战略合作协议》，共同致力于改善文化创意企业的融资服务环境，降低信贷市场风险，在构建产业担保体系、建立影视担保机制、金融服务咨询等领域深化合作，为符合条件的贷款企业优先享受北京市的贴息政策。通过打造辖内新兴现代服务业特色支行，每年为文化创意企业贷款提供100亿元的授信额度，支持优质文化创意企业、文化创意产业集聚区和重点文化创意项目集群建设，进一步拓宽对首都文化创意产业的信贷市场。此外，还与原崇文区政府签署全面战略合作协议，为“天坛文化圈”暨前门文化创意产业集聚区建设提供10亿元融资支持，与中关村科技园区雍和园管委会签署合作协议等。

二是加强与各级文化主管部门的工作联系，建立合作机制，共同探索落实金融支持文化产业发展的政策和途径方法。先后走访文化部、国家广电总局、新闻出版总署等国家文化管理部门，并与文化部建立了定期联系合作机制，被文化部指定为文化体制改革调研工作的首批重点联系单位；与国家广电总局共同开展《利用银行金融工具发展观点产业的实施政策和意见》课题研究。此外，参加由中关村科技园区雍和园管委会、国际版权交易中心、东城区金融服务办公室联合举办的“ICE版权金融俱乐部”，借助第三方力量发展开阔视野思路，探索讨论促进文化产业与银行金融资本对接的方式方法，促进金融支持文化产业发展等。

工行北京分行自实施拓展新兴现代服务业市场、进军文化创意产业的发展目标以来，下属的36家经营管理支行都已经有针对性地开展了大量的营销工作，储备了较多的客户资源，具有受理相关业务的资格和条件。同时，通过几年的营销实践探索，目前工行北京分行针对文化创意企业的产品体系较为完善，可以针对企业的经营模式以及不同发展阶段的资金需求，匹配相应的产品。今后，工行北京分行会继续发挥自身优势，在更大程度上实现对信贷支持文化创意产业发展的业务突破，全面满足各类文化创意优秀企业多层次、宽领域、高品质的金融需求。

助推创意产业发展与创意城市构建
——上海市创意产业协会

2005年8月，上海市创意产业协会经过近一年的筹备，召开了简朴而热烈的成立大会，正式宣告全国第一家创意产业协会诞生。这一消息经新闻媒体报道后的第二天，就有人主动找上门来，说要“寻找组织”。

为什么这样一个非营利性社会组织的出现，能迅速引起人们的关注？

2005年，整个社会对于创意产业的认识基本还处于一片混沌状态，在这样的状况下，上海市创意产业协会“横空出世”，多少有些出人意料。其实，这正反映了创意产业发展中的某些特点。

上海，是中国创意产业的先发城市之一。2004年前后，许多有识之士已经意识到创意产业必将在上海乃至全国可持续发展中发挥越来越重要的作用。然而，创意产业毕竟是个新生事物，它在理论上的界定尚不清晰，实践又往往是跨界的，客观上面临着诸多的政策壁垒。尽管如此，创意产业又确确实实在蓬勃发展着。面对这样的状况，通过成立社会组织的方式，把散落在产业和社会中的各类创意资源整合集聚起来，搭建交流平台，为创意产业发展建言献策，推动实践发展，便成为一种可行的选择，也得到了广泛的响应和认同。于是，上海创意产业发展较早地引入了社会力量，上海市创意产业协会应运而生，以“立足高端、搭建平台、整合资源、促进发展”为宗旨，旨在走出一条探索之路、奋进之路。

上海市政府对创意产业领域内的中介机构、行业组织采取了鼓励和支持的态度，并特别提及要发挥上海市创意产业协会的作用，认为协会是推进创意产业发展的重要的“软力量”之一。

政策环境有利于协会的发展，而一个社会组织要取得较大的影响力和话语权，还必须有自己的思想和灵魂。上海市创意产业协会由著名经济学家、全国政协副主席厉无畏任会长（当选时为上海市人大常委会副主任）。厉无畏是全国公认的创意产业思想理论界领军人。在他的领导下，协会不仅坚持不懈地为创意产业发展大声“鼓与呼”，而且组织专家学者较为完整地构建了创意产业理论框架体系，并为政府提供了大量推动创意产业发展的决策依据。

厉无畏会长在上海创意产业国际论坛发表主题演讲

随着对创意产业认识不断加深，协会自觉地把自身建设建立在这样的理论基础之上：

创意产业并不是传统意义上封闭的产业概念，具有鲜明的跨界特点，创意可以渗透到国民经济的各个产业，浸润于社会生活的各个领域，从而提升国民经济与社会生活的质量。

创意产业是知识经济条件下文化、科技、经济和社会各要素的融合与重构，它发现了文化的经济价值，强调把文化创意与科技创新的结合作为推动经济发展的引擎。

创意产业对于经济发展方式的转变具有重要的引领性作用，它对自然资源的消耗极少，几乎不产生污染，而人类的无限创意却使之产生着大量的新形态、新业态乃至新的生活方式。

创意产业的基础在于具有创造力的人才，而发展的根本条件是创新精神的高度弘扬以及鼓励公民创意、创造、创业的相关法律制度的完善。

知识产权体系对于创意产业的蓬勃发展，起着十分关键的作用，是创意产业健康运行的基本保障。

上海市创意产业协会从一开始，走的就是“跨界”而不是“划界”之路，会员单位包括创意企业、创意园区、研究机构、高等院校、传媒集团等各个类型，形成了“产”、“学”、“研”、“创”共生共融的生动格局。为了使协会既具有极大的包容性，又不致过于松散而失去行动力，协会还成立了18个专业委员会进行适当的集中分类，使协会建设日益呈现出百花争艳、百舸争流的蓬勃态势。

联合国全球创意产业研讨会在上海举行时，联合国官员曾明确指出，率先成立协会是上海发展创意产业值得借鉴的有效经验之一，也是上海实践中的重要组成部分。上海市创意产业协会创下过很多“第一”。如：编写出版了第一部全面阐述创意产业理论的专著——《创意产业导论》（厉无畏主编）；第一个主办全国创意产业论坛（2004年）；第一个与联合国相关机构签署发展创意产业合作意向书；推出了全国第一本创意产业杂志；第一个提出举办创意产业博览会设想；开通了第一条创意产业知识产权热线—（021）68865818。著名英国创意产业学者约翰·霍金斯，也是上海市创意产业协会聘请的国际顾问，而他在中国的“学术之旅”，正是通过与上海市创意产业协会的合作拉开序幕的。

众多的“第一”背后，是坚守与探求。短短六年，上海市创意产业协会伴随着创意产业的发展，不断取得辉煌的发展成就。

一、策划创意丛书，传播创意理念

在厉无畏会长的倡导和身体力行之下，依托协会集聚的理论界、文化界、教育界、企业界资源，上海市创意产业协会从成立之初就着手规划“创意产业系列丛书”，每年推出一批，至今已初具规模。《创意产业导论》、《创意改变中国》、《创意学概论》、《中国创意经济比较研究》、《创意产业知识产权管理》、《遭遇创意队》、《创意企业构想》、《游戏产业概论》、《名家谈创意》等系列丛书，既有前瞻性的理论著作，又有适合大众阅读的普及型书籍，从而把创意理念的传播覆盖到从专家学者到普通市民（包括青少年）的社会各阶层。

在策划“创意产业系列丛书”的过程中，上海市创意产业协会往往不拘一格，创意飞扬，有不少故事耐人寻味。比如，《遭遇创意队》的作者分别是约翰·霍金斯和当时年仅十三岁的中国少女赵荔。因为一个偶然的机会，赵荔结识了正在上海访问的翰·霍金斯。两人虽然有着国籍、年龄和文化的巨大差异，但一老一少第一

《创意改变中国》

《创意上海》

次交谈就非常愉快。会面结束时，赵荔提出自己很希望把霍金斯一部适合青少年阅读的著作翻译成中文，霍金斯欣然同意。但是不久之后，霍金斯就有了新的想法，提出要与赵荔合写一本创意方面的书。这一想法得到了上海市创意产业协会常务副会长孙福良的大力支持，当即将此书列入“创意产业系列丛书”编写计划。经过两年多的努力，《遭遇创意队》终于问世，该书出版后被誉为“理论演绎通俗独到，故事讲述异彩纷呈”。赵荔则获得第三届“中国创意产业年度大奖”优秀个人奖，在颁奖典礼上发表了“少年强，则中国强”的激情感言。

2010年正逢上海举办世博会，上海市创意产业协会连续推出了多本高质量的世博献礼书籍。

《创意上海》通过“创意园区”、“创意教育”、“创意人物”、“创意企业”、“创意根基”等五大篇章，以全景式的视角展开了上海文化创意产业发展的壮阔画卷，涉及内容之广泛与全面，为近年来反映上海创意产业的同类书籍所少见，极具说服力地揭示了世博机遇与发展创意产业之间的紧密联系。

《三毛&海宝话上海》，采用了诞生在上海的两个创意形象——三毛和海宝，从城市历史文化演变的角度，精彩解读了上海与世博会之间的深厚渊源。

《2010上海世博印象》，汇集了上海世博会所有场馆的外景照片，并将这极具有历史价值的“全家福”在中国宣纸上印制，从而让传统与现代进行永久的“对话”。

大型摄影纪实画册《人民世博》，其主编从上海申博成功的那一晚开始，便精心记录下与上海世博相关的点点滴滴，坚持近八年之久，收录十万个精彩瞬间，构成一部以民间视角呈现的世博史册。

二、组织创意论坛，紧扣时代脉络

上海市创意产业协会主办的上海创意产业国际论坛，至今已达七届。

首届论坛，“创意产业”一词还为国内绝大多数人所陌生，论坛旗帜鲜明地聚焦创意产业，开创国内创意产业论坛之先河。

2005年论坛，协会与联合国南南合作局联合举办，联合国教科文组织、开发计划署、贸发大会等七个国际组织与来自十六个国家的代表参会。联合国副秘书长安瓦尔·乔杜里亲自到会致辞。此次论坛率先开启了创意产业领域的高端国际交流及智库建设。

2006年论坛，关注创意人才。

2007年论坛，探讨创意城市。

2008年论坛，纵论世博机遇。

2009年论坛，畅想设计之都。

2010年论坛，勾勒“后世博”。

2011年论坛，则将围绕“创新驱动 转型发展”战略，展望创意产业的下一步态势。

在策划每届创意论坛主题时，协会总是紧随创意产业发展的步伐，捕捉最鲜活的脉动，因此被中共上海市委书记俞正声评价为一项高端化与品牌化的论坛活动。

上海市创意产业协会的另一项品牌——“文化创意产业名家论坛”，则不定期举办，邀请国内外创意产业顶级专家学者和企业界领军人物传播其学术思想和创意智慧，厉无畏、吴建民、张维为、花建等都曾登上过这一讲坛。

三、开展调研活动，提供咨询建议

厉无畏会长无论在上海还是在全国，都积极利用各种机会和场合，不遗余力地推进创意产业发展，真正起到了思想理论引领的作用。

王荣华执行会长作为全国人大代表，在近年来的全国“两会”上频频提及创意产业，呼吁政府为创意产业营造更好的发展环境。

吴建民先生在协会主办的文化创意产业名家论坛上作专题报告

2007年前后，由政府部门挂牌的上海创意产业集聚区风起云涌，短时期内达到近80家。由于园区质量良莠不齐，一时间引来纷纷议论。为此，上海市创意产业协会组织高校和科研机构专家力量，对全市挂牌的创意产业园区进行了全面调研，摸清上海创意产业集聚区的整体状况、发展经验和制约瓶颈，并在此基础上完成了《上海创意产业集聚区发展瓶颈及对策研究》，其中提出的整顿措施和政策建议，得到相关部门的高度重视。

与此同时，协会还圆满完成了多项由区县政府、企业集团委托的调研课题，如“杨浦区创意产业现状与发展方向”、“张江集团文化创意产业调查及建议咨询”等。

随着创意产业在全国各地蓬勃兴起，协会分别与与北京、天津、深圳、重庆、西安、苏州、常州、嘉兴、义乌、芜湖、铜陵、宣城、南平等地开展了创意产业交流活动，在创意产业政策咨询、园区建设、人才培训等方面与当地政府展开密切的合作。

个人会员承担的各层次各类别的创意产业相关课题，也在信息、调研、咨询等方面得到协会的支持，享受到协会在资源配置上的便利。

四、推动创意活动，营造创意氛围

厉无畏会长对于创意产业的发展阶段作过这样的阐述：第一阶段发展若干重点领域，如网游、动漫、影视、设计、策划咨询等；第二阶段，创意成果被广泛应用到经济领域，并作为要素投入到其他产业，构建创意产业链，实现产业融合发展，推进更广泛领域的经济创新；第三阶段，创意成果从经济领域扩展到整个社会，整个社会充满创意的氛围，市民的创意热情得到充分鼓励，创意潜能极大发挥，其创意成果又不断丰富着社会生活，彰显城市创造精神。

这一理念，激励着上海市创意产业协会通过各种途径与方式，活跃社会创意氛围，提升全民创意意识，推动上海不断向着创意城市的目标迈进。

上海世博会主题馆，承担着演绎世博主题的任务，须接待大量的国内外重要嘉宾。主题馆文化创意配套建设，不但要求组织者有较高的艺术鉴赏力，还要善于与艺术家进行沟通与协调。上海市创意产业协会主动承担了这一任务，在很短时间内，迅速组织国内外艺术家创作和提供了一批价值极高的原创精品。这些高端艺术精品五彩斑斓、风采各异，相当一部分都是市场价值难以估量且很少在公众场合展示的名作。如旅美画家徐健国精心创作的《申城新瑞图卷》，长达6.06米。画面从摩天楼高耸的浦东陆家嘴到经历多次变迁的人民广场，从新旧交错的静安寺、高楼林立的虹桥开发区再到市郊的大观园，构成了一幅生动而连绵的城市场景。图卷中还出现了部分已经在现实生活中消失的上海老建筑，堪称“当代《清明上河图》”。通过协会的组织、认证、推荐及担保，这批文化艺术精品佳作走进了主题馆贵宾区，为这一世界文明盛会增添了中华创意之美，得到了世博嘉宾的广泛赞誉。

世博会的举行，极大地激发了市民中蕴藏的创意潜能及热情。怀着把这种潜能转化为创意城市建设持久动力的梦想，协会主办的“市民生活创意作品大赛”，向广大市民吹响了创意“集结号”。此项活动推出后，社会反响热烈，在不到两个月的时间里共收到参赛作品数百件，年龄最大的参赛者已是80多岁高龄，而最小的才刚满10岁。参赛者们纷纷冒着罕见的酷暑，送来自己精心制作的创意作品。其中，整体节能浴室、皮革嵌青花瓷文具、LED通用照明灯、功能帽系列等作品，都以巧妙的生活创意，体现了广大市民热爱生活、热心环保，在艺术化与低碳化中追求美好生活的理念。

获得"中国创意产业最佳园区"称号的"东南东"文化创意产业园，是上海市创意产业协会会员单位。如今，走进"东南东"，就可以看见一道绚烂的风景线——色彩斑斓、形态各异的十二生肖大型彩绘。十二生肖是中国传统文化中的重要组成部分，至今仍活跃在现代人的意识和生活中。鼓励年轻人用蓬勃的创意为古老的十二生肖文化注入新的活力，赋予新的内涵，设计出具有时代特征的时尚生肖系列作品，是协会主办"东南东"长三角高校生肖创意设计大赛的宗旨，而这一生动活泼的主题吸引了上海戏剧学院、复旦大学上海视觉艺术学院等众多高校学生前来参赛。选手们现场PK的比赛方式既富于悬念，又充满美感，而获奖作品也将被陆续开发为精美实用的时尚创意衍生品，走上符合创意产业规律的产业化、市场化道路。

举办创意设计大赛

五、支持创意企业，注入发展活力

协会是一座桥梁、一条纽带，而会员单位正是通过这座桥梁拓展了发展空间，通过这条纽带连接了产业链上的各个环节。

在百年世博梦圆的时刻，上海市创意产业协会广大会员单位都有着为世博尽一份力的真诚愿望。协会因势利导，牵线搭桥，圆了不少企业的“世博梦”。康泰实业有限公司的中医文化科技按摩椅、子墨集团的“汉语软件和茶文化”、龙胜紫龙玉材技术开发有限公司的紫龙玉雕都在世博会上大放异彩，展示了中华文化与现代科技融为一体的创意成果。上海世博会上出现的中国民营企业联合馆，树起了中国民企的一座时代丰碑，反映了民营企业的“创意觉醒”，而民企馆正是由协会副会长郭广昌旗下的复星集团领衔，联合国内十多家知名民营企业共同建设的。

龙胜紫龙玉材技术开发有限公司，发展正处于关键时期。协会领导亲自率领由策划、工艺设计及金融投资等方面专业人士组成的团队专程前往企业考察，为企业出谋划策，提出的方案涵盖了材料开发、创意设计、融资渠道等整条产业链，使企业的收获大大超出其预期。

时尚生活中心集团，由香港企业家黄瀚泓创办。集团打造的8号桥创意产业集聚区，已成为上海乃至全国的创意地标。2010年初，中共中央总书记、国家主席、中央军委主席胡锦涛亲自来到8号桥考察，并就创意产业发展作了重要讲话。上海市创意产业协会派团访问香港时，特邀黄瀚泓作为代表团成员，进一步密切了沪港两地的创意产业交流与合作。在8号桥大获成功的基础上，集团又在江南水乡朱家角开发了国际创意SOHO新市镇——“水都南岸”，而协会则以主办“南岸市集”、推出“艺术名家与未来名家作品展”等方式，为“水都南岸”注入了丰富的文化内涵。南岸市集占地12000多平方米，汇聚了国内外220多家创意店铺，游客可在其中寻获各类低碳创意产品，令许多时尚青年乐在其中。

六、探索创意教育，鼓励青年人才

创意人才，是创意产业最宝贵、最核心、最紧缺的资源。

2010年金秋时节，协会主办的一场名为“周诗元现象及创意人才培养”的研讨会，把目光对准了一个年仅22岁的创意青年。周诗元，出生于上海一个艺术家庭，从小喜爱摄影艺术，近年已先后举办“蹈光揖影”、“慧缘意向”等个人作品展，是一位引人注目的青年摄影家。除了独具特色的摄影艺术之外，他还主持了多个建筑项目的设计，在北京创办了自己的艺术产业，而这位年轻人却在国外读大学二年级时便主动退学，开始了其创业历程。

举办周诗元现象及创意人才培养研讨会

对于这样一个颠覆传统观念的创意人才，上海市创意产业协会敏锐意识到，他的身上有诸多需要认真破译的“密码”。王荣华执行会长指出，上海要得风气之先，最重要的还是人才上的率先以及环境建设上的率先，这需要我们大家努力。周诗元是一朵火花，而要成为绚丽的烟火，那还需要很多的火花。我们如果把一朵朵火花汇聚起来，就能成为一片绚丽的烟火。这个“汇”起来、“聚”起来的工作，像协会这样的社会组织要多承担一些。孙福良常务副会长认为，创意人才应具有全球化视野和多元化文化背景，创意人才的培养需要不断拓展国际合作之路，同时也要坚持自身的文化传统；创意人才的培养需要从基础教育开始改革僵化的教育体制，充分尊重人在成长早期就体现的个性自由及其兴趣才能；创意人才不仅要培养，更要着眼于发现，创意人才只有得到发展的机会和平台，才有可能发挥自己、展现自己、完善自己。2011年，《美丽的颠覆——周诗元现象与创意人才培养》一书，作为“创意产业系列丛书”中的一本编写出版，全书收录了著名作家白桦、上海戏剧学院院长韩生、钢琴艺术家鲍蕙荞等人撰写的文章五十多篇，把“周诗元现象”视为一个“美丽的颠覆”。

上海市创意产业协会结构体系内，有多所高校作为创意人才培训基地，并在协会整合下形成创意教育联盟，使探索创意教育的氛围日趋浓厚。

位于昆山花桥的硅湖职业技术学院，在上海市创意产业协会的帮助下，设立了文化创意产业学院，与毗邻的“东南东”文化创意产业园形成了“双子星”效应，园区、校区、社区之间，通过协会的联动，逐步在功能上融为一体。

不久前，又有一个好消息传来。上海著名昆曲演员张军，被联合国教科文组织授予了

协会打造产学研创意基地之一“东南东创意园”

“和平艺术家”称号。张军与上海市创意产业协会保持着密切联系，并十分感怀在协会以及母校上海戏剧学院创意学院得到的创意洗礼。

七、完善专委会建设，多方显现活力

上海市创意产业协会的专业委员会，是协会建设的重要支撑，他们的风采同样值得记取：

商业房地产专业委员会积极探索文化创意与地产开发的有机融合。其参与建设的复地集团四季广场，是集创意办公、餐饮休闲、创意零售、教育培训为一体的创意综合体。

创意儿童专业委员会参与举办了一系列儿童创意活动及展会，如儿童创意嘉年华、上海幼教展、儿童创意开发训练等，促进了儿童创意产业的发展。

城市景观专业委员会完成了世博会项目——“黄浦江两岸沿岸灯光景观”设计、“世博会主题馆贵宾厅‘和’字雕塑”设计制作、“南昌市赣江东岸亮化工程”等一系列重要项目。

新媒体专业委员会主任单位德必国际集团，是专业的创意产业集聚区开发和运营公司之一，集创意产业集聚区的投资、设计、建设、招商、运营、平台式整合创新服务为

协会领导考察复地四季广场

协会城市景观专业委员会设计的“流星雨”创意景观

一体。目前已成功开发法华525创意树林、易园、运动LOFT创意基地、哈库1933、徐汇创意阁，虹桥525等六个创意园区，开发运营创意园区的数量和面积均在上海位居前列。德必关注中小创意企业全方位的需求，开辟了“德必创意企业服务中心”，推出了七大增值服务：基础人才服务、投融资服务、基础法律和政策服务、企业管理咨询服务、财务管理服务、品牌推广服务、产业资源配置与高层交流等。

面对未来，上海市创意产业协会既充满信心，更有着理性的思考。我们不妨来倾听协会领导集体对上海创意产业下一步发展所发出的声音：

1.建立联动机制。

在上海市文化创意产业领导小组的指导下，建立一个跨部门、跨领域、开放式、具有专业权威性的指导与服务的总体协调机制，面向政府机构、非政府民间组织、企业和个人，形成广泛汇聚社会资源、分工合理、功能互补的协同系统；面向产业链各端、海内外各地，形成广泛持久的供需衔接、合资合作和互动融进的良性循环局面。

2.完善社会服务体系。

加强创意知识产权的法律规范体系；提供形式多样的质量标准化的公共服务平台；成立众多可纳入资本市场监管的创意产业基金；形成适应创意产业特殊需要的会计准则、财务规范和评估标准；推行在工商行政、社团管理、税收、信贷、进出口检验等方面支持和保障创意产业健康发展的政策配套机制。

3.革新创意教育。

加强学龄前儿童家庭教育的创意意识，在方式方法上予以引导；改革中小学教育的教材与教学方法，加强艺术教育的比重；建立各种面向不同人群的创意人才培训基地；发展多样化的创意训练课程；鼓励各种企业和各级行政部门设置内部的创意开发研究机构；建立全市性乃至面向全国及国际的创意作品与创意人才的评比、表彰机制。

4.发展中介服务。

把创意产业协会等非营利性中介服务组织，在以购买服务的形式，在财政预算上给予一块稳定的资助，以保障其维持公益服务的开支所需；适当引导各种非营利性和营利性中介服务组织，将前者纳入功能分工交叉与互补的格局，将后者纳入有序合作竞争的轨道。

从创意产业到创意经济，再至创意社会，上海和全国要走很长的路，而这条路上将布满上海市创意产业协会的足迹。

（方军）

助推“工业常州”变身“创意工厂”——常州创意产业基地

创意产业就是把科技、文化和智慧相结合，通过知识产权的生成，创造经济效益的新经济形式，它是运用创造性智慧进行研究、开发、生产、交易的各种行业和环节的总和。据有关资料显示，全世界创意经济每天创造300亿美元的价值，创意产品贸易在国际贸易额中所占比重已达10%以上。纵观全球，发达国家的众多创意产品、营销、服务吸引了全世界的眼球，形成一股巨大的创意经济浪潮。

创新是创意产业的根本特征，其创新活动覆盖科技创新、制度创新、管理创新等一切创新领域。从产业属性看，创意产业是一种特殊的服务业，引领着其他服务业发展的潮流和方向。发展创意产业既可直接提高服务业水平，也可间接推动科技创新，因此，世界上众多国家和地区都将创意产业作为经济转型的“主引擎”。当今中国正处于经济转型的关键期，经济发展方式由投入驱动向创新驱动转变，经济结构由制造业为主向服务业为主转变，是经济转型的两大任务。在这种大环境下，大力发展文化创意产业成为我国转变经济发展方式的必然选择。

近年来，北京、上海等国内主要城市都大力发展创意产业并取了积极进展。而作为一座具有2500年历史的文化古城——常州，处于美丽富饶的长江金三角地区，与苏州、无锡联袂成片，构成以经济发达而著称的“苏锡常”地区，具有优越的地理位置优势，是长江下游金三角地区重要的中心城市之一。20世80年代，常州曾是全国知名的“工业明星城市”，但资源瓶颈决定了常州不能继续走资源消耗型、劳动密集型的传统制造业之路。因此，大力发展文化创意产业，使常州从“工业明星”变身为“创意工厂”，这不仅是常州经济转型的有效路径，也充分发挥了常州历史文化底蕴深厚的优势。

一、横空出世顺时势

近年来，常州市委、市政府高度重视创意产业发展，出台了一系列优惠政策。2008年9月，常州市创意产业发展领导小组正式成立，统一协调指导全市创意产业的发展。常州市、常州高新区(新北区)两级财政将共同出资成立专项资金，自2009年起5年内，每年安排5000万元用于扶持创意产业发展。作为国内发展软件和动漫等新兴创意产业起步较早的城市之一，常州在园区建设和产业发展方面都取得了较快进展。

2008年12月，市委、市政府全面整合常州国家动画产业基地、国家数字娱乐产业示范基地、国家火炬计划软件园、环球恐龙城等相关产业园区，成立了常州创意产业基地。规划建设中的常州创意产业基地可以用“1115”进行概括。即1个动漫之核：中华恐龙园主题公园；1轴：东经120时光大道；1环：一条环绕基地的水上生态旅游线；5片：教育培训板块、动漫软件产业研发板块、主题公园板块、国际社区板块和休闲体验板块等5大功能区域。常州创意产业基地规划建设8平方公里，围绕“创意产业”、“主题旅游”、“时尚居住”三大核心职能，融创意产业孵化、休闲旅游、文化消费、生态居住为一体，定位为长三角一流的宜业、宜居、宜文、宜游的生态文化创意产业集聚区。

基地现已聚集各类创意企业400多家，从业人员近20000人。其中，经省认定的软件企业130余家，有70余家通过CMMI3级认证，拥有自主研发的软件产品370只。年产动画片能力10000分钟以上，已在国家广电总局立项的原创动画题材达116部。29部作品荣获了包括“全国动画精品”一、二等奖，“华表奖”，“白玉兰奖”，“美猴奖”等一批国家级奖项在内的50余个奖项；8个项目与国外开展了合资合作，12个动画项目签订了国际服务外包协议。精品数量和比例名列江苏省全省第一。

入驻常州市创意产业基地的企业除享受国家、省级各类优惠政策以外，常州市还专门出台《关于鼓励和扶持创意产业发展的若干意见》（常政发〔2008〕184号）、《关于加快引进领军型海归创业人才的实施意见》（常政发〔2007〕163号）等政策，将对经认定的重点创意企业或项目、公共服务平台、中介服务机构、创意产业专业园区等在以下方面给予扶持：房租减免、税收地方留成部分奖励、服务外包奖励、销售收入奖励、动画电视电影播出奖励、人才培训补贴、高层次人才创业资金扶持、上市奖励。政策规定：无论是国内外知名创意企业在基地设立总部或区域总部、研发机构或生产基地，还是新办创意企业租赁基地内的研发和办公用房，均给予一定的资金扶持和优惠；鼓励本地高等院校、民办教育机构、国内外知名专业培训机构和企业开展创意产业人才教育、培训。凡在经认定的创意产业人才教育培训机构培训后取得专业资格证书，并在基地内企业就业的，给予一定的培训费用补贴；鼓励贷款担保机构为创意企业提供贷款担保，担保期在一年以上的，在享受市政府相关扶持政策的同时，由基地管委会按照担保总额1%的比例奖励给担保机构，最高奖励额度每笔不超过50万元。

常州创意产业基地取得了一系列骄人成绩，并获得国家等各级授予的品牌称号。基地先后被国家文化部命名为“国家文化产业示范基地”、“国家数字娱乐产业示范基地”，被国家科技部命名为“国家火炬计划软件产业基地”、“常州国家现代服务业文化创意产业化基地”，被国家广电总局命名为首批“国家动画产业基地”，并荣获“中国最佳创意产业园区”、“中国十佳最具投资价值创意基地”、“中国最具竞争力数字娱乐产业基地”、“中国产业集群品牌50强”等称号。

常州创意产业基地的成立，标志着常州创意产业发展到了一个崭新的阶段，它将承载起“传承常州历史文明、创意点亮未来经济”的重任，全力助推常州这座工业城市向创意工厂的华丽转身。

二、特色产业做支撑

常州创意产业基地重点发展软件、动漫、网络游戏、手机游戏、移动互联网应用、设计服务、国际服务外包、创意旅游等产业，形成了产业链完整的软件、动漫、游戏、创意旅游产业集群。

（一）软件产业

基地现已集聚通信软件、医疗软件、管理软件、工业控制软件、移动互联网应用、软件服务外包、电子商务服务类企业250余家，从业人员1万余人。截至2010年12月，经认定的软件企业169家，通过CMMI3级认证74家，通过ISO27001认证35家，省重点服务外包企业11家，“高新技术企业”31家，自主研发的软件产品465只。汇聚了日本冲电气（OKI）株式会社在中国最大的研发中心、国家规划布局内重点软件企业——冲电气软件（江苏）、中国最大的GPS导航软件提供商之一——江苏新科软件、中国最大的通信应用软件系统开发商——联创科技、江苏省最具规模的信息外包服务商——泛亚集团、中国首个外贸营销解决方案提供商——四海商舟、“中国互联网创业先锋”——化龙巷、用友软件江苏研发基地——星北软件等一批领军企业。

（二）动漫产业

基地现拥有动漫企业100余家，从业人员4000余人，构成了从动画剧本、原创动画、原创漫画、动画配音，到图书音像出版、新媒体动漫、动漫衍生产品生产与销售的完整的产业链。基地原创动画片年生产能力10000分钟以上，至今已完成51部动画片、7部动画电影，16部动画片在中央电视台播出，4部动画电影全国公映，17部打入欧美、中东、东南亚市场，43部作品荣获“国家动画精品一等奖”、“星光奖”、“华表奖”、“美猴奖”、“白玉兰奖”、“金龙奖”、国际家庭电影节“外国电影最佳教育片奖”、戛纳电视节“contents 360征集展第一名”等90余个国际国内知名奖项。涌现出《炮炮兵》、《恐龙宝贝之龙神勇士》、《小卓玛》、《晶码战士》、《浩昊文字国历险记》、《小虫三宝》等一批原创品牌。

在商务部、文化部、广电总局、新闻出版总署、中宣部、财政部公布的“2009—2010年度国家文化出口重点企业和重点项目”中，常州5家企业和5个项目占全省动漫出口企业和项目的70%以上。在2009年度全国首批认定的百家动漫企业中，江苏15家全部被基地企业包揽，占全国的15%；在2010年度全国首批认定的35款重点动漫产品中，江苏3款全部出自基地。在2010年度全国18家重点动漫企业中，江苏2家再度被基地囊括。

晶码战士海报

（三）游戏产业

2009年6月，中国文化部和韩国文化体育观光部在常州召开“中韩游戏产业合作协调

国家级中韩游戏人才培训基地

机制第一次会议”，将常州设立为全国唯一的中韩游戏人才培训基地，常州市与韩国文化产业振兴院签订了《中韩游戏产业人才培训合作备忘录》，由韩方派驻资深游戏培训师资，通过开设在线或离线教育课程的形式，合作培养高端游戏人才。首期中韩游戏人才培训班已经顺利结业，学员全部实现就业。同时，引进韩国知名游戏企业入驻，并拓展文化产业其他领域的交流与合作。凭借中韩两国文化部的支持，基地游戏产业蓄势待发，以盛大网络创始人之一——朱威廉为代表的一批行业领军企业家创办了暴雨信息、嘉联互动、金刚、盛轩、畅游、璇玑、太天、炮炮兵、永继网络哈酷那等网络游戏和手机游戏企业。嘉联互动的“天命Online”、金刚网络的“王者大陆”、盛轩的“舜命诀 Online”、畅游网络的“达利特”、璇玑网络的“仙尘Online”、太天网络的“封印之剑”、同乐的“宠物大战”、华盛的“天宫 Online”、酷玩

炮炮兵

乐的“酷玩三国”、炮炮兵的“给我炮炮”、永继网络的“玉之魂”、哈酷那的“哈酷牧场”等30余款网络游戏和手机游戏已经或即将上线运营。

（四）创意旅游产业

基地核心区环球恐龙城，是国家5A级旅游景区，拥有中华恐龙园、恐龙谷温泉、恐龙城大剧场、香树湾花园酒店、三河三园都市亲水之旅等休闲旅游单元，年接待游客400万人次，名列全国创意旅游前茅。在建的全新游憩型商业街区——迪诺水镇，包括创意会展中心、主题购物街市、休闲美食街市、迪诺码头等。这里将有全球最高观光塔、IMAX巨幕影院等全新项目体验，还有水上彩船和陆上花车巡游等免费情境体验。借助主题公园这一独特的产业资源，常州创意产业基地整合基地上下游企业，成立了恐龙创意产业联盟，实现动漫元素与旅游资源的嫁接，增强其线下的互动体验、衍生运作，围绕“形象——内容——渠道——体验——衍生”这条创意旅游产业链，做大恐龙经济，打造世界恐龙文化体验基地。

三、“常州模式”树标杆

近年来，在中央领导、国家部委的亲切关怀下，在江苏省委省政府和常州市委市政府的正确领导下，在全市各有关部门的大力支持配合下，常州文化创意产业发展欣欣向荣，逐步走出了一条独具特色的发展道路。李长春、刘淇、俞正声、李源潮、陈至立、严隽琪、厉无畏等党和国家领导人先后视察常州创意产业，对常州动漫、游戏产业的发展及中国（常州）国际动漫艺术周给予高度肯定。

从2004年至今的短短7年时间内，常州创意产业基地从零起步，经历了凤凰涅槃，最终形成了标杆式的“常州模式”，并愈发受到全社会的广泛关注。

（一）打造立身之本，精品原创能力提升

常州发展动漫产业不片面追求分钟数，始终把培育原创精品作为产业发展的立身之本，常州紧紧抓住动漫原创这一龙头，以原创铸精品，以精品塑形象，以形象促衍生。网络动漫《炮炮兵》、电视动画《太空足球》和手机动漫《佩佩小猪》被认定为“国家重点

动漫产品”，《小卓玛》一举囊括“国家动画精品”一等奖、“星光奖”、“美猴奖”等10余项知名奖项，《浩昊文字国历险记》从好莱坞捧回第十五届国际家庭电影节“外国电影最佳教育片奖”，《恐龙宝贝之龙神勇士》、《水木娃娃之童画乐园》、《饼干警长》、《经济学园》等近20部动画片被评为“优秀国产动画片”。

（二）拓展国际渠道，海外市场销售渐旺

法国戛纳电视节、韩国春川动漫节、日本东京动漫节、香港国际影视展……到处可以看到常州动漫的品牌输出、展示，22部拥有民族文化内涵的动漫、游戏作品，先后打入欧美、中东、东南亚市场。5个项目被商务部、文化部等部委联合认定为“国家文化出口重点项目”，领跑全国动漫业。以常州运河水乡文化和古建筑为背景的动画片《果然一町》，尚未制作完成就与意大利、西班牙、新西兰、马来西亚等20多个国家签订了预售合同；三维动画片《小虫三宝》目前已在法国、澳大利亚、新加坡等多国热播，海外播映权收益超过200万美元；江苏久通动漫产业有限公司凭借手机动漫和手机游戏项目《佩佩小猪》的内容创作，成为日本最大的移动电话公司NTT DoCoMo公司的合作伙伴，项目出口额达180多万美元。

（三）突出产权交易，产业链条日益完善

自2004年以来，中国（常州）国际动漫艺术周作为江苏省唯一的动漫节展，以动漫、游戏产品为核心，突出动漫、游戏全产业链，寻找并不断探索一条让动漫、游戏企业活下去、“俏”起来之路。中国（常州）国际动漫艺术周已经连续成功举办了8届，完成了从最初的博览展示向动漫产品产权交易的成功转型。2009年，“动漫艺术周”被江苏省委、省政府列为全省文化建设三大信息交易平台之一，2010年成功获得主办规格的提升，由国家文化部与江苏省人民政府共同主办。

按照努力打造成为中国动漫的“广交会”的总体目标和要求，中国（常州）国际动漫艺术周初步建成了集动漫产业要素交易和产业信息交流于一体的综合性平台。从2007首次举办动漫产权产品交易会以来，艺术周已经连续三年举办交易活动，交易成交量连年倍增，2007年，有31个项目签约，交易签约额达5.2亿元；2008年，有47个项目合作签约，交易签约金额达16亿元；2009年，有63个项目合作签约，交易签约金额达21.8亿元；2010

年，有86个项目合作签约，交易签约金额达26.8亿元。

动漫产品产权交易已经从动漫艺术周“港湾”启程远航。这一举措，让中国（常州）国际动漫艺术周日益迈向国际化、专业化、产业化。

（四）搭建服务平台，产业服务不断优化

从2005年至今，常州创意产业基地陆续搭建了主题公园衍生产品销售平台、CNITO国际服务外包平台、国内外会展服务为中心的市场推广平台；以7家基金公司为主体、规模达26亿元的园区投融资平台；以中韩游戏人才培训基地为中心的人才服务平台；以“知识产权巡回法庭”为核心的版权保护平台；此外，在国家文化部、科技部和江苏省政府的扶持下，投资组建了国家二维无纸动画技术公共服务平台、国家级中韩游戏人才培训基地、3D数字技术公共服务平台、省级创意产业技术开发公共服务平台，创意文化产业产学研联合创新服务平台、软件外包测试平台、影视动画制作技术公共服务平台等。

为了推动服务的升级，2008年底，常州与全国创意产业起步最早的上海徐汇软件基地合作，引进其服务团队，为常州创意基地企业提供“妈妈式服务”，形成了从创意研发到制作生产、从衍生开发到市场打造、从融资到销售的一条龙服务体系。

（五）下游反哺上游，盈利模式逐步清晰

常州注重挖掘动漫产业与出版、玩具等传统产业的链接，通过下游市场反哺上游生产。常州银河动漫公司原创的130集科幻动画片《晶码战士》，在制片的前期就启动了图书音像及玩具的开发，该片在央视播出的同时，配套的图书玩具同步上市；常州恒鑫包装彩印注资3000万元，与春晖动画共同打造《果然一町》项目，是常州民营资本与动漫产业成功嫁接的典型案例。

相较于国内其他城市，常州发展动漫产业还有一个独特的资源——中华恐龙园。紧紧抓住恐龙主题公园这一特色，围绕“形象——内容——媒体——体验——衍生”这条动漫旅游产业链，常州走出了“动漫+旅游”的特色化发展之路。恐龙园文化创意有限公司原创的主题动画片《恐龙宝贝之龙神勇士》，2009年至2010年三度央视热播，并在全国上百家省级、市级电视台轮番播出，由此围绕其开发的衍生产品达200多种。依托中科院和常州创意产业基地的资源，中华恐龙园目前还在实施“恐龙复活计划”。旅游嫁接动漫元素，丰

富了主题公园的文化内涵，打破了旅游景区单一依靠门票收入的盈利模式，动漫企业通过嫁接旅游元素，增强了其线下的互动体验和衍生运作，拉长了动漫形象的生命周期。

（六）组建产业联盟，抱团升级步伐加快

为了发挥基地产业上下游企业集群化发展的优势，基地先后组建了动漫、游戏、信息化产业联盟，今年年初还由中华恐龙园牵头，组建成立了“恐龙创意产业联盟”，不久的将来，一个辐射动画片、漫画、电影、游戏、舞台剧、图书音像、服装玩具、主题演艺、主题环艺、主题游乐等各种文化产品的立体的恐龙经济模式，将让恐龙文化渗透到社会生活的各个角落，“世界恐龙文化体验基地”的版图正跃然呈现。

（七）加强产业内联，产业助推力度增强

动漫与游戏，核心都在于文化创意，彼此之间有着天然的联系。从动漫作品改编成游戏，或从游戏改编成动漫作品是国际上通行的方式。作为首批国家动画产业基地和国家数字娱乐产业基地，经过几年的发展，常州集聚了相当规模的动漫企业，集聚了一大批高端产业人才，也培育了一批在国内具有一定影响力的动漫品牌，让动漫产业投入游戏产业盈利，也成为常州动漫业发展的必然需求。常州抓准了这一产业特点，利用游戏产业与动漫产业的关联度，依托动漫产业在全国的先发优势，使动漫产业链向游戏领域延伸。

（八）注重人才培养，发展活力日趋旺盛

创意产业的关键在于人才，基地致力于为入驻企业解决各类人才需求。先后与27所国内知名高校建立实训基地，培养各类专业技术人才；由中国文化部和韩国文化体育观光部设立的全国唯一的游戏人才培训基地，为基地的网游研发和运营企业培养高端人才；常州科教城培训中心，拥有包括艺术设计、动漫、计算机网络等14个大型实训基地；常州创意人才培训中心，以动漫制作、创意设计、软件研发、网络技术等专业培训为核心，每年培养各类创意人才上千人。

（九）出台政策奖励，扶持力度持续增加

为扶持动漫、游戏企业的成长，常州市政府专门制订并实施了《关于鼓励和扶持创意产业发展的若干意见》，设立了动漫、游戏企业“销售创效奖”、“动画电视电影播出奖”、“服务外包上规模奖”、“重点项目配套奖”等若干奖项。不论企业作出何种贡献，创造何种业绩，均能得到与之相应的褒奖；所有入驻基地的企业，均可在用房、租金、税收等方面享受政策的优惠。此外，常州还组建了园区投融资平台，经过引导，包括赛富、德丰杰、英菲尼迪等全球知名的风投资金都集中在创意产业基地。基地希望通过政策和市场机制，吸引社会资本和其他资本进入游戏产业，助力企业顺利发展。

四、未来规划展宏图

今后，为进一步加快常州市创意产业的培育和发展，常州创意产业基地稳中求变，不断创新运行机制，加快国家动画产业基地、软件园与环球恐龙城的融合，优化组织架构和资源配置，走企业化、市场化运作模式，促进创意产业的培育和发展。为此，基地将重点在六个方面寻求新突破。

（一）以载体建设为推力，做实产业发展基础

全面完成创意软件园区、创意数码港、创意教育中心和创意120产业带等四大园区建设，形成100至120万平方米的产业用房规模；完成基础设施和生活设施配套建设，创造宜居、乐业的生态环境。

（二）以招商引资为龙头，构架特色产业集群

软件业，在继续做大软件服务外包、嵌入式软件业的基础上，重点突出医疗信息化、电子商务、通信服务等新兴门类的拓展；游戏业，以中韩游戏

中国（常州）国际动漫艺术周

人才培训基地的契机，加大韩国知名网游企业的引进，吸引国内规模网游企业入驻；动漫业，在着力培育原创精品的基础上，大力发展动漫服务外包和新媒体动漫。以企业培育为重点，构筑产业发展优势。通过重点引进大企业和大项目，实现产业整体水平的大提升；加大对基地内成长型企业的培育力度，打造一批上市企业，助推产业集团化、规模化发展；积极开发和培育具有国内、国际竞争力的创意品牌，以品牌产品打造品牌企业；积极创建基于产业链的创意产业战略联盟，加快产学研合作；进一步建立和完善标准化服务体系，以服务管理的新提升促进企业新跨越。

（三）以“艺术周”为平台，强化服务产业功能

依托部、省主办动漫艺术周的契机，充分发挥国家级展会平台的优势，全力将“中国（常州）国际动漫艺术周”打造成为动漫界的“常交会”，着力建成“四个中心”，即展示中心、交易中心、生产中心、推广中心。

（四）以产业融合为方向，加快产业链打造

加快推进基地内外的对接合作，强化自主创新，优势互补，促进创意产业之间以及创意产业与装备制造业、新媒体业等产业的深度融合，形成创新业态，延长产业链条。

（五）以人才建设为基础，增强持续发展的后劲

一是大力引进高层次领军人才、海外先进技术研发团队；二是做实人才培养，引进国内外知名专业办学机构，利用市场化导向培养专业化、实用型人才；三是加强校企联合。

经济奠基文化，文化推动经济，文化与经济相融合产生的竞争力，正在成为一个国家最根本、最持久、最难以替代的竞争优势。现代世界经济发展也表明，发达程度越高，文化产业支柱性作用就越明显，对经济增长的贡献就越大。

在短短几年时间里，常州市的创意产业完成了从无到有、从小到大、从弱到强的完美蜕变，领全国风气之先，呈现出蓬勃发展之势。未来，常州创意产业基地将进一步优化空间布局，完善提升产业链，促进常州创意产业的繁荣和发展，使常州处处焕发出创意的生机和活力。

纯粹的全媒体生态国际产业园
——星光影视园

北京向南，临近地铁四号线大兴线、京开高速、南五环路，坐落着目前国家广播电影电视总局批复的唯一一个国家级电视节目制作基地——中国星光电视节目制作基地星光影视园。走进园区公共节目制作区，6个大型演播室热闹繁忙，可以看到央视的《星光大道》、《我要上春晚》、《感动中国》……也可以看到广西台的《时尚中国》、天津台的《非你莫属》、广东台的《乐拍越高》、安徽卫视的中秋晚会……可以看到某个名导执导的电影的开机仪式，也可以看到某公司栏目剧组在录制样片。专业的设施和技术服务，完善的综合配套，每年约1200场节目的制作量和年逾10万观众的接待量，让星光影视园公共节目制作区享誉电视圈。

一、腾空出世，光耀京师

以公共节目制作区为中心，往南，是入驻了包括CSPN中国体育联播平台在内的160余家传媒企业的独立节目制作区；往东，是集餐饮、住宿、会务、休闲于一体的四星级综合配套服务中心——星光梅地亚酒店中心；往西，是新华社新华网和黑龙江台北京研发制作中心入驻的传媒机构聚集区；以北，是将在2011年正式启动的15万平方米新媒体大厦创意MALL。

一直以来，星光影视园都是以构建产业平台、提供专业服务、吸引产业聚集为发展方向，以建成国内最大的媒体创意生产集聚区，为传媒创意人群提供展示才华、孵化创意、实现梦想的专业“舞台”为目标，并为传媒生产企业和服务企业提供培育客户、共享创意成果的最佳途径！

星光影视园由北京星光拓诚投资有限公司投资兴建，始建于2005年，是目前国内最大

中国北京星光电视节目制作基地揭牌仪式

新化网产业园区

的电视节目制作基地，园区2006年列入国家新媒体产业基地重点园区，2009年底被国家广电总局批复为国内唯一的电视节目制作基地——中国星光电视节目制作基地，2011年列入《北京市国民经济和社会发展第十二个五年规划纲要》及《北京市“十二五”时期人文北京发展建设规划》重点支持园区。

星光影视园立足于为传媒节目制作提供全方位专业服务这一理念，打造了节目制作、卫星传输、媒体聚集三个专业平台，为电视节目制作机构提供专业的演播场地、设备、技术人员、卫星传输、产业链综合配套服务等一站式服务。园区先后荣获文化创意产业大奖最佳园区奖、北京奥运会残奥会体育展示突出贡献奖、首都文明服务示范窗口、青年文明号、消防先进集体、少数民族团结进步奖、产学研示范基地等奖项。国家政协主席贾庆林、国务院副总理王岐山、北京市委书记刘淇、市长郭金龙等领导均曾到园区参观调研。

目前，主要客户群体包括中央电视台、北京卫视、河北卫视、吉林卫视、辽宁卫视、浙江卫视、广西卫视、重庆卫视、安徽卫视、云南卫视等全国主要电视台20余家，以及中视体育、重视文华、华谊兄弟、派格泰和、大业传媒、神州天地等各类综合传媒制作公司等50余家。拍摄的品牌栏目包括《星光大道》、《我要上春晚》、《欢乐中国行》、《正大综艺》、《我们有一套》、《武林大会》、《超级访问》、《非常静距离》等中央和地方台日播、周播节目，以及《感动中国》、《中国骄傲》、《315晚会》、《星尚大典》、《北京台中秋晚会》、《广西台春节晚会》等大型综艺类晚会等近300个。目前园区已累计录制大型节目约6000场，接待观众总量约70万人次。

星光影视园媒体聚集平台，主要吸引和引入传媒产业链上各类配套服务公司，如舞美公司、文化公司、化妆公司、经纪公司、礼仪公司、后期制作公司、音乐公司、发行公司等到园区入驻并形成业务网络，形成产业聚集。目前园区已引入各类传媒企业100余家，包括新华网、盘古搜索、黑龙江台龙视传媒、神州天地传媒、泛亚精致、快乐京林、多极时代、东方旗聚、共享星光、星光百纳、泰学天地教育、美国创新王国公司等，注册资金总额超过10亿元人民币。

二、合理布局，胜券在握

“纯粹的全媒体生态国际产业园”是星光影视园在“十二五”期间着力打造的全新产业模式。所谓“纯粹”，是指专注传媒内容生产制作产业链在产业服务、产业聚集等方面完全以之为界限标准；所谓“全媒体”，是指在技术、服务和产业聚集领域既包含传统影视媒体，也包括目前新兴之网络、手机等媒体，乃至未来三网融合后的全新媒体形式；所谓“生态”，是指构建相互联系，互为合作和依附生存的产业聚集环境；所谓国际即以国内传媒为服务主体和基础，在未来五年里积极开拓海外传媒业务。

之所以这样定义影视园的功能和战略，有着充分的理由和依据。

（一）纯粹性

文化创意产业园应该是有核心资源和特色主体的，即所谓的纯粹。

星光影视园是在不断的市场探索中成长起来的民营企业，从创立之初，就十分注重寻找产业链的关键环节和市场空白点。2005年，当文化创意产业尚未提上日程，广电行业制播分离政策依然飘忽朦胧的时候，星光影视园的创业者已经敏锐地发现广电内容创意领域在公共场地、设备、技术、服务、人才领域存在的巨大市场缺口，并果断地开始建设星光影视园。2006年，当文化创意产业正式提上日程并开始在全国范围内推广的时候，星光影视园公共节目制作区已完成基本建设并在2006年底开始进行节目录制和直播，园区开始正式运营。从2006至2011年，星光影视园始终围绕着传媒节目生产这一核心内容，以整合和服务整个产业链作为园区创意和发展的根本点。

“我们只做传媒！”这是影视园的领导者一直强调的核心思想。围绕这一思想，星光影视园形成了目前的四大主营业务模块，即传媒创意制作服务（演播服务）业务、传媒聚集及独立节目制作业务、传媒创意综合服务业务、新媒体新项目业务等。传媒创意制作服务（演播服务）业务以电视台、传媒创意和制作公司等为主要客户群体，关注节目生产和制作的专业服务环节，（这里提到的节目专指综艺节目，而非电影和电视剧，以下类同）；传媒聚集及独立节目制作业务以文化公司、传媒公司、节目创意工作室以及节目产业链上的各类专业服务公司如舞美公司、造型公司、道具服装公司等为目标客户全体，采取聚集和打造服务平台的方式，实现产业链的支持和服务环节；传媒创意综合服务业务，以往来园区的各类人群为目标客户团体，提供各类基础服务，是园区产业链的基础环节；新媒体新项目业务是园区发展战略的策划和体验环节，围绕“传媒”这一核心理念，进行新的产业内容和模式的探索。

专业的人来做专业的事才会推动整个事业的发展和强大，专业的平台聚集专业的机构和人才才会形成强大的产业力量，影响和推动行业的发展。

（二）时代感

文化创意产业园应该是与时俱进的，星光影视园紧跟时代脚步，关注全媒体。

星光影视园起步于电视节目制作生产服务，目前已成功地吸引大量电视台和节目制作公司在园区平台进行节目生产。近年，随着互联网节目、手机电视等新媒体的发展和日益壮大，其相关节目创意生产的平台性需求日益突出。从2009年开始，以新华网为代表的一些网络媒体、手机电视、电视购物等新兴媒体开始主动与园区联系，提出相关各类需求，并拟将园区作为其创意和制作基地。园区发展中心对客户的需求进行汇总分析，提出解决方案并推动项目进展。2010年10月，星光影视园传媒机构聚集区竣工，2011年初，新华社新华网入驻，随后新华社和中国移动合作项目盘古搜索，中国政府网、中国文明网等大型项目相继进驻，使星光影视园在互联网节目制作领域迈出了里程碑式的一步。

为进一步推动新媒体业务的发展，星光影视园已将新媒体技术服务平台的构建作为园区十二五期间的重点工作。2010年5月奠基并开始建设的云计算中心项目是由星光影视园投资兴建的中国首个超大型专业型云计算中心，也是北京首家专为新媒体企业服务的云计算中心，国内首家对口向新媒体企业提供服务的大型云计算服务平台，已在美国纳斯达克上市的北京蓝汛公司是公司新媒体技术平台项目的主要合作伙伴。

目前，园区正在积极与网络电视、电视购物、手机电视等新媒体企业及相关上下游服务企业联系和洽商，进一步推动园区的全媒体化进程。

（三）生命力

文化创意产业园区应该有自己的生命力，它应该是“活的”。

专业化、产业化、事业化的产业生态服务体系，就是以产业链上的核心价值实现点为中心，以产业链上下游的服务结点为网络结点，构建互为往来，互为支持的泛客户网络生态。每一个产业链结点即是一项专业化分工，一项独立的事业体系。每一个传媒人或企业都可以在园区找到他的同学、朋友、客户、合作伙伴、服务商或者竞争对手。目前，星光影视园已引入黑龙江电视台、新华网、CSPN等重要产业链价值实现点，相关泛客户网络生态正在构建之中。星光影视园理想标准的“生态”体系是：以约30家左右电视台驻京机构、大型传媒制作机构、网络公司、数字运营商等产业价值实现点为产业聚集核心，以500家左右的中小制作机构为产业聚集创意和生产点，以1000家左右产业链上下游相关服务公司为产业生态链接点，以产业链上各个支持环节，如人才、技术、管理、商务等为产业生态建设可持续发展支持体系，最终形成从创意、生产、交易直至形成产业价值的全媒体生态型产业发展模式。

此外，园区在构建产业生态的同时，开始积极探索B to C大众市场。通过公司发展研究中心长达一年以上的市场调研分析，我们得出结论：星光影视园的发展B to C大众市场的切入点应该是文化创意旅游项目，这个项目应该是室内型的，是体验型而非观光型的，是符合园区的产业特点体现园区优势的。最终，我们将“中国儿童影视大乐园项目”项目作为园区下一步发展的重点项目，该项目借助职业体验、电视体验、剧场体验、竞技体验、亲子体验、科技体验等儿童体验项目及部分极具特色的成人体验项目，结合电视节目录制、动画片制作、儿童剧拍摄等文化内容孵化形式，配合包括儿童主题酒店、儿童主题商铺、儿童商业中心等产业链配套环节，为青少年儿童及其家长提供一个集休闲娱乐、教育成长、个性发挥和特长挖掘的快乐成长基地。

（四）国际眼

文化创意产业园区不是闭门造车，应该打造自己的国际化之路。

2008年北京奥运会，星光影视园电视节目转播团队首次和来自全世界一流的转播团队一起，承担了部分赛事的转播任务。对国外转播团队的专业、高效叹服的同时，我们也发现，国外大型的技术服务团队是服务于全世界的，同时，中国的市场对他们有着巨大的吸引力。2010年，星光影视园与国际大型传媒巨头VIACOM公司建立战略合作，同年，园区转播团队开赴广州，承担了2010年亚运会两个项目的转播任务。2010年7月份，星光影视园与IBM共同宣布，双方经过通力合作，历时9个月成功完成“新媒体信息管理与服务公共平台项目”并投入应用。该项目通过运用RFID等创新技术构建了智能的基础设施管理体系，对园区内的人、车、物实现了感知化、互联化、智能化管理，对媒体资料等虚拟资产实现了共享空间“媒体云”管理，大幅度提升星光影视园高科技、高效率的整体服务水平，同时也进一步打开了星光影视园的国际化合作之路。2011年，星光影视园营销部正式启动国际化行动战略，通过美国创新王国公司启动国际传媒服务计划，并建立国外传媒机构及电视栏目专题信息库。星光影视园的国际化战略拟引入5-10家国际知名传媒机构，特别是新兴新媒体传媒机构进入园区，和国内电视制作机构形成产业交流和合作，带动国内外相关服务企业聚集，形成国际化传媒生态环境。

三、树立标杆，勇往直前

自建立以来，星光影视园已然成为文化产业的改革标杆和智慧园区的成功典范，受到国家有关部委及北京市领导的赞赏。从星光影视园的发展过程中可以看到，星光在引领创新和追求卓越的道路上永不满足，因此，他们总是在一个又一个的成绩中不断提高，完成新的突破。园区负责人邓晓辉经理这样描述了他们的发展经验：首先，星光影视园已经形成规模化媒体影播集群效应。星光影视园是国家重点支持的新媒体产业基地，也是目前中国唯一的国家级媒体聚集区，能够吸引和集结众多国内外媒体机构，同时园区也有能力为其提供长期稳定的良好合作，并实现传媒机构传播消息价值最大化；其次，星光影视园具有专业平台优势。星光影视园作为国内最大的电视节目制作基地，已为媒体人成功打造了节目制作、卫星传输、媒体聚集三个专业平台，并为专业媒体机构提供媒体制播分离的平台路径，成功案例众多，经验丰富；第三，“一站式”节目制作解决方案。来到星光影视园，完全可以解决客户后顾之忧，园区能够提供专业的演播场地、设备、技术人员，卫星传输、配套服务等一站式媒体服务，并提供全程媒体节目制作解决方案。

如今，星光影视园又提出了新的发展目标，即在十二五期间着力打造成“纯粹的全媒体生态国际产业园”。相信，基于政府的大力支持和大兴区利好区位优势，星光影视园不断发展和完善原有功能，竭尽全力打开新的视野，定能成为国际化高标准产业园区，向更高目标不断迈进！

扇动成都创意之翅，助力西部创意腾飞
——红星路35号文化创意产业园

早在80年代，著名经济学家罗默（P. Romer）指出：新创意会衍生出无穷的新产品、新市场和财富创造的新机会，所以新创意才是推动一国经济成长的原动力。从20世纪90年代开始，欧美及亚洲其他国家对文化创意产业越发重视，各国政府投入大量资金和人力发展文化创意产业，结合本国人文历史环境和发展方向，寻找符合自身发展条件的文化创意产业出路。21世纪初，中国开始意识到发展文化创意产业将成为推动我国经济产业结构调整与转型升级的一股重要力量，于是各地文化创意产业迅速崛起，北京、上海、广州等地结合自身产业优势，在发展文化创意产业的路途上走在了前面。

2007年2月13日，国务院总理温家宝同志在《关于我国应大力发展工业设计的建议》上做了重要批示："要高度重视工业设计。"为加快中国企业工业产品创新设计发展进程，力争在2020年进入世界工业设计创新强国之列，实现"中国制造"向"中国创造"的根本性转变，国家发展改革委员会正着手制定《工业设计产业发展政策》，这将成为中国工业设计创新产业快速发展的标志性政策。在这样的大背景之下，红星路35号文化创意产业园应运而生。

一、发展背景：产业转型催生红星路35号

文化创意产业园红星路35号原本是成都7234军区印刷厂的老厂房。作为一座最为普通的框架结构建筑物，它的外形毫无特点，是典型的中国的无性格城市景观。而成都是一个有着几千年文化底蕴、从未更改过名字的城市，放眼全国，亦非常难得。因此，将文化创意深入到成都市的大街小巷，形成各具特色的街道风格、城市建筑和城市基础设计装

饰，使让人来了就知道，这，就是成都，真正做到“成都，是一个让人来了就不想走的城市”，显得十分必要。最终再将这样的成功经验推广到西部片区，让创意产业在西部大开发的过程中起到凝聚人才、吸引资金、促进产业结构变化的软纽带作用。红星路35号正是在这种形势下迎来了发展的历史性契机。

于是，军印厂搬迁后，2007年，在成都市委市政府的大力推动下，由成都文创投资发展有限公司出资，决定将厂房改建成为文化创意产业园区。邀请到台湾著名设计师易介中先生对建筑进行改建设计，将红星路35号打造成为由许多“小房子”所构成的文化创意群落。一些原本拥有指向天空的三角顶的小房子被旋转到90度、180度、270度，产生出特殊的、具有不同指向性的建筑符号。这样的改建不仅体现出外观上的变化，它所代表的更是一种理念上的升华。这是一个给人以活力感的建筑，会让人联想到它能有多种组合方式，每一部分像是一个单独的个体，而个体与个体之间又是那么地具有联系性。红星路35号希望创意能在这里发挥出不可思议的力量。

就这样，西部地区首座文化创意产业园正式建成，并于2008年12月28日正式开园运营。园区位于中国西部著名的新闻一条街，同时也是城市商业中心区、甲级商务区，交通便利，文化氛围浓厚。项目运营初期，运营团队对成都整个产业状况进行了长时间的调查与探索，希望找到一条能结合西部地区发展现状的道路。

新时期，四川省提出了走新型工业化战略，传统产业的做优，支柱产业的做强，新兴产业的做大，都需要依靠工业设计提升产品的外观、性能，以此提高产品的附加值和企业的竞争力。同时，在先进制造业领域，已经形成了工程机械及零配件、汽车及零部件、轨道交通装备、轻工等优势产业集群，产业初具规模，发展速度快，中小企业众多，对全省工业设计提出了强劲的需求。成都位于国家八大城市群之一的成渝城市群，在国家城市群发展战略中具有突出地位，同时还是成渝经济区的双核之一，是成都经济区的核心和引擎。一个城市的凝聚力一方面依托于物质硬条件，另一方面还要依靠精神文化方面来提高城市形象。2009年，成都提出构建“中国文化创意产业鼎立之城”的定位，市委、市政府通过了第一个文化创意产业专项规划，明确了文化创意产业的发展重点和空间布局，提出了重点行业推进实施办法，统筹推进全市文化创意产业发展。作为一个发展文化创意产业具有优势条件的城市，成都文化资源和人才资源丰富，人文环境和生态环境俱佳，城乡统筹发展基础良好，鞋业、电子、轻工业、新材料、家具、传媒、印刷等基础行业发展迅猛，文化消费市场潜力巨大，为文化创意产业提供了一个得天独厚的生长沃土，必将助推红星路35号文化创意产业园不断发展壮大。

二、发展根基：完善园区产业体系

红星路35号结合成都产业状况，设定工业设计、动漫娱乐、广告设计为主要业态，并将工业设计作为支柱产业。通过引入国内知名企业入驻园区，利用知名企业所产生的带动效应，促进园区产业聚集发展。

园区自建立以来，以“服务机制创新提升，助推产业纵深发展”为目标，进一步加强园区部门效能建设，着力提高园区各部门服务企业的效率和水平。2008年，在成都市锦江区委区政府的大力支持下，园区调配强化了招商力量，进一步提高了对重点载体的招商力度和工作效能。对内设机构进行撤并和调整，整合了资源和人员，加大了对相关产业、资金及扶持政策的研究制订和对上争取的力度，提高了行政效能。针对现代服务业产业特色，为入园企业提供从企业建立到后期发展“一站式”及后续发展跟踪服务，全方位协助解决企业发展过程中的问题。通过进一步完善周边交通、扩容通讯网络、更新IT设施、建设工业设计主题雕塑、加强生活设施配套等，构建园区丰富的人文配套设施，优化园区整体服务配套功能。

三、发展经验：鼓励创意创新

作为西部地区首座文化创意产业园区，红星路35号希望自身并不只是一座简单的写字楼，而能成为具有真正意义上的聚合和辐射作用的文化创意产业园。聚合是为了促进产业交流、良性竞争、人才汇聚；辐射是为了行业发展、产业宣传、经济转变。因此为了更好地服务于西部地区文化创意产业，园区构建了工业设计共性技术、创意展示、创意·创业孵化、文化产权交易、版权保护五大服务平台体系，以助推西部文化创意产业健康快速发展。

（一）快速成型，助力设计

西部地区工业产业基础良好，但在设计流程方法等方法论层面和工业设计意识方面则相对落后，比起沿海城市和国外有很大差距，亟待提升。制造企业需要提升自主创新能力和产业升级，工业设计作为最有效的工具必须不断强化建立其方法论体系。根据工业设计产业链资源发展的需要，手板制作和设计验证是设计流程中的必要环节，而承载其功能的工业设计平台的缺失是制约行业发展一大瓶颈。搭建工业设计共性技术平台为西部地区工业设计行业提供设计验证、功能验证、可制造性和可装配性检验、非公能性样品制作、快速制模技术等方面的技术支持，由此提高产品研发的效率，降低产品企业的制作成本，使企业运营成本降低，最终加速工业设计成果转化，提升内地工业企业的综合价值。

（二）展示创意，推广设计

从国内外发展文化创意产业的经验中不难发现，要推广创意产业需要有吸引目光的焦点，并点辐射面，渐渐地扩大影响力。因此，为了更好地加强西部地区创意产业交流，促进合作，吸引更多的企业和人才了解西部地区创意产业发展状况和实力，帮助年轻创意者展示自我，园区开辟出创意展示平台，开展行业对接、设计比赛、交流论坛、企业发布、产品展示、作品推介、绘画展、动漫展等多种类型活动，从宽范围、多层面宣传和推广文化创意产业、企业和人才，让本土创意行业直接面对高端设计平台，使本土创意水平得到提升，也让国内外企业更加了解本土创意。园区打破了地理局限，充分运用各类资源向社会、向市场展示西部地区创意产业发展优势和实力，从而促进产业发展壮大。

（三）培养人才，提高竞争力

有了好的宣传和影响，企业能顺利发展，同时能在一定程度上防止人才流失。中国最早提出“以人为本，本理则国固”的是管仲。我们建造美好家园的最终目的是为了人，我们推动社会进步的最强大的动力也是人。如何吸引并且长期持有人才是每一个国家、每一个行业都一直面临的课题。市场经济体制下，个人的价值观，个人的社会判断都发生了巨大的变化，一个人生活质量的高低已经成为了衡量个人价值的重要方面。根据马斯洛的需求层次理论，人不仅追求物质需求，更追求精神层面的需求。人们越来越重视事业和生活兼顾。所以吸引人才不仅需要高薪，还需要一个良好、有特色的创意文化环境。

高质量的人才不仅可以提升各个行业的竞争力，同时可以提高城市平均公民素质。不断地吸引人才到一定的数量和质量之后才能引起马太效应，即多的愈多，少的愈少。不同的人群有着不同的生活方式，这样的生活方式都打上了各自的文化烙印，多元化的文化融汇在一起会碰撞出不同的火花，更增加城市吸引力。不同的人也更加容易找到与自己相适应的生活方式和交往人群，从而不断地聚齐起更多的人来建设这一方土地，这样他就能生活自如，并且更容易真正地安居乐业。正由于城市文化的多样性，对外输出能力更强，可影响的范围也就更大，从而进一步提升了城市实力，使其发展更快。

西部地区各类高校聚集，每年毕业生众多，一部分毕业生会选择就业，一部分毕业生则会选择创业。为了能让更多的人才留在西部，让初次创业的毕业生能有一个稳定的发展环境，红星路35号打造出创意·创业孵化平台，构造平等开放的交流环境，鼓励年轻人大胆创新和创业，最终利用这些创意实现经济效益和创意产业的深化。园区以自身的强大资源配套与管理运作能力，为大学生创业提供了一系列有效的资源平台，包括专业指导、产业链支持、销售渠道、展示平台、展览展会、政策法规咨询、证照办理、公共办公平台、免费装修、免费办公家具、免费公共会议室和免费前台咨询等，充分做到服务于大学生企业并培养人才，为社会源源不断注入文化创意新血，建立了西部地区人才智库。而对于不进行自己创业的大学生，园区同各大高校已建立合作，鼓励大学生们到园区看看，了解园区现状和入驻企业，使大学生们能和企业零接触，让企业能看到学生实力，也让学生能了解企业对人才的需求状况，了解市场需求，从而找准自己发展和学习的方向，找准自身定位，提高自身技术能力水平，从而促进就业。

（四）重视产权和版权，助益产业发展

有了创意以后，为了保证市场的良性发展，产权和版权问题不可忽视。红星路35号建立起文化产权交易和版权保护两个平台，为西部地区建立起一个健康、完善的创意发展环境做出努力。

成都文化产权交易所（成都版权交易中心）是经政府批准设立的，西部第一、全国第三，集文化产权交易、投融资服务、文化企业孵化、文化产业信息发布于一体的专业化综

合性服务平台。成都文化产权交易所采用政府引导，市场化运作方式，遵循“公开、公平、公正、规范”的原则，以文化物权、债权、股权、知识产权等各类文化产权为交易对象，依法开展政策咨询、信息发布、产权交易、项目推介、投资引导、项目融资、权益评估、并购策划等服务，为各类文化产权流转提供交易平台及专业服务，建设集文化产权交易、投融资服务、文化企业孵化、文化产业信息交流和人才培训为一体的综合服务平台，构建中国西部综合性的文化产业要素市场。在产权交易市场交易的企业，由于市场的资源配置功能的发挥，解决了企业成长过程中对资本、技术、管理和产业整合等多方面的需求，其发展步入了良性发展的轨道，而其中有的企业在企业规模、业务成熟度和可持续发展能力等方面都得到了提高。

知识产权保护服务中心则是由成都市锦江区知识产权局与成都市知识产权服务中心共同组建成立的公益性综合服务机构，专门从事知识产权服务工作的公共服务平台，为园区企事业单位和个人提供全方位的知识产权创造、运用、管理和保护等服务。

保护作品的完整性，即保护作品内容完整，使作品不受歪曲、篡改，维护作者或其他著作权人和作品使用者的合法权益。版权保护可以为保持和增强文化生命力提供保障，为文化创新提供激励，为文化传播提供平台。文化产品具有易复制、易传递的特点，随着国际文化交流的不断增多和传播手段的日益发达，文化产品在国际范围内的传播日益快捷。在文化产品传播过程中，必须通过版权保护等有效形式搭建合作、交流的基本平台，切实保障着作权人在全球范围内的利益，否则就不利于文化创新，不利于各国之间相互借鉴文化创新成果。文学和艺术作品的创作是一项有成本的活动，需要作者投入相应的时间、精力、物力和财力，如果不对版权进行保护，作品就会被很容易地加以复制，作者不能获取收益将减少文学和艺术作品的创作。因此，通过版权保护，使文学和艺术作品的作者获取相应的收益，将激发作者更大的创作热情，从而促进文学和艺术作品的繁荣，并能促进版权产业的发展。红星路35号版权保护中心主要由承担公益性服务功能的知识产权服务中心、知识产权举报投诉中心以及知识产权中介代理服务机构和知识产权评估交易机构等组成。中心提供一个涵盖专利、商标、版权等各类知识产权信息资源，集知识产权知识普及、企业知识产权管理、知识产权信息查询、知识产权代理与服务、知识产权培训和知识产权评估交易等服务为一体的“一站式”全方位、快捷的公共服务。

（五）巩固支柱产业，带动多项发展

当前，国家正全力实施“新型工业化”战略，做出了建设创新型国家和走新型工业化之路的战略决策，大力支持自主创新，力图更高层次地参与国际经济技术竞争与分工。四川省委、省政府高度重视高新技术产业等高端产业的发展，提出“要以应用的眼光看科技，用经济的眼光看技术，树立‘技术就是经济’的观念”。成都市委、市政府提出“创新产业发展模式，推动产业发展由低端向高端跨越，要把现代服务业和高新技术产业摆到优先发展位置，加快抢占现代服务业和高新技术产业的制高点，使成都与发达城市共同站在高端产业发展的起跑线上”。锦江区委、区政府也提出“要主动适应世界经济发展大势，抢抓产业转移机遇，大力实施‘高端发展’战略，重点发展现代服务业、高新技术产业和新兴产业，抢占产业发展制高点，掌握未来发展主动权”。

为此，站在中西部产业发展的高度，对红星路35号五大公共服务平台的发展进行科学规划，优化配置资源，充分利用世界制造业战略性转移和四川实施工业强省战略大好机遇，对园区平台提档升级，更大规模地吸引国外工业设计机构聚集、集约发展，把工业设计产业同中西部经济发展方式转变和现代制造业产业结构升级有机地结合起来，选择、培育和发展骨干主导企业，实现工业设计要素的空间聚集和辐射，对四川乃至中西部地区新型工业的快速发展具有十分重要的战略意义。

（六）推动资源整合，深化产业合作

在加强自身建设的同时，红星路35号也十分重视推进与深化横纵向的资源整合与产业合作，通过与生产型企业、各大高校及国内多个城市建立合作网络，开辟多元化、多渠道的合作模式，开拓具有影响力的创意产业合作交流平台，为企业发展提供宣传推广、人才引进、业务拓展等服务。通过采取“走出去”和“请进来”的办法，广泛开展与国内外创意产业领域的合作与交流。加强产业链上下游之间的联系，统筹利用好园区的创意设计资源，形成资源共享与互动双赢的合作机制，加快推进区域合作，深化跨区域合作。

产业合作交流平台的搭建和充实，将是园区未来两年发展的重点。充分挖掘合作对象，让设计企业能与制造企业有一个更好的沟通环境，促进产业上下游对接，使设计企业更清楚的指导制造企业技术能力及优势，制造企业更清楚地认识工业设计，从而提升产业竞争优势；让创意企业能及时获得相关政策信息，得到政策支持，在文化创意产业正处于前期发展的阶段，有更多的中小型创意企业能逐步发展壮大；寻找合适的途径，使创意企业能与学院及学生零接触，使学校研究直面企业，学院教学结合市场，解决企业招不到人，学生找不到对口工作的现况，让更多的人才能留在成都，留在西部；让创意企业能更加清楚地了解国内市场需求，设计出满足市场需求或带领消费市场走向的产品。随着合作互动机制的健全，园区将广泛开展国际合作与交流。鼓励创意企业机构走出去参观学习和交流，通过加强招商宣传，邀请国内外机构、专家参与园区合作，推动创意资源向西部集聚，将更新的创意理念、管理机制和技术方法引入，促进西部地区创意产业发展向国际化靠拢。

通过组织大型活动，邀请和吸引交流合作方参与，推动供需衔接，实现双轮驱动，逐步扩大活动的品牌影响力。2011年7月，园区开展了首届新锐设计展，整个活动获得了很大的成功，受到了各方关注并获得良好评价。这是一次面对设计人才的盛会，重在挖掘出优秀的工业设计人才，并将其推广到更加优厚的平台上，展示其自身的实力。打造专业的、纯粹的设计行业氛围，促进设计的发展，防止大量的优秀人才流失。通过新锐奖的设置，建立一个具有长远影响力的设计类奖项，将活动效益推广到整个西部地区乃至全国，扩大新锐奖影响力，吸引更多人才参与其中，最终将其打造成为极具影响力的专业类奖项。这次新锐设计展是红星路35号开展针对人才的专业类活动的一次尝试，获得了很好的经验，也总结出了首次活动的不足，为下次新锐设计展的开展奠定了基础。

四、发展愿景：中西部文化创意产业的排头兵

中西部地区文化创意产业的发展起步较晚，与东部地区相比，还存在效率低下、规模不均衡的现象，这在一定程度上阻碍了中国文化创意产业作为一个整体的发展。这种现象的产生，与历史因素、产业环境、思想观念因素密切相关。但是，它在面临着巨大挑战的同时，也有非常多的机会。在这个时代，没有好的创意就无法吸引更多的眼球，也无法带来更有效的利润，只有不断地推出新的创意来推动文化产业的发展，才能吸引社会上更多的人来关注它、支持它。虽然我们面临着不少的困境，但创意仍是人们生活中不可或缺的内容。在新的时代，文化产业将改变自己的形象，拓展出更好的创意，实现社会效益和经济效益双赢局面。而中西部地区具有良好的文化基础，发展文化创意产业大有可为。

首先，不断拓展与相关产业的融合发展。红星路35号在确保主要产业发挥支柱作用的同时，加大工业设计力度，为更多的企业打造更多更优秀的设计。2010年初，温家宝总理指出："大力发展金融、物流、信息、研发、工业设计、商务、节能环保服务等面向生产的服务业，促进服务业与现代制造业有机融合。"在产业结构的优化和改造中，成都处于一段关键的时期，需要加快发展工业设计，以发展现代服务业，促进经济模式的迅速转变，这是增强城市竞争力的一个重要途径。红星路35号园区注重稳步、有效地发展对于工业设计方面的开拓与创新，争取不仅与成都的工业设计相结合，还能加强与西部其他省市地区的工业设计合作，全面带动地区创意产业发展。力争带动成都成为我国中西部地区工业设计服务水平最高，专业设计人才最多，设计成果产业化能力最强的区域性工业设计中心，助力于成都打造中国优秀的创意之都。

其次，在巩固现有行业领域的同时，红星路35号亦注重其他领域的开拓。西部地区拥有悠久丰富的艺术文化，培育了各种艺术大师，年轻艺术家也是层出不穷，但很多艺术家并没有选择留在西部，留在成都。红星路35号利用现有平台资源，与艺术家建立良好联系，希望各类艺术家能在园区开设展览，逐步建立起良好的艺术氛围，让本土艺术能被本土所重视，让其他地区的艺术家能被西部所吸引，丰富西部地区文化艺术生活。经过与在园区开过个展的年轻艺术家交流发现，年轻艺术家因为资金不足，很难能开设一场大型个人展览，但要让社会能认识到自己的作品，对外展示必不可少，他们很希望能有一个符合自身条件的展示平台可供宣传。园区开辟出供年轻艺术家展示自己作品的空间，并对展览活动予以一定程度上的帮助支持，每次年轻艺术家个展都取得了极大的人气，并获得了很好的宣传。年轻艺术家们拥有新颖的思维，他们的作品风格丰富多样，注重不同材料的特殊应用，具有很强的创新性，注重年轻艺术家的培养，对于艺术的多样化发展具有很好的推动作用。

诚然，中西部地区文化创意产业的全面腾飞之路还很漫长，但是很多中西部省份已经开始了有益的探索和尝试。红星路35号文化创意产业园是西部首座文化创意产业园和四川省工业创新设计示范基地，无疑对中西部地区文化创意产业的发展提供了值得借鉴的经验。在新的时期，随着成都市委、市政府的高度重视，文化创意产业综合功能将逐步体现，积极的创新体制机制，不断促进区域内外资金、市场、信息等要素资源有效的结合互动，大力增强成都乃至西部文化创意核心竞争力，使成都打造文化新城，实现创意之都的美好愿景变为现实。

城市新动脉，离产业最近的创意沃土——深圳F518时尚创意园

30年前，这里还只是个贫穷落后的边陲渔村，在地图上都难觅其身影。

30年后，这里已崛起成为具有一定国际影响力的新兴现代化城市，创造了世界城市发展史上的奇迹。

深圳速度，世界惊叹！当年的小渔村华丽转身，摇身一变，一跃成为中国改革开放的窗口，引领中国在民族复兴、大国崛起的振兴之路上奋勇向前。

三十年流光，已成弹指。深圳特区模式让中国巨龙开始腾飞，中国的面貌彻底改变。站在“而立之年”的深圳回望，是什么因素成为深圳经济腾飞的引擎？又是什么让深圳创造了一个又一个的世界奇迹？答案似乎很多，但经得起推敲、论证的只有一个，那就是开拓创新。

创新是一个民族进步的灵魂，是一个国家兴旺发达的不竭动力，也是深圳得以永葆生机的源泉。作为在世界上享有盛誉的“设计之都”、“创意之都”，深圳自成立以来，就一直重视文化创意产业，尤其是新世纪以来，创意产业更是如雨后春笋，鳞次栉比。

作为代表城市性格、文化生态，发展潜力标识的F518时尚创意园，她就如城市的动脉，流淌着深圳宝安这座城最鲜活的血液。F518时尚创意园，和这座城市一样年轻，其特殊的地理位置加上强大产业背景使得园区成为了距离产业最近的创意沃土。他的诞生，改变这个区域的品位，也给这座城市注入了全新的演绎。

一、城市文化策源地——文化生态的脉搏

（一）产业诉求

作为深圳西部的工业重镇，宝安，这座有着1600多年的小城，在改革春风拉开大国雄风帷幕之初，这片神奇的土地，即已昂首阔步奋进在“敢为天下先”的康庄大道上。宝

安，这颗深圳西部的璀璨明珠，海纳百川，在新世纪里更是继往开来，开拓创新，奏响深圳在新时期创意、创新的最强音符。

深圳宝安，在飞速发展历程中，让人们见证了一个个奇迹的诞生，这里是梦开始的地方！有“世界工厂”之称的宝安区，目前拥有工商企业近5万家，形成了通信设备、计算机及其他电子设备制造业等30多个行业门类、数千种产品组成的比较完善的工业结构，形成了比较完善的产业配套体系。

宝安区是深圳市最大的制造产业区，其中以数码电子产品行业、玩具礼品制造行业为主。早年深圳制造企业在完成资本原始积累后，遭遇产品同质化、缺乏品牌竞争力的难题。随着产业进程的不断升级，低端的制造业态将被逐步淘汰。高能耗、低效益的制造企业要么转型、要么前往内地，要么被淘汰。制造企业亟需树立品牌，通过原创设计、专有技术、文化内涵等渠道提升自主竞争力。

F518时尚创意园，正是为推动宝安产业升级而来！她最大的特点和优势之一，就是依托深圳深厚的制造业基础和即将进行的整体产业升级的机遇，特别是在电子通信行业和玩具礼品行业的产业升级所带来的机遇，大力发展文化创意产业，为深圳西部的产业升级提供动力引擎。所以园区所考虑的不是进驻多少企业，而是考虑进驻多少创意研发企业，考虑如何聚集创意人才，如何跟区域的产业对接，如何孵化创意项目，如何建立自己内部的产业链，如何运用高技术与创意结合成为产业链，如何成为全国创意第一站等等问题。

（二）文化诉求

F518时尚创意园位居城市文化的核心区位，地处深圳双城中心区之前海中心区，未来城市CBD。园区定位为创意文化产业园，其创意文化符合深圳的城市性格，在发展期聚集创意人士和创意活动，引导市民走近创意空间、参与创意活动，通过和市民最广泛的互动，举办连续的、丰富的文艺活动，营造文化氛围，引领都市人追求品质生活的方向、潮流。

F518时尚创意园在深圳“文化立市”和“设计之都”的号召下，以发展和推广民族文化产品为己任，用“科学”加“艺术”、“技术”加“创意”为园区发展的总战略。园区始终秉持“服务区域产业升级，推动中国文化创意产业发展”的服务宗旨，坚持“用活动去吸引行业；用服务去聚集创意；用典型去带动产业”的服务理念。园区将和国内外的文化产业研发机构、企事业单位一起，共同促进中国的文化产业的繁荣与发展。

二、新探索——城市动脉

拔地而起的深圳确实是白手起家的典范，30年前一穷二白的小渔村，实在没有任何源远流长的文化底蕴可以炫耀，早前那点追风逐浪、围海捕鱼的家底在中国任何一座可以算得上“城”的城市面前，都有点寒酸落魄，羞于启齿。她仿佛就是一个大山深处没见过半点世面的村姑，哪里敢和那些家财万贯又天生丽质的大家闺秀一较短长？

改革开放春风拂过神州大地，深圳的城市建设一日千里，举世震惊！一蹴而就的经济更加凸显了文化土壤的贫瘠和苍凉。经济高速发展和文化的滞后成了鲜明的对比。

深圳市委常委、宣传部长王京生认为，21世纪“拼文化”，文化产业的加速发展对于深圳提升发展后劲和竞争力具有重要意义，而创造有利于文化产业发展的政策软环境将起到“四两拨千斤”的“杠杆”作用。于是深圳在全国最早提出“文化立市”战略，先后制定出台了《加快文化产业发展若干规定》、《文化产业发展规划纲要》等一系件配套政策文件，设立了文化产业发展专项资金，为原创研发、高速成长型的文化企业和项目提供资助。

从“功能城市”上升到“文化城市”，“文化城市”已经成为城市建设理念的最高境界。从“物质家园”上升到“精神家园”，“文化城市”已经成为城市价值追求的基本趋势。确立“文化城市”目标、提升城市文化水平已成为城市发展的国际潮流，城市文化建设充分发挥出保存城市记忆、体现城市特色、提升城市品质、展示城市风貌、塑造城市精神、支撑城市发展的巨大作用，已经成为一些城市的核心竞争力。

文化城市已经成为世界城市发展的战略轴心，深圳这座拔地而起的新城尤以为甚。在全国文化产业蓬勃发展的同时，作为改革开放“排头兵”的深圳自然不甘人后。深圳市委市政府紧锣密鼓地布局文化产业，在30年间吸纳了无数知识分子、文化名人、经济强人的加盟后，深圳的文化产业蓬勃崛起、风头愈来愈劲，而今正书写着与经济发展同样令人瞩目的另一个“惊叹号”。

建设文化城市，寻找城市文化性格，大力推动深圳文化产业的升级，F518时尚创意园，正是在这样的呼唤声中呱呱坠地。这是历史的偶然，也是社会发展的必然。

F518时尚创意园所在地劳动村，在1980年之前，这里还是滩涂和水塘，曾经的原住民世代捕鱼、养蚝，日出而作，日入而息。直到1992年，才改建成宝源综合楼区，街长518

米，由20栋物业共同组成，总建筑面积约63000平方米。建成后由于当年人气等问题，被迫改变成轻工业厂房用途，以低租金（均价12元每月每平方米）的形式租给五金厂、皮具厂、塑胶厂、制衣厂等75家小工厂，其间鱼龙混杂着小餐馆、菜市场、小商品市场，从业人数达3500多人。经过10多年的变迁，这里物业破烂不堪，乱搭建、乱拉电、污水横流、垃圾满地，治安事件频发点，是宝安中心区典型的脏、乱、差的地方。

脏、乱、差的劳动村如一张顽劣的"牛皮癣"，旗帜鲜明地张贴在宝安区的脸蛋上。宝安区委区政府及西乡传道决意花大力气整治这块"恶疮"，恰在此时，在西乡长大的钟伟鹏也看上了这块土地。他想将其改造置换，要赋予"劳动"以新的内涵，以创意劳动取代简单地加工，推动"宝安制造"向"宝安创造"转变。真所谓英雄所见略同，顺理成章，双方一拍即合，在2007年12月7日，有了宝源新村的华丽转身，有了F518时尚创意园的梦幻突起。

F518 时尚创意园定位为设计师与艺术家的价值演绎地，目标是要打造成深圳最大的创意设计引擎。园区一直致力于创意文化和区域产业的对接，实现产业升级，并积极推进区域及园区文化氛围的建设。园区有创意的研发设计团队，有先锋前卫的原创艺术家，有创意孵化的平台，有配套齐全的展示交流空间，最有效地实现设计和艺术聚集的创意力量，并努力成为深圳先锋文化前进的风向标。

经过三年的努力，园区现进驻各类创意企业或个人工作室近200家，涵盖艺术、设计、传媒、广告、摄影、文化、文学、音乐、影视、动漫、商贸、高新科技等多个领域的创意机构，营造了一个后工业时代的新型工作、生活空间，正逐步发展成为宝安区软制造基地。园区由创意前岸、深圳1号名家工作站、前岸艺术酒店、品位街、创展中心、深圳当代艺术创库、公寓及停车场组成。

创展中心

三、服务先行

（一）搭建平台，完善服务

为进一步完善服务体系，创新运营模式，园区立足长远，着力打造公共服务平台建设，强化服务能力，先后打造了创意项目孵化平台、信息共享服务平台、企业成果展示和交易服务平台和产业链对接平台。

（1）创意项目孵化平台：着力引进拥有自主知识产权、创意设计水平较高，商品化、产业化和市场前景较好的创意设计企业及项目。

（2）信息共享服务平台：创意会客厅开辟设计师图书室；组建创意快报栏目小组；整合客户信息，网站更新。

（3）企业成果展示和交易服务平台：开辟创新产品展示及交易中心，展示企业形象和创意产品。为开拓展示空间，适应时代需求，园区组建西酷网，创建创意产品展示和交易网络平台。

（4）产业链对接平台：了解企业实际业务状况后，园区重点在帮助入园企业“找市场”上下功夫，引导园区内企业加强团结，整合产业链条，抱团发展。

（二）配合相关主管部门，主承办文化活动

文博会F518分会开幕式

为推动宝安文化创意产业的发展，树立创意园文化产业良好形象，园区积极响应市、区文产办等主管部门的号召，组织承办了包括连续四届文博会分会场、连续三届创意十二月等各种类型的文化庆典盛事及活动，得到主管部门的高度认可。同

时，园区还和园区企业和内外部单位开展活动百余次，在丰富园区创意内涵的同时，还有效宣传了园区形象。

F518 时尚创意园无论在活动的规模上，还是档次上都力求国际化、专业化、精品化。各项活动亮点多多，得到政府领导、企业家、设计师、艺术家、入驻园区企业和各类媒体的一致好评。

第六届文博会F518时尚创意园现场

四、新动脉的效应

（一）F518的动脉功能定位

创意聚集，垂直整合，打造生态创意链
创新服务，强化管理，提供孵化式服务
产业对接，创意输出，提升产品附加值
人文改善，品位提升，促进城市化进程

（二）建设理念

文化与科技联姻，推动区域经济的“产业高端化，高端产业化”可持续发展进程。

经过3年多的建设与发展，F518时尚创意园周边环境有了很大的改善，昔日园区周边脏乱差的情况，已成昨日黄花，不复重现，现在的宝源路也成为深圳市典型的艺术花园街区。F518园区日新月异地蓬勃发展，在满足群众对文化艺术和创意设计的普及需求同时，也带动了周边的业态、市民素质的提升，并在引领文化艺术发展、展示宝安区文化形象等方面产生着积极重大的国际影响。现在，宽松舒适、风景怡人的F518已经成为周边市民休闲娱乐的必选之地。园区现有艺术家工作室50间，名家1号工作站共有21间工作室。前期已有9位名家入驻，涉及领域包括文学影视创作、民间艺术、书画、音乐、舞蹈、戏剧、多媒体等。为深圳文化立市和提升城市文化软实力注入了文化艺术原动力。在发展推广过程中，F518已吸引越来越多的专业人群来园区考察，同时也引来广大市民群众的观摩、娱乐、休憩，渐渐成为引领一方文化和艺术的集聚地。

F518产业链的不断丰富完善，其生态价值正日益凸显，最为直接的是对宝安区文化创意产业发展产生了深远的影响，特别是对区域文化的提升功不可没。在未来的发展壮大中，F518必将依托深圳庞大的制造产业优势，并在其完善的产业链当中聚集其上游需要的人才、研发、设计、品牌、信息及产品等元素，为行业的升级服务，建立公共服务平台，真正做到研产销及围绕其配套为一体的产业园区。

五、文化新血液

（一）钟伟鹏：F518时尚创意园董事长

F518时尚创意园董事长钟伟鹏曾经在F518时尚创意园立项时说过：首先，宝安区拥有巨大的工业基础可以成为文化创意产业的“良田沃土”；其次，从经济发展方式的转变和产业升级的角度来讲，这种氛围已经形成，各行业企业均在谋求升级，而文化创意“一举多得”的优势，正成为各行业企业普遍看好的重要升级因素之一；第三，从宝安区产业发展的分布和格局来看，电子信息产业、家具、服装、玩具礼品等产业优势明显，这些类型的产业，从国际发展情况上分析，对文化创意的需求最强。第四，因为创意设计是产业链环节中的上游高端环节，它不仅可以增强企业的核心竞争力，还能改善整个产品的制造工艺、转变企业的发展运营方式、营造企业品牌化的发展模式等。所以，工业与文化创意的发展在未来的过程中一定是“唇齿相依”的血脉关系。因此，宝安区树立的“产业创意化、创意产业化”的文化战略，和F518的定位不谋而合。

通过三年多的发展建设，F518已是风生水起，名声在外了。早年主动找企业、找设计师、艺术家的局面已渐行渐远，逐步形成了企业主、艺术家、设计师主动寻求进驻F518的局面。

产业加入创意突破发展瓶颈

钟伟鹏认为工业就像一个“金盘子”，文化创意产业就像是精美的“食物”，只有他们融合在一起，才能拿到“高端餐桌”上。就宝安区现在的工业发展来看，不是所有的企业都是可以盛“文化创意”的“金盘子”，所以，政府可以将每个产业的龙头企业作为与

“文化创意”相融合的试点企业，以此助推“产业创意化、创意产业化”的发展。如西乡有一个糖果加工厂，现在他们为了转型升级，购买了喜羊羊、迪斯尼等很多卡通形象的文化版权，然后把这些文化元素融入到糖果当中，仅是文化元素加入这一个微小的举措，就让该企业占据了产业发展的上游关键环节，从而带动了该企业整个制造工艺质量突变。目前，他们还可以在产业链下游建设体现店、旗舰店，可以组织糖果设计交流活动，品牌的建设与发展思路更好更清晰，甚至他们形成一个很好的糖果文化创意产业园区。由此可见，无论对企业来说，还是对产业园区来说，文化创意的融入都会形成一个创新的发展模式。如果在宝安区大力复制这种模式，“产业大区、创意沃土”很快将会落到实处。

（二）张淼：深圳F518时尚创意园、深圳前岸艺术酒店总建筑师 深圳市张淼建筑设计有限公司设计总监

张淼说，和F518结识，是一种缘分，也许这一辈子都紧紧的绑在了一起。当拥有近10年的商业和公共建筑经验的张淼接触到F518项目时，一发不可收拾的让她彻彻底底地和文化产业结缘，到后来的前岸艺术酒店项目、深圳雁盟酒店文化创意园、山东烟台的五彩广场项目等，五年时间给她的设计赋予了更多的人文热情，更多的是对旧厂房改造的思考、城市发展的设想、现代建筑新思潮和一个建筑师对社会责任的担当。她让设计和文化产业完美对接，在F518这个大平台上，她挥翅翻飞，直上九天，园区成就了她一个又一个作品，她也成就了园区。

F518是张淼接触的第一个功能性改造项目，也是从这个项目，她开始认真的思考城市工业遗留，对社会可持续发展的探索以及对城市建筑和文化保留问题。如何给一个没落的建筑群，注入新鲜血液，以一个新的面貌呈现，以全新的姿态绽放在城市之中？她总是认为，那些文化产业基地，文化总部大楼屡见不鲜，但是都是冷冰冰的，没有独具特色的文化气息，和大部分办公楼一样。张淼认为，真正的创意园是要成为社会功能的组成部分，一个文化产业的载体。基于长时间的反复思考、论证、设计，F518横空出世，改造历经三个阶段才完全的呈现于世人眼前：第一阶段是基本的功能改造；第二阶段是环境氛围改造，譬如增加了雕塑小品和绿化等；第三阶段是举办各种主题活动，这也是真正的文化内涵所在。而作为一个建筑师，第一阶段是他们的工作，而后面的阶段已经不在所谓的工作范围。但张淼不这样认为，她说：“一个项目的成功，不仅仅在设计，设计是基础，设计

是为后续工作提供可能。而后人们在建筑群里的活动，才是设计要成就的。那个才是真正有灵魂的载体……”这也是张淼对于一个产业园区设计和建设的理解。

这些年来，张淼前后接触到全国十几个改造创意园的项目，感受最深的是深圳做创意园和北京上海不一样。她说在深圳做创意园单纯从技术来说是很容易，深圳的厂房很年轻，排列规整，都是标准的工业厂房。这种建筑很适合做创意办公区域，面积比较大，灵活分割，建筑本身也才使用20年左右，很容易改造。但是因为这些厂房很年轻，历史沉淀相对弱一些，成就文化氛围是最难的。在规划设计F518时，她首先定位要做有深圳特色的创意产业园区，真正传承文化产业，搭建自己的产业链，承担自己文化责任和社会使命。

作为入园企业，F518让她实现了多年的理想，这里也给予她最大的创作空间，运用之前所学的知识和技能，引发对艺术和文化的思考。F518提供开放式的空间，增加设计师和企业间的交流，经常举办各类专业交流活动和娱乐活动，丰富大家的工作和业余生活。在这里创作思维更开放，感觉一下子把心打开了，快乐的工作着。

F518非常扶持本土民族品牌设计师，不仅为本土设计师打造优良的工作和生活空间，而且对外也积极宣传园区内的设计公司和设计师。公司的知名度以及业务都有了更高更好的提升。

对于未来的发展，张淼本人是很乐观的，除了要加强的自身的团队建设，培养文化专长的设计团队外，她还会孜孜不悔地致力于文化产业的建设和发展，加强国内各创意园区的横向交流。她觉得个人的力量是有限的，一个作品也许起到一个辐射和一个影响，只有一个团队才能够把思想传达出去，最终带动当代建筑的思潮和风气。

（三）郭军：深圳市火种数字科技有限公司总经理

见到意气风发的郭军，相聊甚欢，谈笑风生，眉宇间充满了满满的自信。他说，正是三维动画行业里跌打滚爬近十年的时光，成就了他一番小小的事业，同时也给予他广博的人脉资源和丰富的人生感悟。

一个偶然的机会让他在大学期间接触到三维动画，他觉得画面很震撼，就暗自确定了自己的就业目标，并立志毕业后一定要从事这个行业。毕业后一来深圳，就到了大名鼎鼎的水晶石工作。他踏实勤恳地工作着，从技术员工到项目经理到主管到导演，一步一个脚印，转眼就7年。特别是2009年，他在水晶石里导演了深圳大运场馆的宣传片，获得了当年行业内的一个最佳影片奖，当水晶石在业内已经拔萃出群，卓尔不群的时候他毅然跳槽。2010年6月郭军成立了自己的公司，公司的名字是出自于毛主席的一句经典之语“星星之火，可以燎原”。在他心目中，一点点小火星可以烧掉大片原野。虽然公司现在是微小，但有远大发展前途。

一切都如计划好了似的，公司从筹划到成立到现在也就1年多的时间，从当初的5人，现在已经25人了，1年内已经完成了30多个项目，相继和万科、益田、宝安、中粮、万达、京基、中信、中国电信等国内一线企业建立了合作关系及长期合作关系，这些成绩都是源自他们出色的产品质量和优异的服务。好质量带来好口碑，好口碑才可以留住客户。

对于做技术出身的他来说，对待自己产品总是精益求精。以人为本，不论是对待员工、同行还是客户，他都倾心自己最大的努力。郭军说，对待员工，就是要给予他们最大的个人价值体现。而他服务过的不少客户反应，郭军和他的团队做事情很忠实，很不错，是值得依赖，值得放心的。即使是那些竞争的同行们，也不得不佩服郭军的高质量、高效益，这一切，都是源自于他的目标，因为他一直都想做业内的佼佼者。

郭军来到F518也是缘分，当时他创业正需要找地方，来到F518也是被这里挺文艺范的，配套设施也很齐全，而且园区很活跃，各种活动丰富多彩。他毅然决然地选择了这里。

六、展望未来

目前，F518发展形势一片大好，天时、地利、人和造就她成功的必然。她俨然成为深圳一个闪亮的新地标，宝安区的一张文化名片。而518人正以一个全新的姿态在文化产业匍匐前进，奋力向前。F518二期正紧锣密鼓地开发建设，蓄势待发，来势凶猛。F518未来的建筑体态更加庞大，定位更佳清晰，优势更加明显，文化产业航母已渐渐浮出海面。

2011年1月1日，宝安区十大重点投资项目启动， F518时尚创意产业园二期位列其中。依托深圳宝安中心区有利的交通优势和制造业优势，利用成功运营F518时尚创意园一期的经验，乘借文博会的东风，F518二期工程正快速稳健地推进，努力为打造成高品位的特色国际创意园，同时承接国际文化创意项目的平台，实现设科技与文化、设计与产业的融合。

之江北岸，有风来仪
——杭州之江文化创意产业园

杭州之江文化创意产业园同时也是中国美术学院国家大学科技（创意）园，由西湖区委、区政府、杭州之江国家旅游度假区党工委、之江度假区管委会共同打造，是杭州市政府重点支持发展的十大文化创意产业园区之一。

一、园区发展之基本概况

园区位于杭州之江国家旅游度假区内，距中国美院象山校区约2公里，距西湖风景区约5公里，统一规划为“两点一线”产业带，包括中国美院紧邻地块、凤凰·创意国际及周边矿山地块、连接两者之间的空间区域以及外桐坞艺术公社，总占地约2351亩，围绕“创意的基地和平台、产业的集聚和品牌、艺术的摇篮和家园”三位一体的功能定位，坚持“区校引导力、企业运作力、市场配置力”三力合一的开发模式，最终打造集产业发展、产业孵化、展览展示、艺术休闲特色配套等一体的“国际化、品牌化、专业化“的创意产业园区。

首期启动项目凤凰·创意国际占地面积332亩，规划建筑面积10万平方米以上，由原双流水泥厂改建而成。一期工程由原水泥厂保留的3.5万平方米生产和生活用房改建而成，2008年初开始设计。园区以新媒体、动漫游戏、现代设计、艺术品四大产业为主导。

园区自开发建设以来，已引进企业174家，其中90多家已入驻办公；开园以来，引进的比较具有代表性的企业有：之江巧克力（杭州）动漫有限公司（台湾漫画大师蔡志忠在大陆的首个创作基地）、风赋传媒(杭州)有限公司［风赋国际娱乐股份有限公司(台湾)在大陆地区设立的营运总部］、杭州时光坐标数字影像技术有限公司（知名影视后期特效制作专业公司）、杭州飞鱼工业设计公司（目前浙江省最大的工业设计公司）、杭州间美环境艺术公司（中国美院宋建明副院长成立的色彩行业领军公司）、巴布豆动漫形象全球授权中心和营运中心（中国童装巨头联手央视成立的动漫影视公司）等行业龙头企业，引进了蔡志忠、何见平、王伟忠、郭守正、刘纪纲、方振华等国际创意界知名人物。园区先后荣膺中国最佳创意产业园区奖、浙江省首批现代服务业集聚示范区、浙江省科技企业孵化器、杭州市国家动画产业基地拓展区、杭州市首批留学生创业园、杭州市首批文化创意产业大学生创业孵化基地等多项称号。接待来园区考察、参观的国内外团队200多个，其中包括世界创意产业之父约翰·霍金斯等知名文创人士与机构。

二、园区发展之硬件设施

园区在逐步增加规模、扩大物理空间的基础上，注重硬件基础设施的完善。

（一）配套设施到位

光纤到户、电话接入、24小时公共区域电视监控、专业物业保安、防盗防火报警系统等一应齐全，提供适合企业创业和发展要求的智能化设施，实现全面自动化和光纤网络、电话、中央空调系统等硬件设施的共享，包含综合布线系统、计算机网络系统、多媒体通讯平台、自动化控制系统等。

（二）全程服务保障

园区专门制订了包括从企业入驻、注册、装修、员工住宿、项目申报等20多个环节的详细服务流程，立足当好企业“专业保姆”，实现“以情招商、以企招商”。同时，完成了网球场、室内健身房、餐饮服务中心、单身公寓、青年旅社、便利店、咖啡吧及银行ATM等改建，开通园区三条专线巴士和公共自行车租赁系统等，为入驻企业和员工创造了“吃、住、行”一体化办公环境。

（三）注重专业配套

标准摄影棚

园区改建了一个550平米的艺术展览、时装发布及信息中心，先后吸引上海、温州等地多个品牌前来举办发布会。改建了杭州首个1000平米影视专业标准摄影棚，先后有阿迪达斯新品发布会、浙江省三部国庆献礼艺术精品片、娃哈哈产品广告宣传片等在棚内完成。

三、园区发展之软件环境

（一）孵化功能——优质服务，加速孵化

园区先后荣获中国最佳创意产业园区奖，被列为08年度新增中央投资扶持项目、省重点建设项目， 成为中国美术学院国家大学科技（创意）园、省首批现代服务业集聚示范区、省级科技企业孵化器、国家动画产业基地拓展区、市首批文化创意产业大学生创业孵化基地、市首批留学生创业园等。为进一步推动园区发展，园区正在积极申报“国家知识产权保护工业设计示范园”，以服务为抓手，努力创建商务环境、产业环境与生态环境综合水平一流的创意园区。因此，园区在注重硬件基础设施完善的基础上，为科技创意企业提供人性化管理，依托中国美术学院先后搭建了多个综合服务平台，目前已形成比较健全的孵化服务体系。

“一站式”企业服务中心

1.建立一站式服务中心。

为了给文创企业提供更加便利的创业生活服务，园区专门开设了“一站式”企业服务中心，制订了包括从招商入驻、工商办理、项目申报、融资咨询、企业装修、员工住宿等20多个环节

的免费服务，日平均服务人次为30多次，立足当好企业“专业保姆”，实现“以情招商、以企招商”。

2.提供便捷的金融服务。

园区先后与浙江集合创业服务有限公司、杭州商业银行等投融资机构签订了服务协议，每年举办风险投资公司对接会、征集项目融资需求，与杭州中小企业金融服务网合作，牵头为在孵企业与金融机构对接。目前已为10多家企业提供贷款和金融服务，获取意向投资500多万元。园区正规划筹建“中国美术学院大学科技（创意）园投融资服务中心”，探索种子资金与银行贷款、风险投资绑定的模式。

3.提供专业特色化服务。

园区先后建立了台湾动漫馆、摄影棚、欧洲四零艺术空间、公共展卖中心、中央展馆（兼信息发布中心）等5个硬件平台；成立了摄影器材租赁中心、影视后期设备共享平台、之江文化创意产业协会等3个软件平台；成功申报了浙江省科技企业孵化器、市首批文化创意产业大学生孵化基地等2个孵化基地；开放了10多个学院实验室；与“浙江工业大学数字娱乐共享技术平台”签订合作协议。通过四类平台综合服务，已为入园企业提供免费或优惠专业服务近百次。

4.搭建丰富的国际交流平台。

文创企业非常需要产业交流氛围和展示推广，为满足他们这一需求，园区引进了国际动漫节杭州俱乐部、德中文化交流中心等国际性交流平台，与香港设计中心、澳门设计师协会开展常规业务往来，每年举办国际动漫节分会场、杭州文博会分会场、杭州国际青年音乐节、国际海报设计双联展等国际性专业活动。并先后举办了60多场国际专业活动，接待专业人次达30000多。

通过不断努力，园区已引进企业近200家，企业间已初步形成了上下游关系，构建了园区企业“生态链”框架。目前，园区“生态链”的构建模式主要分为以下三种形式：一是龙头企业带动中小企业。龙头企业与大学生创意企业形成“业务分包”合作框架；二是设计服务一条龙。各类设计企业间形成了“满足同一客户不同需求，提供不同类型设计”的服务一条龙产业链；三是产品开发类企业联动设计类企业。产品开发与设计服务企业形成了“上下游”的业务关联。这种产业链框架显示了园区“集聚放大”的效应。

（二）成果转化功能——多方拓展，促进转化

为促进艺术与科技结合，加快美院艺术科研成果的转化，学院和政府积极出台政策、搭建多渠道平台、争取大项目、整合引入新产业化模式，推动传统艺术产业和资源向科技化、网络化和规模化发展。

1.多渠道推广艺术成果转化。

园区通过建立公共推广网站，为40多家企业开辟艺术创意资源的成果专栏；举办年度创业对接会、年度毕业生设计展等项目对接活动，组团参加专业展会达20多场；鼓励科技成果直接与宝玉之蝶、顾家工艺、巨人集团、七匹狼等园内外企业合作；成立之江文化创意产业协会，分4个行业联谊会与学院各专业对接。

2.整合引入新产业模式。

通过引入数字化平台、引入关联企业和政策导向，鼓励艺术资源与数字技术的结合，通过营销模式创新、技术手段创新，探索新产业模式，实现设计创意成果转化。如大学生企业田木居家居，以艺术和设计为核心，塑造门店竞争力，整合供应渠道，进行营销模式创新；园区的艺纳科技，将手工艺资源在网络上进行交易，促进艺术培训业的规模化；如漫画大师蔡志忠正是看重了美院的动画制作技术和人才，将大陆的首个创业公司设在了大学园中，通过现代技术提升传统出版业，发展动漫产业同时弘扬中国优秀文化。据统计，美院师生直接创办及参与合作的入园企业已有49家。通过各种渠道实现成果转让 67项。

（三）人才集聚功能——创意创新，培育人才

随着科技创意产业的发展，中国美术学院持续提升学生科技创新的实践要求，专项规划和重点建设科研平台的优化和学生专业能力实践基地的加强。依托中国美院培训资源，园区以创新的理念和思路大力推进了大学生创业工作。

1.培育创业人才。

重点培养懂艺术、懂科技、懂经济的“三懂”人才。通过定期邀请政府职能部门及各类高等院校的专家举办“凤凰创意大讲堂”创业沙龙，采取跨行业培训等方式，进行管理培训，科技培训，艺术素养培训等。目前园区已组织20多场次创业培训，300多人次参加。

2.培养专业人才。

园区先后设立和引进了中国美术学院研究生实训基地、中国美术学院大学生实践基地、北京电影学院培训基地、香港理工大学设计培训中心等培训基地，引进并鼓励设立中影集团杭州基地、何何设计之夏、巧克力动漫等3家企业培训机构。目前已培训300多名专业人才，其中来自国外及中国香港、台湾、澳门地区的专业学员达到20%以上。

3.大力开展“双实双业”工作。

大学生科技创意中心

园区一直以来注重开展“双实双业”工作，实施创业导师制，配置创业辅导员3名，创业导师6名；改建大学生科技创意中心3500平方米，可吸纳80多个大学生团队。给予经认定的大学生企业两年的全额房租补贴，免费配备办公桌椅、公共洽谈间、会议间及网络宽带服务等，实现“拎包入驻”。目前，已吸引入驻大学生创业企业50多家。园区还定期举办“就业·创业·创新·展示”对接会，每年组织200多名在校生参加见习活动，牵头联系学生见习基地企业30多家，向中国美院等高校学生提供就业、创业及留学深造咨询等服务达千人次。

四、服务地方功能——辐射带动，转型升级

园区在发展科技创意产业的同时，既培养引进了大量的高端科技创意人才，也已经聘用并将继续聘用高校应届毕业生及部分周边失土农民。同时，积极争取建设艺术社区，努力将园区建成开放式的高品质社区，推动区域经济与社会效益的同步发展。

（一）园区已成为浙江、杭州发展文化创意产业的示范园区

园区集聚大学本科以上专业人才已有1200多名；引进和培育浙江省最大工业设计企业——杭州飞鱼工业设计有限公司和最大的影视后期制作企业——杭州时光坐标数字影像

技术有限公司；成为省市重要的文创产业交流中心，引进了国际动漫节杭州峰会、德中文化交流中心、中影培训基地等重要平台；引进了台湾漫画大师蔡志忠，亚洲最具影响力的实验戏剧导演孟金辉，“台湾综艺教父”王伟忠，世界百位著名平面设计师之一jianping He，日本著名建筑大师六角鬼丈等行业领军人物，辐射带动所在街道新注册文创企业1200多家。

（二）园区已成为区域创业就业的重要基地

开园以来，园区已提供就业岗位1500多个，接纳学院应届毕业生200多名人，累计大学生来园实习、实践近千人次，成功指导大学生创业近60家。

（三）园区已成为地方经济转型升级的典范

园区所在的转塘街道10多年前以“石头经济”和“猪头经济”为主，矿山关停并转和生猪禁养后，当地一直在寻求20多个废弃矿山的利用办法，也在寻找区域新的经济生产方式。凤凰·创意国际园产业基地是全国首个由矿山和水泥生产厂改建而成的园区，实现了石头经济向创意经济、废弃矿山向生态项目环境转化，为周边20多个矿山下一步的开发利用起到了示范作用。

（四）带动地方社区和谐发展

园区充分发挥文创特色，带动原住民积极参加到艺术创意产业的生产、服务和生活环境中，改变了他们的生产、生活方式，增加了他们的收入，提高了他们的素养。

凤凰·创意国际园产业基地实景

在构建四大功能的同时，园区也积极探索了自身的盈利模式，尝试通过创意产品交易和推广服务、科技成果转化合作和版权代理、投资参股、孵化场地租金及公共服务平台等多方面实现收益。目前园区运营收益主要来源于产品、服务收益、孵化场地租金及服务平台收益，其中成果转化、版权交易及投资参股项目正在洽谈中。

五、园区发展之独特优势

园区充分发挥中国美术学院的人才、创意创新优势，由中国美术学院与西湖区（之江国家旅游度假区）合作，打造一个集产业集聚、产业服务、专业配套、空间品牌为一体的综合性区域产业平台，最终将建设成一个以文化创意为特色的产业带。【之江文化创意园】凤凰·创意国际具有以下6方面特色优势：

（一）园区的打造符合杭州城市定位和发展总体规划

杭州是国际风景旅游城市、全国历史文化名城，具有丰富的旅游与人文资源。近几年，杭州立足建设国际化旅游城市，打造“全国文化创意产业中心”和“长三角现代服务业中心”。围绕这一目标，杭州市在政策环境、人才环境、金融资本环境方面都制订了政策，并出台了举措。打造以创意为特色的【之江文化创意园】凤凰·创意国际，既能充分发挥区域优势，又与杭州城市定位所提出的经济发展要求相吻合。

（二）园区是地方优用资源、产业转型升级的示范

园区一期由老水泥厂严格按照程序改建而成。水泥厂改成为一个文化创意为鲜明特色的，集创意办公、展览展示、艺术休闲、商务配套于一体的大学科技（创意）园区，属全国首个且目前唯一。其成功发展为周边系列矿山再利用探索了一个行之有效的模式，为优用土地资源创造了示范，为规划发展文化创意产业拓展了空间，得到了相关部门的高度认可。

（三）园区的建设与发展立足高起点

园区自开园以来就十分重视名人名家与高端技术的结合，在引进台湾著名漫画大师蔡志忠等行业领军人物的同时，也引进浙江飞鱼工业设计公司、时光坐标影视制作公司等高端龙头企业。依托企业的尖端技术与专业化程度高的国际合作平台，加快文化创意成果的转化，形成高端的产业集聚。

（四）园区将会成为创建“和谐社会”的特色社区

园区发展文化创意产业，既培养引进了大量的高端文化创意人才，也将配套培育手工艺及加工型人才，将为解决和带动周边社区的就业和生产创造良好途径。园区的发展也已经解决并将继续解决部分周边失土农民和高校毕业生就业问题。同时，自启动以来，园区就向社区开放艺术展示和活动平台，积极创办科普教育点，协助社区提高居民素养。区校双方都立足在建好园区的基础上，积极争取建设艺术社区，将园区建成开放式的高品质社区，推动区域经济与社会效益的同步发展。

（五）园区已形成较完善的创业公共服务体系

园区制定了《之江文化创意园大学生创业服务指南》及《大学生创业企业入驻、毕业条件及退出机制》等相关制度，针对学院大学生创业，进行重点招商推广服务；改建了建筑面积约3500平米大学生科技创意中心，给予入驻大学生企业两年的全额房租补贴，免费配备办公桌椅、公共洽谈间和会议间及网络宽带服务等，空调、电话线安装到位，并为入驻的大学生孵化企业提供完善的孵化机制和良好的创业氛围；定期举办了“就业·创业·创新·展示”对接会，向中国美术学院等高校学生提供就业（实习）、创业及留学深造咨询服务，为园区孵化企业解决了专业人才需求；积极组织科技创意企业参加中国国际动漫节、杭州文化创意博览会等项目对接、品牌推广活动，并对大学生进行科技创意创业宣传。

（六）园区坚持打造国际化、品牌化、特色化的产业支撑服务平台

依托美院1000平米的基础动漫实验中心，为动漫企业解决科学实验、产品检测等所需的仪器、设备，切实降低动漫企业的制作和经营成本，加快动漫企业创意、设计成果的转化；成功申报创建中国美术学院国家大学科技（创意）园等平台，无偿提供国家科技创意产业政策解读、科技创业案例剖析、科技创业咨询与引导等服务，协助并组织大学生企业参加项目申报、创业实践等活动；已建成园区官方网站，推荐企业并发布信息。组建了之江文化创意产业促进会，引进了德中文化交流协会，与德国波茨坦电影艺术学院代表方德国艺术与科学研究院签订协议创办欧洲（电影）艺术馆——欧洲四零艺术空间，与荷兰动画协会、香港设计中心；以及其他国际知名文化创意机构建立了常规联系。

中原大地上亮起的创意之光
——郑州金水文化创意园

当今年代，是文化、科技、创意三者互相渗透的时代。这是由于随着经济的飞速发展，人们关注的话题不仅仅只是温饱，精神的满足占据着人们生活的重要地位。我们日常所需的衣、食、住、行产品中也不断地融入了审美、经济元素，更重要的是融入了很多创新元素。例如手机可以直接视频、娱乐互动，电脑升级触摸屏，电子流媒体日趋盛行等等，这些高科技产品在便捷人们生活的同时也在丰富着人们的精神和思想。不仅如此，产品中的文化元素也在不断地渗透着生活，服装设计师把青花瓷图案印制在旗袍上，京剧唱腔可以融入现代流行的RAP等等，这些古典文化与现代文化交织的元素在不断地冲击着人们的视觉和听觉器官，正如从信鸽传输到无线通信，从竹简记录到电子留档，科技的发展从未停滞、无处不在，人们追求生活享受的热情亦从未冷却，这一切都离不开创意。

那么，当文化与科技邂逅创意，我们得到的不只是视觉感官上的冲击，更多的是实用和方便。文化创意与科技创意的琴瑟和鸣，让创意这个概念有了更深更广的内涵和范围。对于科技创意这个新鲜词汇，也许我们还未曾有一个清晰明确的定义，但是相信我们将在未来见识到更多更新鲜的科技创意成果，对科技创意这个概念有更深层次的理解和认识。

目前很多创意都还只停留在纸上谈兵的形式主义阶段，如何让文化、科技、创意三者渗透得更加彻底，打破形式主义的羁绊，真正的惠民，让全社会享受创意带给人们的成果和精神需求，从而增加其附加值，产生经济效益的最大化，这就需要我们发挥人的智力资源，运用创意大脑、创新技术、文化内涵这些综合手续创造出无限价值，更重要的是及时搭建三者共舞交融的舞台，这需要政府政策的扶持，也需要民间资本的介入和社会热心人士的参与，更需要媒体的宣传和鼓舞。比如奥运会、世博会、上海国际创意活动周等等这些国际性的活动都不失为一种好的宣传和市场推广活动。

郑州地处中华腹地，九州通衢，拥有悠久的历史和文化。面对近年来全国各地兴起的发展创意产业的热潮，郑州也意识到：是时候从昔日的荣光中苏醒过来奋起直追了。比如河南省开展2010首届郑州国际创意活动周，得到了国家、省、市、区领导的高度重视和关注，在社会上也引起了巨大的反响，让更多的人了解了创意产业以及它所引申的一些行业。而河南省首个文化创意园郑州金水文化创意园也在这方面积极地发挥其领头羊作用，积极参与谋划“文化创意照亮河南创造”、“创意领跑中原”等活动，这一系列活动的开展将极大地促进文化、科技与创意的完美融合。园区鼓励广告会展业、各类设计业、动漫游戏业、文化演艺业、信息服务业、现代传媒业、教育培训业、艺术品业、咨询策划业、及其他辅助业等产业企业集聚园区。专业涵盖广告会展业、软件设计业、工业设计行业、建筑环境设计行业、咨询策划行业、时尚设计行业、教育培训业、文化演艺业、工艺美术品创意行业（设计、生产、销售）；并着力向动漫产业及周边产品（如动漫服装、动漫玩具、卡通形象的设计、生产、制作）、网络媒体、影视制作、报刊杂志等现代传媒行业发展。“星星之火，可以燎原”，这些创意之光终有一日，将照亮整个中原的文化创意产业的发展。

一、创意是金，上善若水

郑州金水文化创意园的成立有着无可比拟的优势，可谓是“天时、地利、人和”。

（一）天时

2011年7月22日国务院常务会议通过的《文化产业振兴规划》，明确了国家将重点推进文化产业，包括文化创意、影视制作、出版发行、印刷复制、广告、演艺娱乐、文化会展、数字内容和动漫等。《振兴规划》明确指出，积极吸收社会资本和外资，进入政策允许的文化产业领域。这极大地激励了各地推进文化产业发展的步伐。如今，创意产业的风暴已经从全球刮到了中国，也刮到了河南。河南作为文化大省，丰富的文化资源可谓是创意产业的智慧源泉。面对这样的优势，河南已经开始行动。2009年10月11日，金水文化创意园项目推介会在河南人民会堂隆重举办，这标志着中国中部第一个以时尚设计为主导的创意产业园区的诞生。

郑州金水文化创意园为市、区“十二五”规划重大研究课题及专项规划方案，是省、市重点文化项目，是郑州市旅游局备案通过的重点旅游景区。项目由金水区委、区政府提出建设并引导推动，由河南省创意产业协会、河南省工业设计协会等直接指导，以河南弘驰实业发展有限公司为投资主体，由郑州创意界文化传媒有限公司整合各类资源进行管理运营。郑州金水文化创意园为、市区“十二五”规划重大研究课题及专项规划方案，是省、市、区三级文化产业重点项目。是郑州市旅游局备案通过的重点旅游景区。创意产业是金水区四大支柱产业之一，政府在政策引导、资金扶持、政府服务等方面给予了园区大力支持。

（二）地利

金水文化创意园位于郑州市金水区，坐落于中州大道与广电南路交汇处，东临郑东新区和郑州会展中心、艺术中心，西边是河南省电视台以及十余家高等院校，交通位置和区位十分优越，良好的外部环境为园区的发展起到了很好的集群和辐射效应。对面的国家森林公园环境优美，景色怡人，为园区发展提供良好的外部环境。

园区总投资4000万，项目规划占地12亩，总建筑面积22000平方米。总体分3期开发建设，一期工程已经全部建设完成，目前园区入驻企业达50家以上，二期工程规划也已完成，规划建筑面积12000平方米，采用临建钢结构新工艺方式开发，由赏腾宝(国际)艺术中心和“创意之窗”科技体验馆(创意艺术展馆)、河南电视台“打吧”（多功能展演中心）、创意市集（创意商品交易中心）、创意SOHO（专业工作室、会所）、赢响中原会所（配套餐厅）等构成，现正在筹建当中。二期项目完成后，与一期形成一体化，实现创意产业的综合功能标准化，吸引大批文化创意企业入驻，容纳50-100家创意企业，能够新增就业人数500-1000人，园区企业年销售收入3亿左右，年税收将达3000万元左右。三期项目国际创意港（60000平方米）将由“创意大厦”和“设计大厦”等组成，在省创意协会主要领导指导下，正在和有关合作单位加紧规划设计和用地协调，争取2012年上半年完成相关手续，下半年启动建设。

由此可看出，良好的地理位置优势以及地理规划将使园区的发展如虎添翼，使园区建设得以顺利进行和完成。

（三）人和

联合国贸发会议2008年创意经济报告中提出了创意经济时代的国际观视野，提出创意经济的核心即是创意产业，而人力和创意更是重要的竞争资产。文化创意产业是源自个人创意、技巧及才华的行业，是文化、知识和技术高度关联的产业，因此，创意产业所涉及的每一个环节（生产、交换、分配及消费）都与人才密不可分，是一种极其依赖个体人脑和人的心智能力的文化创造活动。随着产业升级、转型，专业分工日趋精细，人本身既是智慧的资本，又是创意经济中最可贵的资产，人才资本已成为文化创意经济成长及产业发展的主要动能。能否拥有大量的各类创意人才，将成为夺取创意产业发展制高点的决胜因素。

因此，发展文化创意产业，不仅需要为数众多具有创意及文化艺术素养的人才，更需要人才来将艺术文化界与产业界连结起来。特别是管理、设计、策划、文字类的人才，对于一些创意名企尤为重要。郑州作为河南省省会，多所高校集聚在此，这就保证了园区的人才来源。金水文化创意园也正在通过打造一个国内较有影响的、与国际接轨的创意产业平台和人才集聚基地，为创意设计等产业的开发、优秀影视产品的生产、高校科技成果转化以及大学生就业创业提供发展空间和平台服务。

目前，郑州金水文化创意园，自运营以来取得良好的社会效应。先后有多位国家、省、市领导人莅临园区视察指导工作。2010年4月15日，全国政协副主席、国内创意产业泰斗厉无畏到园区指导工作并题词“创意是金，上善若水”，鼓励园区入驻企业和员工多为文化创意产业做出贡献，做出成绩。园区总裁李明超表示，创意无止境，金水文化创意园会加快产业推进，带动和促进产业发展，充分发挥园区的优势资源和品牌影响力，带动全社会形成良好的产业发展氛围。

二、创意之魅，闪耀中原

（一）特色服务引凤栖

金水文化创意园把创意产业发展与设计、生产、商贸、文化等产业相结合，主要以广告会展、创意设计、动漫游戏、现代传媒为重点发展业态，并给予入驻企业一系列的优惠政策。经过长时间的筹备，郑州金水文化创意园已建立了实体化、规范化的服务体系。企业入驻初期，园区将联合金水区政府为企业提供注册、租金、税收等多方面的便利和优惠政策，提供给企业入驻审批一站式服务，避免了繁琐的入驻手续。园区旗下《创意界》网、《创意人》报、《创意郑州》DM杂志、户外传媒平台、LED等高端媒体也免费为企业提供形象宣传服务种种的优惠举措，使企业认可了园区的投资环境。

园区五大科技服务平台（创意产业研究中心、多媒体采编中心、现代数码印务中心、多功能展演中心、创意经济研发中心）依托正在建设的区政府一把手工程——郑州市五大科技文化(创意)平台、河南省创意产业信息商务平台和正在筹建的省知识产权保护、交易、转化平台和金水区“创意之窗”（创意书吧）科技体验馆，为园区企业提供优质服务，为全省文化创意产业发展提供咨询策划、展示交易、行业交流等综合服务，促进文化与经济的融合服务与科技的双管齐下，保证园区经济效益稳步增长。

1.创意设计研发中心

该中心涵盖平面设计、艺术设计和工业设计诸领域，包括数字传媒设计、动漫及衍生产品设计、工业产品创意设计以及利用上述基础资源，配合专业机构实现企业孵化和人才培训职能。

2.多媒体采编制作中心

该中心涵盖现代传媒多领域，包括纸质、电子、网络和流媒体，配置先进硬件设备，利用现代传媒手段，通过与各类媒体合作实现信息采编、专题制作、合成实现专业化和集群化。

3.多功能展演中心

该中心涵盖文化演艺、会展服务、时尚产品发布、礼仪庆典设计、影像拍摄以及影音合成等，通过高科技的灯光、音响、影像以及虚拟手段，为各类演出、拍摄和会展提供一流服务。

4.现代数码印务中心

该中心重点为园区创意设计中心、创意经济研究中心以及多媒体采编服务中心、多功能展演中心提供专业配套服务，同时可为企事业机关单位以及社区人群提供专业化、高效率商务服务。

5.创意经济研究中心

该中心以创意产业全局和园区发展战略研究为主，主要职能包括文化产业与创意经济研究、服务业信息与数据库平台服务、文化创意产业园区策划与咨询服务、服务业与创意经济图文音像资料集藏、高峰论坛与专题讲座策划运作、文化产业与创意经济研究报告、学术论文（蓝皮书）编著出版、文化创意产业专业人才库管理等。

目前，园区内汇集了河南省内外优秀的广告、展演、设计、策划公司，三星广告有限公司、一拓策划有限公司、创意界传媒、玛宜网、太平洋汽车网等50家文化创意企业已入驻园区。优秀上中下游企业云集，创意产业链条在园区已基本形成。

（二）品牌活动聚人气

园区开办以来，陆续成功举办了“创意金水”、“2010郑州国际创意活动周”等系列活动，被市级以上电视台、报纸、广播以及各大网站广泛报道数百次，不断形成新闻影响。在2009中部企业领袖年会上，荣获了河南经济“最具发展力项目”大奖；2010年11月20日，在北京“第五届中国创意产业年度大奖”颁奖典礼上荣获“2010中国创意产业最佳园区奖”，首次获得国家级大奖；2010年12月10日被吸收为“中国工业设计园区联盟”成员单位，成为全国24个代表园区之一。2011年1月16日，园区总裁李明超应邀参加“和谐中国·2010年度影响力人物颁奖盛典”系列活动，被评为“和谐中国·2010年度十大创新人物”之一；1月18日，在会展经济助推中原经济区建设发展高峰论坛暨2010年度河南省会展行业表彰大会上，“2010年郑州国际创意活动周”被评为2010年度河南省会展行业“十佳”最具影响力展会，园区总裁李明超荣获2010年度河南省会展行业优秀新闻人物称号。同时园区主要创办人分别当选河南省创意产业协会副会长、河南省工业设计协会常务理事、河南省文化强省协会理事等社会职务，并被当地政府命名为首批优秀人才。

2010年11月11日至15日，以“设计·城市巅峰，创意·生活模式，产业·合力”为主题的“2010郑州国际创意活动周”在郑州金水文化创意园成功举办，这是我国中部地区第一个大型的国际性创意产业活动，受到了省、市、区各级领导的高度重视和支持。

活动周期间，举办了首届郑州国际创意产业高层论坛、中部文化创意沙龙、金水文化创意园开园仪式、创意表演秀、中国·波兰文化经贸对接会、新青年动漫节、河南创意设计新锐11人行、创意市集等活动，吸引了省内外创意产业领军人物、企业、各领域优秀人才和杰出代表共同参与，在整合社会优势资源、打造文化创意产业学术与成果交流平台、推动全省文化创意产业发展，发挥创意产业在河南省产业结构调整、经济发展方式转变中起到的先导作用，为国内外创意产业专家、企业、设计师等提供一个交流、协作的平台，进一步加强国际间、城市间、企业间以及设计师之间的合作，实现创意、资本、技术、产业相结合，提供良好的沟通、交流渠道。活动周的举办，填补了中部地区文化创意产业大型活动的空白，是河南省文化创意产业实力的一次展示，也是各地文化创意产业的一次对接。

2011年6月7日，在“2011年河南——港澳经贸交流活动”中，郑州金水文化创意园与荷兰赏腾宝公司在香港成功签约了二三期项目，并在6月8日签订关于成立国际文化创意研发中心的战略合作协议。

园区目前正在筹办中西部图书交易博览会，此次展会打破传统固有模式，以“和谐文化”为主题，打造绿色生态读书文化节。此次展会将进一步发挥会展作用，通过专业展览会促进地方特色经济和新型产业的发展，搭建文化产业国际交流、交易合作平台；打造河南乃至中西部地区品牌文化国际展览，促进文化产业市场的健康发展。

三、将文化创意进行到底

园区自运营以来，对文化创意产业的追求与奋斗一刻也没有停止，始终以争创“郑州第一园、河南第一家、中部第一强、全国第一流”为发展目标。由于这是河南首个文化创意园区，没有任何经验与模式可以借鉴，因此郑州金水文化创意园在独立探索和发展的过程中，也一直在关注和进行创意产业理论的探讨和实践。目前，园区已与河南省陶瓷玻艺协会、河南省美术家协会设计艺术委员会、河南省会展业协会等省内的主要相关行业协会、社团组织建立了长期的项目战略合作关系，并分别达成意向，合作开发二期专业的创意产品交易馆和艺术设计科研培训院，为更多的原创设计工作者提供创作交流场所。郑州市金水区委区政府也组建了园区建设领导机构和协调机构，制定了一系列扶持政策和优惠办法。

上海市创意产业协会会长、上海社科院创意产业研究中心主任厉无畏先生先后两次来河南调研，非常关注河南金水文化创意园，对园区的发展给予指导，并关照上海、北京的产业园区与金水文化创意园进行合作。

园区积极主动与东南部发达地区的产业园进行全方位接洽，多次组织考察小组前往北京798艺术区、上海田子坊、清华科技园广州创新基地（启迪科技园）、深圳工业设计园等数家国内知名产业园区参观考察，与园区负责人进行沟通交流，吸取有益经验为己所用，极大的避免了成立之初的走一些弯路错路，加快了金水文化创意园的发展步伐。

园区还应邀参加第三届海峡两岸（厦门）文化产业博览交易会、第五届中国（深圳）国际文化产业博览交易会、“2010上海国际创意产业活动周”、“2010广州第五届中国工业设计周”、“2011第七届深圳文博会”等多场与文化创意产业相关的大型盛会。

在走出河南的同时，伴随着影响力的不断提高，先后有台湾青年企业家交流协会总会长陈文益先生、韩国大兴农产中国支社长金权寿、世博会加勒比共同体馆长桑丽莎女士、荷兰赏腾宝公司总经理孔思宁、波兰经贸促进会张铭飞会长等参观访问园区。来访团队对园区的各项工作建设提出高度赞赏，与园区负责人就园区建设和产业发展进行专项研讨，并对金水文化创意园所取得的阶段性成绩表示可定，希望有机会可以与园区合作共进。

园区的发展不能埋头苦干而切断了与其他产业园的交流合作，在考察调研中，结合自身实际，摸索适合本地实际情况的发展道路，才能使园区获得长足发展，这一点是每个园区在发展初期所必然经历的。

园区先后建立了团工委、党支部等组织，并被共青团河南省委授予“河南省青年文化创意产业园”称号，广泛调动和发挥青年创意主力军的带动作用。

文化创意产业的发展壮大是一个漫长积累的过程。在不断集聚与吸收过程中，郑州金水文化创意园会更成熟，快速形成规模和复制，成为我国中部地区首席模板总部园区，并走出国门，在国际舞台上占有一席之地。

聚势翱翔·更塑辉煌

国门商务区

艺谷文化产业集团

国家（河南）动漫产业发展基地

新疆7坊街创意产业集聚区

鄂尔多斯市东胜区

敦煌

广州毅昌科技股份有限公司

蓄势起航篇：

THE 5th CHINA BEIJING INTERNATIONAL CULTURE & CREA
CHINA CREATIVE INDUSTRY AWARDS
中国创意产业年度大奖
2010 第五

THE 5th CHINA CULTURE & CREATIVE INDUSTRIES ANNUAL SUMMIT
国创意产业年度大奖

北京建设“世界城市”的靓丽名片——国门商务区

于峰之巅，必有大视野。谋天下者，必先谋一域。

国门商务区紧邻世界第二大航空枢纽首都国际机场，占地20平方公里，基础设施总投资300多亿人民币，是北京六大高端产业功能区之一，“打造临空经济区、建设世界空港城”的重要环节。

这里未来将打造成航空服务、特色金融、高端服务、商贸商务、时尚创意等先进产业的汇聚之地，高端酒店、综合商业体、独栋办公的集聚新城，是全球五百强步入北京、大型央企扬帆海外构建总部基地的最佳选择，举办国际会议、商务交往活动的最佳平台。

国门商务区范围及交通示意图

低碳化、智能化、高端化、国际化是商务区最大特色。国门人秉承科学发展、以人为本的理念，瞩目长远，策动未来，致力于打造商务楼宇现代化、商务空间多样化，办公环境生态化，信息服务智能化为主的现代化、国际化的低密度新型中央商务区，集约呈现建筑与自然的和谐融和。

2010年国家地理信息科技产业园落户于此，商务区已成为国家发展战略新兴产业的高新技术聚集区。目前超过200家知名企业入驻，2020年将吸引各类入区单位1000家以上，地区GDP总值实现200亿元。

一、靓丽名片之一——“姓名”、定位、优势

（一）高定位预示临空非凡影响

北京今后的发展目标是建设世界城市，而发展临空经济、发展高端服务业、建设北京新城，是未来十余年顺义区经济建设的主题，也是北京市经济发展的重要方向。作为临空经济中发展商务的核心区域，国门商务区承载着北京新城发展总部经济以及现代高端服务业的历史使命。为此，商务区将自己的战略发展目标定位于环渤海乃至东北亚地区临空产业基地、环渤海经济圈临空要素的控制性基地、首都国际商务活动和国际文化交流基地。

（二）高品质匹配航空高端需求

高定位必须要有高品质作为支撑。国门商务区内建筑物总体控高9-45米、容积率0.8-2.2、建筑密度35%左右，三项总体指标的约定使国门商务区拥有北京地区商务办公区绝无仅有的低容积率，其建设容积率约相当于朝阳CBD的1/4。加之“绿色、生态、可持续”的能源利用理念，绿色屋顶建筑技术、污水源热泵、中水利用、雨水回用等节能减排技术的推广使用，将再现绿树影映的园林式商务办公环境。

（三）高效率契合企业发展步伐

商务区位于临空经济功能区的核心，占据天然的地理优势，与首都国际机场实现“零距离接触”，使高效率在国门商务区得到充分体现。此外，品牌形象对于航空企业或金融

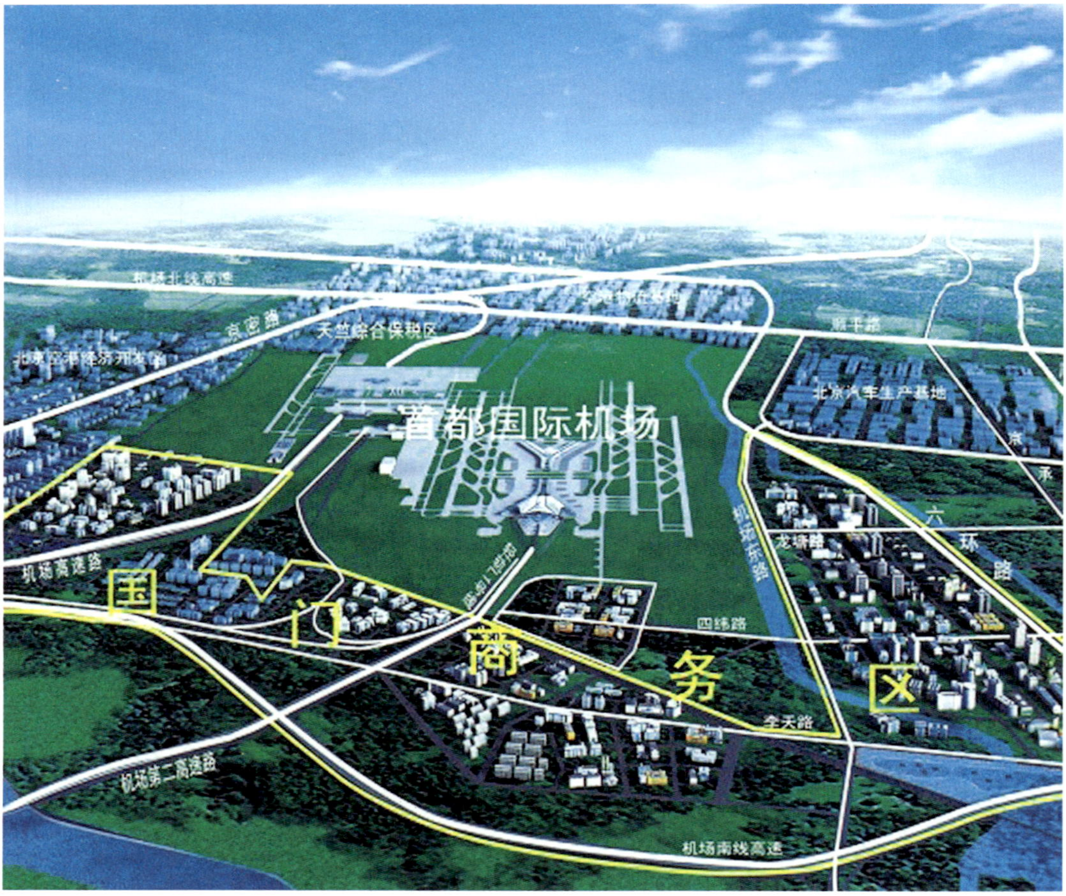

国门商务区示意图

机构来说都十分重要。在全球年客流量排名第二位的国际航空枢纽——首都国际机场周边建设企业的总部大楼，其品牌效应和影响力可想而知，对于企业接轨国际具有举足轻重的战略地位，无疑是航空和泛金融企业总部办公的首选之地。

二、靓丽名片之二——“地址”、资源、战略

（一）首都机场——航空产业聚集的“磁石”

临空经济经过十多年的实践和探索已成为北京市重要的经济特征之一，已从区域经济增长点变成首都一个新的经济增长极。临空经济功能区完备的第二产业基础、独有的空港门户位置、便利的交通和信息网络平台，都为航空产业的积聚和发展提供了有力支撑。机场周边能够聚集航空产业自然不必过多阐述，独一无二的“国门”资源成就行业聚集潜力。首都国际机场具有其强大的“磁石效应”，机场集团、机场股份、国航、国航货运、南航、金鹿航空等众多航空公司及航空服务机构已经在首都机场完成了战略布局。

同时，航空及金融等高端服务业对地区的经济发展作用十分可观。刚刚过去的2010年，顺义区实现地区生产总值（GDP）实现780亿，同比增长13%，在财政贡献突出企业中三分之二的席位是航空及金融类企业，这不仅彰显了地区政府对于大力发展现代服务业的决心和力度，同时也预示着航空及金融类企业在顺义区，特别是在以发展高端服务业为核心方向的国门商务区拥有坚实的基础和广阔的空间。

（二）国门——航空配套服务产业延伸的重要后备资源

作为临空经济区发展国际商务的“龙头”区域，大力发展航空服务、特色金融、高端服务等先进产业，既是国门商务区责任也是国门商务区发展的方向。机场周边其他园区土地储备不断萎缩，而规划面积20平方公里的国门商务区目前基本上还是一张白纸，这将是今后航空产业向首都机场聚集的最后阵地。此外，这些高端商务更是临空经济发展的新动力，面对国际枢纽空港这一特定的资源，各配套服务机构尽量选择靠近信息源和客户源是天然的生存法则。

临空经济功能区拥有着庞大的客户群体，加之航空枢纽带来的巨大人流、物流、信息流，都有利于商贸、酒店、高端商务快速、便捷地获取自身发展所需资源，为企业的资金提供载体，为各大机构拓宽业务渠道，促进双方携手共赢。而机场及航空公司本身也不断衍生大量的个性服务需求，同样可以形成高端酒店、综合商业体、独栋办公等新城与航空多点互动、相互促进、聚集发展的良性循环格局。

三、靓丽名片之三——“业务”、布局、品牌

国门商务区五大主导产业

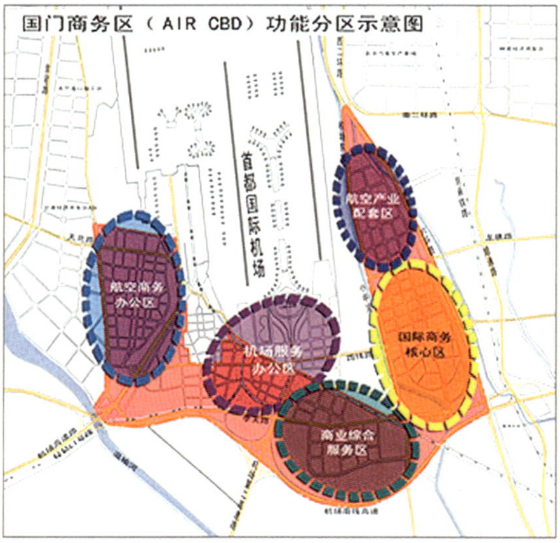

国门商务区ARI CBD功能分区示意图

随着国门商务区、天竺综合保税区的快速启动和发展，临空经济功能区围绕首都国际机场的环形格局基本成型。从产业布局和功能定位角度探讨，国门商务区、天竺综合保税区的设立弥补了临空经济功能区高端商务、保税物流等产业“缺口”，使“临空经济圈”产业类型涵盖了从电子通讯、生物医药、现代制造、仓储物流、国际商务、会议展览、文化创意等完善的体系，形成“南北互补、东西呼应、资源共享和互相促进”的区域整体形象，真正成为首都各高端产业功能区发展中独树一帜的品牌区域。

在国门商务区20平方公里区域内，通过五大功能板块的合理布局使商务区自身形成“统一规划、功能互动、相辅相成和滚动发展”的良好模式。其中，区域最西侧为航空商务办公组团；中部为机场配套服务组团；南侧为商贸综合服务组团；东侧为商务区的核心功能区，国际商务办公组团；北部为航空配套产业组团。

（一）航空商务办公组团

规划面积348公顷，可开发建设面积215公顷，总建筑面积120万平方米。该组团以航空公司总部、营运管理中心、会展商务及多功能酒店为核心功能。同时，具备为商务办公服务的小型会展、餐饮娱乐、休闲健身等服务功能。

（二）机场配套服务组团

规划占地面积432公顷， 可开发建设面积120公顷，总建筑面积100万平方米。起步区已经启动建设38公顷，建筑面积50万平方米。该区域主要功能为直接服务于机场的单位提供办公和经营空间，包括驻场机构用房、空港工作人员公寓、综合办公和公用设施。

（三）商贸综合服务组团

规划面积551公顷，可开发建设面积120公顷，总建筑面积70万平方米。形成世界知名品牌直销中心，专业常年展示交易中心，区域性餐饮娱乐、体育健身中心，区域性购物中心。

（四）国际商务办公组团

规划面积430公顷，可开发建设面积300公顷，总建筑面积280万平方米。该区域是国门商务区的核心功能区，以国际或跨国集团总部、高档商务酒店为重点吸引目标，包括承担研发、营销、财务管理、资本运营、战略管理等总部职能的集团型企业。

（五）航空配套产业组团

规划面积203公顷，可开发建设面积120公顷，总建筑面积100万平方米。重点发展航空维修、航空检测、航空食品、保税物流和航空培训等航空配套服务产业。

四、靓丽名片之四——“构想”、平台、项目

在商务区878万平方米的建筑体量中，国际标准的商务办公面积约为430万平方米，酒店及公寓面积约为160万平方米，商业服务面积约为20万平方米，文化娱乐面积约为6万平方米。为了提供航空及其他高端服务业企业更广阔的发展空间及更有针对性的发展平台，商务区策划并推出了区域开发、实体建设、合作共赢的项目方案以期实现企业投资与园区发展的对接。

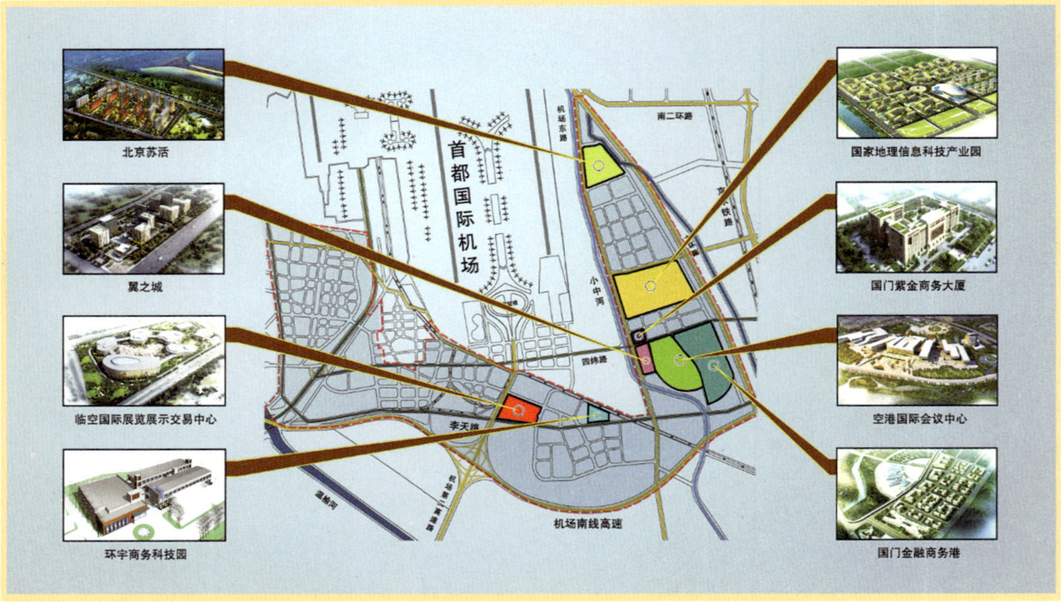

分布图

（一）国家地理信息科技产业园

国家地理信息科技产业园位于核心区，距离T3航站楼一公里。总占地面积约1000亩，总投资额150亿元人民币。项目一期工程建筑面积约80万平方米，计划于2012年底前建设完成。项目一期投入使用后，将引入国内外地理信息相关企业100家以上，形成年产值超100亿元的高新技术产业园区。国家测绘局新近开通的国家地理信息公共服务平台（公众

国家地理信息科技产业园鸟瞰图

国家地理信息科技产业园示意图

金融商务港鸟瞰图

版）——“天地图”网站，将作为首批入驻国家地理信息科技产业园的高新技术企业。

（二）金融商务港项目

位于直通首都机场的四纬路南侧，占地面积46.5公顷，规划总建筑面积50万平方米，包含国际金融总部大厦、航空金融中心、金融机构独栋办公区、高档公寓区及商务会所区，预计项目总投资额约40—50亿元人民币。航空租赁业是现代服务业中的朝阳产业，兼具经济带动巨大、创税能力强、产业结构提升、关联产业拉动等特点，是首都临空经济区乃至北京市经济发展的“黄金产业”。欢迎国内外银行保险、证券基金、律师事务所、会计事务所、审计事务所以及航空金融、金融租赁等各金融类服务单位入驻办公。

（三）空港国际会议中心项目

地处核心区南大门，总占地面积44公顷，项目以9-10万平方米的临空国际会议中心为核心，配套建设五星级国际酒店、临空甲级智能化写字楼以及独栋式企业花园，总规划建筑面积25-28万平方米，预计项目总投资20-25亿元人民币。该项目具备国际论坛、文化交

空港国际会议中心鸟瞰图

流、展览展示、商务办公等综合功能，形成首都航空枢纽地区国际交往活动新的中心。

不同功能的项目布局为航空及金融产业集群的形成和发展创造了相对完善的平台和有效的空间载体。伴随着商务区如火如荼的建设，重点项目的快速推进，必将加快高端服务业向国门商务区的聚集。

（四）国门紫金商务大厦

国门紫金商务大厦位于国门商务区国际商务核心区，距离T3航站楼仅一公里之遥。项目占地31亩，总建筑面积5万平方米，地上建筑面积3.1万平方米，预计投资3.5亿元，由商务区管委会与鄂尔多斯金山集团合作开发。项目定位于集“特色商业、商务会所、高档办公”为一体的多功能城市综合体，采用“大气、沉稳、简约”的立面风格，着力突出下沉式庭院与钟楼文化广场相结合的特点，将采用污水源热泵系统、天棚辐射采暖制冷系统、置换式新风系统、屋顶绿化及外墙保温等节能技术，打造成为低能耗的绿色生态示范建筑。作为国门商务区首个二级建设项目，它对未来核心区其他二级项目建设具有指导和师范作用。

此外，国门紫金商务大厦将为各类企业在京提供广阔的发展空间，为金融、贸易、风险投资等各类企业提供配套服务，重点吸引国内外企业总部、研发中心、运营中心、销售中心等，着力打造一个总部商务办公的聚合体。

国门紫金商务大厦示意图

（五）翼之城

项目位于商务区核心区，距离T3航站楼仅一公里。规划总用地面积：16万平方米，其中规划建设用地7.3万平方米，是国门商务区开发建设的先期启动项目，将对国门商务区的后续建设起到示范作用。

翼之城示意图

该项目重点吸引国内外公司来京设立总部、研发中心、运营中心、销售中心等。项目将为各类型企业在北京设立总部提供独特的发展空间，为金融、贸易、风险投资等各类企业提供配套服务，打造一个总部办公和创业创新企业的商务聚合体。

积极实施产业集群发展战略，充分发挥本项目的示范性、带动性和引导性作用，以结构优化为主线，以国内外两个市场为导向，以“三高两低”（高附加值、高技术含量、高关联度、低能耗、低污染）为原则，逐步形成高技术化、知识化、竞争力强、辐射面广的现代服务业集群。

（六）北京苏活

北京苏活示意图

项目位于北京国门商务区核心区，东临首都城市六环，西侧与首都机场仅一路之隔，紧临商务区高品质国际商务、商贸休闲等配套服务集聚区。内以围合式建筑群落，辅以色系分明的园林景观、创意定制型空间建筑，外挈国门商务区资源配套。规划总用地面积17.24公顷，其中建设用地7.46公顷，总建筑面积15.15万平方米。

从区内到达机场候机楼仅10余分钟车程。周边有101国道、五环、六环、机场高速、京承高速、机场南线和机场北线组成的高等级公路网；公共交通包括机场快轨、公交车、机场巴士及出租车。正在建设的M15号地铁，将设新国展站和新国展北站，未来的交通形势值得期待。

（七）精彩瞬间

国门商务区管委会张爱冬主任陪同区领导考察国门商务区

国家地理信息产业园开工仪式

五、靓丽名片之五——“起航”、成绩、腾飞

（一）基础政策的扶持

为了加快现代服务业的快速发展，顺义区政府已经出台了对金融及总部型企业的多项奖励政策及人性化的扶持办法。目前，区政府正在积极推动临空经济功能区与金融街、朝阳CBD以及中关村“一区多园”等高端产业功能区的优惠共通、政策共享的机制，不断加大针对高端服务业企业的支持力度。

（二）根基稳固的三年

2010年至2012年，国门商务区进入了大开发、大建设的关键时期，商务区五个功能组团将全面进入土地一级开发和二级项目建设阶段，企业开复工面积将超过150万平方米，总投资将由前三年的几亿元迅速增加至100亿元以上。国门商务区正如一架腾空而起的银鹰，划破长空，焕发出蓬勃的生机与活力！

（三）扶摇直上的动力

20世纪是海洋经济的世纪，在全球化进程加快推进的21世纪，蓝天和银鹰将赋予全球经济新的动力。北京市“十一五”规划纲要明确提出“开发临空经济区，发展临空产业，提升会展、物流业水平，构筑引领未来发展的高端产业功能区”。在“十二五”规划纲要中，市区两级政府仍将高度重视首都国际航空大型枢纽空港这一不可替代的资源优势，必将借助天竺综合保税区、国门商务区等发展高端服务业重点园区进一步丰富、完善了首都经济的内涵。

国门商务区是一张等待描绘的画纸，要画出最新最美的图画还需要广泛集结社会资源和多方智慧。我们相信，国门商务区作为北京发展临空经济中核心商务区域，不仅有着紧邻首都航空大港这一得天独厚的地理优势，更有着占据北京作为一个国际都市走向世界的桥头堡、国家门户之显赫位置。全力打造一个新型的、特色的国际性商务区，是今后十余年我们全力以赴、孜孜不倦予以追求的最高目标。我们不仅要为未来北京发展的航空、泛金融等各类企业搭建一个新的发展平台，更要为把北京建设成为世界性城市再塑一张靓丽的新名片。

坐拥临空精华品质，对接世界商务核心，首都门户，国家窗口，国门商务区港，邀您共徜徉！

汇聚中华文化 飞扬创意梦想
——艺谷文化产业集团

文化创意产业是近几年来新兴的朝阳产业。随着国民经济的快速增长和国民收入水平的不断提高，文化产业不断开拓出新的发展空间。截至2007年底，中国经营性文化产业机构已达27.2万家。文化产业日益成为市场经济条件下繁荣社会主义文化、满足人民群众精神文化需求的重要途径，文化产业对国民经济增长的贡献不断上升。

因此，今后几年在我国的文化产业领域内，既是大企业盘活存量、重新洗牌的机遇期，也是个人创业、建立中小文化企业的大好时期。在这一时期，对于文化企业来说既有许多有利条件，也面临严峻挑战。可以看到，中国的很多文化企业都在利用好这次发展机遇并勇敢地迎接挑战方面下了很大功夫，其中有领跑者也有失败者。

作为一家崇尚创意美学的文化产业巨子——艺谷文化产业集团，凭借其雄厚的资金实力，强大的资源平台、国际化的创意团队和年销售额数十亿元的营销网络，使得无数优秀的中国书画、雕塑、音像、影视以及文化创意作品，通过艺谷集团这个国际化的平台，进入千家万户。而今天的艺谷集团也将成为中国乃至全球最大的艺术品及文化艺术衍生品的开发和运营商，成就真正系统化、规模化的中国文化创意企业，成为具有新时代特质的中国文化创意产业领军人。

一、艺谷的“创意兴起”之路

艺谷文化产业集团成立于2011年，注册资金8000万元人民币，是一家集研发、创意及销售为一体的国际化现代企业。肩负着“让中华文化艺术进入世界市场”和“让中国审美产品融入公众生活”使命的艺谷集团，业务范围涵盖文化产业投资、博物馆经济、

材料博物馆室内展览一

材料博物馆室内展览二

艺术品展览展示、影视动漫投资等各个领域，其中包括博物馆文化连锁、艺术设计生活品、纸质文化品、陶瓷艺术品、影视产品、动漫产品等。通过博物馆、旅游景点、机场、新华书店、电影院线、直营店面等地面终端销售渠道进行业务拓展。并通过电子商务平台，实现版权运营、个人网上艺术品展示及销售、产品设计开发、艺术设计生活品网上交易等线上渠道的业务拓展。

2011年，艺谷为促使瑰丽之中华文化能够方便地被收藏与传承，并让它们能够在世界范围内被发扬光大，艺谷投资1000万元人民币，成立中国文学艺术基金会艺谷专项基金。同时艺谷投资1000万元人民币与中国国家版权保护中心达成协议，建立国家版权示范基地。该基地建成后可以免费为当代1万名艺术家的100万件作品提供版权登记及保护，同时所有艺术品可在艺谷的线上线下营销平台上进行运营，艺谷还利用来自全球的庞大的设计师资源，开发大量衍生品以在艺谷营销平台中销售。艺谷庞大的营销网络，可以形成一份作品多重应用、多重收益的资源有效整合及利用。与此同时，艺谷已经与中国国家博物馆、南京国家博物院等一级博物馆达成协议，经指定将对博物馆的精选藏品进行二次创意设计开发，形成创意衍生品，通过艺谷营销网络，让这些稀世珍宝进入全球千家万户的生活之中。

作为中国文化艺术领域的新星，艺谷具有超乎寻常的发展速度。并且，艺谷在创立之初，便以国际化视野完成了组织架构的全球布局。目前，艺谷总部设在北京，在上海、南昌、深圳、香港、伦敦、纽约等全球6个城市设立了分支机构。艺谷集团美国公司定位为全球商业运营中心，地点设在纽约。艺谷集团英国公司定位为全球创意设计中心，近期将在伦敦注册，目前已经与100余家艺术机构展开合作。艺谷集团香港公司定位为链接世界创意设计及输出输入人才的中转站，2011年下半年启动建立。艺谷集团北京公司定位为中国的资源总部，拥有面积超过2300平方米且充满文化创意的办公室，现已开始运营。艺谷集团上海公司定位为中国的运营总部，占地面积超过30亩的艺谷文化创意产业园区在2011年底即将落成。在艺谷上海文化创意产业园区内，将建成全亚洲最大的艺术画廊、中华黄金博物馆、MC材料博物馆及艺术品类版权交易中心。同时建立100个艺术家艺术馆群和青年艺术家工作室，以推广他们的艺术和作品，壮大中国文化艺术后备力量，打造中国博物馆经济圈和规范化的艺术品类版权交易中心，并不断研究设计可供通路销售的高价值产品系列；艺谷集团江西艺术中心已在南昌建立，将建成中国最大的民间艺术品收藏机构及大型艺术品展览展示区。艺谷所有产品系列均源于中华文化而生，如国宝系列、生肖系列、成语系列、艺术家系列、中国城市系列、文化主题系列等。产品品类亦不受局限，囊括字画、电影、动漫、时装、设计及定制礼品等方方面面。

二、新材料创意的先驱

纽约著名的麦迪逊大道60号楼——这里有一座“图书馆”，但当你走进去，一排排书柜上摆放的不是厚重而青涩的“书”，而是在一种名为“tabular”的展示板上，挂着各种各样奇异的材料：这里拥有8大类、超过6500余种世界最新、最前沿、最自然环保的新材料的MC，通过全球材料专家网络，为设计师提供最新的材料咨询，其中包含世界仅有的可持续循环使用的新材料。同时，每个月还有50至60种一流的新材料经过严格挑选，进入到MC材料库，来保证MC新材料数据库不断完善、更新与壮大。身材颀长、表情永远严肃的剑桥大学材料学博士Andrew H. Dent会深沉地对每一位来访者宣称：“在这里你可以尽情地触摸这些材料，寻找那稍纵即逝的创意灵感。”

这家没有一本“书”的“图书馆”，名为Material ConneXion（MC新材料图书馆，以下简称：“MC”），成立于1997年，总部位于美国纽约，在意大利米兰、德国科隆、泰国曼谷、韩国大丘和土耳其伊斯坦布尔均已设立分支机构，巴西巴西利亚、日本东京、英国伦敦的分支亦正在筹备之中。它是世界上唯一一家具有全球背景的创新材料咨询服务机构，也是世界最大的创新材料、可持续材料集成与应用的图书馆，提供多种行业的材料选择问题及方案咨询。MC是一个拥有超过50名来自不同学科领域的材料专家组成的国际

团队，该团队全部由获得博士学位的材料科学家、材料专家、设计师和有丰富经历的营销专家和品牌专家组成，涵盖了包括科学家、国家实验室、材料制造商、学术机构和创意设计机构在内的权威性全球网络，涉及航空航天、汽车、化学/塑料、化学工程、军事、光纤、纺织、工业设计、包装、电子消费品、材料趋势预测等在内的多元化知识体系。简单地说，这是世界上唯一一个，几乎囊括了全球各个门类最新材料的庞大的材料博物馆。现在，这里也是顶级设计大师们的“后花园”——Philippe Starck、Dror Benshetrit、Marcel Wanders、Yves Béhar等都是MC的忠实会员。他们都是从MC这里获知最新的材料信息，激发自己灵感或是将创意实现成作品。

而在中国大陆，至今没有出现Philippe Starck、Dror Benshetrit这样的设计大师，一直被中国设计界耿耿于怀；相比国外同行，中国设计师们低廉的身价同样令业界羞于启齿。实际上，中国拥有庞大的设计师、艺术家群体，只是由于接触不到更多更有特色属性的材料而无法将自己的思维进一步打开，从而也就无法有创意。并且，即使拥有了好创意，但得不到实施、无法落地，不能呈现出现实物来，那么，再好的创意、想法依旧只是停留在头脑中毫无价值的想法而已，是纸上谈兵。正所谓，正确的材料选择可以赋予设计以生命，促进产业的革命性转变，并创造更好的、更可持续的环境，而从灵感的火花到设计难题的解决，材料拥有将思想转换为现实的力量。另一方面，在MC新材料图书馆总裁

Michele Caniato看来："中国数千年的文化、庞大的市场以及数以百万计的设计师队伍，都蕴藏着无与伦比的巨大潜力，而MC就是一剂催化剂，来唤醒这种巨大的力量。"

实际上，此前已经有很多中国机构希望能与MC合作，把这个世界上唯一且最领先的新材料机构引入中国，但均因MC的挑剔而未能成行，直至艺谷文化产业集团的出现，MC才"姗姗来迟"进入中国。

位于北京海淀区西海国际中心8层的MC新材料图书馆北京馆将于2011年9月29日正式开业。届时，数以百万计的中国设计师们除了能通过"http://cn.materialconnexion.com"登陆查看这庞大的材料信息库外，还能亲身触摸和感受材料科学家们精心挑选的最具代表性的数百款材料。预计MC新材料图书馆上海馆于2011年12月落成，2012年第三季度MC新材料图书馆广州馆成立，2012年开始的5年内将陆续于成都、杭州等不同区域设立七家MC新材料图书馆。虽然中国北京馆是MC开设的第七家办事机构，但晚到的中国却无意中创造了MC的新纪录：这是MC新材料图书馆第一次在一个国家内设立两座以上的展馆。作为这个"纪录"的缔造者之一，艺谷CEO钟葱说："现在，MC新材料图书馆来到中国，带着数千种世界最新型的材料，带着全球流行的材料趋势，带着涉及几乎各个设计领域的创新思维，这将有助于中国的自主创新和产业升级，支持中国设计界的创新发展！"

"材料是设计的基础，材料的性能决定了设计的可能性"——被誉为设计界鬼才的Philippe Starck说。Philippe Starck的这句话，肯定了材料在设计中的重要作用。中国设计界的落后，可以说正是因为材料信息落后所致，MC入驻艺谷就像一剂催化剂，唤醒全国数以百万计的设计师和庞大的设计市场的潜力。MC的到来，意味着更多的中国设计师将有机会从新材料中获取灵感。无论这些设计师是来自建筑、时装、产品、平面、珠宝、包装，还是室内空间、零售、展览、景观、交通设计等领域，MC为他们带来与世界同步的新材料新技术，提供全面创新的材料解决方案，让设计师们更加有的放矢，让他们的灵感能通过各种材料得以实现，同时，很多材料的独特特性能够激发他们的灵感，打开他们的思路和视野。

相信借助于MC先进的材料信息，

让中国能够拥有与世界同步的材料领域最先进产品和技术，能让更多的中国企业有可能通过新材料的运用实现产业革新，能让中国拥有更多的优秀设计师、艺术家，能让更多的国人因为新材料、新设计、新产品而得到生活质量提升。

三、博物馆艺术经济圈的创始者

改革开放30年来，中国文化市场以“一手抓繁荣，一手抓管理”的方针为指引，基本形成了由娱乐市场、演出市场、音像市场、电影市场、网络文化市场、艺术品市场等组成的统一、开放、竞争、有序的文化市场体系，初步建立起以综合行政执法、社会监督、行业自律、技术监控为主要内容的文化市场监管体系。2009年是中国文化产业发展历程中具有里程碑意义的一年，文化产业成为我国经济新增长点的态势愈加明显，其在转变经济发展方式、调整国民经济结构中发挥的作用在更大范围内获得了认可。2009年中国文化产业继续保持较快发展态势：全年文化产业增加值为8400亿元左右，比2008年现价增长10%，快于同期GDP的现价增长速度3.2个百分点，占同期GDP初步核算数的比重为2.5%左右。2010年，新兴文化产业快速发展，网络出版、手机出版、动漫网游和数字印刷等战略性新兴文化产业增长速度超过50%。北京、上海、广东、湖南、云南、湖北等地2010年文化产业增加值占国民经济比重已超过或接近5%。文化产业已经成为当地经济发展的支柱产业。文化产业是投资回报最好的行业之一。当代社会各种产业利润主要靠领先的自主创新和技术进步来实现，而文化产业正是自主创造和技术含量高的一个门类。加上政策因素和市场因素的作用，文化产业的资本盈利率比较高，文化产业领域投资热将会长期存在。最后从消费角度看，中国在近20年来保持着8%以上的经济增长速度，而中国国内人均年消费艺术品的水平，离世界发达国家差距甚远。凭借中国巨大的人口基数和快速增长的经济，中国将成为世界艺术品消费大国只是时间问题。

中国艺术品（绘画、陶瓷、雕塑、工艺品、民间工艺品等）是数千年来中国艺术家的智慧和心血的结晶，作为社会特质与精神文化的一部分，已成为特定时期政治秩序、经济实力、哲学思想、美学水平、审美观和民俗风情等方面的物化表征，它以成熟的艺术体系和深厚的文化底蕴与西方的艺术品鼎足而立。尽管中国的艺术有很高成就，但因近代中国国势积弱的历史原因，中国艺术品的价值和价位一直得不到公正的体现。20世纪80年代中国艺术品的出路主要依赖海外市场，通过香港、台湾、新加坡等经济发达地区再转往世界各地。近20年来，由于中国经济的腾飞，富裕起来的中国人对艺术品的审美和时尚又有了新的追求，国民生活的提升为中国的艺术市场的发展提供了历史性的机遇，并为艺术市场的繁荣奠定了强大的经济基础。今天，4%至5%中国人的生活方式已经近西化。近1200万新兴中、高产阶层，也越来越倾向购买原创艺术品，以彰显身份和品位。中国画的价格提升到了一定的高度，一件作品在拍卖会上突破千万元的价格并非神话。据权威人士统计，今天中国画的价格已是20年前的10倍，并以每年20%的速度增长。从2003年起中国油画的拍卖价以每年50%的速度增长。这些数据从侧面表明，国内的艺术收藏家力量日益壮大，国内完全有强大的经济实力来消费数量庞大的艺术品。每年一度的上海艺术博览会亦是国内艺术市场繁荣的标志之一，艺博会的展位订购一空的火爆场面证明了中外艺术家已经认识到国内艺术市场的繁荣时代的到来，海外展团占据艺博会的半壁江山的盛况向我们表达了一个重要信息，进军上海，抢占国内的艺术市场的高地已成为海外艺术家的一个战略目标。

不得不说艺谷的出现确实是“恰逢其时”。坐拥南翔古镇核心，与古猗园毗邻的“南翔产业园区”是艺谷的梦想之地。在这块仿佛嗅得到历史墨香空气的土地上，艺谷规划投资建设占地30亩的艺谷文化产业园区，并在园区内同时建立100个艺术家艺术馆群和青年工作室，以推广他们的艺术和作品，壮大中国文化艺术后备力量，打造中国博物馆经济圈和规范化的艺术品类版权交易中心。未来几年内，艺谷还将在园区内建立起一系列的用于书画、音像、影视、动漫等艺术文化作品的创作与制作的场所。让创意的容量挣脱时区的狭小空间，让无形的概念通过有形的生产加以放大和推广。有人称艺谷文化产业园区是一个“画廊旗舰店集群”、一个世界艺术的“博览会”、一个艺术品的“销品茂”。这里将既是集聚各种工艺品的厂家展馆，又是一个国际艺术品的贸易中心和国际保税周转平台，更是中外画家二十万幅原创作品的集聚地。全世界各种流派、风格的艺术作品都将在这里集中呈现，每一类来到这里的人都将会徜徉在时尚和艺术美感编织的视觉圣宴中。在艺谷你可以到几百家画家工作室中参观，与画家直接交流，甚至可以在画家的指导下，画上半天油画，可以与画家一起饮茶、喝咖啡、跳舞，可以享受美食……或与创意中心的时装设计师，建筑师，室内设计师交流生活时尚、居家设计……

目前的艺术品市场如画廊、拍卖行等，仅满足了少数新兴富裕群体的高档艺术品需求，或者说满足其中很大一部分转手炒作的需求，而艺谷的定位是将打造高中档具全的原创艺术品市场，创建一个集艺术品销售、采购、批发、物流、租赁、信息、学术交流、论坛、展览等为一体的全新艺术品商业模式，突破画廊、拍卖行等的单一、零散、为少数人市场服务的经营形式。这座未来的艺术村将打破传统的艺术品零售业态，成为打通艺术产业链每一个环节的世界级行业中心。这种业态不再意味着单纯的艺术品展览，而是一个集中的、一个主题且分类型、休闲型的超大型艺术品仓储式国际性直销中心。

四、创意产业的版权保护者

创意产业企业的价值主要是创意作品著作权的财产权利价值的体现。只有作品的著作权的财产权利得以实现，才能够实现企业的价值和利润。在现代知识经济社会中，文化创意产业渐渐成为主导产业。促进文化创意产业的发展，已经成为各国及地区间经济竞争的一个重要战略规划。谈文化创意产业的发展离不开版权保护，文化创意产业自始就与版权制度紧密联系在一起，版权保护是文化创意产业的核心和基础。版权是一项基础权，它保护的“软性”比较大，但保护力度同样强大。其价值首先在于“产权化”，其次是“商品化”，再次是“产业化”，最后是“资本化”。因此，版权保护的完善与否将直接决定了该国家与地区的文化创意产业发展的成败。

首先，版权保护对文化创意产业的核心与基础作用，体现在 “创意产业”的定义与界定上。我们今天所说的“创意产业”这个概念起源于英国，1997年该国政府成立了“创意产业特别工作组”，并于1998年对“创意产业”进行了定义。但是还有不少国家地区及国际组织把“创意产业”就直接称之为“版权产业”，而且在时间的起源上也更早。1990年，美国国际知识产权联盟就已经利用“版权产业”的概念来计算其对美国整体经济的贡献。现今更是以与版权制度的关系将“版权产业”划分为核心版权产业、交叉版权产业、部分版权产业和边缘支撑产业等四个部分，世界知识产权组织也是采用的这种划分方法。

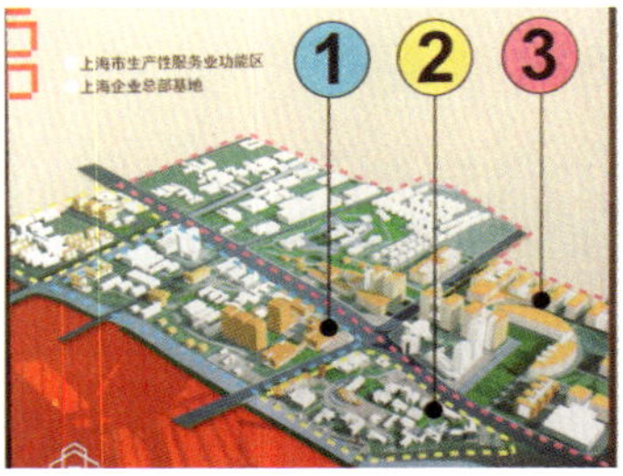

2010第五届中国创意产业年度大奖，右二为钟葱

这在一定程度上说明了版权保护对于文化创意产业的核心与基础作用。

其次，版权保护是文化创意产业赖以存在与发展的基础。目前各国和地区划分的“创意产业”绝大多数都对应的是知识产权法中的版权制度，其核心产品和服务的保护都是以版权制度来保护的。而且这种基础作用要远超传统的知识产权制度对产业创新的保护与促进，版权制度直接成为了文化创意产业发展的源泉和动力。版权成为了创意产业的核心价值，版权收入成了文化创意产业的第一大收入，甚至有以“版权”作为直接交易对象的行业部门，比如说“版权贸易”。

再次，版权保护决定文化创意产业竞争的走势。各个国家与地区的版权制度的不同，对版权保护力度的差别，使得版权人及其投资流向版权制度完善、版权保护力度大的国家与地区，从而决定了各国家与地区间的文化创意产业发展格局。

当前，世界已步入信息经济时代，具有了数字化的明显特征。伴随计算机和互联网应用的不断深化，数字化几乎渗透到世界各国经济和生活中的每一个领域。借助数字化的电子传播手段，一本书、一个软件、一件创意产品，可以在瞬间传至全球各地，拥有最好的市场覆盖效果。然而同时，电子媒介的方便与快捷，也成为盗版者的得力工具。无孔不入的复制、仿制行为，为创意产业发展蒙上了一层阴影。因此，加强版权保护成为刻不容缓的头等大事。

在我国，版权对GDP的贡献率为6.5%，对就业的贡献率为6.8%。重视版权保护是知识经济与互联网经济时代的必然趋势。美国和日本是版权强国的代表。美国的知识产权及版权保护已有300多年历史，并纳入宪法；日本也有百年历史。

艺谷再次顺应了文化创意产业的发展趋势，在众多创意产业企业中率先提出“版权保护”的概念并付诸行动。艺谷自成立以来，先后投资2000余万元在中国文学艺术基金会成立“中国文学艺术基金会艺谷专项基金”，并与中国国家版权保护中心共同建立国家版权示范基地——艺谷工作站。由艺谷出资为中国一万名优秀当代艺术家提供多大一百万件作品的版权登记及保护，在保护好每一件艺术瑰宝的同时通过集合全球优秀设计大师的创作

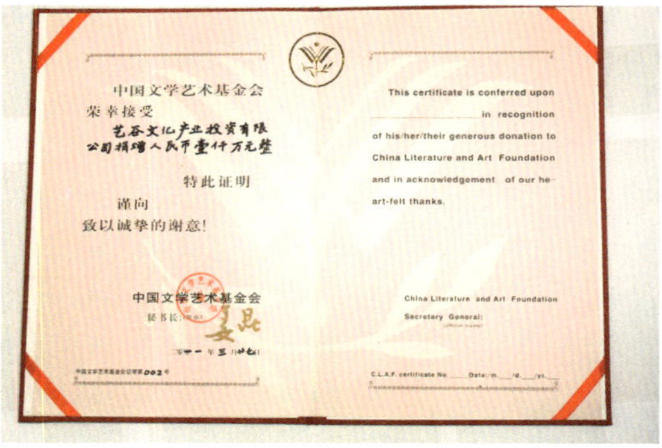

灵感进行艺术再创造，让中华文化能够方便地被收藏与传承，并让它们顺利“走出去”，在世界的舞台上绽放光彩。

有人说“创意企业创造的1美元财富，背后将是数千甚至数万美元的财富延伸”。如今的艺术谷文化产业集团正以其独特的方式去将这种财富无限延伸。艺谷文化产业集团与MC的合作将为中国创意、设计领域带来强大的助推作用，领跑整个中国的创意设计；艺谷“让中华文化进入世界市场，让中国审美产品融入公众生活”的声音回应每一个创想，不断向“系统化、规模化的中国文化创意企业”推进；艺谷集团倡导“创意先行 专业高效”的企业精神，逐步搭建完善的内部管理机制及具有竞争力的人才激励机制，为将艺谷集团真正发展成中国文化创意产业的领军者做足了充分准备。然而，艺谷的未来又不仅仅是简单的财富延伸，它将用创意为社会、为人们的生活带来超乎想象的改变。创意，与艺谷一路同行！

建好动漫国家队，文化之光耀中原
——国家（河南）动漫产业发展基地

基地图展厅

河南省省会郑州，地处中华腹地，天地之中。她穿越千年风雨，曾见证了中华五千年文明的灿烂绚丽——在河南这片广袤的土地上，上演过一幕幕精彩的历史画卷，武王伐纣、周公营洛、春秋诸侯争霸、战国群雄逐鹿……历史的风云变幻，无不在河南这块中原大地上留下深深的痕迹。如今，河南又发展成了中国中部区域性中心城市、中国商贸中心城市、中国优秀旅游城市、中国科技进步先进城市。郑州高新技术产业开发区位于美丽郑州的西北部，始建于1988年，1991年成为国务院首批批准的国家级高新区。23年前，这里还是一片荒芜的田野，高新技术产业迅猛发展的大潮使这片古老的土地发生了神奇的变化，一个个梦幻般的创业传奇在此演绎。

动漫是新兴的高新技术文化产业，是当今世界魅力独具、极具爆发力、辐射力的朝阳产业。古都郑州拥有取之不尽用之不竭的文化宝藏，为今天河南动漫创意文化产业的扬帆和远航奠定了坚实的基础。因此，依托中原地区丰富的历史文化资源和区位优势，郑州市独具慧眼，乘势而上，在中部地区率先提出建设“动漫强市”的宏伟目标。郑州高新区捷足先登，坚定不移地实施“一区多园”战略，深入贯彻落实科学发展观，按照建设郑州都市区的要求，以加快建设“高新城”为总目标，举全区之力发展动漫产业，努力将国家动漫产业发展基地（河南基地）打造成为动漫强市的产业核心区，引领河南动漫产业走向全国、走向世界。国家动漫产业发展基地（河南基地）正在团结带领数十家动漫企业迅速崛起，为中原经济区文化建设缔造新的传奇。

一、十年磨砺，实至名归

2000年末，一个名叫小樱桃的动漫明星在郑州诞生，陪伴国内外亿万小朋友度过了美好的童年，就此拉开了河南发展动漫产业的序幕。十年，在漫长的中原文化历程中何其短暂，然而，就是这短短的十年时间，河南动漫从无到有，从小到大，从弱到强，一步步跃升为中部地区动漫业界的领跑者。十年来，郑州小樱桃卡通有限公司始终以小樱桃品牌为核心，以打造动漫明星为手段，专注于动漫产业化运营，着力打造电视动画、图书、期刊、报纸、消费品、国家动漫基地六大业务板块，在动漫创作、电视播映网、出版、园区运营领域确立起领先优势，形成了一个由多家子公司组成的动漫企业集团，构建起互为因果、互为支撑、协同发展的产业格局。小樱桃作为中国动漫产业化的领先者，始终致力于促进中国人民的趣味化生活，为了这个目标，小樱桃把亿万的小樱桃爱好者聚集在一起，为他们创造更愉悦的文化体验。

如果说小樱桃的诞生开启了河南高新技术文化产业的序幕，那么，国家动漫产业发展基地（河南基地）的建立，则是吹响了冲锋的号角。

2008年，注定载入中原文化史册。经过郑州小樱桃卡通有限公司十年努力，古都郑州再添文化名片，2008年5月20日，从国家新闻出版总署传来喜讯，经过严格评选，郑州小樱桃卡通有限公司获批建设国家动漫产业发展基地（河南基地），并落户高新区。它是继上海、成都、石家庄、青岛、沈阳后的又一个国家动漫产业基地，项目总投资12亿元，占地面积87亩，建筑面积24万平方米，该基地采取“政府推动、市场运作”的发展模式运营，以动漫创意产业和文化体验为特色，以动漫研发孵化、创智办公为主导，以动漫休闲商业为配套，是一个集动漫研发、游戏研发、动漫传媒运营、动漫教育、动漫公共技术服务及动漫产业化开发为一体的复合型建筑群，建设内容包括动漫企业孵化器、动漫研发中心、动漫产业园、动漫交易会展中心、动漫教育培训中心、动漫公共技术服务平台等。

国家动漫产业发展基地（河南基地）的落成标志着郑州成为国家发展动漫产业的重点布局城市，标志着郑州作为全省第一个文化产业“国家队”、更是第一个动漫产业“国家队”正式宣告成立。河南文化强省的建设有了新的、富有强大凝聚力的支撑和载体，这给郑州这座历史文化名城带来了新的发展机遇和动力，动漫产业也成为展示郑州高新区风采的一张新名片，为郑州高新区连接世界架起了一座新桥梁。

二、政策扶持，惠企强企

伴随着科技和文化的日益融合，河南优秀的历史文化传承必将推动河南创意文化产业的快速发展。2009年河南省政府工作报告也明确指出要大力推进河南省文化产业投资的比重。

国家动漫产业发展基地（河南基地）落户郑州高新区之后，受到省委、省政府、市委、市政府的高度关注，省市主要领导同志立即对该项目进行了密集而务实的调研。省委书记、省人大常委会主任卢展工在调研期间，嘱咐高新区进一步提高服务质量，为入驻动漫基地的企业和员工提供优质的创业环境。省文化强省建设和文化体制改革工作领导小组办公室召开了高规格的全省动漫产业发展研讨会，制定了全省动漫产业发展规划，提出用3到5年时间把河南建设成为动漫强省、把郑州建设成为动漫强市；省政府确立了河南省扶持动漫产业发展厅际联席会议制度；郑州市委、市政府出台了《关于扶持动漫产业发展的若干意见》，成立了扶持动漫产业发展领导小组；郑州高新区管委会成立了国家动漫产业发展基地（河南基地）工程建设指挥部，三级政府联动，出台配套政策，强力推进基地建设，扶持入驻基地的动漫企业做大做强。

2011年，河南省政府公布了《2011年加快文化产业发展方案》，提出将加快动漫、影视制作等六大文化产业基地建设，重点抓好国家动漫产业(河南)基地等动漫基地建设。河南省、郑州市及郑州高新区的动漫产业政策成为全国动漫界的热门话题。省财政、市财政、区财政每年共安排9000万元的动漫产业发展专项资金，财政支持力度一度居全国之首。该专项资金主要采取资助、贷款贴息的形式用于对原创动画、漫画、游戏作品的财政扶持。

三、产业集聚，破茧成蝶

郑州高新区管委会始终坚持“打造政策洼地、提高集聚程度、形成产业高地”这一行动纲领，效果显著。目前国家动漫产业发展基地（河南基地）已入驻各类动漫企业67家，包括小樱桃卡通公司、漂亮宝贝动漫文化股份公司、福建谷晶创艺动漫公司、明日科技（中国）有限公司、动漫报业股份有限公司、漫画时代传媒公司、麦草动漫科技公司、上海漫唐堂动漫公司等名牌企业，占全省动漫企业总数的80%，涵盖动画、漫画、游戏、期刊、动漫衍生产品、动漫培训等领域，形成了完整的动漫产业链，凸显出规模效应和集聚效应。长期制约河南省动漫产业发展的少儿动漫频道建设也在省委的关心下紧张筹备。国家动漫产业发展基地（河南基地）已初步形成产业结构布局日趋合理、产业链条相对完整、整体技术水平先进、市场导向作用明显的产业格局。

国家动漫产业发展基地（河南基地）在较短时间取得了很好的成绩，集聚了一批能打硬仗的优秀人才，涌现出了一批优秀的作品，探索出了一条产业化发展的新路。日前，台湾动漫创作协会理事长邓有立到郑州高新区考察后，给国家动漫产业发展基地（河南基地）总结了四个特点：一是产业集聚程度高，全省80%的动漫企业都集中在一个动漫基地，在台湾都很难做得到；二是把动漫和相关产业有机地结合在一起，形成了较为完整的动漫产业链，难能可贵；三是高度重视动漫媒体的运营工作，《小樱桃》、《动漫报》这两个报刊很有特色，也很有影响力，少儿动漫频道的筹备工作也在推进，这说明动漫基地抓住了这个行业的主要矛盾；四是整个行业很团结，河南是内地最早成立省级动漫行业协会的省份，协会成立后，带领全省动漫企业和教育机构，做了大量务实的工作，起到了凝心聚力的作用。

中国动画学会会长余培侠在接受中新社记者采访时曾说，中国动漫已由“事”业向“产”业转级，目前形成的产业带有：北京、天津和石家庄为主的华北动漫产业带；上海、苏州和无锡为主的华东产业带；广州、深圳和东莞为主的珠江三角洲产业带；武汉、郑州和西安为主的中西部动漫产业带等。“国家动漫产业发展基地（河南基地）则是国家在中部地区布局的具有战略意义的动漫产业积聚区。”

四、先发优势，乘风而上

国家动漫基地的建设，不仅要能保证区域内有良好的基础配套设施，而且能通过人才培养、知识产权的保护，以及提供高效便捷的政府和中介服务，吸引优势企业、优势项目和资金、人才、市场等向动漫基地聚集。国家动漫产业发展基地（河南基地）所处的郑州高新区具备交通区位优、产业基础强、消费潜力大、人文环境好、配套服务全等先发优势，发展动漫产业有基础、有市场、有人才、有服务。

（一）交通区位优

河南位居中原，有着承东启西和通南达北的独特优势，以2小时路程为半径画圆，涵盖全国4.5亿人口。郑州高新区地铁开通后，从郑州西区到东区只需20多分钟时间，拉近了郑州东、西时空的距离，让曾经默默无声的高新技术开发区变得炙手可热。2012年，郑州新区将形成全国第一个“十字”高速铁路枢纽，构成至西安、北京、武汉的二至三小时铁路快速交通圈；新区内的新郑国际机场，是国内规划的八大枢纽机场之一和一类航空口岸，通航56个城市和地区；京港澳、连霍高速在郑州新区交汇，公路交通也十分便利。

（二）产业基础强

郑州高新区区规划面积70平方公里，建成区面积33平方公里，总人口约20万，各类企业3000余家，销售收入超亿元企业近50家。其中，经认定的高新技术企业占河南省的30%，占郑州市的68%。在产业结构上，高新区目前已形成了包括电子信息、新材料、生物医药、仪器仪表等四大支柱产业。近年来，郑州高新区先后获得国家软件产业基地、国家海外高层次人才创新创业基地、国家级高新技术产品出口基地、国家大学科技园、国家信息安全产品研发生产基地、国家智能仪器仪表基地等国家级金字招牌。郑州高新区所拥有的产业优势，为其发展动漫产业提供了坚实的基础。

（三）消费潜力大

根据国际经验，人均GDP在3000美元左右，就进入物质消费和文化消费并重时期，超过5000美元，居民的消费结构转向以文化消费为主的时期。2008年，我国人均GDP首次超过3000美元，2010年我国人均GDP首次超过4000美元，正向5000美元迈进。河南是中国近1亿人口的大省，近5年来的经济总量连续位居全国第5位，素有“商城”之美誉。2010年郑州市人均生产总值达到49945元。而据专家预测，未来3到5年是中国动漫产业发展的黄金期，动漫市场将有1000亿元的价值空间。这说明，一个文化消费迅速增长的时期正在到来。

（四）人文环境好

在人文环境上，无论是一流学校和科研机构，还是高端人才和孵化体系等方面，郑州高新区都有着得天独厚的优势。郑州高新区成立22年来，汇集了4所河南省一流的大学：郑州大学、解放军信息工程大学、河南工业大学、郑州轻工业学院，具有强大的研发力量；汇聚了6个部属研究院所，引进培育市级以上工程研究中心、重点实验室和各类检测中心100余家，构筑了高新区密集的研发优势。基于此条件，郑州高新区高端科技人才云集，拥有各类科技人才近4万人，其中博士2000多人，硕士3500多人，高级技术职称人员6500余人，全市90%的院士在高新区，理工科本科人才位居全国高新区之首，科技人才密度居全省之首，2009年7月被中组部批准为河南唯一的“国家海外高层次人才创新创业基地”。这为技术创新和产业发展提供了强大的人才支撑。

（五）配套服务全

为更好地支持郑州高新区建设，近年来，郑州高新区内从政策支持、公共服务平台建设、服务效能提升等方面都给予企业扶植和帮助。

2009年，郑州高新区出台了一系列针对企业实现高增长、实施重大科技专项、上市、引进人才等方面的扶持和奖励政策，最高奖励达500万元，全年管委会财政对近百家企业奖励金额近4000万元；同时，积极帮助企业申请资金支持，全年为企业争取国家、省、市三级资金1.69亿元。此外，企业上市等方面奖励在全国高新区中也名列前茅，2010年高新区将进一步鼓励企业实施技术创新，不断做强做大。

2010年下半年，高新区财政投资2000万元建成了动漫公共技术服务平台，为进驻国家动漫基地的动漫企业提供动画制作设备及软件，从前期的形象设计、上色、建模、动作捕捉到后期的录音合成、动画剪辑、影片调色等，贯穿整个动漫影片的制作过程，给动漫企业提供全方位的服务。为了支持高新区动漫创意产业的发展，提升高新区动漫企业的实力，该平台免费对动漫企业开放。高新区动漫公共技术服务平台已经于2011年3月25日建设完成并投入试运行。

此外，在服务效能上，高新区上下"亲商、富商、安商"的氛围浓厚，实行管委领导分包重点企业和项目，对重大项目成立工程指挥部，确立每周一为企业服务日。形成了反应快速、科学高效的协调推进机制，包括联审联批、现场办公、定期观摩、跟踪问效、督查督办等制度，力争为企业发展和项目建设提供最优服务。

目前，郑州高新区正在集中一切力量，全力推进包括国家动漫产业发展基地（河南基地）在内的"五大项目攻坚"，同时全面实施"五抓五打造"：一是抓项目，打造战略主导产业；二是抓园区，打造高新产业聚集高地；三是抓上市，打造企业几何式增长力；四是抓城区改造，打造宜居宜业城区；五是抓自主创新，打造区域科技创新新优势。

五、动漫之星，光耀中原

这是值得我们记住的一串数字：

（一）中部第一、全国第八

国家动漫产业发展基地（河南基地）已推出由郑州小樱桃卡通公司创作的《河南"三平"精神》、《小樱桃》、《凹凹巫智慧宝典》，郑州谷晶创艺动漫公司出品的《代号12348》、《名画神剪历险记》，郑州华冠动漫公司出品的《龙归》，郑州麦草动漫公司出品的《二兔等着瞧》，河南摩多文化传播公司出品的《海岛总动员》等众多动画精品，2010年动画片产量居中部第一、全国第八。《老子列传》、《达摩传奇》、《轩辕黄帝》、《愚公移山》等多部具有浓郁河南地方特色和国际影响力的动画片项目也正在紧张制作。

（二）集聚67家企业，占全省的80%

目前，上海、重庆、武汉、台北等地动漫龙头企业纷纷在郑州高新区汇聚，拥有小樱桃、大河小子、漂亮宝贝、二兔等众多动漫明星，形成了集动画编剧、动画制作、漫画创作、书刊出版、网络游戏、服务外包、衍生产品开发、动漫人才培训等八大门类为一体的综合动漫产业链。

（三）八个珍贵荣誉

基地是国家新闻出版总署命名的“国家动漫产业发展基地”河南省文化强省建设和文化体制改革工作领导小组办公室命名的“河南省文化产业示范项目”、“河南省动漫产业发展先进单位”，河南省文化厅命名的“河南省文化产业示范基地”，中共郑州市委、郑州市人民政府命名的“郑州市经济社会实现跨越式发展先进集体”，并荣获“中国创意产业100强”、“改革开放三十年十佳动漫形象”等称号。

（四）2000万册漫画书刊发行量

基地汇聚了全省所有漫画类杂志社，其中《小樱桃》是目前国内唯一一个以漫画明星命名的期刊，开创了中国动漫品牌建设新的里程碑。出版《小樱桃漫画》、《轩辕黄帝》、《QQ漫画》、《小破孩》等300多个品种，发行量达2000多万册，已成为中国重要的漫画出版中心。

（五）5部动画片央视热播

2010年，基地推出的5部动画片在中央电视台等300多家电视台轮番滚动播出，收视率屡创新高，极大地丰富了全国各地的电视荧屏，受到各地观众的喜爱。

（六）2000多款动漫衍生产品

目前基地企业已推出小樱桃饮料、小樱桃玩具、小樱桃文具、漂亮宝贝系列毛绒玩具等2000多款动漫衍生产品，畅销全国各地，为基地企业的可持续发展奠定了坚实的基础。

（七）动漫产品出口41个国家

郑州高新区的动漫产品不仅享誉国内，在国际市场也备受亲睐。动漫基地高度重视具有中国精神、中国气派动漫产品的打造，产品远销到加拿大、澳大利亚、阿联酋、越南等41个国家，为中原文化、中国文化走出去做出了重要贡献。

（八）荣获30个奖项

郑州高新区原创动漫精品不断涌现，成为各类权威奖项的常客。先后有多部动画片被国家广电总局、新闻出版总署、中国动画学会、河南省人民政府评定为“国产优秀动画片”、“精神文明建设五个一工程奖”、“中国漫画奖”、“优秀文艺成果奖”、“中国电视金鹰奖”、“最具产业价值优秀动画片奖”等30个重大奖项，获奖数量居中部地区各动漫基地之首，国家动漫产业发展基地（河南基地）正在成为全国动漫产业的又一个重要增长极。

六、不负重托，前景灿烂

2010年8月16日，是每一个河南动漫人永远铭记的日子。这天上午，中共河南省委书记、省人大常委会主任卢展工在省委常委、郑州市委书记连维良，市长赵建才，市委秘书长孙金献，副市长王跃华，郑州高新区党委书记、管委会主任张建国等陪同下，来到国家动漫产业发展基地（河南基地），来到河南动漫人中间，这是对全省动漫工作者的极大鼓舞。卢展工书记来国家动漫产业发展基地（河南基地）调查研究、指导工作，充分体现了省委、省政府对国家动漫产业发展基地（河南基地）的高度重视和格外关心。看到国家动漫产业发展基地（河南基地）面貌一新，动漫精品不断推出，企业发展生机勃勃，科学发展观的生动实践正在全面展开，卢展工书记非常高兴，他对国家动漫产业发展基地（河南基地）在文艺创作、媒体运营、品牌建设、产品开发等方面取得的成绩给予了充分肯定，并对基地的发展提出一系列指导性意见，进一步明确了国家动漫产业发展基地（河南基地）今后努力的方向。

“要发挥基地的区域性辐射作用，推进产业持续快速协调发展”。这是中央部委的

全国政协副主席孙家正在小樱桃卡通有限公司调研

省委书记、省人大常委会主任卢展工在小樱桃杂志社有限公司调研

重托。“要让动漫工作者像玩一样幸福地工作。国家动漫产业发展基地（河南基地）要好好策划一下，在西流湖建设动漫主题公园，进一步强化旅游、休闲功能，体现娱乐、创意、人文、生态理念，让游客进入丰富的动漫世界。”这是省委书记卢展工的厚望。

河南省动漫协会会长、国家动漫产业基地 (河南基地)管委会主任张国晓表示，国家动漫产业发展基地投产后，将成为中国未来重要的动漫研发基地、产业化基地、产品出口基地，将形成中国中西部最大的动漫产业集群。届时，国家动漫产业发展基地可以容纳300家动漫创意企业，每年可形成5万分钟动画片、10款网络游戏、2000万册漫画出版物的产能，预计年销售收入超30亿元人民币，实现利税5亿元人民币左右，可以满足5000人以上就业。

而河南省对于动漫产业的发展还有更大的梦想追求，那就是，五年内，通过努力，将郑州打造成动漫之都，而河南省也将被打造成动漫产业大省，并争取进入全国第一方阵。因此，郑州高新区和郑州小樱桃卡通有限公司正以建设国家动漫产业发展基地（河南基地）为契机，大笔书写发展动漫产业的精彩篇章。“十二五”期间，郑州高新区将再造一批具有国际竞争力的动漫品牌，形成年5万分钟动画片、2000万册漫画出版物、十款网络游戏的产能，年产值超30亿元，使国家动漫产业发展基地（河南基地）这一中国动漫“国家队”成为中原经济区重要的文化支撑，在社会主义文化大发展大繁荣的伟大征程中发挥更大作用。

现代艺术与传统文化的交流地
——新疆7坊街创意产业集聚区

他们是一群热爱艺术的人，或是在城市的角落用色彩张扬自己，或是用肢体的行动努力表达观点。

他们是一群特立独行的人，可以为了自己的爱好付出全部精力，可以平静地面对各种不解和误读。

他们也是一群幸运的人，7坊街的出现，让他们找到了可以肆意释放想法的舞台，他们在这里看到了未来……

废弃的厂房、色彩张扬的涂鸦和造型夸张的雕塑，不禁让人想到了北京的798艺术区，然而这所“798”不在北京，而在新疆的乌鲁木齐市。

一、7坊街创意产业集聚区的诞生

新疆7坊街创意产业集聚区创建于2009年4月28日，是由新疆乌鲁木齐水磨沟区委、区政府立项指导、统筹规划的新疆首座创意产业集聚区。位于乌鲁木齐市水磨沟区温泉西路666号7坊街的这座文化创意集聚区，所在地原属七一纺织集团。集团搬迁后，7坊街文化创意集聚区以原七纺教育楼为中心，向周边街区辐射。集聚区充分利用原七纺教育楼闲置办公室及房间提供有效厂房，将7坊街文化创意集聚区建成集创作生产、展品展示、产品销售、影视演艺、餐饮服务、旅游观光等为一体的多功能产业园。

在7坊街内，不仅能领略来自北京798的艺术家们夸张独特、个性张扬的先锋艺术，同时还能看到水墨画、京剧脸谱等传统中国艺术以及新疆本土创作者带来的具有西域特色的作品。7坊街展现出来的文化元素是丰富多彩的，不论是现代文化、先锋文化还是民间文化在这里都能找到一席之地。

2009年4月28日新疆7坊街创意产业集聚区挂牌成立

目前，7坊街创意产业集聚区经过两年多的运作，在区政府的努力下，在自治区政府及乌鲁木齐市政府的支持下，通过乌鲁木齐晚报传媒文化有限责任公司的积极运作，从开始只有14间工作室的小格局，目前已发展成为拥有近80间艺术创作室，5个专业展厅，有90多名艺术家进驻的，面积从最初的4000余平米，扩大到近一万平米，集合影视、动漫、绘画、雕塑、音乐、民族手工艺等不同艺术门类为一体的综合性创意产业园。短短两年时间，7坊街已组织了60余项文化艺术活动。

7坊街将是新疆第一个将文化进行产业化的摇篮，给艺术家们提供展销的园地。7坊街是一个文化创意空间，7坊街的诞生，是为了将来创意新疆的诞生。使文化在新疆再聚合，让创意使新疆更灿烂。

二、时光雕琢的艺术文化

新疆地处欧亚大陆腹地，广袤的土地上，留下厚积千年的历史文化遗迹和多姿多彩的民族传统文化。从巍巍昆仑到幽幽天池，从大漠风情到草原文化，作为古丝绸之路的重要枢纽，人类三大文明都曾在这里汇聚碰撞，东西方文化曾在这里交融荟萃。这些都为7坊街文化创意集聚区成为国内乃至中亚独特的文化板块提供了丰富的文化资源储备。

漫步于7坊街创意产业园区内每一座艺术空间就仿佛游走在时光的长廊，传承着西域风情的民族艺术随处可见。这里所呈现的每一件作品都是一个独具匠心的故事的诞生。浓墨重彩、古朴典雅、田园风格、现代潮流是它们的体现；开放、多元、动态的艺术形式是它们的主要特色。人物、事物、景物相互巧妙融合，动静、立体的有机组合使不同的描绘、刻画、制作变得更加有趣、生动。艺术家赋予这些艺术品生命，让它们静静地诉说时光的打磨、岁月的洗礼。参观者在陶醉于艺术所给予的震撼魅力以外还能亲身感受艺术本身富有的个性和奥妙。

7坊街红色的特色建筑结构群分外醒目，墙壁上各式各样有代表性的涂鸦画富于园区这一带浓厚的艺术气息。虽然褪去了商业街的繁华但整条街道像一幅铺开的画卷难掩其朴实又丰富的文艺气象，使得7坊街成为乌鲁木齐乃至新疆具有标志性的一条街道。

有历史的见证、有传统的延续、有文化的交流便是7坊街创意产业集聚区所保留并坚持的红色发展精神。

三、艺术家们的创意大世界

2009年11月18日任华部长参加挂牌仪式及相关活动

7坊街文化创意集聚区的出现，对于聚集艺术家和文化产业创业者，提升首府文化品牌的作用显而易见。

意大利作家卡尔维诺有一部小说叫《看不见的城市》，描写马可·波罗到中国来，见到了忽必烈，并向忽必烈讲述五十五个看不见的城市。其实这五十五个城市都是威尼斯。马可·波罗觉得，只有一个一个被“分割的威尼斯”，而没有“一个威尼斯”。同样，在艺术家和观众的心中也不存在一个唯一的7坊街，每个人心中的7坊街都是不一样的，这就是特色。因此，挖好创意产业这座“金矿”，在一个规划的宏大蓝图后面，更需要的是关注它的底部，看7坊街能否将其打造成一个人人都愿参与其中的创意大巴扎。无疑，7坊街文化创意集聚区用事实向我们说明了它的成功所在。

7坊街创意产业集聚区为新疆艺术家们提供了一个良好的创作与发展平台。园区内集聚着老、中、青三代艺术家们的近80间的开放性创作工作室。或保留了古老的文化宝藏，或交织着现代的潮流艺术将7坊街打造成为一个以西域文化为底蕴，兼容伊斯兰文化、阿拉伯文化，弘扬中华文明的包括艺术和古董市场（Art and Antiques Market）、手工艺品（Crafts）、电影与录像(Film and Video)、音乐(Music)、电视和广播(Television and Radio)表演艺术(Performing-Arts)、出版业(Publishing)、广告(Advertising)、建筑艺术（Architecture）、设计（Design）、时尚设计(Designer Fashion)、交互式互动软件 (Interactive Leisure Software)、软件及计算机服务(Software and Computer Services)等的全门类文化创意产业集聚区。

这将意味着艺术种类的增加为艺术家们带来更加丰富的创作空间。尽情发挥，尽情展示。同时也为推动具有新疆特色的艺术文化注入新的活力，使得新疆的文化产业发展上升了一个新的层次。此外，随着7坊街文化创意产业集聚区的不断发展，文化遗产、旅游和博物馆行业也将列入下一步的重点发展项目。

纵观园区，是一个承载艺术灵魂的天堂，是艺术家能够丰富创作的大世界。

四、7坊街创意产业文化事业的发展规划

与北京的798、宋庄和深圳大芬村这些艺术家自发形成的艺术集散地不同，7坊街从一开始就带有更多的官方色彩。巢已经筑好了，就等着凤凰来栖。而能否引来凤凰，能否打

造自己的特色，还要看管理者的创新性的政策和管理模式及包容度和耐心。

低廉的房价、清幽的环境以及凝聚的艺术气质，这是国内知名文化创意产业园区拥有的共同内涵。所以政府部门得提供有吸引力的政策扶持，比如减免租金、税金等。另外还要耐心培育市场，兼收并蓄，不论是现代艺术、先锋艺术，还是民间艺术都能在这有一席之地，才会吸引更多“人气”，有了“人气”才会让更多艺术家和创业者留下来，才能产生品牌效应，最终才会有自己的特色。

根据规划，在未来3到5年，7坊街创意产业集聚区将发展成为占地五万平方米的集聚区，以形成“一桩先导基地，一条创意街道，一条文化创意产业园”为主带动起的发展规模正在逐步扩大。另外，还将打造建成以7坊街原创品牌旗下的服务管理平台，信息服务平台，知识产权交易平台，艺术家集群创作平台，文化艺术展示交流平台，7坊街艺术教育实训基地、7坊街创意产业大厦、7坊街艺术发展基金、7坊街新疆影视动漫基地、7坊街国际品牌新疆发布中心、7坊街国际美食街、7坊街水磨河酒吧街、7坊街生态休闲度假区、7坊街画廊街、7坊街收藏街、7坊街新疆工艺品购物街、7坊街收藏街、7坊街新疆工艺购物街等7坊街创意产业集聚区建设构成。

（一）服务管理平台

建立7坊街创意产业集聚区管理委员会，是对7坊街创意产业集聚区的整体发展进行规划、策划和推广的综合机构。管委会下设7坊街物业服务中心，未入住7坊街的艺术家、文化创意产业项目和文化创意企业提供完善高效的基础物业服务。

（二）信息服务平台

7坊街借助网络宣传的优势，搭建信息服务平台，不断宣传7坊街和新疆文化艺术，不断挖掘新疆文化创意产业的发展趋势，不断强化文化创意产业对国民经济的引领作用。

（三）知识产权交易平台

7坊街管委会将与市、自治区及国家版权局联合搭建新疆文化产业版权保护及交易平台。进行知识产权意识的公共宣传、进行知识产权法律法规的普及、进行知识产权申报的咨询和办理服务。目前7坊街已成立新疆首座版权交易工作站。

（四）艺术家集群创作平台

7坊街将建成5000平方米的文化艺术工作室，可容纳200至500位艺术家、创意工作室进驻。

（五）文化艺术展示交流平台

7坊街将建设适合于各门类艺术的展示空间约3000平方米，个人展，类别展、主题展、年展、国际展所需要的不同风格、不同面积的展览大厅建设，对于展示新疆文化艺术，弘扬和加强中华文明精髓传承及影响力方面有着最直接的作用。

（六）7坊街艺术教育实训基地

北京特展

依托7坊街创意产业集聚区入住的艺术家和文化创意产业资源，为全疆文化艺术爱好者提供艺术类教育和体验服务，为全疆艺术院校的学生提供实习和实践机会，为文化创意产业提供产业工人的职业技术培训。

7坊街国际艺术教育和实训基地以传统书画艺术、民族手工艺艺术、摄影艺术、动漫、泥塑陶艺为基本教程和实训内容。

（七）7坊街创意产业大厦

7坊街创意大厦拟建成集金色音乐大厅和文化创意产业写字楼为一体的多功能高层建筑。并同时具备地下停车、大型峰会、电视会议等高端会务功能。

金色音乐大厅拟建面积3000平方米，可容纳观众1200人，可实现大型音乐会、歌舞剧、舞台剧、文艺晚会等不同形式的演艺要求。写字楼拟建设15000平方米，计划容纳文化船员企业60至100家。

（八）7坊街艺术发展基金

成立“7坊街-新疆艺术基金”，挖掘新疆艺术品市场潜力，成立7坊街艺术拍卖机构。为新疆原创艺术作品的产业和保值增值保驾护航。

（九）7坊街新疆影视动漫基地

7坊街新疆影视动漫基地拟在原七坊“三旧”楼宇、厂房、仓库中改建。计划建设面积5000平方米。

7坊街新疆影视动漫基地将由新疆题材影视剧本创作、新疆影视外景基地服务、新疆新电影新电视剧发布及发行、新疆原创动漫创作、新疆动漫产业联合开发、新疆网络游戏开发、新疆原创音乐创作及制作等板块构成。

（十）7坊街国际品牌新疆发布中心

7坊街世界品牌发布中心拟在原七坊旧厂房、仓库中改建。计划建设面积2500平方米。

泥陶乐

品牌发布中心将为疆内、国内、国际流行时尚品牌产品提供产品上市、品牌体验、品牌公益活动等提供同步全疆、全国、全世界的系列服务。

（十一）7坊街国际美食街

对原七坊农贸市场进行改建，拟建设面积6000平方米，计划招商餐饮企业100-120家。7坊街国际美食街将吸纳西域民族美食、中华传统美食、国际知名美食同期入驻。

（十二）7坊街水磨河酒吧街

对水磨河南岸进行沿河改扩建，拟建设面积10000平方米。全街将河岸文化与酒吧文化相结合，将新疆特色的音乐酒吧融入其中。

（十三）7坊街城市生态休闲度假区

在水磨沟区温泉东路、观园路原农家乐基础上进行重新规划和改造，连接水磨沟公园，形成清泉寺清净游、7坊街文化游、温泉路休闲游、观园路民俗游组合而成的新的独特的城市旅游带。

（十四）7坊街画廊街

引入国内外知名大型画廊机构，形成艺术品交易集群效应。

（十五）7坊街收藏街

泥陶乐活动

对水磨沟区沿河路南北方向段重新规划和改建，拟建设面积1200平方米。7坊街收藏一条街。以吸引乌鲁木齐和疆内小收藏爱好者为主，形成邮品、古钱、旧书画、火花、纪念章等小型藏品交易。

（十六）7坊街新疆工艺品购物街

对水磨沟区沿河路东西方向段重新规划和建设。拟建设面积2000平方米。7坊街新疆工艺品购物街，着重体现新疆原创和DIY体验式购物。以新疆民族手工艺、文化用品为主。

园区同时建有新疆民俗馆、雕塑馆、新疆首座景德镇陶瓷艺术馆、新疆首家版权工作站。作为乌鲁木齐文化创意产业示范基地。园区已与北京宋庄、上海、甲子坊、北京儿童艺术剧场达成艺术合作交流平台。未来，7坊街创意产业集聚区将按照以下步骤逐步推动：首先，创意产业的源泉即个体独特创意人群的集聚；其次，创意人群对独特创意的知识产权产品的生产；再次，对知识产权的市场推广；最终，实现财富的创造和就业机会的增加。

五、7坊街创意产业集聚区活动大事记

有创意才会有新意，有新意才会有特色。作为乌鲁木齐创意文化产业发展的示范园，从2009年4月28日创立之初起，她就带有鲜明的创意文化烙印，担当起展示、传播新疆多元文化的职责，也见证着乌鲁木齐市文化的发展繁荣。因为创意，这里每一件作品、每一个活动都有着鲜明的特色；因为特色，民族的更成为世界的，首届新疆艺术北京特展的成

功、继续举办第二届特展都证明了这一点。近年来，乌鲁木齐市委、市政府逐年加大了对文化建设的投入，走出了一条“内外兼修”之路。在内，不断加强文化基础设施建设；打造文艺精品，繁荣艺术创作和演出。同时，将机关文化建设作为发展、繁荣文化事业的重点，为跨越式发展和长治久安提供文化条件和精神动力。在外，乌市积极加强文化艺术对外交流，提升乌市在国内外的知名度。

细数两年来，7坊街创意产业集聚区的发展经历，一方面充分说明乌鲁木齐发展文化产业的巨大潜力，另一方面，7坊街创意产业集聚区的成功实践也证明，市委、市政府通过培育和建设文化产业集聚区或者产业园区，发挥文化的集聚效应，带动和引领文化产业进一步发展壮大的思路是完全正确的。

2009年4月28日-5月28日——7坊街创意产业集聚区主题艺术联展。

2009年5月8日-5月18日——首届7坊街美美雕塑展。

2009年5月28日-5月29日——陶乐陶过端午节迎“六一”周末陶艺体验课堂。

2009年5月28日-6月15日——彰显主流艺术魅力，承文化创新精神7坊街新疆艺术家联展。

2009年6月5日-6月20日——2009年新疆大学生原创艺术作品展。

2009年6月13日-8月8日——泥陶乐周末陶艺、泥塑体验课堂。

2009年10月24日-10月26日——最美的还是我们新疆—7坊街新疆艺术北京特展。

2010年1月16日-2月22日—— 绽放—祝福贰零壹零—7坊街迎新艺术展。

2010年3月7日-3月22日——7坊街新疆当代女性主题艺术联展。

2010年4月28日-5月25日——舞动 7坊街周年庆原创文化艺术节。

2010年4月28日-5月25日——范新声泡沫雕塑展。

2010年4月28日-5月25日——手工艺品展。

2010年4月28日-5月25日——12人风景油画展。

2010年4月28日-5月25日——李学亮风光摄影展。

2010年5月14日-5月25日——达布西力特个人油画展。

2010年5月13日-5月18日—— 7坊街走进文博会。

2010年5月28日-6月7日—— “快乐成长，创意新生代”儿童折纸绘画展。

2010年4月28日-5月25日——太阳部族—刘湘晨个人影像展。

2010年5月28日-6月15日——2010新疆当代80新锐艺术展。

2010年5月29日-6月1日—— “泥陶乐”周末体验课堂。

2010年6月5日-6月14日——2010世界环保日主题艺术展。

2010年6月18日-6月30日——足迹 第二届新疆大学生原创青年艺术展。

2010年7月14日——版权工作站揭牌。

2010年7月15日-7月28日——临点—四人水墨邀请展。

2010年7月26日-8月8日—— “空·间”7坊街现代雕塑主题艺术展。

2010年8月7日-8月9日—— 7坊街创意产业集聚区首届动漫节。

2010年8月14日-10月3日—— 7坊街周末创意市集。

2010年8月12日-8月22日—— “爱我中华 赞我新疆”书画巡回展。

2010年8月11日-8月22日——王洛宾意境书画展。

2010年8月26日—— 7坊街艺术家水磨沟采风。

2010年8月28日-9月28日——藏品展。

2010年9月1日-9月8日—— 7坊街作品首次亮相乌洽会。

2010年9月10日-9月12日—— 7坊街走进美食节。

2010年10月25日-10月28日——最美的还是我们新疆第二届乌鲁木齐7坊街新疆艺术北京特展。

2010年11月 13日——穿越·爱7坊街艺术教育关爱行动走进儿童村。

2010年11月 17日——穿越·爱7坊街艺术教育关爱行动走进攻读学校。

2010年11月 25日——穿越·爱7坊街艺术教育关爱行动走进39小学。

2010年12月 1日——穿越·爱艺术感动新疆 祝福2011，7坊街迎新艺术展暨公益拍卖会。

2010年12月10日——穿越·爱7坊街送文化进军营。

2010年12月1日-2011年1月10日——魅力新疆孙立新书画展。

2010年12月21日-12月30日——水磨沟区青少年德艺教育实训基地揭牌仪式暨7坊街首届水磨沟区中小学艺术作品展。

2011年1月12日- 2月13日—— 剪纸灯谜会展。

2011年3月6日-3月28日—— 四季·第二届当代女性主题艺术联展。

2011年3月25日——乌鲁木齐市万村千乡文化产品惠民行动首发仪式。

2011年4月1日—— 7坊街第三届涂鸦大赛。

2011年4月1日-4月20日——《路过·自己》郭金逸当代油画艺术作品展。

2011年4月28日-2011年5月28日——7坊街二周年庆。

2011年4月28日-2011年5月28日——北京宋庄文献展在7坊街。

2011年4月28日-2011年5月28日——大美新疆摄影展。

2011年4月28日-2011年5月28日——孟克巴依尔地州油画作品展。

2011年4月28日-2011年5月28日——德国海报设计大师高兹·格拉里奇海报展。

2011年5月2日—— 7坊街动漫展。

2011年5月15日-6月1日——国际残联日助残艺术展。

2011年6月1日-6月12日——儿童节——“让艺术红 让孩子玩”欢乐动漫展。

2011年6月1日-6月12日—— 7坊街西蕴尚达动漫展开幕。

2011年6月1日-6月15日—— 全市中小学教师园丁书画展。

2011年6月18日-7月18日——“青眼”第三届大学生艺术联展

2011年6月21日-6月23日——“国税移动杯”摄影书法绘画展。

2011年7月1日-7月15日——传承老七纺精神 打造新文化高地——“红色七纺”主题展。

2011年7月1日-7月15日——幸福水磨沟——发现城市之美摄影展。

2011年7月21日——首届新疆当代艺术节。

2011年7月21日——当代街舞大赛。

2011年7月21日- 8月21日——新疆当代艺术联展。

2011年7月21日- 8月21日——龟兹壁画临摹展。

2011年7月24日-7月26日——7坊街创意产业集聚区第二届动漫节。

2011年9月1日-越南磨漆画展。

借助于7坊街创意产业集聚区一系列的活动，一方面向外界展示乌鲁木齐市的良好形象，同时也为本地文化产业发展，尤其是本地文化企业提供了学习先进理念、借鉴成功经验的机会。

六、7坊街创意产业集聚区未来发展观

范新声泡沫雕塑展

手工艺品展

7坊街创意产业集聚区未来将通过对源自个体的创见、技巧和天赋等智力活动进行知识产权的生产和开发，创造知识财富和提升就业潜力。

知识密集性、高附加值性、高整合性、创新性、强融合性、渗透性以及持久赢利性是7坊街创意产业集聚区未来的发展目标；7坊街创意产业集聚区将在中华文化向西方传播并得到尊重和认可的过程中发挥应有的作用。

7坊街创意产业集聚区的诞生，就像一段精心挑选的硬木，在文化的光耀下，只要不断地钻下去，钻进去，创意的星星之火必然迸发；有了这星星之火，未来的新疆，即是创意的新疆。相信，使文化在新疆再聚合，让创意使新疆更灿烂，将成为一个美丽的现实。

加快文化产业发展，促进“文化强区”战略的实现
——鄂尔多斯市东胜区

东胜区是鄂尔多斯市经济、科技、文化、金融、交通和信息中心，辖3个镇、8个街道办事处、1个在建新城区，区域总面积2160平方公里，总人口60万。东胜区位优势明显，是内蒙古自治区呼（呼和浩特）—包（包头）—鄂（鄂尔多斯）经济金三角重要一极，为晋、陕、宁、蒙四地及毗邻地区重要的商品集散地和陆路交通枢纽。

近年来，东胜区始终坚持以科学发展观统筹全局，立足资源富集区中心城市定位，坚持“抓城市建设就是抓经济建设”的思想，全力打造“服务内蒙古、连接晋陕宁”的现代化区域性中心城市核心区，正在成为投资创业的热土和极具发展活力的地区，综合经济发展水平始终保持在自治区旗县（区）前列。2010年，地区生产总值达到641亿元，地方财政总收入完成158.3亿元，连续五年位居内蒙古自治区101个旗县区首位。先后被评为中国西部最具投资潜力百强县、中国现代服务业投资环境十佳区（县）、中国全面小康成长型百佳县（市）、全国文化先进县（区）、自治区首批文明城区和全国平安建设先进区。当前，正在全面建设“生态和谐、宜居宜业”的现代化中心城市。

一、东胜区文化产业发展概况

在现今国际国内环境下，加快发展文化产业不仅能提升城市的知名度和影响力，满足人民群众对文化活动的多样性需求，而且对地区经济发展、经济结构调整有着巨大作用。近年来，在上级部门和各级领导的大力支持下，东胜区紧紧围绕打造国家西部县区文化强区和鄂尔多斯市文化产业发展中心的目标，正在将文化产业作为战略性产业和支柱产业来抓，通过建设一批具有示范效应和产业拉动作用的重大文化产业项目，逐步构筑以大项目

“音乐之都”外景模拟图

东胜区成功承办第60届世界小姐总决赛巡游活动

为龙头，以中小文化企业发展为重点的文化产业发展格局。目前，东胜区文化产业经营主体614个，从业人员9000余人，文化娱乐及服务支出占家庭消费支出比重的18%，文化产业收入每年同比增长26%。文化产业项目建设投入方式正在由政府投入为主向政府倡导企业投入为主转变，形成了政府与社会共同推进文化产业重点区域、重点品牌、重点项目发展的良性机制。

（一）文化旅游业蓬勃发展

东胜区已建成全国优秀旅游城市。有“世界第一条高速公路”之称的秦直道遗址，在东胜区境内保存最为完整。2006年5月，秦直道遗址鄂尔多斯东胜段被正式确定为第六批国家重点文物保护单位，并跻身国家100处大遗址之列。为充分挖掘秦直道历史文化内涵，推动文化旅游业的蓬勃发展，东胜区规划建设了大秦直道文化旅游景区，累计完成投资5亿元，目前景区已初具规模，与成吉思汗陵旅游区、响沙湾旅游区共同构成了鄂尔多斯的黄金旅游线路，正在成为国内外游客旅游观光休闲、感悟历史文化的重要场所。规划建设的中华历史文化产业园、奥古斯都超级娱乐城、大盟凯德文化产业广场、鄂尔多斯奇石广场（奇石博物馆）等项目，拉动了我区文化旅游业向集约化、规模园区化方向发展。

（二）文艺演出业异彩纷呈

东胜区大力实施文化品牌战略，成功打造了东胜区元宵文化节、文化旅游节这两个节庆文化品牌，先后组织举办和承办了第十一届亚洲艺术节花车巡游及行街文艺表演活动、

“盛视2010”全国首届春节电视文艺晚会颁奖晚会、第60届世界小姐总决赛鄂尔多斯巡游活动、“欢乐中国行·魅力东胜”大型明星演唱会、鄂尔多斯国际那达慕大会“拥抱自然，亲吻草原”万人多米诺项目暨吉尼斯世界纪录挑战活动等多项大型文化活动，目前已经成为鄂尔多斯市文艺演出市场最为活跃的地区，广大市民的精神文化生活丰富多彩。通过文化休闲一条街、酒吧一条街、图书音像一条街等项目的顺利实施，进一步促进了文化与经贸的有机结合。正在规划建设的“音乐之都”项目，是东胜区繁荣文化演出业，与中科院自动化所科学艺术研究中心共同打造的重要项目。未来3至5年，将在东胜建成可视化音乐的创作、制作、交易、金融中心，形成完整的可视化音乐产业价值链。通过球幕、环幕、建筑体投影等影像、投影和互动设备，在东胜建成音乐体验展示馆，使场馆不仅具有建筑的基本功能，还具备为音乐影像服务的功能。整个项目建成并投入运营后，可以在东胜举办全球音乐MV竞赛和颁奖盛典，包括国际化音乐MV、中国民族音乐MV、中国大学生音乐MV等。

东胜区文化产业发展形象标识——卡通形象大角牛

（三）数字动漫业前景广阔

近年来，东胜区着力推动数字动漫产业发展。鄂尔多斯东胜天风动漫影视有限公司作为动漫产业的本土企业，其第一部作品《小牛向前冲》在2010年中国动画年度盛典上获得“最佳动画长篇提名奖”，

首届中国·鄂尔多斯东胜动画推介会开幕式

主人公“大角牛”荣获“中国十大卡通形象奖”和“最佳动画形象提名奖”。2011年，该部动画片参展了法国戛纳电视节，大型系列动画片《大角牛梦工厂》4月份在中央电视台首播。东联动漫影视有限公司出品的《中华德育故事》荣获“2010年中国动画学会提名奖”，目前也已在央视播出。2011年7月20日，在国家广电总局的大力支持下，东胜区成功承办了首届中国·鄂尔多斯东胜动画推介会。内蒙古自治区党委常委、宣传部长乌兰，国家广电总局宣传管理司司长金德龙，中国动画学会会长余培侠等领导出席会议，吸引了全国电视卡通频道、少儿频道以及中国网络电视台、新浪网、搜狐网等来自全国83家单位共155人的广泛参与，评出了35部国产原创优秀动画作品。通过“2011中国十大优秀原创动画企业”评选活动及颁奖盛典、动漫供求双方配对洽谈、衍生产品厂商与原创制作企业版权交易等各种活动，为我国动漫产业及东胜区文化产业的发展注入了强大推动力。

二、东胜区文化产业未来发展方向

“十二五”时期，东胜区文化产业发展潜力巨大。从宏观上讲，党的十七大做出了大力发展文化产业的战略部署，强调要“完善文化产业政策，支持文化产业发展，增强我国文化产业的整体实力和竞争力”，国务院出台了《文化产业振兴规划》。在中央精神的指引下，文化部、自治区、鄂尔多斯市和全市各旗区都颁布了一系列关于文化产业发展的政策，已经成为推进文化产业蓬勃发展的重要政策支撑。从微观上讲，东胜区经济社会的快速发展和人民生活水平的显著提高为文化产业发展奠定了坚实的物质基础。区位优势明显，交通便利快捷，已成为内蒙古自治区乃至国家西部地区人流、物流和信息流的大型集散地，发展文化产业优势突出。加之东胜具有深厚的文化底蕴，孕育了韵味独特、古朴典雅的蒙古族文化。这些独一无二的、高层次、高品位的文化资源，都是文化产业发展的最大优势和良好条件。

因此，“十二五”期间，东胜区要积极培育文化市场，提升文化创新能力，使文化产业从规模、内容、形式、效益上实现新的突破，文化产业年均增长速度达到30%以上，文化产业产值占全区GDP的5%以上。重点发展八大文化产业：

大秦直道文化旅游景区全景

（一）文化旅游业

东胜区文化旅游业的发展，要以文化充实旅游，以旅游助推文化，加快文化与旅游的结合。一是要重点挖掘成吉思汗文化、鄂尔多斯远古文化（萨拉乌苏文化、朱开沟文化、青铜文化）、草原游牧文化、祭祀宗教文化、西口文化、生态文化以及鄂尔多斯革命历史文化、现代工业文化等独特的文化资源，重点发展有较强旅游接待能力的星级酒店、宾馆、大型综合功能娱乐场所等，完善现有景点的文化观光、生态休闲度假设施，使其具备重要旅游目的地应有的相关产业规模及服务功能，逐步形成以观光、购物、度假休闲为主体的特色旅游模式。二是要带动民族民间工艺品、纪念品的开发，形成具有浓郁乡土民族文化特色的工艺美术品、书法和绘画艺术品等系列生产，不断加大旅游景区的文化含量，加快文化与旅游的结合。三是要依托东胜区深厚的民族文化底蕴和全国优秀旅游城市品牌，积极打造九成宫、少数民族创业示范基地、秦直道文化产业园区、城郊观光农业区、漫赖草原文化旅游产业带，提升旅游文化品质。重点规划建设具有深刻文化内涵的 “三园三川”项目即吉乐庆川、昆都仑川、罕台川，动物园、植物园、游乐园等一批具有集聚效应和区域特色的文化产业基地，形成成吉思汗陵—苏布罕草原—大秦直道—响沙湾文化旅游专线，推动文化旅游产业的规模化快速发展。争取在3至5年内打造2至3条既能适应游客长线旅游的需求，又能满足周末休闲游、自驾游需求的精品旅游线路，实现游客总人次和旅游总收入在现有基础上有大幅度增长的目标。

（二）文艺演出业

一是要充分挖掘各个历史时期，特别是近现代、当代的创作题材，积极整合文化艺术资源，组织高层次创作力量，包括邀请国内外知名编导、优秀职员加盟，集中力量推名人、创名作、塑名剧，努力打造原创精品文艺晚会，推行“演出季”、“演出月”制度，提高文艺演出业市场营销力和经济效益。二是要充实壮大专业艺术团体，使其能够独立承

东胜区铁西公园夜景

担大型文艺演出的策划、组织和运作。积极与国内外演出团体、演出场所和演出经纪机构进行合作，初步形成文艺演出产业化运作框架，提高演艺水平和市场竞争力。三是要积极扶持社会力量兴办文艺团体，充分发挥鄂尔多斯表演艺术优势，大力开拓市内外演出市场。推动文艺团体与文艺演出中介组织的合作，增加文艺团体对外演出的规模和场次，努力提高文艺团体的市场化水平。

（三）文化娱乐业

要结合城市建设和文化旅游业发展，加强对文化娱乐业的扶持引导，大力培育依法经营、面向大众、积极健康、丰富多彩的文化娱乐市场。一是要大力发展品牌餐饮、网吧连锁、大型书店、KTV、歌舞娱乐场所等休闲娱乐及相关文化服务业，重点打造集商业、娱乐、影视、休闲、酒店为一体的多功能综合性娱乐服务中心、休闲文化街区、体育休闲场馆，启动和建设环球嘉年华等特色商业项目，形成多门类、多层次、多形式、多投资主体的文化娱乐市场。二是要积极吸引社会资本，建设大型城市游乐中心，建设工业旅游项目——铜川汽车工业博览园，在现有基础上建设不同内容、风格各异的游乐设施。三是要加快演艺娱乐产业的聚合，巩固和发展歌舞娱乐业，大力推动发展旅游演艺业、电子游戏游艺业，深化演艺娱乐业同餐饮、零售、旅游等行业的链接程度，拓展产业链条。推动区域名牌活动产业运作，鼓励各类剧团在国内外进行商业演出，吸引民营资本进入演艺业，支持奥林匹克网球中心、工人体育馆等举办大型赛事、演艺活动。发展节庆经济，培育文化品牌。按照一季一节的思路进行构筑，不断丰富节庆文化活动的内容和形式，形成“政府主导、市场运作、统一策划、分项招标、社会参与、群众和企业受益”的节庆经济新模式。四是要积极探索发展娱乐业的新思路，开拓新的娱乐方式和项目，在挖掘鄂尔多斯传统文化娱乐形式的基础上，不断推出健康向上的新型娱乐项目，提高文化娱乐和休闲度假的文化含量和文化品位，推动文化娱乐产业的发展。

（四）广告会展业

广告会展业是与现代科技结合最紧密的新兴文化产业，也是发展前景最为看好、增长潜力最大的文化产业。一是要尽快组建1至2家大型广告公司或集团公司，使其既能承揽制作、经营媒体广告、宣传画册、声像宣传品、楼宇广告、街道广告、车载广告、电子显示屏等广告业务，又能开展宣传营销活动。扩大广告产业的覆盖面，形成比较完善的广告产业链条。二是要充分发挥青铜器博物馆、蒙恬博物馆、泊江海子广稷农耕博物馆、鄂尔多斯羊绒展览馆、城市规划展览馆等大型场馆的会展功能和辐射功能，加强与市内大型骨干企业以及外地大型企业及民间组织的合作，承办大型会议，举办大型展览、展销，形成以鄂尔多斯特色文化为内涵、以鄂尔多斯特色产业为依托的国际性、全国性专业会展品牌，使之成为中国西部地区最具吸引力和影响力的会展中心之一。

（五）影视音像业

整合广播、电视、报刊等传统媒体资源，增强传统媒体的实力和竞争力，积极发展影视产业、音像产业和节目制作产业。一是要培养鄂尔多斯市影视剧创作人才，为影视剧创作营造良好的工作环境和社会环境。鼓励建设影视拍摄基地，选取鄂尔多斯本土历史题材和现实题材，与国内外大型影视公司合作，邀请国内知名导演、编剧、演员加盟，通过大型电视连续剧《秦直道》的播出和发行助推，在未来五年内创作拍摄3至5部在全国能够产生较大影响力的影片或电视连续剧，并力争取得社会效益和经济效益双丰收。同时要大力扶持民营影视企业的发展，吸引非公有资本投资广播电视的音乐、科技、体育、娱乐等方面的节目制作。二是要充分挖掘音像文化资源，协调调动鄂尔多斯市音像创作制作力量，并积极寻求与自治区内外机构合作，大力加强音像制品的生产和市场开发。规划建设梦幻影视城、4D影院、立体影院等新型影视场馆，以满足外来游客和当地居民的精神文化需求。三是要积极筹办面向周边地区乃至全国的出版社，创办和培育一批在全国有影响的媒体，大力培植、扶持全国总发行单位和全国图书发行连锁单位，做大图书交易平台。积极发展辐射更广的广告传媒产业，尽快形成产业优势。促进音像、电子、网络等出版业的发展，扶持其成为新的经济增长点。

（六）文化产品业

有效整合文化产品和生产资源，重点扶持、积极引导和鼓励民间资本投入文化产品业，努力扩大生产规模，致力于文化产品生产的多样化、个性化，全力打造艺术精品和自主品牌。要构筑产业服务平台，打造集文化产品的策划、包装、印刷、制作、推介和营销，物流等为一体的产业链，打通产品与市场之间的通道，实现文化产品两个效益的最大化，加速文化产业经济向高层次、高附加值、深度开发发展。通过招商引资，吸引外来企业投资组建几家规模较大的民族工艺品研发、生产、销售公司。重点生产、制作、销售鄂尔多斯青铜器仿制品、酒具、乐器、乐器模型、马具模型、鄂尔多斯蒙古族服饰以及蒙古民族其它生产生活用品，力争建设内蒙古西部地区最大的民族工艺品集散地。

首届中国·鄂尔多斯东胜动画推介会颁奖盛典

大秦直道文化旅游景区全景

（七）创意设计与数字动漫产业

借助高科技对文化资源进行创造与提升，积极推动鄂尔多斯动漫产业园区、天风动漫产业基地、东联动漫产业园等文化创意产业建设。通过政策引导，努力提高动漫游戏的文学原创和创意能力，加快推进动漫游戏产品的研发和制作、动漫游戏相关产品开发工具的研发、动漫游戏产品的测试和互动游戏平台的开发。加强动漫产业的对外合作，通过有效的产业合作，凸现品牌经营效应，加速产业发展步伐。关注手机游戏、电视游戏等新兴市场的开拓，扶持网络游戏运营商的发展。建成集技术开发、动漫创意、作品制作、版权交易、网络运行、人才培训、衍生产品开发等功能齐全的文化创意产业基地。

（八）体育竞技产业

加强与上级体育主管部门和各地体育活动中介组织的联系和合作，加快实施中华慈善总会华夏九九城等项目，发展保健、疗养产业。充分利用东胜全民健身活动中心，每年承办几项国际、国内重大的体育赛事，开发健身休闲产业项目，鼓励举办各种规格和级别的体育竞赛表演，引导和鼓励社会力量投资兴办体育经济实体，从事体育健身娱乐方面的各类经营性活动。力争将其打造成为中国西部具有一定影响力的体育赛事产业中心。

展示魅力敦煌 建设艺术之都——敦煌

莫高窟

敦煌市位于甘肃省河西走廊最西端，地处甘青新三省交界处，是一座美丽的沙漠绿洲城市，也是全国第一批对外开放城市、国家历史文化名城和中国优秀旅游城市。总面积3.12万平方公里，其中绿洲面积1400平方公里，耕地面积25.64万亩，辖7镇2乡，56个行政村，总人口18万人，其中农村人口10.04万人。敦煌历史积淀深厚、文化灿烂辉煌、艺术博大精深，自汉武帝“列四郡、据两关”以来，已有2100多年的建制史。随着汉唐丝绸之路的兴盛，使敦煌成为中国历史上率先向西方开放的地区、世界四大古老文明的集结地和佛教传入中原的第一站，被誉为佛教艺术的殿堂和飞天艺术的故乡。敦煌，因历史悠久而积淀了特立独有的旅游资源和文化资源，因地域独特而形成了丰富多采的自然资源和区位优势。

一、名胜古迹星罗棋布

敦煌是中国历史文化名城，盛大辉煌的敦煌有着悠久的历史，灿烂的文化。境内地上地下文物资源十分丰富，现存各类文物景点241处，其中国家级重点文物保护单位有3处，省级文物保护单位有9处，市级文物保护单位有35处。这里有世界最宏博瑰丽的艺术宝库敦煌莫高窟，有中国最具观赏价值的沙漠奇观鸣沙山·月牙泉，有亚洲最大的雅丹地貌景区敦煌国家地质公园，有著名的古关遗存玉门关、阳关以及保存完整的汉长城和积薪堆等人文景观和自然景观。这些名胜古迹和自然景观是不可多得的重要历史文化资源，对发展文化产业有着巨大的开发价值。

二、民俗文化绚丽多彩

敦煌民俗文化源远流长、内蕴深厚，民俗、民族、民间的艺术交融荟萃。以敦煌文化和敦煌艺术为题材的文艺作品也是灿若繁星，著名的《丝路花雨》、《大梦敦煌》和目前新创作的大型杂技剧《敦煌神女》，都受到很高的评价。敦煌曲子戏、敦煌民歌、敦煌社火、眉户等民间文艺和端阳节、浴佛节等传统节日和庙会，充分体现了敦煌民间文化的深厚底蕴和淳朴的民俗风情，是敦煌文化艺术的重要组成部分。此外，敦煌夜光杯造型丰富，敦煌彩塑惟妙惟肖，敦煌地毯制做精细，敦煌邮品精巧别致，敦煌工艺蜡染韵味独特，敦煌工艺骆驼憨态可掬。种类繁多、各具特色的工艺美术品深受中外游客的喜爱。

三、馆藏文物精品众多

敦煌市馆藏文物14000件（套），其中一级文物95件、二级文物141件、三级文物101件。尤其北凉石塔、唐书地志、妙法莲花经、坛经是镇馆之宝，具有较高的历史价值、艺术价值和考古价值，是发展文化产业的珍贵资源。

雅丹地质公园

四、敦煌市文化产业发展情况

近年来，依托独特的人文历史和自然景观，敦煌市提出了“打造魅力敦煌、建设艺术之都”的战略定位和建设“三城一基地”（国际旅游城、文化艺术城、大漠光电城、西北最具特色的鲜食葡萄生产基地）的发展目标，坚持对外开放，加强文化交流，优化发展环境，有力地促进了文化产业的快速发展。

玉门关

（一）文化旅游工艺品形成系列

近年来，敦煌市以资源优势为依托，大力加强文化旅游产品的开发和包

大型歌舞杂技剧《敦煌神女》

党河风情线夜景

装，开发了近十几个系列，数十个品种的文化旅游工艺品，旅游工艺品品种繁多、琳琅满目。敦煌丝毯、敦煌彩塑、敦煌工艺骆驼、敦煌板画、敦煌夜光杯、敦煌奇石、敦煌风凌石、敦煌绢画等已成为敦煌文化旅游产品中的拳头产品。围绕敦煌文化、丝路文化、长城文化、民间文化、奇石文化，建立文化旅游商品研发、设计、销售网络，开发了以飞天、壁画为题材的敦煌艺术造型系列，以蜡染、镌刻为主的民间传统工艺系列，以地方风味小吃为主的特色食品系列。通过开发研制门类齐全、制作精美、特色鲜明、市场前景广阔的系列文化旅游商品，提高了文化旅游工艺品的市场占有率，带动了文化产业发展。

（二）文化交流活动成效显著

立足国内市场，瞄准国际市场，先后赴法、德、日、韩、新加坡等国和国内重要客源地城市开展了一系列文化旅游交流展示活动，相继与日本日光市、韩国南海郡和山东曲阜等中外城市缔结为友好城市，参加了国际国内旅游交易会、中韩文化节、博鳌论坛等一系列旅游促销节会，开展了“敦煌文化旅游推介会”、“丝绸之路敦煌文化周”等宣传推介活动，成功举办了“敦煌行·丝绸之路国际旅游文化节”闭幕式和第三届、第四届、第五届敦煌飞天国际文化旅游节、三届敦煌国际葡萄节以及两届龙舟大赛，启动了第六届中国·敦煌飞天国际文化旅游节，充分展示了“艺术之都、魅力敦煌”的良好形象，有效提升了敦煌文化魅力。在第三届“节庆中华奖”颁奖典礼上，敦煌市荣获“节庆城市奖”，敦煌葡萄节荣获“新秀奖”。在市内主要节点和省内外旅游热点城市设置了大型敦煌形象广告牌，制作完成了动漫旅游推介风光片，印制了大敦煌旅游宣传折页，出版发行了《圣地敦煌》、《敦煌》等一批外宣精品，协助国内外影视机构先后拍摄了《敦煌》、《英雄》、《天脉传奇》、《大敦煌》、《神探狄仁杰》、《西风烈》等50余部中外影视作品，进一步扩大了敦煌的知名度和美誉度。敦煌市先后荣获“感动世界品牌城市”、“国家旅游名片城市”、“中国最具国际影响力旅游目的地”、“国际知名旅游目的地”、“建国六十周年中国最佳文化旅游城市”、“2010年十条精品文化旅游线路优秀城市”等荣誉称号。

（三）文化产业项目快速发展

制定了《敦煌文化艺术开发区规划纲要》，高起点、高标准实施了敦煌大剧院、博物馆新馆、自然博物馆、雷音寺扩建和张芝、索靖纪念馆等一批标志性文化项目建设，启动实施了总投资30亿元的敦煌古城复建项目和总投资1.9亿元的“画家村”建设项目，敦煌文化艺术开发区被命名为全省首批文化产业示范园区，并荣获中国文化产业特色园区魅力奖。成立了敦煌中华文化促进会，举办了“千古敦煌，重金求赋”活动，邀请国内外文艺大师、文化名人及美院师生来敦开展文化交流和艺术创作，推动了文艺创作、旅游演艺、影视拍摄等文化产业的繁荣发展。以提升文化力为目标，依托省级敦煌文化产业示范区建设，不断培育壮大文化企业，全市各类文化产业经营单位达到268家，从业人员2450多人，注册资金达6548.2万元。2010年，全市文化及相关产业实现主营业务收入达到3.54亿元，比2005年增长1.5倍，年均增长20.6%；文化及相关产业增加值完成1.5亿元，比2005年增长1.63倍，年均增长21.3%，已初步形成了文化旅游、文艺演出、音像影视、网络文化、文化娱乐等九大文化产业体系，呈现出了多领域、多层次、多元化的发展特点。

中国敦煌（国际）葡萄节

中国敦煌第三届飞天文化旅游节

敦煌沙州市场夜景

（四）文化演艺多层次开展

以敦煌大剧院为阵地，每年开展《敦煌神女》大型专业演出170多场，丰富活跃了中外游客的精神文化生活；以敦煌宾馆、太阳大酒店、敦煌山庄等四星级酒店为阵地，每年开展以“歌舞宴”为主的演出达200多场；以敦煌风情城、祥云广场、党河风情线为阵地，每年开展广场群众文化演出达300多场；以农家园为阵地，敦煌市32个自乐班常年开展敦煌民歌和敦煌曲子戏演唱活动；通过多种形式、多种途径宣传敦煌艺术、丰富娱乐项目，促其形成规模，走产业发展的路子，使文化演艺成为文化产业新的增长点。

敦煌夜景

五、未来发展途径

当前和今后一段时期，敦煌市将按照“展示魅力敦煌，建设艺术之都”和建设“三城一基地”的战略目标，在省级文化产业示范园区的基础上，申请设立国家级敦煌文化试验区，努力构建具有区域优势、特色鲜明、结构合理、效益明显的文化产业发展总体格局。力争到“十二五”末，全市文化及相关产业主营业务收入、产业增加值在2010年的基础上翻一番，分别达到7亿元、3亿元，文化及相关产业增加值占全市GDP达到5%以上。

（一）积极开展文化交流活动

继续在国内外主要客源地开展经常性的形象宣传和促销活动，在海内外知名媒体推出敦煌旅游宣传片，精心策划敦煌飞天文化旅游节、葡萄节、国际服饰模特艺术节等重大节会，把中国历史文化名城、中国优秀旅游城市、国家旅游名片城市、“三城一基地”等城市品牌响亮地打出去。继续加强对外联合协作，利用上海世博会、博鳌论坛及津洽会、兰洽会等高端平台，深入开展旅游宣传推介。积极邀请国内外文艺大师、文化名人及美院师生来敦开展文化交流和艺术创作，充分展示敦煌文化的独特魅力。建设敦煌影视中心，继续加强与各大影视公司的合作，引进拍摄一批敦煌题材的影视精品，进一步扩大敦煌文化的影响力。

（二）着力开发特色文化产品

围绕敦煌文化，丝路文化，“两关”、长城文化，建立文化旅游商品研发、设计、销售组织，着力打造敦煌艺术造型系列、民间传统工艺系列和特色食品系列等一批富有特色、能代表敦煌文化产业发展的文化品牌。特别要抓好大型杂技歌舞剧《敦煌神女》赴重要客源地商演活动，引进演出《敦煌·丝路·巴扎》大型情景落地晚会，进一步提升敦煌文化产品品牌。同时，在宾馆饭店及农家园积极开展中小型的旅游演艺活动，按照产业化发展的方向，把文化演艺培育成文化产业新的增长点。

（三）积极实施文化产业项目

紧紧围绕敦煌文化的特色和优势，在省级文化产业示范园区的基础上，争取设立国家级文化试验区。高起点、高标准规划建设一批标志性文化设施，规划建设体育中心和会展中心等重点文化项目，加快“画家村”、雷音寺、“敦煌乐园”和张芝、索靖纪念馆建设，建成博物馆新馆和自然博物馆并布展开放。扩大敦煌艺术旅游中专办学规模和层次，积极争取创办敦煌大学。深入挖掘敦煌历史文化、民俗文化、旅游文化资源，以敦煌博物馆、自然博物馆为依托，举办各类具有敦煌特色的艺术展示和文化交流活动，吸引更多的国内外艺术家会聚敦煌。围绕书画古玩、旅游工艺、旅游演艺、影视拍摄、动漫制作等文化产业，打造一批具有敦煌特色和国际影响力的文化艺术精品，使敦煌成为文化艺术交流和传承的重要平台。

（四）不断推进文化基础设施建设

以建设“文化艺术城”为方向，重点建设“一圈一带四区七基地”，“一圈”即：以市区为中心的文化艺术产业圈；“一带”即以敦月公路沿线为主的文化产业带；“四区”即敦煌文化艺术开发区、西部影视拍摄区、文化体育休闲区、边关文化体验区；“七基地”即敦煌艺术演艺和培训基地、艺术道具生产基地、民间民俗旅游工艺品生产销售基地、名家名人采风和艺术创作基地、文化交流和文化产品展示交易基地、敦煌服饰展示基地、动漫和沙画产品制作基地。同时，始终坚持用敦煌文化元素包装和改造城市，继续实施城市立面改造、夜景灯光设置和城市道路、照明改造工程，全力打造展现汉唐风格、敦煌特色、丝路文化的沙漠绿洲精品旅游城。

中国工业设计产业化排头兵
——广州毅昌科技股份有限公司

2010年3月，由南方广播影视传媒集团、羊城晚报报业集团、广东电视台、羊城晚报共同主办“广东十大经济风云人物”评选活动名单揭晓。广州毅昌科技股份有限公司董事长冼燃荣获这一殊荣，在对他的获奖点评中是这样描述的：“他是工业界的艺术家，他是艺术界的企业家。他用文化与艺术为产品注入灵魂，他用孜孜不倦的演讲，告诉每一个中国人：世界工厂需要洗脚上田，微笑曲线需要用美的视角攀登。位卑未敢忘忧，匹夫亦有伟力。这个号称除了鸡蛋壳不设计什么都要设计的人，胸怀着伟大的梦想：推动中国制造迈向中国创造。”

冼燃具有工业设计的专业能力，从业初期就帮助中国本土家电企业打开新的市场；冼燃更有工业设计远见，其创立的毅昌科技将通过工业设计为更多的企业打造出属于自己的品牌。作为中国工业设计产业化的典型代表，毅昌科技以工业设计为导向，形成设计——制造——销售一体化的DMS（Design 设计、Manufacture制造、 Services服务）模式，实现企业从传统制造到“服务型制造”的转变，为整机厂商提供系统化的解决方案。其经验值得中国特别是广东的许多配套企业借鉴学习。

一、孕育梦想执著追求

冼燃的父亲是著名建筑设计师，学建筑或医学是父母对他的期望。冼燃从小就被收音机、“随身听”精美的外观吸引，他从父亲那里得知，这些漂亮的小玩意儿都是国外的，稚嫩的冼燃对父亲说：“我要设计出比外国更好看的东西！”

20世纪70年代末，伴随中国改革开放和市场经济的发展，工业设计这一经济发达国家普遍运用的市场竞争手段被引入中国。经过十余年的培育和发展，工业设计在中国走进课堂，走向社会。20世纪80年代末，大学报志愿时，冼燃毅然选择了当时相当冷门的工业设计专业。这一决定让父母非常失望，遭到坚决反对。饱含对工业设计的热情，大学四年里，冼燃画了近万张设计草图，同学们对冼燃这种“痴狂”都感到不可思议，每次被问到这些，冼燃总是淡淡地说：“因为我喜欢工业设计。”一直反对儿子的父亲，慢慢明白，儿子是真的热爱这个行业。

20世纪90年代初，大学毕业的冼燃来到深圳康佳集团。冼燃深深地感到，大学里学的工业设计理论，与实际产品有很大差距。刚开始工作，他只是一个很不起眼的助理工程师。为全面掌握产品生产流程，冼燃深入生产车间，与一线工人同吃同睡，随时请教技术难题。在没有普及电脑的情况下，冼燃手工绘制了几千张图纸，23岁时设计出太空流线造型的“彩霸”电视，风靡全国，建立了中国彩电行业第一个工业设计中心，两年间将康佳从中国排名30多位提升至第2位，从掌控中国高端彩电市场的日本企业中杀出血路，夺回一半市场份额。作为青年创新的典型，24岁的冼燃获得“深圳建设青年突击手”称号。

随着对工业设计的深入了解，冼燃注意到，前美国总统克林顿提出“设计美国”的理念，很多发达国家均以设计立国，将工业设计作为产业竞争的主要手段，通过不断提升产品档次，实现控制市场的目的。而当时的中国还处在“来样加工”阶段，民族工业要走向世界，设计尤为重要。此时，冼燃萌生了通过创业提高中国工业设计水平，提升民族工业市场竞争力的想法。

二、纵横捭阖十余载

1997年，28岁的冼燃创立了中国第一个以工业设计为核心的产业集团——广州毅昌科技股份有限公司，开始了艰辛的创业之路。成立时，公司没有厂房，只是临时租了几间办公室。作为总设计师，冼燃带领团队，夜以继日地工作，在没有空调、风扇的情况下，冼燃冒着40多度的酷暑，背着图纸筒，拜访客户，记录客户对产品的反馈意见；深夜，再根据客户要求修改设计方案，画效果图。那时是冼燃最贫穷的时候，但内心却充满了激情和力量。

创建伊始的毅昌科技，最初是一家专业从事塑料模具的研发、工业品塑料配件制造的小型企业，与活跃在深圳、东莞地区的成百上千家小模具厂、小塑料厂没有什么区别。

然而，正是因为冼燃对工业设计独到的理解以及丰富的工业设计从业经历，决定了这家公司在尔后十年的成长过程中，并没有简单地将纯粹的OEM（代工生产）制造服务当作全部目的，而是始终把设计创新当作驱动事业前行的发动机，从而能够在竞争激烈的市场上快速成长为中国电视机制造行业举足轻重的企业。

在以"世界工厂"闻名于世的珠三角地区，向世界著名品牌提供品质合格的、完善的制造加工服务，通过赚取加工费来获得企业发展，是这个地区制造业最主要的业态。在这类企业中，最大规模如总部设在深圳的"富士康（FOXCONN）"，以年营业额数百亿人民币，成为苹果、诺基亚等品牌的主要供应商而被视作OEM模式的翘楚，并为珠三角成千上万的企业所效仿。但是，OEM模式的最大特点，是一种"订单经济"——被动地由能够"下单"的品牌企业牵着鼻子走，而且在整个商业利益链中处于最低端。

冼燃很早就看到了纯粹OEM模式的弊端，并希望通过设计的努力来避免陷入这样的商业地位。第一单小型黑白监视器加工业务，就是由冼燃在融汇当时国际市场同类产品主要技术特点基础上的自主设计而发展出的产品，而且尔后承接的每一项制造服务订单，都是由自主设计的方案获得品牌客户认可后产生的。这使得毅昌科技很快形成了与诸多OEM企业的最大不同——致力于以自主设计为先导的制造服务企业。设计能力，成了毅昌科技能够赢得越来越多、越来越大的制造服务订单的法宝。

曾经服务于康佳集团，使冼燃对电视机行业的总体状况、制造特点、技术水平、供求结构、发展趋势拥有深度了解，也使公司将发展目标锁定于这个行业成为必然。而将向客户提供"一站式"服务——从产品概念创意到量产成品的全套解决方案，是毅昌科技在全面分析了电视机行业"制造服务"链条特点后根据自身"工业设计创新能力"的强项特点所做出的务实选择。这种选择，使公司不会涉足技术投入更大、竞争更为激烈的显像管、电路板等环节，专注于能够将设计创新团队潜力发挥到极致的电视整机外壳设计研究、工程结构设计与制造服务。这样的发展模式，使毅昌科技迅速获得了中国电视机行业各大品牌的认可。

从2003年开始，一直保持低调的毅昌科技，以强大的工业设计与产业化实力，连续5年成为国内最大的电视机外观结构件供应商。在十年发展历程中，保持着年均80%的高速增长。2008年，毅昌科技生产电视机外观结构件654万套，市场份额为60%。2010年6月，毅昌科技在中小板上市，成为中国工业设计第一股；短短的13年间，成为一家以工业设计为核心，运用DMS经营模式，设计、生产和销售电视机外观结构件的民营高科技企业，建立了从广州到昆山、合肥、青岛、沈阳、重庆、厦门的整个产业模式，在全国开了多家子公司，拥有全球200多家客户。

经过十来年不间断地执着追求与建设，今天的毅昌科技已构建成以广州为核心并拥有广州、青岛、合肥、无锡等四个研发中心与分布于全国的制造网络，并与意大利都灵IDEA Spa等多个国外研发机构以及华南理工大学等5所高校建立了长期合作与技术交流的关系，形成了公司向“高科技、多元化、国际化”发展的清晰战略。

在不断设计创新、不断推出拥有自主知识产权的产品过程中，毅昌科技形成了自身的良性机制并创造了突出的成就，这种机制与成就不仅体现在将5%左右的年销售额投入到新产品开发、年开发全新产品60多个系列，300多款，还体现在公司拥有的全国唯一以工业设计为核心的国家认定企业技术中心。

三、设计书写理想

谈及中国工业设计行业的现状，冼燃特别有感触，“我国经济发展要转型，早在十几年前，中国已经在谈工业转型，但十几年来，转型仍然没有成功，我们还是OEM国家、OEM省份、OEM企业。十几年转型，为什么没有转成？在我看来，忽视工业设计，是原因之一”。从工业制造的成品变成创造转型附加值高的产品，从1倍变到9倍的空间，中间的历程必须需要工业设计。而目前我国工业设计的发展还处于初级阶段。

冼燃以手表生产为例，进一步强调了工业设计的重要性。中国的手表生产量占据了世界的80%，但创造的产值只占10%；瑞士手表生产量只占世界的3%，而销售额却在40%。问题出在哪里？问题出在中国手表的均价是12欧元，瑞士手表均价是1200欧元，相差100倍。对汽车、家电、服装等产品进行对比后不难发现，中国改革开放30年虽然取得了很大成就，但所有这些产品的均价只有别人的十分之一，根本的差距已经不在技术上，而在产品附加值上，在品牌文化、工业设计上。

多年的经验告诉冼燃：如果你完全不能拿出自己的想法去与客户碰撞，就会沦为被牵着鼻子走的单纯加工厂。毅昌科技所完成的绝大多数原创性的产品设计项目都来自于市场需求，但与多数设计公司或企业设计部门最大的不同点是：决不会完全被动地根据客户要求去完成一项设计。

毅昌科技的设计中心要求所有的项目团队在进入项目前一定要做项目的背景研究并形成自己的见解。虽然品牌企业客户有很好的、积累多年的市场调研数据库，使其在完善的数据采样和收集基础上形成的研究能力与成果往往都会强过毅昌科技，准确度更高；在产品定位问题上，设计项目团队都必须充分听取客户的意见，理解其意图与行为方式。但这并不等于设计师不能有自己的见解与想法。

在这种工业设计思想的指导下，冼燃率领毅昌科技在推动行业的发展上书写了诸多典型案例。譬如，1998年，冼燃与刚开始开拓电视市场的海尔合作，帮助海尔完成电视创业。海尔品牌在电视领域的崛起，为树立民族电视品牌积蓄了力量。2001年，冼燃与海信合作，设计出42寸等离子平板电视，深受消费者喜爱，创下了中国平板电视单机销量冠军纪录，打破了洋品牌依靠工业设计主导中国平板电视市场的局面。冼燃通过不断创新，为TCL、长虹等近300家著名企业提供工业设计服务，促进了中国家电品牌不断成长，在世界树立了民族品牌。

此外，冼燃以及他的设计团队还经常会以积极的态度，在客户并没有明确提出开发什么产品的情况下，主动提供一些创新设计方案去刺激、引导客户，并以有说服力的信息数据告诉对方这种产品的市场在哪里。例如，曾获2005年广东省优良工业设计金奖的“combo”——将14寸的CRT 和DVD结合为一的产品，因结构比较复杂、生产难度大、成本较高而被定位高端产品，在获奖之后被推荐给了海尔等品牌。当时推荐了4项设计，但海尔的市场部门一眼就看中了这项原创型的产品，在尔后的两年中向全世界销售了近80万台。

近几年来，冼燃依靠工业设计实力，将设计创新理念推向汽车、手机、电脑等各个领域，并开发了华南第一台完全自主知识产权的汽车整车设计，参与一汽、长安、奇瑞的产品设计。

因工业设计创新成绩显著，毅昌科技先后荣获广东省优良工业设计奖金奖、2008“省长杯”广东工业设计奖设计奖、2007年度创新设计大奖红棉奖、广州工业设计优秀奖等。

四、国家重视毅昌先行

2007年2月，温家宝总理作出“要高度重视工业设计”的批示，冼燃也认为，对目前整个中国工业设计产业，社会的关注度仍然不够，企业老板意识落后。特别是面对中国设计创新意识缺乏、全国每年两万多名工业设计专业毕业生全面转行、设计人才匮乏的现象，冼燃非常痛心。

针对目前整个社会对工业设计认识不足、国家对工业设计缺少扶持以及工业设计教育严重滞后等现状，毅昌在建设广州总部基地时就对宣传工业设计产业做出了专门的规划，包括工业设计展厅、多条工业设计理念廊、工业设计中心、工业设计产业示范线等。2009年4月，温家宝总理来到广州毅昌，并对冼燃的工业设计理念给予了高度的评价，并鼓励毅昌团队“要把知识的力量运用到创新的每一个环节”。

受温总理的委托，国务院发展研究中心陈清泰、吴敬琏等多批专家领导先后来到毅昌调研。2010年1月，工业设计被作为重点扶持产业，写进了温家宝总理的《政府工作报告》中；2010年8月，国家十一部委联合发布了《关于促进工业设计发展的若干指导意见》，中国的工业设计终于拥有了史上首个国家政策。这些在中国工业设计史上里程碑式的事件背后，冼燃无疑是其中一个重要的推手。

此外，冼燃还积极推广工业设计理念。从2008年广州总部基地落成至今，汪洋书记、黄华华省长先后4次造访，朱小丹常务副省长一年内9次莅临，各级政府领导、各个领域的专家学者、各个中、高等院校的师生等超过上万人次来到毅昌参观、交流。毅昌长期赞助大学生创业大赛和工业设计大赛，2010年设立“毅昌杯”，支持赞助“广东省高等学校工业设计专业毕业设计创新大赛”成功举办，成功策划出广东著名的高校工业设计展，引起了社会广泛关注；在中央党校、中国大学生骨干培养学校和华南理工大学、深圳大学等高校，进行了多场次工业设计演讲；作为广东省政协委员，冼燃在省政协大会、各类政府会议中，积极呼吁政府支持工业设计产业；毅昌科技被列为中国工业设计重要示范基地，冼燃获聘为中国工业设计协会全国宣讲团主力成员。

以身作则，冼燃积极响应总理号召，以推动中国工业设计发展为己任，致力设计人才培养。目前，毅昌科技组建了博士、硕士和国内外资深专家在内的强大技术团队，聚合并成就了中国新锐设计专才500多名。2009年，毅昌科技的工业设计师周志聪参加“广东省首届工业设计职业技能大赛”荣获第一名，被省总工会授予“广东五一劳动奖章”，受到广东省委书记汪洋、省长黄华华的接见，成为我国首位被政府认可的工业设计师。

中国工业设计协会这样评价冼燃：他将自主创新思想充分运用到工业设计研发服务领域，带动了中国工业设计产业的发展，走出了民族工业不断升级的创新之路，为“中国制造”向“中国创造”转变做出了重要贡献，是中国工业设计领域青年的杰出代表，是中国工业设计产业化的先行者和排头兵！面对这样的高度评价，冼燃表示，“我们希望全社会不要把毅昌当作毅昌，更重要的是把毅昌当成社会，让全社会从老百姓到企业家、政府领导，越来越多的人认识到，工业设计应当成为中国产业经济转型的基本工具，通过工业设计的力量促进经济发展转型，改变中国的经济命运。”

中国创意产业年度大奖榜单回顾

2006中国创意产业年度大奖

政府推动奖

北京市朝阳区人民政府
上海市经济委员会
深圳市人民政府文化产业发展办公室
最佳创意产业园区
上海田子坊创意产业集聚区
深圳创意产业园
深圳大芬油画村

领军企业奖

北京世纪星碟文化传播有限公司
凤凰卫视传媒集团
广东新周刊杂志社
浩汉工业产品设计（上海）有限公司
湖南卫视
环球数码创意控股有限公司
雅昌企业（集团）有限公司

潜力品牌奖

北京动漫城
超级女声
宁波WID 展
视觉中国

杰出人物奖

陈　征　环球数码创意控股有限公司行政总裁、执行董事
刘　爽　凤凰卫视副总裁、凤凰新媒体CEO
夏　霓　北京动漫城文化发展有限公司总经理
郑培光　上海红坊企业管理有限公司董事长、总裁

2007中国创意产业年度大奖

国际贡献奖

约翰·霍金斯——世界“创意产业之父”、英国创意集团主席、“知识产权宪章”负责人

杰出贡献奖（个人）

白云生 中共北京市西城区委常委、北京市西城区人民政府常务副区长
曹国伟 新浪网董事长兼CEO
陈天桥 盛大网络发展有限公司董事会主席兼CEO
丹　增 中国文联副主席、中国作家协会副主席，时任云南省人大常委会党组书记、副主任
段桂鉴 中国版权保护中心主任、中华版权代理总公司总经理
洪　晃 中国互动媒体集团首席执行官
胡其鸣 北京中视广联文化发展有限公司董事长
江南春 分众传媒（中国）控股有限公司创始人兼首席执行官
李　杜 湖南哆咪七彩影视文化传播有限公司董事长
厉无畏 时任全国人大常委、民革中央副主席、上海市创意产业协会会长
刘晓松 A8音乐集团董事长
路盛章 中国传媒大学动画学院学术委员会主席、福娃动画宣传片总导演
曲建方 上海阿凡提国际动画公司董事长
宋慰祖 中国工业设计协会副秘书长、北京工业设计促进中心副主任
孙文华 三辰卡通集团有限公司董事长
魏文彬 时任湖南省广播电视局党组书记、局长，湖南广播影视集团董事长
吴　峻 源泉版权代理有限公司董事长
吴冠英 清华大学美术学院教授、北京奥运会吉祥物“福娃”原创及主创
于　军 中共北京市海淀区委常委、北京市海淀区人民政府副区长
周茂非 时任中共北京市石景山区委副书记、北京市石景山区人民政府区长

杰出贡献奖提名奖

封昌红 深圳市灵狮文化传播有限公司总经理
黄进清 厦门根深智业文化创意产业机构董事长
雷海波 视觉中国网站总编辑
汤泽明 珠海天行者文化传播有限公司董事长兼总经理
王　薇 土豆网CEO
于　冬 北京保利博纳电影发行有限公司董事长、总经理
于　干 新数通盛世科技（北京）有限公司总裁
周　娟 我乐网CEO
邹悦龙 湖南湖湘创意科技有限公司CEO

杰出贡献奖（单位）

北京市大兴区人民政府
博客网（北京博客网信息技术有限公司）
红杉资本中国基金
交通银行北京分行
联想集团全球创新设计中心
上海创意产业投资有限公司
深圳市人民政府文化产业发展办公室

领军企业奖

A8音乐集团
北京完美时空网络技术有限公司
分众传媒（中国）控股有限公司
荣宝斋
三辰卡通集团有限公司
上海盛大网络发展有限公司
深圳市浪尖工业产品造型设计有限公司
搜狐
新浪
北京源泉知识产权代理有限公司

最佳园区奖

北京798艺术区
北京DRC工业设计创意产业基地
长沙国家软件产业基地
大连高新技术园区（大连创意孵化园）
南京世界之窗创意产业园
青岛创意100产业园
上海2577创意大院
深圳市设计之都田面创意设计产业园
无锡（国家）工业设计园
中关村软件园

潜力品牌奖

D·PARK（北京时尚设计广场）——北京正东电子动力集团有限公司
A8艺术公社——浙江A8艺术公社
创易网——北京正邦创意科技有限公司

湖湘——湖南湖湘创意科技有限公司
欢乐谷——北京世纪华侨城实业有限公司欢乐谷分公司
欢乐正前方——北京欢乐湾文化发展有限公司
快乐男声——湖南卫视
视觉同盟——北京先锋视觉文化发展有限公司
悟空——珠海天行者文化传播有限公司
新国展——顺义国展产业园

100强入选名单

1 上海盛大网络发展有限公司
2 新浪
3 分众传媒中国控股有限公司
4 湖南卫视
5 搜狐
6 北京电视台
7 北京青年报社
8 深圳广播电影电视集团
9 雅昌企业（集团）有限公司
10 北京联众网络技术有限公司
11 时尚传媒集团
12 北京金山数字娱乐科技有限公司
13 中关村文化发展股份有限公司
14 北京江民新科技技术有限公司
15 A8音乐集团
16 北京完美时空网络技术有限公司
17 北京海蝶音乐有限公司
18 和讯信息技术有限公司
19 北京世纪卓越信息技术有限公司
20 北京雷霆万钧网络科技有限责任公司
21 中企动力科技集团股份有限公司
22 荣宝斋
23 北京石景山游乐园
24 北京保利博纳电影发行有限公司
25 上海润星网络科技有限公司
26 海润影视制作有限公司
27 中国互动媒体集团
28 快乐米（北京）信息技术有限公司

29 中国广播电影电视节目交易中心
30 北京儿童艺术剧院股份有限公司
31 北京洪恩教育科技有限公司
32 北京畅游时代数码技术有限公司
33 上海红坊文化发展有限公司
34 深圳市迅雷网络技术有限公司
35 北京方正阿帕比技术有限公司
36 北京龙马世纪国际文化有限公司
37 北京洛可可科技有限公司
38 环球数码媒体科技研究（深圳）有限公司
39 恒创碧思特工业设计（北京）有限公司
40 深圳市嘉兰图设计有限公司
41 深圳市研成创意设计有限公司
42 北京世纪工场传媒文化有限公司
43 深圳市浪尖工业产品造型设计有限公司
44 华龙电影数字制作有限公司
45 北京长城华冠汽车技术开发有限公司
46 青岛海高设计制造有限公司
47 深圳市灵狮文化传播有限公司
48 深圳市拓腾世纪工业设计有限公司
49 广东《新周刊》杂志社
50 上海博路工业设计有限公司
51 新数通盛世科技（北京）有限公司
52 北京多达产品设计有限公司
53 三辰卡通集团有限公司
54 湖南山猫卡通有限公司
55 上海奥映文化传播发展有限公司
56 江通动画股份有限公司
57 Arting365互动媒体（中国）有限公司
58 上海意仓文化创意有限公司
59 北京天盈九州网络技术有限公司
60 北京星光影视设备科技股份有限公司
61 北京赛博先锋科技有限公司
62 北京盛世伟杰广告有限公司
63 上海岳盛信息技术有限公司
64 南京欧爱工业设计有限公司
65 环球企业家
66 中元国际工程设计研究院

67 北京漫城文化发展有限公司
68 信诺传播顾问（北京）有限公司
69 福建新恒基广告公司
70 视觉中国网
71 湖南哆咪七彩影视文化传播有限公司
72 北京中卡世纪动漫文化媒体有限公司
73 视觉同盟网
74 北京汇众益智科技有限公司
75 上海多伦美术馆
76 广州笑笑吧动漫有限公司
77 北京随视传媒科技有限公司
78 北京我乐信息科技有限公司
79 青岛麒龙文化有限公司
80 广东宇航鼠动漫有限公司
81 上海敦凰艺术中心
82 北京奇虎科技有限公司
83 北京中视广联文化发展有限公司
84 淘宝（中国）软件有限公司
85 丽江丽水金沙演艺有限公司
86 博客网
87 中图文化艺术有限公司
88 北京圣岩东田造型设计中心
89 北京市源泉知识产权代理有限公司
90 土豆网
91 宁波雅卓展览服务有限公司
92 北京欢乐湾文化发展有限公司
93 上海大雅堂文化艺术有限公司
94 豆瓣网
95 北京梦幻动画科技有限公司
96 湖南湖湘创意科技有限公司
97 观音堂文化大道
98 artkey艺术集团
99 广州市龙舟公关顾问有限公司
100 陕西神采演出艺术有限公司

2008中国创意产业年度大奖获奖名单

国际贡献奖

森田荣光　　中国版权保护中心动漫游戏事业部总经理
约翰·埃尔森　　英国创意艺术家联合会执行主席
詹姆斯·克雷布　　英国贝德福特大学创作艺术与科技学院院长

杰出贡献奖

冯　军　北京华旗资讯数码科技有限公司总裁
贺超兵　大贺传媒股份有限公司董事长
李朋义　中国出版集团党组书记、副总裁
王明义　河南省创意产业协会会长
王荣华　上海社会科学院院长
魏　新　北大方正集团有限公司党委书记兼董事长
熊澄宇　清华大学国家文化产业研究中心主任
余秋雨　上海文化发展基金会秋雨文化教育基金理事长
张　宇　中国对外文化集团公司总经理
张艺谋　广西电影制片厂导演

领军人物奖

陈立恒　景德镇法蓝瓷实业有限公司总裁
范　周　中国传媒大学文化产业研究中心主任
封昌红　深圳市工业设计行业协会秘书长
李美赞　古今建设集团执行董事长、浙商理事会主席
刘晓松　A8电媒音乐控股有限公司主席兼CEO
帅　民　北京卡酷动画卫视总经理
万　捷　雅昌企业（集团）有限公司董事长
王中磊　华谊兄弟传媒股份有限公司总裁
袁力强　上海张江文化科技创意产业发展有限公司总经理
张力军　第一视频集团董事局主席

项目建设成就奖

北京欢乐谷——北京世纪华侨城实业有限公司欢乐谷分公司
电视剧《李小龙传奇》——中视影视制作有限公司
户外数字电视广告联播网——华视传媒集团有限公司
宽窄巷子历史文化街区—— 成都文旅集团
南锣鼓巷文化休闲街——北京市东城区南锣鼓巷四合院风貌保护办公室

荣宝斋木版水印工艺坊——荣宝斋
音乐剧《蝶》——北京松雷文化传媒发展有限公司
云南禄丰世界恐龙谷旅游区——侏罗纪世界投资有限责任公司
“中版•妙笔听书”——中国出版集团出版业务部
中国动漫作品版权服务平台——北京梦幻动画科技有限公司

最佳创意产业园区奖

大连高新技术园区（大连创意孵化园）
丰乐农庄现代化农业示范园
江苏工业设计园
上海张江文化科技创意产业基地
天府软件园
无锡国家动画产业基地
星光影视园
意库创意产业园
中关村科技园区石景山园
中国•观澜版画原创产业基地

领军企业奖

北大方正集团有限公司
北京歌华有线电视网络股份有限公司
北京卡酷动画卫视
北京老舍茶馆有限公司
大贺传媒股份有限公司
古今建设集团有限公司
华视传媒集团有限公司
云南新知集团
上海巨人网络科技有限公司
时尚传媒集团

产业推动奖

A8电媒音乐控股有限公司
北京青年报社
北京银行股份有限公司
凤凰网
中国人民大学国家版权贸易基地
南京华典设计中心

上海社会科学院创意产业研究中心
四川省创意产业协会
文化部文化市场发展中心
无锡市动画产业基地建设领导小组办公室

潜力品牌奖

创意天承——北京市板桥创意天承产业基地
江大设计——江苏省无锡市江大设计传播机构
卢米埃影城——四川卢米埃影业有限公司
千手观音——中国残疾人艺术团
少林欢喜地——少林欢喜地（登封）有限公司
世界花卉大观园——北京花乡世界花卉大观园有限公司

高成长企业100强

1 北京畅游时代数码技术有限公司
2 华视传媒集团有限公司
3 第一视频通信传媒有限公司
4 北京完美时空网络技术有限公司
5 航美传媒集团
6 浙江盘石信息技术有限公司
7 上海巨人网络科技有限公司
8 悠视网
9 北京金山数字娱乐科技有限公司
10 大贺传媒股份有限公司
11 湖南山猫卡通有限公司
12 江通动画股份有限公司
13 深圳市绿创工业设计有限公司
14 北京松雷文化传媒发展有限公司
15 河南省农业高新科技园有限公司
16 北京汇众益智科技有限公司
17 深圳市伯仲通信技术有限公司
18 中企动力科技集团股份有限公司
19 A8电媒音乐控股有限公司
20 北京歌华有线电视网络股份有限公司
21 俏佳人传媒股份有限公司
22 北京正邦创意科技有限公司
23 杭州傲天科技有限公司

24 北京洛可可科技有限公司
25 快乐米（北京）信息技术有限公司
26 上海同济同捷科技股份有限公司
27 北京世纪工场传媒文化有限公司
28 北京洪恩教育科技有限公司
29 柯瑞莫（北京）科技有限公司
30 上海玄霆娱乐信息科技有限公司（起点中文网）
31 北京中文在线文化发展有限公司
32 上海基亿广告传媒有限公司
33 深圳市迪特格工业产品设计有限公司
34 南京垠坤投资实业有限公司
35 天津市猛犸科技有限公司
36 北京三浦灵狐动画设计有限公司
37 西安纷腾互动数码科技有限公司
38 北京世纪华侨城实业有限公司欢乐谷分公司
39 视觉同盟
40 央视动画有限公司
41 深圳市嘉兰图设计有限公司
42 蓝色天空数码科技（上海）有限公司
43 深圳市天禄琳琅文化艺术传播有限公司
44 北京爱国者数码音频科技股份有限公司
45 景德镇法蓝瓷实业有限公司
46 中视基业国际文化传媒（北京）有限公司
47 苏州赵羽设计有限公司
48 深圳市心雷工业产品设计有限公司
49 北京神笔动画制作有限公司
50 北京视觉无限文化传媒有限公司
51 北京掌秀信息技术有限公司
52 北京柏林视觉企业形象设计有限公司
53 AA国际•都市建筑设计咨询（北京）有限公司
54 北京其欣然影视文化传播有限公司
55 北京星光影视设备科技股份有限公司
56 成都意町工业产品设计有限公司
57 信诺传播顾问（北京）有限公司
58 济南科明数码技术有限公司
59 深圳市中世纵横广告有限公司
60 四川省巴蜀新形象广告传媒股份有限责任公司
61 福建新恒基广告公司

62 南京欧爱工业设计有限公司
63 北京梦幻动画科技有限公司
64 北京儿童艺术剧院股份有限公司
65 郑州小樱桃卡通艺术有限公司
66 成都西部牛牛广告展览有限公司
67 云南广播电视信息传输网络股份有限公司
68 北京六丁动画设计有限公司
69 湖南哆咪七彩影视文化传播有限公司
70 恒创碧思特工业设计（北京）有限公司
71 上海奥映文化传播发展有限公司
72 北京石景山游乐园
73 斯巴科（北京）科技有限公司
74 北京中视广联文化发展有限公司
75 上海木码艺术设计有限公司
76 禹州市金堂钧窑有限公司
77 天津假日传媒发展有限公司
78 根深智业文化创意产业机构
79 上海臻大投资管理有限公司
80 多达创新（北京）科技有限公司
81 青岛麒龙文化有限公司
82 上海红坊文化发展有限公司
83 Arting365互动媒体（中国）有限公司
84 青岛广电中视（文化）有限公司
85 深圳市盈富通科技有限公司
86 北京丫髻山投资管理有限公司
87 北京九天合众文化发展有限公司
88 成都市黑蚁设计有限公司
89 深圳市鸿创文化发展有限公司
90 陕西神采演出艺术有限公司
91 成都良田广告有限公司
92 上海我要网络发展有限公司
93 北京玫瑰坊时装定制有限责任公司
94 中图文化艺术有限公司
95 青岛欧亚世纪国际数字影视有限公司
96 深圳市南风盛世企业形象策划有限公司
97 宁波雅卓展览服务有限公司
98 北京艺苑乐器制造有限公司
99 深圳市唐人动画影业有限公司
100 成都风之翼动画制作有限公司

先进单位奖

北京华东乐器有限公司
北京松雷文化传媒发展有限公司
北京相当设计有限公司
北京秀满天下设计有限公司
北京雅歌天地文化发展有限公司
北京阳光狮人广告有限公司
北京银河长兴影视文化传播有限公司
北京语言大学出版社
北京源泉知识产权代理有限公司
成都传媒集团
成都市锦江区三圣旅游景区建设管理委员会
创意东8区
大连高新技术园区（大连创意孵化园）
哈尔滨新媒体产业集团
河南东元文化创意有限公司
经理日报社
清华科技园
陕西神采演出艺术有限公司
上海今日动画影视文化有限公司
深圳市鸿创文化发展有限公司
深圳市天朗时代科技有限公司
四川长虹电器股份有限公司 创新设计中心
深圳市天禄琳琅文化艺术传播有限公司
厦门市根深智业策划有限公司
禹州市金堂钧窑有限公司
北京郑致光三维动画设计有限公司
郑州市天人文化旅游有限责任公司
中博传媒有限公司
珠海天空文化传播有限公司

先进个人奖

蔡大明　深圳怡景国家动漫画产业基地主任
陈　根　正泰南京工业设计中心设计总监
陈伟明　中博传媒有限公司董事长
戴文海　青岛广电中视（文化）有限公司总经理
高　峻　梅高创意咨询有限公司董事长

黄书东　北京阳光狮人广告有限公司总经理
李　勇　云南新知集团总经理
李利民　华视传媒数字移动电视有限公司董事局主席兼首席执行官
李新科　北京汇众益智科技有限公司董事长
李振中　中国农影音像出版社社长
刘　弘　AA国际·都市建筑设计咨询（北京）有限公司总经理
陆　群　北京长城华冠汽车技术开发有限公司总裁
潘春辉　天津6号院文化发展有限公司总经理
沈萌萌　南京文化创意产业协会常务副秘书长
苏　芒　《时尚芭莎》执行出版人兼主编
汤泽明　珠海天空文化传播有限公司董事长
汪　华　湖南美术出版社社长
王书勤　欧亚世纪国际数字影视有限公司董事长
吴文辉　上海玄霆娱乐信息技术有限公司总裁
徐忠东　北京大唐万邦复制技术发展有限公司董事长兼总经理
杨　雷　南京垠坤投资实业有限公司董事长兼总经理
尹　涵　第29届奥运会开幕式地球村创意者
尹智君　北京老舍茶馆有限公司董事长
于　冬　北京保利博纳电影发行有限公司董事长、总裁
袁　梅　其欣然影视传播机构总裁
张建民　深圳市中世纵横光该有限公司总经理兼设计总监
张天晓　上海今日动画影视文化有限公司董事长
赵　荔　上海市创意产业协会创意儿童专业委员会主任
赵小兵　北京世纪华侨城实业有限公司欢乐谷分公司总经理
朱佑兰　江通动画股份有限公司董事长

2009中国创意产业年度大奖获奖名单

国际贡献奖

埃瑞克·史密斯　国际知识产权联盟主席
Del R. Bryant　BMI（广播音乐协会）主席
约翰·哈特里　澳大利亚昆士兰科技大学 教授
澳大利亚创意产业与创新重点研究中心主任

杰出贡献奖

曹秀荣　天津市政协副主席
陈冬亮　北京工业设计促进中心主任
董文标　中国民生银行董事长

范建华 时任云南省文化体制改革和文化产业发展领导小组办公室常务副主任、省文化厅副厅长
李维昌 北京顺鑫农业股份有限公司董事长
刘忠奎 北京巨龙文化公司总经理
李美赞 中国古今集团有限公司执行董事长
孙立军 北京电影学院党委副书记、动画学院院长
王佩立 时任北京市东城区人民政府副区长
朱晞颜 时任重庆市忠县县委书记

领军人物奖

陈　年 凡客诚品（北京）科技有限公司总裁
郭子龙 广东中凯文化发展有限公司董事长
郝亚宁 北京联盟影业投资有限公司董事长
雷　瑛 湖南电视台金鹰卡通频道总监
李海峰 禹州市金堂钧窑有限公司董事长
沈浩波 北京磨铁图书有限公司总裁
王长田 北京光线传媒股份有限公司总裁
王　英 央视动画有限公司总经理
张　华 中视影视制作有限公司总经理
张　淼 时任北京歌华有线电视网络股份有限公司党委书记、董事长

领军企业奖

保利文化艺术有限公司
北广传媒移动电视有限公司
北京磨铁图书有限公司
第一视频
光线传媒股份有限公司
湖北长江出版集团有限公司
梦幻动画科技有限公司
深圳市心雷工业产品设计有限公司
四川长虹电器股份有限公司
天津北新文化传媒集团有限公司

最佳创意产业园区奖

常州市创意产业基地
杭州白马湖生态创意城

杭州之江文化创意产业园
清华科技园文化创意产业聚集区
尚8创意产业园
上海M50创意产业园
深圳F518时尚创意园
天津6号院创意产业园
中关村科技园区雍和园

产业推动奖

北京东方雍和国际版权交易中心有限公司
北京歌华文化创意产业中心
常州市创意协会
凤凰网
《创意世界》杂志
杭州市文化创意产业办公室
武汉市洪山区创意产业促进工作领导小组办公室
上海市创意产业协会
中共深圳市市委宣传部
文登经济开发区
新浪网
云南大学文化产业研究院（云南大学国家文化产业研究中心）

金融创新服务奖

交通银行股份有限公司北京市分行
中国工商银行股份有限公司北京市分行
中国民生银行股份有限公司

最具创意产品（服务）奖

《明朝那些事儿》系列图书——北京磨铁图书有限公司
2009年度“武林外传”品牌衍生品——北京联盟影业投资有限公司
歌华有线高清交互数字电视服务平台——北京歌华有线电视网络股份有限公司
《互动汉语》对外汉语产品——北京华文盛世教育发展有限公司
四望楼·忠义寨景区——重庆市中共忠县县委
十三陵专属旅游纪念品——北京市昌平区十三陵特区办事处
世博金钥匙——金一文化发展有限公司
西湖创意市集—创意设计产业化平台——杭州酷迪动漫制作有限公司

西蔓CLIMAT城市色彩规划——北京西蔓色彩文化发展有限公司
《西游记》网络游戏——蓝港在线（北京）科技有限公司

最具投资价值项目奖

多媒体印刷读物（MPR）出版物——深圳天朗时代科技有限公司
韶山藏书楼——昆明新知图书城有限公司
上海世博会山东网上体验馆——济南科明数码技术有限公司
圣美煌宫—西藏美术城——拉萨圣慧文化发展有限公司
威海中韩影音创意基地——威海创意投资有限公司
中华五千年——北京卡酷动画卫星频道有限公司

100强高成长企业

1 北京完美时空网络技术有限公司
2 蓝港在线（北京）科技有限公司
3 海豚传媒股份有限公司
4 北京畅游时代数码科技有限公司
5 北京磨铁图书有限公司
6 华视传媒集团有限公司
7 北京金山数字娱乐科技有限公司
8 北京光线控股有线公司
9 北京梦幻动画科技有限公司
10 搜房控股有限公司
11 北京汇众益智科技有限公司
12 北京信诚通数码科技有限公司
13 天津中创智讯工业产品设计有限公司
14 凡客诚品（北京）科技有限公司
15 杭州酷迪动漫制作有限公司
16 杭州傲天科技有限公司
17 湖南山猫卡通有限公司
18 洛可可设计有限公司
19 成都风之翼动画制作有限公司
20 上海鸿利数码科技有限公司
21 北京天健源达科技有限公司
22 江通动画股份有限公司
23 天津北新文化传媒集团有限公司
24 深圳天朗时代科技有限公司
25 湖南哆咪七彩影视文化传播有限公司

26 西安纷腾互动数码科技有限公司
27 深圳市哈林影视文化传播有限公司
28 深圳市迪特格工业产品设计有限公司
29 中文在线
30 南京垠坤投资实业有限公司
31 北京卡酷全卡通动漫文化有限公司
32 北京玩者天下网络技术有限公司
33 北京聚森乐文化传播有限公司
34 北京依文服装服饰有限公司
35 武汉银都文化传播有限公司
36 Arting365互动媒体公司
37 环球数码媒体科技研究（深圳）有限公司
38 北京六丁动画设计有限公司
39 北京洪恩教育科技有限公司
40 北京北广传媒移动电视有限公司
41 北京金一文化发展有限公司
42 深圳市中润网络科技有限公司
43 柯瑞莫（北京）科技有限公司
44 北京迪生通博科技有限公司
45 斯巴科（北京）科技有限公司
46 江苏华实广告有限公司
47 上海铭大实业（集团）有限公司
48 河南尧天影视文化传媒有限公司
49 广东中凯文化发展有限公司
50 北京星光影视设备科技股份有限公司
51 保定中科帷幄数码科技有限公司
52 昆明新知图书有限责任公司
53 北京朗像科技有限公司
54 奥意伦可达（北京）创意产品设计有限公司
55 郑州小樱桃卡通艺术有限公司
56 北京玖方艺盟文化发展有限公司
57 福建新恒基广告有限公司
58 盛霆信息技术（上海）有限公司
59 深圳市盈富通科技有限公司
60 北京华旗随身数码股份有限公司
61 北京天天宽广网络科技有限公司
62 天津市猛犸科技有限公司
63 天津深泽数字科技有限公司

64 北京视觉无限文化传媒有限公司
65 南京欧爱工业设计公司
66 北京力德睿智装饰设计咨询有限公司
67 智慧天下（北京）科技有限公司
68 湖北中江建筑设计院有限公司
69 深圳市伯仲通信技术有限公司
70 深圳市播播信息技术有限公司
71 上海奥映文化传播发展有限公司
72 北京三磊建筑设计有限公司
73 济南明科数码技术有限公司
74 临沂鹭桦文化传媒发展有限公司
75 深圳市嘉兰图设计有限公司
76 北京掌秀信息技术有限公司
77 苏州赵羽设计有限公司
78 天津假日传媒发展有限公司
79 北京龙门少儿教育研究所
80 武汉齐进网络技术开发有限公司
81 成都黑蚁设计有限公司
82 禹州市金堂钧窑有限公司
83 中视影视制作有限公司
84 北京蓝月谷文化传媒有限公司
85 青岛广电中视文化有限公司—中华美食频道
86 北京源泉知识产权代理有限公司
87 漫域网
88 北京创毅视讯科技有限公司
89 天津传奇美意广告传媒有限公司
90 大众点评网
91 天津艾特蓝德景观工程设计有限公司
92 陕西神采演出艺术有限责任公司
93 天津风雨筑展览展示有限公司
94 文津时代投资（北京）股份有限公司
95 天津致胜狼图品牌策略有限公司
96 新丝路模特经纪有限公司
97 天津蓝思摄影有限公司
98 北京观典航空设备公司
99 北京其欣然影视文化传播有限公司
100 苏州创力投资管理有限公司

2010年中国创意产业年度大奖获奖名单

国际贡献奖

布兰登•哈金（Brendan Harkin） 跨媒体实验室（X Media Lab）创始人、董事长
墨尔本大学哲学博士

奈森儿•马文（Nigel Marven） 明星主持人、导演、制片人

杰出贡献奖

韩三平 中国电影集团公司董事长
北京电影制片厂厂长
国际电影制片人协会副主席
中国电影制片人协会理事长
国家一级导演

郝亚宁 北京联盟影业投资有限公司董事长

何镜堂 中国工程院院士
中国工程设计大师
华南理工大学建筑学院院长

李　红 国际奥委会中国事务首席顾问
联合国开发计划署高级顾问
北京盛开体育发展有限公司董事长

李美赞 中国古今集团执行董事长、党委书记
浙江古今园林建筑研究院院长

廖家本 中共武汉市洪山区委副书记
洪山创意产业促进工作领导小组组长

梅帅元 中国实景演出创始人
著名旅游演出制作人
泰山封禅大典文化发展有限公司董事长

万本根 四川创意产业协会常务副会长兼秘书长

汪　良 北京广播电视台党委副书记、常务副台长
北京人民广播电台党委书记、台长

余培侠 中国动画学会会长
央视动画有限公司董事长

领军人物奖

陈奇淼　艺海集团CEO
　　　　联合国南南合作组织中国区时尚专员
　　　　长三角创意产业协会执行主席
　　　　中国工业设计协会纺织服装分会会长
　　　　亚洲时尚联合会理事
　　　　浙江创意纺织产业研究院院长
侯小强　上海盛大文学有限公司首席执行官
　　　　全国工商联书业商会副会长
　　　　全国环境网络媒体专业委员会常务理事
　　　　上海网络文化协会常务理事
孟宪明　北京网元圣唐娱乐科技有限公司首席执行官
　　　　河北省政协委员
　　　　中国出版工作者协会游戏工作委员会常务理事
　　　　河北省青年联合会常务委员
缪　东　北京卡酷动画卫视副总经理
　　　　北京卡酷全卡通动漫文化有限公司总经理
　　　　北京卡酷世纪商贸有限公司执行总裁
　　　　北京卡酷世纪动漫文化有限公司总经理
吴建荣　浙江中南集团卡通影视有限公司董事长
　　　　浙江省政协委员
　　　　杭州市人大代表
　　　　中国动画学会常务理事
　　　　浙江省动漫学会常务理事
　　　　杭州市动漫游戏协会会长
叶根军　四川长虹创新设计中心主任
殷秩松　北京东方雍和国际版权交易中心有限公司董事长
张　鑫　高级经济师
　　　　交通银行北京分行小企业信贷部总经理
　　　　北京大学文化产业研究院客座研究员
赵依芳　中国著名影视制作人
　　　　浙江华策影视股份有限公司总经理
钟　葱　江苏金一文化发展有限公司董事长

产业推动奖

北京海淀区创意产业协会
凤凰网
中国工商银行股份有限公司北京市分行
河南省文化强省建设和文化体制改革工作领导小组办公室
交通银行股份有限公司北京市分行
上海世博会事务协调局（网上中国2010上海世博会）
武汉光谷联合股份有限公司
英国万象国际华语电影节组委会办公室
中城联合投资集团
中国轻纺城创意产业服务中心

最佳园区奖

63号设计创意工场（建筑设计工场）
北京（顺义）创意工业设计集聚区
成都红星路35号文化创意产业园
杭州山南国际设计创意产业园
昆山东南东文化创意城（创意海洋）
清华科技园文化创意产业集聚区
垠坤•创意中央科技文化园
郑州金水文化创意园
中国轻纺城D51名师创意园
国家中影数字制作基地

领军企业奖

北京东方文化资产经营公司
北京联盟影业投资有限公司
北京网元圣唐娱乐科技有限公司
慈文紫光数字影视有限公司
凡客诚品（北京）科技有限公司
海豚传媒股份有限公司
杭州佳园文化创意有限公司

2011中国创意产业年度大奖获奖名单　敬请期待！

特别鸣谢

《领航创意中国Ⅱ》在编撰过程中得到了各案例单位的大力支持，他们为本书提供了丰富的文字材料和珍贵的图片，使本书顺利出版发行。在这里谨对以下单位表示诚挚的感谢！

中国版权保护中心

杭州市文化创意产业办公室

无锡市文化广电新闻出版局

北京东方资产文化经营公司

上海盛大文学有限公司

光线传媒

慈文紫光数字影视有限公司

湖北中江建筑设计院

中国古今集团

上海社会科学院创意产业研究中心

中国工商银行北京分行

上海创意产业协会

常州创意产业基地

星光影视园

成都红星路35号文化创意产业园

深圳F518时尚创意园

杭州之江文化创意产业园

郑州金水文化创意园

北京市顺义区国门商务区建设管理委员会

艺谷文化产业集团

国家（河南）动漫产业发展基地

新疆7坊街创意产业集聚区

鄂尔多斯市东胜区人民政府

敦煌市委市政府

广州毅昌科技股份有限公司

后 记

可以讲，文化创意产业是一个汇集了智慧、科技、文化于一体的多元化、立体化的绿色产业。依靠创造力打造文化产品；借助新兴科技扩展传播领域；围绕资源平台打造可持续发展的、高附加值的新型产业。然而10年以前，在中国也许也很少有人能说清楚“文化创意产业”究竟是怎么回事。这个游离在传统产业边缘身影模糊的新事物，似乎离现实还很遥远。而在2011年，这个“十二五”规划的开局之年，“文化创意产业”却早已成为了人们津津乐道的话题，在生活的各个角落，改变着中国，改变着世界。

今年是2011年，是“十二五”规划的开局之年，我国全面建设小康社会进入关键期，深化改革开放、加快转变经济发展方式进入攻坚期。党的十七届五中全会和我国《“十二五”规划纲要》明确提出要“加快发展文化产业,推动文化产业成为国民经济支柱性产业，增强文化产业整体实力和竞争力，以增强中华文化国际竞争力和影响力,提升国家软实力”。届时，文化创意产业再一次聚焦公众目光，人们更加深刻的认识到，大力发展文化创意产业成为我国转变经济发展方式的必然选择。

如今站在新起点，面对新征程，新的目标也要求我们开拓新思路，探索新途径，勾勒新蓝图。文化创意产业的核心和本质，是把优秀的文化创意创作成具有使用价值和交换价值的产品（作品），并通过市场机制把产品推销出去，实现产品的经济价值和社会价值。但现行知识产权法律制度对文化创意版权保护存在的局限性也日益凸现。因此，大力加强版权保护及服务工作将成为我国发展文化创意产业的必然选择。这就要求应该进一步促进企业、行业协会与各级政府联手，为文化创意产权找到避风港，从而真正实现为文化创意企业价值保驾护航。

第六届“中国创意产业年度大奖”即将如期召开，作为此次活动的主办方，我们深感责任重大，我们也将一如既往地为文化创意产业的发展保驾护航。以“中国创意产业年度大奖”为原型的《领航创意中国》，汇集了我们的全部努力与期望，我们在文创产业的摸索与探究，旨在推广中国式的创意思想，让中国的文化创意产业引领世界的步伐。本书的出版，也得到了国内外各界的大力支持。中国文联副主席、作家协会副主席丹增先生也为本书作序，使我们倍感荣宠，也感到肩上压力与责任，驱使着我们不得不继续在这条路上前行。再现中华文化的繁荣，让创意为传统充能，让创新为昔日添彩。中国传媒大学文化产业研究院的赵莹、储钰琦、李杰、陈烁、赵一萌、刘露薇等协助完成了本书的整理、撰写和编排工作；雅昌集团也帮助我们完成了本书的印刷。在此，感谢他们为中国文化创意产业做出的全部努力！

在各位朋友和各界伙伴的共同支持下，我们满怀信心，与大家共同迎接“十二五”时期文化产业发展的新机遇和新未来！

——中国版权保护中心党委书记 郭建华